KB237124

문학교육총서 ❺

매체

문학교육총서 ⑤

매 체

한국문학교육학회 엮음

역락

머리말

　한국문학교육학회는 오늘날 한국 문학교육의 현장에서 중요한 문제를 집중적으로 다루어 왔다. 이제 그 두 번째의 성과물을 둘 제출한다. 하나는 우리에게 『역사·기억·체험』으로서의 문학교육의 문제를, 다른 하나는 우리의 생활 세계를 채우고 있는 『매체』의 문학교육적 의의를 집중 조명하여 얻은 연구 성과물이다.

　논의의 장은 학회가 열었으나 연구의 방향이나 방법은 오로지 연구자들에게 맡겨졌으므로 이 결과물은 학회 회원들의 자유로운 지적 활동의 소산이다. 그러니 이 저작을 일관하는 실천적 전망을 도출하거나 여러 연구로부터 귀납하는 하나의 이론적 결과를 추출하기는 어렵다. 그럼에도 각 저작을 일관하는 하나의 문제의식은 공유한다. 예컨대, "우리가 경험한 역사적 사태들은 문학교육에서 어떠한 지위를 갖고 있는가?" "한국의 문학교육에서 매체는 어떠한 것인가?"라는 것이 그것이다. 이 저작은 이러한 문제의식에 부딪쳐 산란하는 여러 빛의 모음인 것이다. 이 두 가지 문제의식을 다시 생각해볼 필요가 있다.

　우리는 세계 속에서 살아가면서 수많은 개인적 사회적 사태들을 체험하고 있다. 그리고 이러한 체험은 기억으로 간직되어 우리의 경험을 형성한다. 우리는 한 개인으로서 사적 체험을 기억할 뿐만 아니라 사회적 존재로서 우리 사회의 체험도 공유한다. 체험의 기억은 우리에게 두 가지 문제를 제기한다. 사적 체험은 과연 공유할 수 있는가 하는 것과 사회적 체험은 어디까지 공유하여야 하는가 하는 문제이다. 앞의 것이 소통의 문제라고 한다면 뒤의 것은 역사적 책무와 관련한 문제라고 할 수 있다. 둘 모두 한 번의 답으로 만족스럽게 답하기는 곤란한 문제이다.

우리가 체험하는 일상이 인간이나 인류의 보편적인 것으로 되는 특이한 지점이 있다. 대개 역사적 사건이 그러한데 이런 역사적 체험은 사적 체험을 넘어서 인간 내지 인류의 보편적인 것으로 전환한다. 그 순간 이 체험은 소통해야 하는 것이고 또한 소통이 가능한 것이 된다. 우리가 모두 역사적 순간을 기억하는 것은 이것이 이런 소통 가능성과 소통 필연성의 측면을 담고 있기 때문이다. 우리가 어떤 소통을 할 수 있는가 하는 것은 우리 사회가 보여주고 있는 제한된 수의 가능성 속에서 우리가 스스로 선택할 수 있는 경우의 수로 구성되어 있는 것 같다. 말하자면 우리는 우리 사회의 역사적 조건에 의해 제한되면서도 스스로 가능성을 찾아내고 자율적으로 선택할 줄 안다는 말이다. 그렇기 때문에 체험은 일회적일 수 있어도 소통은 항상 재해석의 우주 속에서 끊임없이 다시 등장하는 것이다.

'매체'란 사회적 의사소통의 과정에서 메시지의 운송 수단을 말하지만, 전화를 통한 소통 모델만 떠올려보아도 소통을 위한 수단은 이제 더 이상 부차적이거나 부수적인 것이 아닌 결정적 변수가 되었음을 알 수 있다. 거기에 그치지 않고 우리는 유, 무선의 전화 경로 속에 매달려 있고 인터넷 네트워크 상의 노드를 구성하고 있으며 그 네트워크에 접속함으로써 비로소 그 세계 상의 한 지점으로서 존재하기 시작한다. 우리는 접속함으로써 존재하고 존재하기 때문에 소통할 수 있다. 접속이 끊어지는 것은 그 세계로부터 사라짐을 뜻한다. 이제 우리는 그 세계에 관한 한 항구적 존재가 아니라 명멸하는 존재가 된 것이다.

우리가 매체 속에서 명멸하는 존재가 됨에 따라 어느 지점에서 명멸하느냐 하는 것이 곧 그 존재의 가치와도 직결된다. 지방지보다는 중앙지가, 케이블TV보다는 공중파가 더 상급의 세계이다. 세계가 달라지니 가치도 달라진다. 그리고 가치가 달라지니 존재하는 방식도 달라진다. 그래서 매체를 통해서 존재하는 삶, 매체를 통해서 전달되는 삶, 남들에게 소통되는 삶이야말로 그의 전인격적 삶이 된 지 오래다. 배우나 프로선수만 더 좋은 모습을 보여주겠다고 하는 게 아니라 이제는 아마추어 선수들도 그런 말을 입에 달고 다니며 카메라 앞에 서면 혼인하는 부부마저도 잘 사는 모습을 보여주겠다는 것이 자연스럽게 흘러나온다. 이렇게 보다 상위의 매체에 위치하려고 애쓰는 모습을 보면 우리는 벌써부터 매체가 수단이 아니라 목적이 된 시대를 살아가고 있었던 것을 새삼스럽게 자각하게 된다.

　국어교육은 진작부터 국어교육과정, 국어교과목 등으로 역사적 기억과 매체에 관한 교육을 실천하여 왔다. 하지만 문학교육의 국면에서 역사적 기억과 매체는 아직도 해명하고 탐구해야 할 것이 많다. 역사적 기억은 예술의 소재이지만 동시에 예술이 가능하게 되는 사회적 환경을 구성하고 있다. 매체 역시 수송 수단만이 아니라 예술 작품을 구성하는 매재이면서 예술 작품을 전달하는 방법적 수단을 포함하는 물적 토대이면서 문화적 제도이다.

　이 넘나듦에 대하여 분석적이면서도 종합적인 사고가 필요하다. 또한 교육은 사회적 효용성을 목적으로 하는 공적 제도이므로 합리적이고 효율적인 방법론을 제안하는 것도 필요하다. 당연한 말이겠지만 문학교육에서 이러한 지점들에 관한 논의는 이제부터가 시작이다. 모쪼록 이 저작이 새롭고 깊은 논의의 출발이 되기를 바랄 따름이다.

2013년 8월 1일
한국문학교육학회 회장　　김 성 룡

차례

제3부 인터넷 문학교실의 현장

제1부
미디어 시대의 문학교육

제 1 장

복합 감각 시대의 문학교육

김 성 룡

호서대학교 한국어문화학부

1. 머리말

다양한 감각이 하나의 사태에 동시에 존재하는 현상을 복합 감각이라고 부른다. 우리의 삶은 사실 복합 감각적이다. 종소리는 종소리로서만 존재하는 것이 아니라 종과 함께 존재한다는 것을 생각해보면 금세 알 수 있다. 그러니 어떤 사태로부터 하나의 감각만을 적출하는 일이 오히려 조작적이다.

문학은 실제의 사태를 보다 집약된 기호 속에서 경제적으로 서술한다. 독자는 기호를 통해 사태를 재구하지만 정확하게 본래의 사태를 재구하지 못한다. 하나는 출발적 요인. 즉 문인이 선택한 것만 재현할 수 있다는 것이고, 다른 하나는 수용적 요인. 즉 독자 경험에 따라 기호의 의미가 축소되거나 확장된다는 것이다. 그런 점에서 작가가 의도한 작품 세계의 재현이라는 면에서 보면 문학과 같은 언어 예술은 연희와 같은 공연 예술에 비해 감각의 구체성이나 현실성이 떨어진다.

그러나 전근대의 공연예술이 예술적 표현이 구체적 감각에 호소한다는 것이지 그것이 구체적 감각을 재현한다는 뜻은 아니다. 구체적 재현의 근거가 되는 무대는 이미 당대 관객들과의 관습적 약속에 의해 그 의미가 확정되어 있는 상징적 소품으로 채워져 있다. 배우의 분장, 의상의 색채, 요란한 행위 등도 이미 관습적 약호의 체계로 되어 있다. 고도로 상징화된 중국의 경극(京劇)은 말할 것도 없고 사실주의 극이라는 세익스피어의 극도 관습적 약호에 의존하기는 마찬가지이다.

그러던 것이 라디오, TV, 영화의 등장으로 많이 달라졌다. 관객은 재현된 영상을 감상하기 위해서 어떤 소품, 의상, 행위 등이 무슨 의미인지 관습을 이해하기보다 있는 그대로 감각하면 된다. 이것은 관습적 약호를 이해하는 대신 '지적으로 게으른 존재'가 주요 수용자로 이동했다는 것을 뜻한다. 그리고 이것은 테크놀로지의 발달로 인한 감각의 제공이 관습의 이해라는 지적 행위를 불요(不要)한 것으로 만들었다는 것을 뜻한다.

앞으로 테크놀로지가 얼마나 발달할지는 알 수 없는 일이다. 감각의 온전한 재현을 향한 걸음을 늦추거나 퇴행하지는 않을 것임은 분명하다. 이렇게 테크놀로지가 발달하면 할수록 세계의 재현을 근거로 하는 예술은 더욱 더 테크놀로지에 의존할 수밖에 없을 것이고 대중은 더욱 더 지적으로 게을러질 것이다. 이제 이 시대에 문학교육이 무엇을 해야 하느냐 하는 것이 바로 이 글의 중심 과제인 것이다.

이 문제는 '문학 갈래'의 문제와 '교육 행위'의 문제로 나누어 접근해야 할 것 같다. 우선 문학 갈래의 문제는 '문학은 언어로써 형상을 재현하고 이를 통해 사유를 소통하는 예술'이라는 정의로부터 출발한다. 언어를 존재의 근거로 정의된 문학이 언어를 넘어선 매체에 대하여 갖는 관계라면 부정이거나 확장이거나 한 것이 아닐까? 문학을 배제한 '미디어 능력'을 과제로 삼거나[1] 문학을 확장한 '문학 능력'을 과제로 삼는 것은[2] 이 두 방향을 각각 잘 보여주는 것이다.

---

1) 예컨대 이광복 외, 「문학교육의 확장으로서 미디어 교육」, 『카프카연구』 15, 한국카프카학회, 2006, 209~230면; 김양은, 「미디어 교육의 개념 변화에 대한 고찰」, 『한국언론정보학보』 2005년 봄호, 한국언론정보학회, 2005, 77~110면; 김양은, 「미디어 교육 교육과정 모델 구성에 관한 연구」, 『한국언론정보학보』 2007년 봄호, 2006, 73~99면 등은 미디어 교육의 개념이 미디어 사용능력 으로부터 미디어 활용 능력으로 변화했다고 말하고 있다.

2) 이미 한국문학교육학회에서 2008년의 학술주제로서 "미디어 시대의 문학 능력"을 다뤘

둘째로 '능력'이란 무엇을 할 수 있다는 말이다. 무엇을 할 수 있도록 스스로 터득하는 긴 경험의 과정보다는 교육―학습의 수수 관계에 의한 과정이 더 중요하다. 나는 교육은 다음과 같은 요소와 특징을 갖는다고 생각한다. 첫째, 교육은 학습과 달리 사회적 비용, 즉 공적 비용이 소요되는 공적 행위이다. 둘째, 사회적 비용을 사용하므로 교육에는 경제적 효율성이 고려되어야 한다. 셋째, 교육은 이전 세대가 이후의 세대에게 전달해야 할 가치가 있다고 판단한 것을 이양하는 행위이다.[3] 요약하자면, 공적 비용, 교육의 효율성과 경제성, 그리고 보수성 등 셋은 교육 행위가 갖고 있는 특징이다. 미디어 시대의 교육 문제 역시 이 세 가지 범주에 따라 점검해야 할 것이다.

2000년 대 초반부터 '미디어 문식성'이라는 용어가 등장하고 제7차 교육과정에서는 국어과의 성취 기준으로 도입되더니 2007개정 교육과정에서는 "매체 언어"라는 교과가 독립했다. 미디어 문식성이라는 것이 교육과정으로 독립할 만큼 현재 상황이 절실하고 개인에게 소용이 되는 것일까? 국어 능력의 범주에 속하는 것이어서 국어과로 독립시켜야 하는

고 그 결과물이 『문학교육학』 제26호로 발간되었다.

박윤우, 「기호 / 소통 / 문화로 본 매체언어와 문학어, 문학 능력」, 『문학교육학』 26, 한국문학교육학회, 11~35면; 김신정, 「다매체 문화 환경과 문학 능력」, 『문학교육학』 26, 한국문학교육학회, 2008, 37~61면; 김창원, 「문학 능력과 교육과정, 그리고 매체」, 『문학교육학』 26, 한국문학교육학회, 2008, 63~85면. 등의 논문이 이 주제를 다룬 연구 성과로서 제출되었다.

3) 김성룡, 「정도전을 통해 본 문학교육 불가론」, 이상익 외, 『고전산문교육의 이론』, 집문당, 2000, 49~70면에서 교육과 학습을 구분하여 거론한 이래 여러 글에서 이에 대해 산발적으로 언급한 바 있다. 아주 고전적으로는 뒤르켐의 생각에서도 이것을 찾아볼 수 있다. 뒤르켐은 이것을 교육의 사회적 측면으로 이해했다. "교육의 기능은 1) 사회가 그 구성원에게 필수적으로 요구하는 신체적·정신적 제 기능이 결핍되지 않도록 육성계발하고, 2) 특정사회집단(계층·계급·가족·직업 등)에 있어서 그 구성원에게 공통적이라고 판단되는 육체적·정신적 제 기능을 계발하는 것이다."(E. Durkheim, *Education and Sociology*, 에밀 뒤르켐, 이종각 역, 『교육과 사회학』, 배영사, 1996, 69~72면.)

것일까? "매체 언어" 교과는 일련의 연구자들의 판단과 전략적 선택에 따라 교과로서 설립되었다는 혐의를 벗지 못하여 사회적 합의를 지원받지 못하더니 다음 교육 과정에서는 폐기되었다.

교육과정은 교육자가 수행하여 소정의 목표를 달성할 과제이기 이전에 사회의 약속이고 타협의 산물이다. 이 공공연한 비밀이 공공연한 사실로 드러나게 된 계기는 최근 '2009 개정 교육과정 총론에 따른 2011 개정 교육과정'의 성안 과정이었다.[4] 애초에 교유과정을 공모하겠다는 발상부터 잘못되어 출발했지만, 차악(次惡)의 선택이라는 차원에서 그나마 비교적 공적인 장을 형성해왔던 학회가 중심 주체가 되어 이 교육과정이 만들었다.

그러는 중에 분과 학문의 연합과 국어 교육의 총체의 문제, 변화의 부응하는 것과 장기적 지속의 문제, 수준과 범위, 내용과 방법 등에 대해 여전히 수많은 문제가 남아 있음을 경험하게 했다. 그리고 국어 교육자로서 해야 하는 일은 국가 정책을 수행하는 하도급자로서의 역할보다는 국가 정책을 심의하고 자문하는 자로서 능동적이고 주체적으로 교육 과정을 심의하고 결의하는 역할이 더 중요함을 깨닫게 하였다.

미디어 시대의 문학교육의 과제 역시 이러한 문제틀로부터 벗어나는 것은 아니다. 도대체 이 상황이 우리에게 요구하는 변화의 문제가 무엇인지를 파악하고 문학이 총체적 인간 능력에서 어떤 역할을 하리라고 기대하는지, 문학이 우리 사회 속에서 장기적으로 보존해온 가치는 무엇이라고 이해하는지를 알아야 대응할 수 있는 것이 아닌가 싶다.

---

4) 결과는 민현식 외, 「2011년 정책연구개발사업 : 2011 국어과 교육과정 개정을 위한 시안 개발 연구」, 교육과학기술부, 2011로 제출되었다.

2. 미디어에 대한 두 가지 이해

1) 매체(媒體)

미디어(media), 단수형 미디엄(medium)은 양극의 중간이라는 말이다. 어떤 것이 한쪽의 극단에서 다른 쪽의 극단으로 유통되기 위해서 거쳐야 하는 과정이라는 의미도 있겠고, 이런 유통의 과정에서 필요한 수단이라는 의미도 갖는다. 앞의 것은 커뮤니케이션 이론에서 말하는 여러 가지 전달 매체(媒體)들을 말한다. 뒤의 것이라면 미학 이론에서 말하는 여러 가지 예술 매재(媒材)를 말한다. 그런데 "미디어 시대"라는 제하로는 아무래도 전자의 의미에 한정해야 할 것 같다.

우리는 아침에 눈을 떠서 밤에 잠들 때까지 TV, 라디오, 신문, 잡지, 인터넷, 휴대전화 등으로부터 벗어나기 어려운 시대를 살고 있다. 사람이 능동적 의지를 갖고 TV, 라디오를 켜고, 신문, 잡지를 집어 들고, 인터넷과 휴대 전화에 도착된 메시지를 읽는 게 아니라 이들과 자동 접속되어 있는 양 생활한다. 그러니 정보를 쏟아놓는 이들 미디어에 접속되어 있는 상태가 디폴트인 것처럼, 본래 인간의 삶은 이들 미디어와 자동 접속되어 있는 것처럼 느끼게 한다. 미디어와 자동 접속의 사회를 살아가다 보니 접속은 평상이고 단절이 비상이다. 게다가 능동적으로 미디어와 단절을 하는 경우는 매우 특이한 상황에 처해 있거나 아니면 독특한 개성을 가지고 있어 뜻한 바 있는 의지에 찬 결단처럼 비추어질 정도가 되었다.

우리는 무엇을 할 수 있는 자유와 함께 무엇을 하지 않을 자유도 있다. 또 무엇을 할 수 있는 자유가 보장된 자유라고 한다면, 무엇을 하지 못하도록 하는 것에 대해 저항하고 적극적으로 투쟁해 자유를 쟁취해야 하는 것은 정당하다. 또한 우리가 무엇을 하지 않을 자유를 갖고 있다면 그러한 일을 하도록 강제하는 명령에 저항함으로써 그 자유가 침해받지 않도록 하는 것은 정당하다.

이 두 가지 자유, 즉 적극적 자유와 소극적 자유는 동일한 사태에 대해서 동시에 그 가치를 유지할 수 있다. 마치 중세 초기의 기독교에 대하여 신앙할 자유가 있는 것과 마찬가지로 중세 후기의 기독교에 대해서 이를 거부할 자유가 있는 것처럼, 미디어에 우리가 접속할 자유가 있는 것처럼 미디어를 사절할 자유 역시 존재한다. 그런데 마치 중세 후기 유럽의 기독교 신앙이 그러하듯, 오늘날 우리의 시대는 이 미디어에 자동 접속된 환경으로 만들어져 있다. 이런 때 우리는 미디어에 관한 적극적 자유보다는 소극적 자유에 대해서 더 생각하게 한다.

물론 오늘날 우리는 적어도 다양한 미디어를 선택할 수 있는 자유가 있고, 이 다양한 미디어가 다양한 내용을 담고 있어 여전히 취사선택이라는 기회를 우리에게 제공하고 있다. 그러니 중세 유럽의 신앙 상황과 오늘날 미디어의 환경이 동일한 것은 아니다. 그러나 우리가 처한 미디어 환경도 자세히 들여다보면 그리 자유로운 선택을 할 수 있는 것은 아니라는 것을 알게 한다. 그것은 두 가지로 나타난다.

첫째는 내용이 상호 복제되어 미디어의 주류가 되는 경우이다. 이 경우에 우리는 과연 이러한 주류 정보로부터 얼마나 주체적이고 독립적인 사유를 시작할 수 있을까? 둘째는 이와 정반대로 제각기 서로 다른 내용들이 가닥이 정해지지 않은 채 난무하는 경우이다. 이 경우에 우리는 우리의 자유의 정당성을 무엇으로 확보할 수 있을 것인가?

이 두 가지 모두 우리는 오늘날의 미디어가 우리의 주체적 사유를 제한하는 능동적이고 주체적인 힘으로 작용하고 있다는 것을 알 수 있다. 사람이 만든 것이 사람을 제한하는 이러한 현상은 '신성(神聖)을 획득한 허위(虛位)의 실재(實在)', 또는 앤더슨의 표현으로 '상상된 실재(imagined reality)'5)라고 할 수 있을 것이다. 이것은 물신(物神)이다.

물신은 사람이 만들어낸 것을 숭배하는 것을 말하는 것이다. 용어의 역사로서 보면 서구인의 눈으로 본 아프리카의 토속 신앙을 대면할 때 묘사한 말이다.6) 그 용례에서 짐작하듯 물신이란 서구의 근대인의 눈으로 볼 때 이질적이고 낯선 현상이었다. 이 낯설음은 근대와 이질적이라는 것과 근대로부터 뒤처져 있다는 것의 두 가지 의미를 갖는다. 이런 터라 서구의 근대인은 물신 숭배에 대해서 적극적으로 계몽해 타기해야 할 것으로 여기게 된 것은 자연스러운 결과라고 할 것이다.

근대인이야말로 오히려 '인간이 만들어낸 사물'의 세계 속에서 더욱 사물에 의존해서 살아가고 있다. 아프리카의 물신 숭배가 물질에 깃들어 있는 정령의 신격화라는 장치를 통해 간접적인 방식으로 물신이 현현한다고 한다면, 근대인이야말로 물질 그 자체의 힘에 전적으로 의존하고 있어 물질이 바로 물신 그 자체가 아닌가 하는 생각이 드는 것이다. 이럴 때면 바로 이 물신이야말로 허위(虛位)에 있으면서 실재하는 것

---

5) "무엇이 인간을 서로 연관되게 하는가?"하는 뒤르켐의 명제는 사회학의 출발이라고 한다. 인간을 사회화하는 것은 토지나 시장과 같은 물질적 구체성을 갖는 것도 있지만, 종교나 민족 관념과 같은 관념적인 것도 존재한다. 앤더슨은 이것을 상상적이면서도 실재하는 것이어서 복합적이고 모순적이라고 했다(A. Benedict, *Imagined Communities*, Verso, 2006, pp.9~31). 나는 여기에 동의하면서 이 실재하지 않는 실재성을 '허위(虛位)의 실재(實在)'라고 표현하고 싶다.

6) fetishism은 ① 주술적 인공물들 : 새의 깃털과 같은 자연물이나 나무 조각상과 같은 인공물 따위. 이것들이 그 안에 정령을 갖고 있어서 소유자를 지켜준다고 한다. ② 성적 치환 : 신발과 같은 대상물이나 발과 같은 신체의 일부에 대하여 성적인 관심을 갖는 것. fetishism은 라틴어 factitius에서 기원한다. 사람이 만들어낸 것이라는 뜻이다. 사람이 만들어놓고 사람이 숭배하는 행위를 이 말처럼 잘 표현한 것은 없을 것이다.

만 같다.

이럴 때 문학은 무엇을 해야 하는가? 문학이 유토피아를 생산할 수 있었던 것은 문인이 사회적 헤게모니를 가지고 있었을 때의 일이지 지금처럼 사회적 분업의 한 전문인이 된 때에는 문학이 유토피아적 전망을 제공할 총체적 전망을 갖추지 못하고 있는 것은 사실이다. 그렇다고 문학이 허위의 실재인 물신을 찬양하고 수식할 수는 없다. 그러기에는 사회가 문학에 대하여 기대하는 바는 다른 분업에서 기대하는 바와 다르기 때문이다.

2) 매재(媒材)

미디어는 미학적인 의미로는 어떤 관념이나 생각을 실재화하는 물리적인 것이라는 의미를 갖는다. 예를 들어 양광의의 "유물주의자"와 같은 조각을 녹슨 강철로써 표현하는 것과 대리석이나 화강암으로 표현할 때에 차이가 나는 것, 토마소 알비노니의 아다지오를 오르간이 아닌 임태경과 유미자의 목소리로 들을 때의 차이가 나는 것은 매재(媒材)의 차이에서 기인한다. 어떤 작품이 악보로써 생산된 것만으로는 부족하고 그것은 연주되었을 때 비로소 물리적 실체를 갖게 된다. 예술이 지각(aesthetic)의 장르인 한 현실화된 미적 대상물의 물적 조건은 절대적이다.

문학은 언어를 매재로 하는 예술이다. 매재로서의 언어는 음성 언어와 문자 언어, 그리고 새롭게 그 존재를 인정받아가는 디지털 언어의 세 가지 조건이 있으므로 문학이 선택할 수 있는 매재의 차이는 이 셋 정도가 전부이다. 음성 언어는 낭송의 질이 다르고 연희의 종류를 다양하게 보강할 수 있으므로 낭송자에 따른 질적 차이 즉 매재의 차이를 느낄 수도 있다. 그러나 문자 언어는 완벽한 보편성과 탁월한 재생성을 갖고 있으므로 그 차이를 거의 느낄 수 없다. 개인적 경험에 따라 독해의 차이가 발생할 수 있으나, 그것이 보편적인 의미를 수정할 정도는 아니다.

그런데 바로 이 지점, 그러니까 매재로서의 언어가 더 이상 위력을 발휘하지 않는 곳, 문자 언어가 지배하기 시작하는 데서부터 새로운 문제가 발생한다. 맥루한은 문자 언어 즉 인쇄술이 발달하여 만들어진 문화적 현상인 증가된 공통 사유를 "구텐베르크의 은하계"라고 불렀다. 맥루한에 따르면 인쇄 매체는 획일화된 선형적 독해를 강요할 뿐만 아니라 하나의 고정된 관점을 서구 문명에 깊이 새겨 넣었다는 것이다.[7]

예술사를 살펴보면 문학은 처음부터 노래와 결합되었고, 제의와 결합되었으며, 춤이나 공연과 같은 다른 양식과 결합되어 전달되었다는 것을 얼마든지 들 수 있을 것이다. 이것은 문학은 회화나 노래와 비할 수 없을 정도로 가장 많은 갈래 변인을 갖는다는 것을 말한다. 문학이 언어로 된 것인 한 언어 외의 요소들 즉 행위라든가 회화라든가 의례적 절차와 같은 것은 문학을 구성하는 부수적이고 수반적인 속성들에 불과하다.

이러한 부수적이고 수반적인 속성들을 제거하고 문학에만 고유한 유통 갈래를 택한다면 문학은 언어 기호의 전달에만 집중하게 될 것이다.

---

7) Marshall McLuhan, *The Gutenberg Galaxy*, 마셜 맥루한, 임상원 역, 『구텐베르크의 은하계』, 커뮤니케이션북스, 2001, 59~63면. 맥루한은 병적인 근대의 인쇄 문화에 대하여 건강한 대응 짝을 비서구 비근대의 문화 예를 들어 아프리카의 문화, 중세의 구술 문화에서 찾는다. 이것은 탈근대사회가 지향해야 할 비선조적, 탈자아중심주의적 가치를 인쇄문화로 구현된 구텐베르크의 은하로부터 퇴거하여 복합감각이 가능한 시대로 설정한 것이다. 이 논의는 그리 새로운 것은 아니다. 이미 1890년대 Octave Uzanne과 같은 이는 책의 소멸과 말의 등장을 예측했다. 그 이후 듣기가 읽기를 대신하는 논의는 1950년대까지 이어진다. P. C. Murphy, "Books are Dead, Long Live Books", D. Thorburn & H. Jenkins eds., *Rethinking Media Change : The Aesthetics of Transition*, The MIT Press, 2003, pp.81~89. Murphy는 읽기와 책을 구분하는데 이는 주목할 만하다. 맥루한이 이 문제에서 어떤 차이를 보이는지, 미디어의 자본 종속에 대하여 어떤 견해를 갖는지는 잘 알 수 없다.

언어 기호의 음성적 요소와 문자적 요소를 구분하고, 음성 형태의 낭독과 문자 형태의 묵독을 다시 구분한다면, 일체의 연희적 요소가 외적으로 주어지지 않는 묵독이 가장 순수한 형태의 문학 유통이라고 할 수 있지 않을까 한다.

우리나라의 전통 예술에서 처용 전승을 예로 들어보자. 처용 전승은 향가, 고려가요, 소악부, 한시, 현대시, 연극, 영화, 애니메이션, 축제 기획 등 다양한 변주로써 신라로부터 지금까지 전승되고 있는 문화적 실체로서 처용학이라는 용어까지 만들어 사용할 정도이다.8) 이 처용 전승은 네 가지의 미디어 변주를 갖는다.

첫째, 처용 전승 이야기이다. 생각건대 토착적 신격으로서 처용 전승 이야기가 외래적 제의인 나례 의례와 결합되고, 나례 의례가 토착화하는 과정에서 풍성한 문화적 성과를 이루었다. 처용은 문신(門神)으로서 좌정한다. 이것은 우주 공간을 문명과 야만으로 구획하고 중개자로서의 신격을 설정한 신라인의 우주 관념을 반영한 것이다.9) 처용에 대한 이야기나 지귀, 비형에 대한 이야기는 당시의 민속 우주 관념을 담은 제의적 연행을 끝없이 되풀이하는 것이다.

둘째, 신라 향가로서의 처용의 노래이다. 신라 및 고려 초까지 사뇌가는 동천지감귀신(動天地感鬼神)의 능력을 갖는다고 여겨졌다. 고려 초까지

---

8) 처용 전승에 대한 연구는 '처용가' 연구의 사적 개관인 최용수, 「처용가 연구의 현황」, 『한민족어문학』 23, 한민족어문학회, 1993, 31~61면과 최용수, 「처용(가)에 대한 연구사적 검토」, 『한민족어문학』 24, 한민족어문학회, 1993, 27~73면에서 초기의 연구 성과가 망라되었다. 본고와 관련해서는 한옥근, 「정재의 역사와 학 연화대 처용무 합설의 위상」, 『한민족어문학』 38, 한민족어문학회, 2001, 269~284면; 하태석, 「처용 형상의 변용 양상」, 『어문논집』 47, 민족어문학회, 2003, 359~383면이 나례와 처용에 대한 기왕의 견해를 종합했으므로 참고했다.
9) 비형이야기에 대해서는 김성룡, 「비형 이야기에 나타난 귀신이야기의 구성원리」, 『선청어문』 24, 서울대학교 국어교육과, 1996, 377~410면에서 다뤘다.

도 사뇌가는 기양(祈禳)을 위하여 담벼락에 붙여졌다. 사뇌가가 신에 직접적으로 호소할 수 있는 능력이 있다고 믿었던 때문이다.10) 일연(一然)은 향가를 송(頌)과 같다고 했는데 이것은 재래적 소원의 주술적 능력을 중세적으로 재해석한 것이다.

셋째, 고려가요 처용가이다. 이것은 고려 지배층에 신라계 지배층이 대거 들어오면서 신라 민속이 고려로 전승되고 여기에 『예기』와 같은 유교의 예, 즉 대나의례(大儺儀禮)와 결합되어 정착된 것으로 보인다. 나례 때 공연되는 나례희가 궁중의 연희물로 정착하면서 처용가도 춤곡으로써 공연되었다. 이것은 궁중 연희이자 궁중 제의였다.

넷째, 한시로서의 처용가이다. 『동국여지승람(東國輿地勝覽)』에는 이제현(李齊賢), 이첨(李詹)의 처용 시를 실었다.11) 더 찾아보면 이제현 뿐만 아니라 오광운(吳光運), 이광사(李匡師) 이영익(李令翊) 부자, 이유원(李裕元) 등 조선 시대의 문인들이 『동국여지승람』을 참조하여 처용 전승을 악부시로써 표현한 것을 알 수 있다.12) 악부시는 민정을 살피고 민심을 순찰해

---

10) 향가의 동천지감귀신의 속성에 대해서는 김성룡, 『한국문학사상사 1』, 이회문화사, 2004에서 다뤘다. 논리적 근거나 자세한 논증은 이들 논저로 미룬다.

11) 『新增東國輿地勝覽』 21. 慶尙道. 慶州府. 古跡. 이제현의 시는 소악부를 옮긴 것이다. 이첨의 시는 그의 문집 『雙梅堂篋藏集』에서는 찾을 수 없었다.

12) 이들 시의 문집 수록 양상을 보면, 악부시를 짓게 된 동기를 서술한 다음 작품을 싣는 형식으로 되어 있다. 아래 인용문은 동기를 서술한 부분과 시 부분을 나란히 인용한 것이다. 원문 번역은 생략한다. 吳光運, 『藥山漫稿』 5, 「海東樂府」. 月明巷 "羅憲康王遊鶴城 忽有一人奇形詭服 詣王前歌舞 從王入京 自號處容 每月夜歌舞於市 竟不知所在 以爲神 後人指其歌舞處 名爲月明巷 至今爲處容舞者始於此 處容來軒軒袖 不是上雲之康老 願效虞庭之鳥獸 臣貌甚詭臣服奇 爲君緩舞爲君歌 歌聖德舞昇平 春滿雞林海不波 三市九街皆影好 不知何處月明多"; 李匡師, 『圓嶠集選』 1, 「東國樂府」. 月明術, "憲康王遊鶴城 忽有一人奇形詭服 詣王前歌舞 從王入京 自號處容 每有夜歌舞於市 竟不知所在 以爲神 後人名其歌舞處爲月明術 處容舞始此 自君之出治也 霜露之適時也 海波之不競也 含氣禀生之達性也 余爲深山之古老 猗而與有好猗 長一尺者頤乎 廣全布者衣乎 舞我者風之敞乎 歌我者月之朗乎 月朗兮滿衢 余與市之氓娛之"; 李令翊, 『信齋集』 1, 「東國樂府」. 月明術. "新羅憲康王遊鶴城 忽有一人奇形詭服 詣王前歌舞 從王入京 自號處容 每月夜 歌舞於市

유가적 정치를 완성하는 데 이바지 한다는 효용을 갖고 있다. 지식인들은 자기 민족의 풍습과 민중들의 생활상을 관찰하고 채집하여 정치의 공효에 이바지하는 자리, 즉 관찰자이면서 전달자의 자리에 자신의 위치를 두어 첫째는 자국 정치적 공효에 이바지한다는 근본적이지만 결코 도달되지 않는 목적을 실현하고자 하고 둘째는 자민족의 문화 풍습을 공동 문어 문학의 형식으로 문명권 내에 소통 가능한 형식으로써 제공하고자 했다.

전근대적 처용 전승은 창작자와 수용자가 구분되지 않는 영역에서 유통된다는 것을 알 수 있다. 구비 문학의 구연이나 제의적 의례, 한시의 창작과 유통은 생산과 수용의 현장이 그리 멀지 않다는 것을 알려 준다. 이것은 매체의 지배가 매우 약할 수밖에 없고, 그보다는 수용자와 생산자의 동족 집단의 목적이나 동기, 환경의 지배를 더 많이 받을 수밖에 없는 구조를 갖게 한다.

竟不知所在 以爲神 後人名其歌舞處 爲月明衞 至今爲處容舞始此 其來詭怪 其所爲適以迷惑世主 宜不辭明王之法誅 後世乃以魁儺之形 俳優之儔 雜於雅樂之列 何哉 盖古昔王明德邪 絃于牀 鳥五章獸一角耶 田于渚 非羆虎士之碩邪 新羅王之德邪 號處容 狀觸擴儺魚龍乃爾之格邪"; 李裕元, 『嘉梧藁略』, 樂府.「海東樂府 百首」. "樂自箕聖始 逮本朝 皇明太宗賜樂器 聲不中律 八音未備 世宗朝 秬黍生於海州 磬石出於南陽 以朴堧爲慣習都監 使校正樂部 仍設二敎坊 左曰東京 右曰成都 卽古樂譜所傳也 其樂大同小異 合稱三韓樂府 後世亦或演而添增 其揆一也 初叙其始尾 繫時樂以備參看 (…중략…) 鶴城春日讌羅王 感動龍神一炷香 處容歌是霜髥舞 五色殊容處五方 憲康王出游鶴城 忽雲霧冥曀 日官奏此東海龍所變也 宜行勝事以解之 於是勅有司爲龍創佛寺 令出雲開 因以名其浦 龍喜 乃率七子現於駕前 讚德歌舞 其一子隨駕入京 名曰處容 一名霜髥"

3. 비판 능력과 문학교육

새로운 커뮤니케이션 미디어가 발생하면 그에 따른 인간관계로 새롭게 만들어진다. 맥루한이 말한 "미디어는 메시지이다."라는 유명한 명제도 미디어에 의해 인간관계의 규모나 형태가 결정된다는 주장을 압축적으로 표현한 말이다.13) 도로망과 철도가 커뮤니케이션의 실체인 것처럼, 책이나 TV도 커뮤니케이션의 실체이다. 인쇄된 책이라는 커뮤니케이션 미디어 실체가 복합감각의 전자 매체들로 전환되었다고 한다면 그것은 새로운 커뮤니케이션 미디어 실체가 등장한 것이고, 마치 도로나 철도에 의해 기존의 인간관계와 다른 새로운 인간관계가 만들어지는 것처럼 새로운 커뮤니케이션 관계가 형성되는 것이다. 그럴 때 구텐베르크의 우주로부터 퇴거하여 새로운 우주 속에서 새로운 관계망을 구성하는 것이다.14)

이 새로운 은하인은 자신이 갖고 있는 감관 기관으로 경험해서 안 것보다 TV나 SNS를 통해 우리에게 전달되고 있는 정보를 더 신뢰한다. 책을 읽고 고통스럽게 사유하지 않아도 태블릿 PC나 스마트폰만 있으면 언제든 바라는 정보를 얻을 수 있다. 그 정보는 이미 사회적으로 완성되어 유통되고 있는 정보이다. 새로운 은하인은 어떤 매체(medium)의 매개(mediation)로써 외계를 감각하며, 매체가 제공하는 것을 참인 것으로 받아들이는 것을 당연시하고 있다. 우리는 주체적으로 사유하기를 중단하

---

13) Marshall McLuhan, W. Terrence Gordon ed., *Understanding Media : The Extensions of Man*, 마셜 맥루한, 테런스 고든 편집, 김상호 역, 『미디어의 이해 : 인간의 확장』, CB, 2011, 33면. 김양은은 매스 미디어라는 물적 실체는 커뮤니케이션이라는 의미로 이해하고 이를 교육하는 것을 찾아야 한다고 했다. 김양은, 『디지털시대의 미디어』, CB, 2009, 53면.
14) F. Hartmann, *Medienphilosophie*, 프랑크 하르트만, 이상엽, 김응경 역, 『미디어 철학』, 북코리아, 2008, 325~368면.

고 기성의 지식에 접속하기를 더 선호하고 있는 것이다.

이 상황이 우울한 것은 두 가지 문제가 내재해 있기 때문이다. 첫째, 우리가 접속해서 다운로드를 받은 그 정보들의 타당성도 바로 여기에 접속해서야 비로소 확실히 알 수 있다는 것이다. 어떤 것의 진리값을 측정할 수 있는 근거가 자신에게는 없다고 고백해야 할 때처럼 주체가 무기력한 순간이 또 있을까? 둘째, 우리는 이미 선택지가 정해져 있는 것 중에서 고를 수밖에 없다는 것이다. 이렇게 정해져 있는 제한된 매체를 선택해야 할 뿐만 아니라 이들 매체에는 이미 제공되기로 정해진 콘텐츠들이 있다. 매체의 종류와 콘텐츠의 내용을 관장하는 이들은 매체를 관장하고 유통과 배급을 조절함으로써 기성의 것을 무한 소비하게 한다.

한때 문학 연구자들은 이러한 상황이 문학의 저변 확대라고 생각하기도 했다. 소설은 사라지지만 스토리텔링은 남는 것이고 시는 소비되지 않지만 시적 표현은 더 확산되며, 이야기는 드라마, 영화, 뮤직 비디오의 형태로 끊임없이 재생산되거나 재창작됨으로써 무한히 증식한다고 믿었다. 그렇기 때문에 영화, TV 드라마, 만화 등도 문학의 범주에 들어간다고 주장하기도 했다. 그러나 이것이 시대착오인 것은, 이미 영화, K-Pop 따위는 자기들의 문법으로 움직이고 있는 데서 찾을 수 있다. '영화판'에서 시나리오 작가의 위상을 보면 시나리오가 영화를 만드는 것이 아니라 영화가 시나리오를 생산한다는 것을 쉽게 알 수 있다. 그러니 미디어에 텍스트가 필요할 때 텍스트는 작가의 창작물이 아니라 미디어에 의해 소용된 편집물일 뿐이다.

문학에서 이러한 문제를 직시하고자 하는 노력이 없었던 것은 아니다. 2009년의 국제한국문학문화학회에서 "자본의 순환과 뉴미디어 테크놀로지의 역학관계",[15] 2010년 한국현대문예비평학회에서 "멀티미디어 시대

와 문학의 소통",16) 국어교육학회에서 "국어교육과 매체언어문화",17) 대
동문화연구원에서 "근대 미디어로서의 극장과 식민지시대 문학 장의 동
학"을 기획 특집으로 다뤘고18) 한국문학교육학회도 2008년 "미디어 시
대의 문학 능력"으로 이 문제를 다루기도 했다. 『문학미디어』라는 이름
으로 문학과 미디어를 전문 조명하는 계간지도 있으며 미디어에 대하여
경고하는 서적은 폭증하고 있다.

그러나 여전히 미디어는 문학에 대하여 어디까지나 지배와 침탈을 목
적으로 하는 제국주의적 속성을 버리지 못하고 있다. 이를테면 미디어에
합하는 것과 반하는 것 중 어느 것이 그 생명을 유지할 수 있을 것인지
를 생각해보라. 미디어가 이러한 막강한 권한을 가지게 된 것은 말할 것
도 없이 자본의 힘이다. 교활한 자본의 힘만으로는 문화와 예술이 갖고

---

15) 주로 근대화의 과정에서 진행된 새로운 미디어의 출현과 그의 대응의 문제를 다루고
    있다. 1930년대 전문 작가가 등장하기 시작했다는 연구(마이클 킴(Michael Kim), 「영웅
    적 생산시대에서 국민문학의 탄생까지 : 식민지 시기의 자본의 순환과 트랜스내셔널
    미디어 시장, 그리고 문학 생산」, 『국제한국문학문화학회』 6, 국제한국문학문화학회,
    2009, 9~35면.)는 당시 상황을 과대해서 이해한 것으로 생각하지만 중요한 지적이라
    고 생각한다. 문학이 미디어에 본격적으로 종속된다는 것을 뜻하는 것으로 이해할 수
    있다.
16) 게임, 시나리오 등을 중심으로 한 기획 주제이다. 그 중 2005년을 기점으로 지적 성찰
    대신 감각적 도약으로 영상 문법을 활용한 일군의 시집들이 등장했다는 지적은 주목할
    만하다. 박상수, 「영상 문법의 시적 변용 과정에 나타난 인식 변화와 매체론적 의의」,
    『한국문예비평연구』 33, 한국현대문예비평학회, 2010, 93~118면.
17) 박인기는 매체는 국어교육의 생태 환경이라고 하고 그동안의 국어교육이 지나치게 언
    어 중심적이어서 오히려 소통능력, 언어능력이 약화되었다고 진단한다(박인기, 「국어교
    육과 매체언어문화」, 『국어교육학연구』 37, 국어교육학회, 2010, 137~158면). 미디어
    생태학이라는 용어는 1970년대부터 등장해 맥루한에 의해서 널리 활용되기 시작했다고
    한다. 이상우, 「미디어 생태계 연구의 역사와 방향」, 김대호 외, 『미디어생태계』, 커뮤
    니케이션북스, 2011, 22~41면.
18) 식민지 조선에서 극장은 식민지적 상황이라는 정치적 관계와 근대적 문물이라는 문화
    적 관계, 그리고 상업적 오락거리라는 경제적 관계 등이 복합적으로 얽혀 있다. 이호걸,
    「식민지 조선의 문화사업, 극장업」, 『대동문화연구』 69, 성균관대학교 대동문화연구원,
    2010, 173~218면은 이러한 극장의 양상을 현상적 기술에 충실히 분석했다.

있는 권한을 찬탈할 수는 없다. 여기에 맹목의 힘이 하나 더 보태어져서 그것이 가능했다. 그것은 바로 대중이라고 불리는 집단이다.

대중이란 오르테가 이 가세트가 냉소적으로 지적한 바와 같이, "무언가를 요구하는 것이 아니라 있는 것을 기뻐하고 자신에게 만족하는 존재들"이다. 그들은 문제에 직면했을 때 그저 자기 머릿속에 떠오르는 것으로 만족한다. 그들에게 지적 노력을 기대할 수 없는 게으른 존재들이다.[19] 이들은 미디어 환경 속에서 살면서 자기에게 있는 것으로 만족한다. 자연 환경이 자연 생산물을 제공하듯이 미디어 환경은 문화 생산물을 제공한다. 이들은 주어진 문화 생산물에 만족하며 문제가 직면했을 때 깊은 사고보다는 즉각적 반응으로 호오를 표한다. 바로 이 맹목이 힘이 미디어를 공인하고 미디어가 심판관인 양 행동하도록 하는 근거가 된다.

미디어는 자본의 교활함과 대중의 맹목을 권력의 원천으로 삼아 문학을 지배한다. 이 권력 앞에 문학은 소비될 생산물품의 하나에, 그것도 잘 소비되지 않아 가공해야 할 덜떨어진 물품에 불과한 것으로 평가를 받는다. 오늘날 미디어가 만연하고, 이 미디어의 모든 콘텐츠가 언어로 이뤄진 것을 보고 문학이 확산되었다고 할 사람은 사태를 잘 모르거나 아주 순진한 낙관주의의 환각에 빠졌거나 둘 중의 하나이다. 그것은 과거의 영광에 침잠하는 퇴행이다.

사정이 이러하므로 이 시대에 문학이 가야 할 길은 너무도 분명하다. 정말 절실한 것은 미디어라는 도구를 잘 사용하는 도구적 이성을 견제할 수 있는 비판적 지성을 확장하는 일이다. 조지 오웰은 <1984>에서 빅브라더의 신어(Newspeak)가 어떻게 대중의 기억을 조작하고 있는지를

---

19) Ortega y Gasset, *La Rebelion de las Masas*, 오르테가 이 가세트, 장선영 역, 『대중의 반역』, 누미노스, 2010, 84~95면.

폭로했다. 우리가 대중 조작, 상징 조작을 밝히 알지 못한다면 우리는 오웰이 말했던 대로 '인류 역사 불변의 원칙인 불평등을 깨지 않기 위하여 주어진 모든 재화를 소비하는' 비극적인 절망 상황을 끝없이 반복해야 한다.

아주 오랫동안 문학은 전망과 유토피아를 제공하는 사회적 헤게모니를 갖고 있었다. 오늘날의 문학은 사회적 분업의 하나로서 파편화됨으로 말미암아 총체성을 상실하였다는 것도 사실이다. 그러나 문학은 교활한 자본과 맹목적 대중으로부터 벗어날 수 있는 몇 안 되는 문화 영역이다. 총체성을 갖지 못하고 전망을 상실한 시대를 살아가면서 허위(虛位)의 실재를 전복하고 거짓 유토피아를 부정하는 데에 문인의 존재 의의가 있다. 문인은 인류를 대표한 인간 정신의 최전선에 서 있는 사람이다. 문인은 우리가 이미 알고 있으면서도 알고 있는 줄을 모르고 있는 것을 알려 주는 사람이다. 그러기에 오르한 파묵이 묘사한 것처럼 문인은 스스로를 자신의 서재로 격리시켜 세상을 발견하려고 한다.

나는 우리 시대의 문학은 전복과 부정을 그의 목적으로 한다고 믿는다. 때문에 미디어를 효율적으로 사용할 수 있는 위한 도구적 이성을 진작하고 발달시키는 것이 문학교육의 목적이 될 수 없다고 생각한다. 문학교육은 문인의 고독감과 절대적 지성을 함께 경험하게 하고 전망이 부재할수록 비판적 지성을 계발해야 함을 일깨우는 데 목적을 두어야 한다. 문학교육과 미디어의 관계를 화해적으로 모색하려는 중에 이러한 서두는 적절하지 않을지도 모른다. 그러나 피터 버거가 말하지 않았던가, "꼭두각시와는 달리 우리는 행동 중에 멈추어 서서 고개를 들어 우리를 움직인 장치를 지각할 수 있는 가능성을 갖고 있다. 이 행위에 자유를 향한 첫걸음이 놓여 있다."라고.

참고문헌

『新增東國輿地勝覽』
吳光運, 『藥山漫稿』
李匡師, 『圓嶠集選』
李令翊, 『信齋集』
李裕元, 『嘉梧藁略』
민현식 외, 「2011년 정책연구개발사업 : 2011 국어과 교육과정 개정을 위한 시안 개발
　　　　연구」, 교육과학기술부, 2011.
한국문학교육학회, 「미디어 시대의 문학 능력, 제48차 한국문학교육학회 학술대회」,
　　　　한국문학교육학회, 2008.

김대호 외, 『미디어생태계』, 커뮤니케이션북스, 2011.
김성룡, 「비형 이야기에 나타난 귀신이야기의 구성원리」, 『선청어문』 24, 서울대학교
　　　　국어교육과, 1996, 377~410면.
김성룡, 「정도전을 통해 본 문학교육 불가론」, 이상익 외, 『고전산문교육의 이론』, 집
　　　　문당, 2000, 49~70면.
김성룡, 『한국문학사상사 1』, 이회문화사, 2004.
김신정, 「다매체 문화 환경과 문학 능력」, 『문학교육』 26. 한국문학교육학회, 2008,
　　　　37~61면.
김양은, 「미디어 교육의 개념 변화에 대한 고찰」, 『한국언론정보학보』 2005년 봄호,
　　　　한국언론정보학회, 2005, 77~110면.
김양은, 「미디어 교육 교육과정 모델 구성에 관한 연구」, 『한국언론정보학보』 2007년
　　　　봄호, 2006, 73~99면.
김양은, 『디지털시대의 미디어』, CB, 2009.
김창원, 「문학 능력과 교육과정, 그리고 매체」, 『문학교육』 26, 한국문학교육학회,
　　　　2008, 63~85면.
마이클 킴(Michael Kim), 「영웅적 생산시대에서 국민문학의 탄생까지 : 식민지 시기의
　　　　자본의 순환과 트랜스내셔널 미디어 시장, 그리고 문학 생산」, 『국제한국문학

문화학회』 6, 국제한국문학문화학회, 2009, 9~35면.

박상수, 「영상 문법의 시적 변용 과정에 나타난 인식 변화와 매체론적 의의」, 『한국문예비평연구』 33, 한국현대문예비평학회, 2010, 93~118면.

박윤우, 「기호 / 소통 / 문화로 본 매체언어와 문학어, 문학 능력」, 『문학교육』 26, 한국문학교육학회, 11~35면.

박인기, 「국어교육과 매체언어문화」, 『국어교육학연구』 37, 국어교육학회, 2010. 137~158면.

이광복 외, 「문학교육의 확장으로서 미디어 교육」, 『카프카연구』 15, 한국카프카학회, 2006, 209~230면

이상우, 「미디어 생태계 연구의 역사와 방향」, 김대호 외(2011), 『미디어생태계』, 커뮤니케이션북스, 2011, 22~41면.

이호걸, 「식민지 조선의 문화사업, 극장업」, 『대동문화연구』 69, 성균관대학교 대동문화연구원, 2010, 173~218면.

최용수, 「처용가 연구의 현황」, 『한민족어문학』 23, 한민족어문학회, 1993, 31~61면.

최용수, 「처용(가)에 대한 연구사적 검토」, 『한민족어문학』 24, 한민족어문학회, 1993, 27~73면.

하태석, 「처용 형상의 변용 양상」, 『어문논집』 47, 민족어문학회, 2003, 359~383면.

한옥근, 「정재의 역사와 학 연화대 처용무 합설의 위상」, 『한민족어문학』 38, 한민족어문학회, 2001, 269~284면.

Anderson, B., *Imagined Communities*, Verso. 2006.

Durkheim, E., *Education and Sociology*, 에밀 뒤르켐, 이종각 역, 『교육과 사회학』, 배영사, 1996.

Hartmann, F., *Medienphilosophie*, 프랑크 하르트만, 이상엽·김응경 역, 『미디어 철학』, 북코리아, 2008.

McLuhan, M., *The Gutenberg Galaxy*, 마셜 맥루한, 임상원 역, 『구텐베르크의 은하계』, 커뮤니케이션북스, 2001.

McLuhan, M., Gordon, W. T. ed., *Understanding Media : The Extensions of Man*, 마셜 맥루한, 테런스 고든 편집, 김상호 역, 『미디어의 이해 : 인간의 확장』, CB, 2011.

Ortega y Gasset, *La Rebelion de las Masas*, 오르테가 이 가세트, 장선영 역, 『대중의 반역』, 누미노스, 2010.

Thorburn, D. & Jenkins, H. eds., *Rethinking Media Change : The Aesthetics of Transition*, The MIT Press. 2003.

제 2 장

문학 / 미디어 교육과 문학복합체 글쓰기

장 노 현

한국학중앙연구원 어문생활사연구소

1. 들어가는 말

문학교육은 변화를 도모해야 하는 시기를 맞이한 것 같다. 무엇이 어떻게 변해야 하는 것일까? 미디어 환경의 변화에 대응해야 한다는 이야기가 많다. 그런데 무엇이 어떻게 바뀌어야 미디어 환경의 변화에 맞춘 것이 될 것인지? 쉽지 않는 문제인 것만은 확실하다. 그래도 문학교육이 미디어 교육과 어떤 형태로든 손을 잡아야 한다는 사실만은 분명해 보인다. 반드시 그래야 할 것 같다.

그렇다면 문학교육과 미디어 교육은 어떻게 손을 잡아야 하는 것일까? 문학교육학에서는 '문학교육과 미디어 교육'의 관계 양상을 대개 두 가지로 정리한다. 우선, 미디어를 통한(혹은 활용한) 문학교육이라는 관점이 있다. 이는 문학교육을 위해 미디어를 동원하는 것이며, 미디어를 수단으로 생각하는 관점이다. 이는 한마디로 '미디어 교수법'이라 불릴 수 있다. 따라서 학생보다는 교사의 입장에서 각종 뉴미디어를 어떻게 교수 활동에 효과적으로 활용할 것인가에 대해 고민한다.

또 하나의 관점은 영화, 드라마, 애니메이션 등의 미디어 콘텐츠를 기존의 인쇄된 문학 콘텐츠와 동일한 범주로 간주하려는 관점이다. 문학 텍스트를 대상으로 해 왔던 것처럼, 각종 미디어 콘텐츠들을 수용, 감상, 해석의 대상으로 받아들이고 그것을 끌어들여 문학교육을 새롭게 하고자 한다. 물론 이 관점 내에는 다양한 스펙트럼이 존재하지만, 이때 선택되는 미디어 콘텐츠들은 주로 문학교육을 위한 보조 텍스트로 인식되는 경우가 많다. 때문에 인쇄된 문학작품과 친연성이 있는 미디어 콘텐츠들이 주로 활용된다. 이런 관점은 미디어 교육, 문화비평적 미디어 교육, 문학교육의 확장으로서의 미디어 교육, 미디어에 관한 교육 등으로 불리며 다양한 세부적 진폭을 갖는다.

그런데 문학교육과 미디어 교육의 관계 양상을 이런 식으로 개념화하고, 나아가 교육현장에서 이런 개념에 맞춰 문학교육을 수행해 가는 것은 과연 타당하고 적절한 것일까? 반드시 그래 보이지만은 않는다. 미디어 교수법적 관점에서 보든, 문학교육의 확장의 관점에 보든, 양자 모두는 문제의 핵심을 빗겨난 개념화일 수도 있다는 생각이 든다. 즉 문학을 둘러싼 미디어 환경에 근본적이고 대대적인 지각 변동이 일어나고 있다는 사실을 너무 안이하게 이해하거나 고려한 느낌이다. 인쇄 미디어가 홀로 독주하던 시대에서 다양한 디지털 미디어가 혼재하는 시대로 바뀌고 있다. 특히 문자만이 아닌(혹은 문자를 넘어) 소리, 화상, 동영상 등을 두루 활용하는 멀티미디어가 기존의 문학적 환경을 빠르게 에워싸고 있다. 이런 변화가 문제의 핵심적 고려사항이 되어야 한다.

어느 순간 정점을 찍었던 근대적 문학제도는 문학의 위기니, 문학의 쇠퇴니, 작가의 죽음이니 하는 각종 '위기' 담론 상태를 지나서, 이제 변화의 한복판으로 진입하기 시작했다. 활판인쇄 미디어의 쇠락은 이미 진행되기 시작[1]했고, 그에 따라 문학제도도 근본적 변혁을 맞을 수밖에 없게 되었다. 아무리 학교 등에서 이루어지는 문학교육을 통해 기존의 문학제도를 유지시키려고 노력해도 이미 시작된 변화를 멈추게 할 수는 없어 보인다. 아니 오히려 이제는 문학을 가르치던 근대적 교육제도 자

---

[1] 미국출판협회(AAP)의 자료에 따르면, 2011년 2월 미국 e북 매출이 9030만 달러를 기록하면서 사상 처음으로 종이책 매출액 8120만 달러를 넘어섰다. 이러한 e북 시장의 성장은 아이패드 같은 태블릿 PC의 확산과 관련된 것으로 파악되고 있다.

체도 변화에 직면할 수밖에 없는 상황이다. 여러 미디어를 동원하여 교수법을 개선하고 다양한 미디어 콘텐츠를 수용하면서 문학교육을 확장하는 수준에서 변화를 어떻게 수습해 보려는 생각이 제대로 먹혀들지 장담하기 힘든 상황이다.

가라타니 고진은 "최근 1세기 동안 문학이 왜 그토록 큰 의미를 가졌는가? 그리고 왜 지금 그것이 사라졌는가?"라고 하는 질문을 던졌다. 이는 근대문학의 정체성과 그것의 종언에 대한 언급에 다름 아니다. 고진의 이런 언급이 한국사회에서는 조금은 성급한 질문처럼 들릴 수는 있다. 하지만 한국의 근대문학과 그 제도 역시 여러 가지 변화 상황에 직면해 있다는 것만큼은 사실로 보인다. 일반 독자들이 문학을 어떻게 생각하는지 잠시만 둘러봐도 금세 분명해진다. 독자들은 이미 문학을 엘리트 지식인의 표상으로도, 교양의 지표로도 생각하지 않는다. 1970~80년대 한국사회에서 그랬던 것처럼, 문학을 사회변혁을 위한 훌륭한 도구로 생각하는 젊은 세대는 더욱 찾아보기 힘들다.

더구나 새로운 독자로 진입해야 할 초·중·고 학생들은 대부분 디지털 미디어의 세례 속에서 태어나고 자란 세대[2]가 되어 버렸다. 이들은 인쇄 문화에 속해 있다가 어느 날 갑자기 디지털 미디어를 사용하게 된 기성세대와는 근본적으로 다른 세대에 속한다. 그들의 사유 체계는 디지털 미디어에 최적화된 상태로 발달하고 있다. 그들은 기성세대들이 불편해 하는 다양한 디지털 기기와 디스플레이를 불편해하지 않는다. 기성세대가 책이라는 매체에서 심리적 편안함을 느끼는 것처럼, 그들은 오히려

---

2) 이들은 활자이탈세대(活字離脫世代)라고 불리기도 한다. 조선일보(2010. 11. 1.)는 이들의 학습능력과 의사소통능력을 평가한 기사에서, 이들이 글의 내용을 잘 이해하지 못하고 문법에 맞는 문장을 제대로 쓰지도 못하고 옳고 그름을 판단하는 비판적 사고력도 부족했다고 평가했다.

디지털 디스플레이에서 편안함을 느낀다. 인쇄 미디어를 중심으로 삼고 디지털 미디어를 주변적인 것으로 생각하는 기성세대와는 참 많이 다르다는 사실을 간과해서는 안 된다. 그들에게 중심적인 미디어는 인쇄 미디어가 아니라 디지털 멀티미디어인 것이다. 따라서 그들에게 있어서 인쇄매체를 기반으로 하는 전통적인 문학은 이미 한물 간 역사적 유물이 되어 가고 있는 것이다. 새로운 독자층으로 진입해야 할 초·중·고 학생들의 이런 변화는 결국 문학의 근본을 바꾸는 힘으로 작용할 것이다.

문학(제도)이 사회에서 갖는 지위와 함의가 달라지고, 범주와 형식이 변하는 상황 하에서, 문학교육만 근대문학 체계를 굳건히 고수해 갈 수는 없다. 오히려 문학(제도)의 변화에 맞춰 스스로의 변화를 적극 모색해야 할 뿐 아니라, 오히려 교육학적 입장에서 문학의 변화상을 새롭게 정립하고 규정해 가는 작업을 서둘러야 할 것으로 보인다. 너무 전통적인 의미의 문학 개념에 매몰되지 말고, 새로운 문학 개념을 정립해 가고 그것에 따라 새로운 문학교육의 논리를 세워 갈 필요가 있다. 본고에서는 이런 문제에 대해서 시험적인 논의를 진행해 보려고 한다.

2. 미디어 환경의 변화와 "문학복합체"

문학교육은 미디어 교육을 자신의 영역으로 끌어들이고 싶어 한다. 하지만 그 과정에서 문학의 본질과 범주를 비롯한 문학의 본질적인 어떤 요소가 다른 모습으로 바뀌는 것을 원치 않는다. 지난 한 세기 동안 그래왔던 것처럼 문학의 가치와 영향력은 지속될 필요가 있으며, 그러기 위해서는 문학이 무엇인가에 대한 기존의 생각이 변해서는 안 된다고 생각하는 듯 보인다. 그래서 근대적 형식의 문학에 대해 어떤 근본적인 의문이나 이의를 제기하기보다는 매체 상황의 변화에 대한 추수적 대응에 만족하는 양상을 쉽게 목격하게 된다. 이는 문학의 본질과 고유의 역할이 불변한다는 논리의 연장선에 위치한다. 그것은 맞는 논리인 것 같다. 문학이 먼저이고, 문학교육이 그것을 따라가는 것이 자연스러워 보이기 때문이다.

하지만 문학교육이 미디어와 조우하게 되면서 그런 자연스러움에는 약간의 혼란스러움이 동반되기 시작했다. 여기에는 닭이 먼저인지 달걀이 먼저인지 하는 문제와 유사한 측면이 있다. 미디어 환경의 급변과 함께 문학교육에 뭔가 변화가 시도되기 시작했다. 어떤 연구자는 문학교육의 방법적 개선을 교육현장에서 도입하기 시작했다. 하지만 문학교수법의 방법적 개선만으로 미디어 환경의 전면적 변화와 그것이 초래하는 다양한 문화사회적 변화를 감당해 내기에는 역부족이다. 그래서 문학교육의 영역과 범주를 재조정할 필요를 느끼기 시작했다. 이런 상황에서, 문학이 기존의 근대적 범주와 형식을 그대로 유지하는 것이 최선인지 의문을 던질 필요가 있다.

닭이 달걀을 낳듯 문학이 문학교육보다 앞선다는 생각에 갇힐 필요는 없을 것 같다. 사실 근대문학이라는 것은 애초에 문학교육을 비롯하여 다양한 문화적 제도들의 영향을 받으면서 정초되고 마련되었던 제도가 아닌가? 그렇다면 미디어 시대의 문학교육도 이미 형성되어 있는 문학에 얽매이지만 말고, 스스로 자신이 가르쳐야 하는 문학이 어떤 것이어야 하는지 한발 앞서 생각해 보기도 해야 한다. 즉 문학에 대한 근본적인 재개념화를 바탕으로 "문학 / 미디어 교육"을 논해야 할 것 같다. 여기서 "문학 / 미디어 교육"이라고 표기한 것은 문학교육과 미디어 교육이

별개의 영역이 아니라 하나의 동일한 범주로 인식되어야 함을 강조한다. 근대문학이 인쇄 미디어에 대해 거의 언급하지 않듯이, 미디어 시대의 문학도 미디어와 하나로 뒤섞여 따로 분리할 수 없어야 한다. 새로운 미디어 환경에서 문학은 무엇이어야 하는가?

최근 들어 문학을 둘러싼 미디어 환경이 변하면서 문학은 점차 '문학복합체'로 변해가고 있다. 문학복합체라니, 무슨 말인가? 어색하고 불편한 용어로 들린다. 왜 그런 용어가 필요한가? 이런 신조어를 문학교육학에서 사용할 필요가 무엇인가?

> 문학하는 환경이 문자 중심의 인쇄매체에 국한되던 시대를 단일매체 문학 환경이라고 본다면, 이제 영화매체, TV매체, 다양한 디지털 매체 등이 문자, 소리, 화상 등을 모두 활용하는 시대를 다매체 문학 환경이라 할 수 있다. 다매체 혹은 멀티미디어 환경에서 매체들은 서로 겹치고 뒤섞이고 상호 교류하면서 새로운 형식의 문학복합체를 만들어내게 된다.[3]

'문학복합체'는 문학의 신체가 변하고 있음을 강조하기 위한 용어이다. 인쇄된 문자, 즉 활자의 세계(책)에 갇혀 있던 문학은 새로운 신체를 탐색하면서 자신의 개념과 영역을 재조정하기 시작했다. 문자의 세계를 넘어서고 책의 겉표지를 벗어나 확장을 모색하고 있다. 문학연구자들은 영화나 게임 콘텐츠, 심지어는 뮤직비디오 등에까지 연구영역을 넓혀놓았다. 이는 문학의 새로운 신체 탐색을 위한 노력이며, 이를 통해 문학 개념과 영역은 얼마간은 지속적으로 재조정 과정을 겪을 것이다. 재조정 과정의 결과는 문학적 범주의 확장으로 귀결될 수도 있지만, 문학을 전

---

3) 장노현, 「다매체 환경에서 문학의 정체성과 연구방법 모색」, 『어문연구』 58, 어문연구학회, 2008, 30면.

혀 다른 무엇으로 만들어 버릴 가능성도 없지 않다. 문학복합체는 문학적 개념과 영역의 재조정된 상황을 지칭하는 용어인 셈이다. 그렇다면 이러한 문학복합체란 구체적으로 무엇인가?

디지털 미디어는 문자, 소리, 사진, 동영상 등을 하나의 플랫폼이나 동일한 문서 환경에서 함께 작동하게 만들었다. 모든 정보 신호가 0 / 1이라는 동일한 체계로 표현 가능해진 것이다. 이에 따라 문자, 소리, 사진, 동영상 등이 저마다 독자적으로 구축하고 있던 각 분야의 예술이 융합(convergence)되기 시작했다. 일종의 멀티미디어적 실천이 시작된 것이다. 이런 융합은 사실 1950년대와 60년대의 존 케이지에게서 시작되었다고 볼 수 있다. 그는 선구적인 실천을 통해 예술에 멀티미디어 관념을 선보였다. 그 후 오랫동안 본격화되지 않았던 멀티미디어적 실천은 디지털 기술의 발전으로 다시 주목받기 시작했다. 특히 '미디어 아트', '웹아트' 등은 멀티미디어적 실천을 통해 새로운 예술 장르를 개척해 가고 있다.

그렇다면 문학적 입장에서 바라볼 수 있는 멀티미디어적 실천은? 그것은 가능한 것일까? 멀티미디어적 실천을 통해 문자를 넘어서 버린 예술을 '문학적'이라고 보아줄 수 있을까? 보아줄 수 있다면 어느 수준까지의 멀티미디어화를 문학적이라고 용인할 수 있을까? 웹툰이나 애니메이션이 서사를 핵심 구조로 하고 있기 때문에 '문학적' 연구가 가능하다고 전제한다면, '문학적'이라는 표지를 부여할 수 있게 하는 또 다른 요소는 무엇이 있을까? 이런 기본적이지만 쉽지 않은 질문들에 답하는 것은 다음으로 미루고, 우선 문학복합체를 이렇게 개념화해 보자. [문학복합체 : 문학 창작이라는 생각 속에서 만들어지거나, 혹은 문학적 입장에서 감상하고 해석할 수 있는, 멀티미디어적 실천 혹은 그것을 통해 만들어진 텍스트]

여기서 가장 중요한 개념은 '멀티미디어적 실천'이다. 멀티미디어적 실천을 통해 만들어진 문학복합체의 대표적인 사례로 우리는 '장영혜중공업 YOUNG-HAE CHANG HEAVY INDUSTRIES'[4)]의 작품을 떠올리게 된다. 장영혜중공업 그룹은 자신들이 문학작품을 창작한다는 생각으로 자신들의 작품을 만들고 있는 것 같지는 않다. 하지만 현실 비판적이면서도 철학적인 내용들이 시적이거나 서사적인 형식으로 표현되고 있는 그들의 작품은 다분히 문학적 입장에서 감상하고 해석할 수 있다.

그것들은 명멸하는 문자를 통해 우리 앞에 제시된다. 이러한 '문자의 춤'을 지켜보다 보면 문자의 의미가 아니라 문자 자체가 말하고 있는 듯한 느낌을 받게 된다. 물론 문자의 춤은 때론 음악을 때론 목소리를 동반하기도 하고, 의미 있는 사진을 배경으로 깔기도 한다. 장영혜중공업이 보여주는 이러한 멀티미디어적 실천은 문학과 다른 예술들의 경계가 흐릿해지고 이들이 상호 스며들듯 섞이고 있다는 느낌을 준다. 한마디로 예술들 간의 경계가 사라지거나 재편되고 있는 것이다.

예컨대 장영혜중공업의 <Black on White, Gray Ascending>(2007)은 [그림 1]에서 보는 것처럼, 7개의 스크린을 통해 야오(Yao)라는 가상 인물의 납치와 살해에 대한 내러티브를 펼쳐놓는다. 각각의 스크린에는 7개의 에피소드가 분배된다. 어떤 스크린은 납치를 실행하는 캐릭터들의 대화를, 다른 스크린은 사건을 목격한 이웃의 증언을, 또 다른 스크린은 사건을 배후조종하는 권력의 목소리를 시각화한다. 정보 감시사회에 편

---

4) '장영혜중공업(YOUNG-HAE CHANG HEAVY INDUSTRIES)'은 1999년 서울에서 창립한 2인조 웹아티스트 그룹이다. 스스로 CEO(최고경영자)라고 칭한 장영혜와 CIO(지식총괄책임자)라 칭한 마크 보주(미국인) 두 명으로 구성된 이 그룹이 초창기 들고 나온 작품은 "삼성은 나를 죽음으로부터 구해 주리라 믿는다."라는 구절이 섬뜩했던 '삼성(SAMSUNG)' 연작이었다.

재한 익명의 시선과 비가시적인 작동 체계에 대한 이 음모론적인 픽션은 이들 특유의 모던 재즈와 보사노바 트랙을 타고 분산된다.5) 또 <Down in Fukuoka with the Belarusian Blues>(2010)6)는 1873년 프랑스의 시인 랭보와 폴 베를랭의 비극적인 사랑이야기를 다룬다. 두 예술가들의 사랑과, 질투, 갈등관계의 심리적 상황 등은 기타와 아코디언이 조합된 때론 나른하고 자극적인 재즈 사운드를 타고 흐르면서, 불안정한 존재인 예술가들과 더 크게는 인간 존재에 대한 이야기를 들려준다.

[그림 1] 장영혜중공업의 〈Black on White, Gray Ascending〉(2007)

시인 장경기도 꾸준히 멀티미디어적 실천을 통해 문학복합체를 생산하고 있다. 그는 자신의 멀티미디어적 실천을 멀티포엠이라 부른다. 멀

---

5) http://aliceon.tistory.com/580 참조.
6) http://www.galleryhyundai.com/teaser/ 참조. 여기에서 작품의 티저 영상을 볼 수 있다.

티포엠이란 기존에 문자만을 활용한 시에서 한걸음 더 나아가, 영상, 음악 등 가능한 모든 매체를 활용하는 새로운 실험적 시 형식이다. '영화 아카데미' 출신인 시인은 비디오 형태로 된 멀티포엠 제1집 <몽상의 피>을 내놓은 이후, 필름, 비디오, 전자북, 대형그림, 대형 실사, CD-Title, DVD 등 다양한 형식의 시를 창작해 왔고, 최근에는 플래시, 프리미어, 디지털 카메라, 캠코더 등의 디지털 저작도구를 활용한 멀티포엠을 만들고 있다. 장경기의 작업은 활자로 된 시집 속에 갇혀 있던 시를 다양한 멀티미디어적 실천을 통해 그것으로부터 벗어나게 하려는 시도들이다. 그렇게 하여 "문학=활자로 된 작품"이라는 도식을 벗어나게 한다.

문학복합체는 이처럼 기본적으로 문자 이외에 소리, 영상 등을 활용하는 멀티미디어적 실천7)의 한 양식이다. 그것은 최근의 다매체 환경과 깊이 관련되어 있다. 여기 하나의 스토리가 있다고 하자. 그 스토리는 다매체 환경에서 영화가 되고, 드라마가 되고, 소설이 된다. 또 다큐멘터리로 재탄생하기도 하고 운이 좋으면 게임이 되거나 애니메이션으로까지 만들어지며, 또 자꾸 무엇이 된다. 동일한 주제를 가진 어떤 하나의 이야기가 여러 다른 매체에서 조금씩 다른 형식으로 반복 변주되는 것이다. 하나의 스토리가 여러 장르와 매체를 손쉽게 가로지르는 이런 현상을 문화콘텐츠 분야에서는 '원소스멀티유즈'(OSMU)라고 한다. 하지만 이런 현상을 문학적 입장에서 '문학복합체'라는 말로 재개념화할 수 있다. 즉 [문학복합체 : 다매체 환경에서 동일한 문학적 주제나 스토리가

---

7) 본고에서 말하는 '멀티미디어적 실천'은 그동안 다양한 형태로 논의되어 온 '복합 양식 문식성'의 개념과 관련되지만, 그보다 훨씬 포괄적인 개념으로 이해할 필요가 있다. 그것은 매체복합적 텍스트의 생산, 유통 및 수용 등에 관련된 개념이며, 이에 대해서는 추후 다른 지면을 통해 추가적인 논의가 필요하다.

여러 매체와 장르를 가로지르며 지속적으로 변주시키는 멀티미디어적 실천 혹은 그 결과로 만들어진 텍스트 복합체].

스토리가 여러 매체와 장르를 가로지르는 현상은 오래 전부터 있어 왔다. 예컨대, 박경리의 소설 <토지>는 오랜 시간적 간격을 두고 영화와 TV드라마로 만들어졌고, 계속해서 만화나 서사음악극으로도 매체가 전환된 바 있다.[8] 이런 현상은 한동안 '문학의 영상화'라는 주제로 매체 전환에 관한 연구가 이루어져 왔다. 하지만 최근 들어서는 하나의 스토리가 만들어질 때, 영화, 소설책, 게임, 애니메이션, 등 가능한 여러 가지 문화적 형식으로 거의 동시에 기획된다. 기획단계에서부터 이미 다양한 창구효과를 노리고 그렇게 만들어진 각각의 형식은 저마다 매체적 특성을 드러내는 동시에 상호 보완적 관계 속에서 작동한다. 다음과 같은 애니스타일 광고에서는 하나의 스토리가 소설, 웹사이트, TV광고 등에서 상호 보완적으로 상승작용을 하면서 수용되는 사례를 확인할 수 있다.

한 편의 추리소설에서 출발한 애니 스타일 광고는 처음부터 다른 매체로의 변용과 그것을 통해 얻게 되는 상호 보완의 효과를 고려한 실험적인 광고 기법을 선보였다. 먼저 애니콜 홈페이지에 한 편의 소설이 게재되었다. 그것은 사라진 다이아몬드 반지를 찾아 사건을 풀어가는 탐정의 스토리였다. 이 소설은 인터넷 환경 속에서 디지털 스토리텔링으로 변용되었는데, 여기에는 사건일지와 사건 해결의 단서들이 잘 정리되어 있었다.[9] 그리고 다시 TV광고가 만들어졌다. TV광고는 오프닝에 해당하는 1

---

8) 영화 <토지>는 1974년 김수용 감독에 의해 만들어졌다. TV드라마 <토지>는 1979년, 1987년, 2004년 3차례 제작되었다. 만화 <토지>는 2007년 오세영에 의해 소설의 1부가 출간되었다. 서사음악극 <토지>는 이승하가 노랫말로 압축한 대본에 김영동이 곡을 붙여 세종문화회관에서 공연되었다.

9) 박사문, 「삼성 애니콜 애니스타일 TV 광고와 웹 광고의 스토리텔링」, 『문화산업과 스토리텔링』, 다홀미디어, 2007.

편에 이어, 3명의 용의자에 대한 추리 과정을 담은 2~4편이 연작 형식으로 만들어졌다. 소설을 읽은 독자들의 경우에는 극단적으로 압축된 TV 광고를 보면서도 마치 긴 추리영화 한 편을 보는 느낌을 받게 되고, 그렇게 감동받은 사람들은 인터넷 스토리텔링을 통해 사건 정보들을 탐색하면서 스토리를 재소비하게 된다. 즉 각각의 매체에서는 스토리가 자체적으로 완결되지 않으며, 문학복합체라는 상호적 관계 속에서 최대로 기능하게 된다. 이는 광고의 기획 단계에서 치밀하게 계획된 효과들이다.

하지만 텍스트의 감상과 해석만으로 문학복합체의 상호적 관계가 설정될 수도 있다. 각종 매체와 장르를 넘나드는 매체 통합적 읽기는 어떤 면에서는 하이퍼텍스트에서 하이퍼링크가 작동하는 원리와 유사하며, 따라서 직관과 연상의 방식10)에 주로 의존하여 재맥락화된다. 미디어 교육을 도입하여 문학교육을 확장하려는 연구자 중에는 이런 매체 통합적 읽기의 교수학습 모델을 자주 실험하기도 한다.

예컨대, 이상의 <오감도>를 '불길한 조감도'로 해석하게 되면, 까마귀의 눈을 빌려 공중에서 폐쇄된 도시를 내려다보는 시인의 시선과 위치를 만나게 된다. 시인은 높은 곳에 있고 거기서 세상을 굽어본다. 그 아래에는 무섭거나 무서워하는 13인의 아해가 질주하는 막다른 골목으로 상징되는 폐쇄된 도시가 펼쳐져 있다. 작품 읽기가 여기에 이르면, 갑자기 영화 <베를린 천사의 시>에 등장하는 천사가 생각날 수 있다. 베를린 상징물인 67.5m 높이의 전승기념탑 위 빅토리아 여신상에서 음습한 빛의 도시 베를린을 굽어보는 천사 다미엘의 모습이 그것이다. 이렇게 시 작품을 영화와 연계해서 해석함으로써 양자는 감상과 이해의

---

10) 장노현, 『하이퍼텍스트 서사』, 예림기획, 2005, 53~55면 참조.

폭을 상호 확장시켜 주는 텍스트 복합체가 된다.11) "마치 끊임없이 이어지는 수많은 하이퍼텍스트들의 독특한 조합처럼 다양한 형태의 독창적인 문화물"12)을 재구성해 낼 수 있게 되는데, 우리는 이를 문학복합체 실천의 한 형식이라고 할 수 있다.

'문학복합체'의 '문학'은 근대적 형식으로서의 문학 개념이나 범주와는 다르기도 하고 같기도 하다. 문학이라는 말에 특수한 근대적 의미가 부가되기 전, 문학은 주로 읽기와 관련되어 있었다. 17세기에 등장한 '리터러리(literary)'라는 말은 읽는 능력과 독서경험을 뜻하였다. 그러다가 18세기에 이르러 문학은 '품위 있는' 혹은 '고상한' 학식으로 의미가 확장되었다. 이때 문학은 특정한(소수의 국한되는) 교육수준을 나타내는 일반화된 사회적 개념이 되었다. 이때까지만 해도 문학이라는 말이 '일정한 질을 가진 활자화된 책'이라는 아주 객관적인 성격의 범주로 받아들여지지는 않았다. 하지만 그 후 읽는 능력과 읽는 경험이라는 이전 의미를 차츰차츰 밀어내면서 문학을 규정하고 정의하는 새로운 경향들이 나타났다. 이 복잡한 경향들은 세 가지로 정리될 수 있다. 첫째는 문학의 질을 정의하는 기준이 '학식'으로부터 '취향'이나 '감수성'으로 바뀐 것이고, 둘째는 문학이 점점 '창조적' 혹은 '상상적인' 작품들로 특수화된 것이며, 셋째는 '전통'이라는 개념이 민족적인 차원에서 널리 사용되면서 '민족문학'에 대한 한층 효과적인 정의가 가능해진 것이다.13) 이렇게 근대문학은 미적 텍스트로서 점점 더 특수화되는 과정을 걸었다.

---

11) 정재찬, 「상호텍스트성에 기반한 문학교육의 실천」, 『독서연구』 21, 한국독서학회, 2009, 129~133면.

12) 정재찬, 「미디어 시대의 문학교육」, 『문학교육학』 28, 한국문학교육학회, 2009, 341면.

13) 근대문학의 발생을 전후한 문학적 규정과 정의들은 다음 책을 참조하여 정리한 것임. Raymond Williams, *Marxism and Literature*, 레이몬드 윌리암스, 박만준 역, 『문학과 문화 이론』, 경문사, 2003, 63~77면.

그리고 점점 난해해지면서 독자로부터 멀어졌을 때, 피들러는 소설의 죽음을, 앨빈 커넌은 문학의 죽음을 선언했다.

근대적 형식의 문학이 지닌 이러한 개념이나 범주들과 비교해 보면, 문학복합체는 이전의 문학보다 덜 문학적이고, 덜 고급스러운 것일지 모른다. 취향과 감수성만으로 질적 정의를 내리기 어려울 만큼 잡다한 기준이 필요한 복합체일 수 있기 때문이다. 그래서 생소하고 낯설게 보일 수도 있다. 문학이 아닌 다른 무엇으로 보일 수도 있다. 문학복합체는 이전의 문학보다 덜 창조적이고 덜 상상적인 것일지 모른다. 훨씬 더 참조적, 유희적, 실용적 텍스트의 복합체일 수 있기 때문이다. 그것은 이전의 문학에 비해 훨씬 다양한 질적 층위로 구성될 수도 있다. 문학복합체는 이전의 문학보다 덜 전통적이고 덜 민족적인 텍스트가 될지도 모른다. 그것은 민족적 전통의 계승이나 문화의 전승 같은 것보다는 개인의 현재적 삶의 맥락을 중시하는 것일 수 있다. 그래서 그것은 읽기 위한 실체적 텍스트가 되기보다는 쓰기를 통한 문화적·예술적 실천에 가까워질 가능성이 높다. 그만큼 덜 물질적이고 그래서 덜 실체적이다.

3. 문학 / 미디어 교육의 대전환에 대한 모색

문학이 무엇인가에 대한 생각은 문학교육의 방향과 방법론을 도출하는 논리적 근거가 된다. 때문에 문학에 대한 생각이 바뀌면 문학교육이 달라지게 되고, 반대로 문학교육의 변화의 필요성을 느끼면 문학에 대한 생각을 우선 점검해 보아야 한다. 앞장에서 문학복합체에 대한 이야기를 꺼낸 것도 그 때문이다. 미디어 교육을 문학교육 내에 수용하려는 논의가 활발해진 이유 중의 하나는, "학생들의 삶의 맥락 속에 중요한 위치를 잡고 있는 대중문화를 교육의 대상으로 삼아 국어 교육에서 학생들의 적극적인 참여를 이끌어내기 위함"14)이다. 즉 기존의 국어교육(문학교육)이 학생들의 삶의 맥락과는 많이 동떨어져 있었는데, 이를 미디어 교육으로 보완할 수 있다는 논리이다. 그런데 학생들의 삶의 맥락을 존중하고 그들을 문학교육에 적극 참여시키기 위해서는 그런 목적에 맞게 문학의 새로운 개념과 범주가 필요하다는 판단이다.

문학복합체는 미디어 환경의 급변, 특히 디지털 미디어의 급속한 확산에 따라 우리가 경험하게 될 새로운 예술 형식이다. 문학이 문학복합체로 문화적 형식을 전환시켜 간다고 전제한다면, 문학교육도 그것에 맞게 근본적인 변화를 모색해야 할 필요가 있을 것이다. "이에 문학교육계는 작품(정전, 실체) 중심, 교사 중심, 해설 중심보다는 텍스트 중심, 학습자 중심, 활동 중심으로 문학교육의 방향을 취해 나가자는 데 대략 합의를 해 온 것으로 보인다. 이는 단의성보다는 다의성이, 지식보다는 창의성 신장이, 훈련보다는 유희의 정신이 더 소중하다는 패러다임에 동의한 결과이다."15) 그렇다면 그런 방향으로 나가기 위해서 어떻게 해야 하는가? 필자는 그것이 '쓰기'(혹은 '창작', 혹은 '창의적 제작', '텍스트 생산')의 활성화에 달렸다고 생각한다. 이번 장에서는 이 문제에 대해 살펴보겠다.

문학교육은 대개 수용과 감상 위주의 교육이었다. "문학 감상 교육의 최종 극점은 꼼꼼히 읽기, 비판적 읽기, 창의적 읽기를 통해 작품을 보는 자신만의 관점을 설정"16)하는 데 있었다. 교육과정에 '창작' 혹은

---

14) 정현선, 「한국의 교육과정과 미디어 교육」, 『한국언론학회 미디어교육 컨퍼런스』 자료집, 2004, 96면.
15) 정재찬, 앞의 논문, 112면.
16) 임성규, 「개정 국어과 교육과정 문학 영역에 대한 비판적 검토」, 『국어교육』 124, 한국

'창의적 제작' 등에 대한 목표 제시가 전혀 없는 것은 아니지만, 학교 현장에서는 아무래도 너무 소홀했다. 구색 맞추기 정도였다. 그리고 창작 수업이라고 해 봐야 기껏 이어쓰기, 바꿔 쓰기 정도가 시도되었다.[17] 이어쓰기나 바꿔 쓰기는 당연히 어떤 작품에 대한 수용과 감상의 과정을 전제로 한다. 기성 작품에 대한 비판적 수용과 감상을 새로운 작품 창작을 위한 필수적 과정으로 생각하는 것이다. 즉 다른 사람의 작품에 대한 높은 안목의 수용과 감상을 할 수 있게 되면 비로소 창작이 가능해진다는 논리처럼 보이기도 한다. 수용과 감상의 능력이 갖추어진 연후에 작품의 창작(생산)에 참여할 수 있다는 관점이 내재되어 있는 것이다.

근대적 형식의 문학 개념에서 수용과 감상 위주의 문학교육은 어쩌면 지극히 당연하고 자연스러운 선택이었다고 할 수 있다. 근대문학의 개념은 읽기능력의 특수화가 이루어진 결과로 형성되었기 때문이다. 소수의 창의적 작가가 다수 대중에게 제공하는 읽을거리의 한 형식이 문학이었으며, 대중들은 주어지는 문학작품을 잘 읽어야 하는 사람이었다. 그들은 책읽기를 통해 계급적 감수성과 취향을 소비하는 데 익숙하고 능숙해져서 교양을 갖춘 사람으로 성장해 가야 할 사람들이었다. 결국 그들은 그 속에서 주체가 아닌 대상이자 객체였다.

그런데 오랫동안 유지되어 오던 이런 익숙한 틀에 균열이 생기기 시

어교육학회, 2007, 460~461면.

17) 하지만 아직도 창작을 직접 지도하는 문학 교실의 상황은 그리 만만하지 않다. …… 그것은 단순히 학습자들에게 '한번 써 보자', '신경 써서 써 봐라' 하는 과제 제시가 일반적인 모습일 뿐… 개작 활동의 경우 창작에만 신경을 집중할 경우보다 오히려 창작 활동이 제대로 이루어지지 못한다는 사실을 고려할 필요가 있다. 주어진 작품에 대한 충분한 감상이 전제되고서야 그 일부분이나 특정 표지의 재구성이 가능하기 때문이다. 또한 단순히 작품의 일부분을 다른 단어나 문장으로 대체하는 것은 '글자 바꾸기 놀음'에 해당할 뿐 전면적인 창작으로 나아갈 수 있는 동력으로 기능할 수 없기 때문이다."(위의 논문, 458~459면)

작했다. 문제가 생기기 시작한 것이다. 문학교육을 통해 아무리 읽기를 가르쳐도, 수용과 감상을 통해 교양을 갖춘 사람이 되라고 애써 일러줘도, 교실 밖의 사람들은 예전처럼 문학작품을 흥미로운 읽을거리로 받아들이지 않게 되었다. 읽기는 문학작품뿐만 아니라 전반적인 읽기 문화의 쇠퇴 현상으로 나타나고 있다. 그래서 읽기 문화를 보호하고 책 읽는 사회를 만들기 위한 문화정책 토론회[18]가 개최되기도 하였다. 토론회에서는 읽기 문화를 진작하기 위한, 출판문화산업 진흥이나 청소년 독서운동 등등의 다양한 방법들을 쏟아냈다. 틀린 방법들은 아닐 것이다.

하지만 이런 방법들이 가진 맹점은 여전히 독자들에게 읽을거리를 제공한다는 사명감에 불타고 있다는 것이다. 이런 논리 속에서 독자들은 여전히 읽을거리를 소비하는 대상으로 자리매김 된다. 즉 출판 산업의 최종 소비자일 뿐인 것이다. 정부의 문화콘텐츠 산업정책 중에서 잘 팔리는 콘텐츠, 소위 '킬러콘텐츠'에 대한 정책은 이런 논리의 극단적인 형태일 수 있다. 킬러콘텐츠는 문화콘텐츠산업의 입장에서 보면 그 논리가 수긍되는 측면도 없지 않지만, 사회문화 전반적인 입장에서는 문제점이 없다고 할 수 없다. 앞서 언급한 문화정책 토론회에 참석했던 한 토론자는 "킬러콘텐츠만 '콘텐츠'로 평가받는 분위기 속에서 일반인들은 '강요된 읽기, 킬러콘텐츠 소비'에 지쳤다."[19]라고 지적하기도 했다.

이처럼 읽기 문화가 위기에 처한 상황에서, 읽기 중심의 문학교육은 지속되기 어렵게 되었다. 무슨 대안이 필요하다. 읽기를 더욱 강화해 보는 것은 어떨까? 아무래도 그것은 좋지 않은 방법인 것 같다. 읽기 문화

---

18) 2010년 12월 3일, 사단법인 한국출판학회의 주최로 <제7차 출판정책 라운드테이블>이 개최되었는데, 이때의 주제는 "위기의 읽기문화, 어떻게 할 것인가"였다.
19) 구모니카, 「위기의 읽기문화, 청작문화부터 해결해야 할 것」, 『위기의 읽기문화, 어떻게 할 것인가?!』(제7차 출판정책 라운드테이블 자료집), 2010. 12, 24면.

의 위축이 학생들의 단순한 변심에서 발생한 것이 아니기 때문이다. 그
것은 이 글에서도 애써 강조해 온 바이지만, 문학을 둘러싼 미디어 환경
의 근본적이고 광범위한 변화가 가져온 문화사적 변화에 기인하는 바
크기 때문이다. 이미 학생들의 손에는 문학책이 들려 있지 않다. 그들은
책을 들어 읽지 않아도 자신의 시간을 흥미롭게 버텨낼 수 있다. 그들은
신무기(디지털 기기들)로 무장하고 있기 때문이다. 읽기가 아니라면 문학
교육을 쓰기 중심으로 대전환하는 것은 어떨까? "(미국의) 거의 모든 종
합대학과 단과대학이 계속해서 문학교육을 다양한 종류의 글쓰기 교육
으로 전환하고 있는 것은 변화를 알리는 신호이다."[20] 앨빈 커넌이 벌써
20여 년 전에 이런 지적을 했던 것을 고려하면, '쓰기로의 대전환'이 아
주 얼토당토 않는 이야기는 아닌 듯싶다.

그런데, 읽기조차 힘겨워하고 싫어하는 학생들에게 쓰기라니? 말도 안
되는 제안처럼 들릴 수도 있다. 하지만 꼭 그렇게 생각할 필요는 없어
보인다. 수용과 감상의 능력이 갖추어진 연후에 작품 생산에 참여할 수
있다는 관점은 지극히 근대적[21]이다. 읽기의 문화는 근대적인 문화이다.
그것은 다분히 하향식 체계로 작동한다. 전문적인 소수의 작가가 작품을
생산하고 다수의 일반 독자들이 이를 수용한다는 인식이 그것이다. 근대
적 작가들은 전문적인 훈련과 교육을 받은 후, 일반적으로 등단이라는

---

20) Alvin Kernan, *The Death of Literature*, 앨빈 커넌, 최인자 역, 『문학의 죽음』, 문학동네,
   1999, 270면. 참고로, 앨빈 커넌의 이 책은 초판이 1990년 9월 26일에 출간되었다.
21) 이와 관련하여, 읽고 쓰는 능력으로서의 문식성의 역할과 의미가 '신화'에 불과하다는
   회의적 견해를 주목해 볼 필요가 있다. 회의론자들은 문식성이 언제, 어느 상황에서나
   발휘되는 능력이 아니며, 문식성을 갖춘다고 하여도 개인과 사회의 문제가 해결되는
   것은 아니라고 주장하며, 또한 그들은 문식성이 단지 특정한 맥락과 상황에서 유효하
   게 작동하는 능력이기 때문에 그것이 유능과 무능, 합리와 불합리, 효율과 비효율을 결
   정하는 잣대가 될 수 없다고 생각한다(정혜승, 「문식성(literacy) 교육의 쟁점 탐구」, 『교
   육과정평가연구』 11(1), 한국교육과정평가원, 2008, 165면).

제도적 통과의례를 거친 사람들이다. 그런데 실제로 문학이라는 것이 그처럼 훈련받는 사람들만 써낼 수 있는 것일까? 그것은 근대적 작가들을 위해 만들어진 신화에 불과하지 않을까? 이런 물음을 조금 확대시키면, 쓰기 능력이 반드시 읽기 능력의 뒷받침을 받아야 하는가, 하는 의문에 직면한다.

시골 아낙들이 자신의 삶을 진술하고 애절하게 읊었던 수많은 민요(그것은 실제로 한편의 시를 읽는 것보다 훨씬 감동을 주기도 한다)는 어떻게 만들어질 수 있었을까? 그들에게 읽기란 애초에 불가능에 가까운 일이었다. 필자는 최근 몇 년간 구술생애사를 채록하는 작업을 해 왔다. 그 채록 과정에서 만나게 되는, 문학교육을 받지 못한 구술자들의 뛰어난 이야기 능력은 어디서 온 것인가? 실제로 그들 중에는 지나온 삶의 이야기를 구조화하는 데 능숙한 솜씨를 보여주는 구술자들이 적지 않았다. 그들 중에는 소설 한 편 읽어보지 못한 사람들도 있었다. 결국 문학 감상 능력은 문학 생산을 위한 필수적인 전제가 되지 않는다는 사실을 발견할 수 있다. 상호 보완적 관계일 수는 있어도 어느 것이 다른 것의 전제가 되지는 않는다.

뿐만 아니라 학생들의 손에 들려 있는 신무기들은 쓰기를 더욱 쉽게 만든다. 어떤 이들은 디지털 시대의 쓰기는 읽기와 연동되어 간다고 말한다. 그만큼 쓰기가 보편화될 수 있는 환경이 조성되었다는 지적이다. 젊은 세대는 다양한 미디어를 이용해 자기의 이야기를 하기 시작했다. 누가 하라고 하지 않았는데 그들은 그곳에서 그렇게 자신을 표현하고, 나아가 이런 것을 한번 읽어보라는 듯이 읽을거리와 볼거리를 세상에 내놓는다. 그들은 문자와 소리, 화상, 동영상 등을 두루 활용해 자기를 표현하는 데 익숙한 세대이다. 그런 그들에게 우선 이런 저런 고전 작품을 읽고, 먼저 비판적 감상 능력을 갖추라고 끊임없이 요구하는 것은 좋은 방법이 아니다. 그들에게 문학복합체를 만드는 멀티미디어적 실천에 참여하도록 유도하는 것이 훨씬 실천 가능한 방안이다.

호주의 퀸즈랜드(Queensland) 주의 2004년 개정된 자국어 교육과정은 '말하기・듣기 / 읽기・보기 / 쓰기・형상화' 등 6가지 학습 영역을 포함하고 있다. 여기서 주목되는 것은 쓰기 외에 따로 형상화(Shaping) 영역이 설정되어 있다는 사실이다. "Shaping(형상화)는 개인적, 사회적, 문화적, 미학적 목적의 텍스트(글로 쓰이거나, 시각적이며, 멀티모드적인 텍스트)들의 의미를 구성(표현, 제작)하는 것에 초점을 두고 있다. 즉 '형상화하기'는 시각적이거나 좀 더 다양한 층위의 언어로 된 구체적인 텍스트를 제작하는 영역으로 볼 수 있다."22) 퀸즈랜드 주의 교육과정에 등장하는 'Shaping' 영역은 문학복합체를 만드는 멀티미디어적 실천과 여러 모로 유사한 측면이 있다.

문학교육이 참여와 생산 위주로 가야 한다면 그것은 어떤 모습으로 구체화될 수 있을까? 우선 생산의 주체에 대한 문제이다. 대개 문학작품의 창작은 한 사람의 창조적 작가에 의한 고독한 작업이라고 생각되었다. 작가들은 완전 폐쇄된 자기만의 골방에 틀어박혀 작업하는 것을 선호했다.23) 그런데 그런 작업 방식에 변화가 나타나고 있다. 영화나 드라마의 시나리오는 더 이상 일개인의 창조적 작업 결과가 아닌 시대가 되었다. 네그로폰테는 자신의 책에서 "디지털 세대는 조화와 협동을 통한 지식과 정보의 공유 변형을 통해 문화와 문명의 발전에 기여할 수 있

---

22) 정현선, 앞의 논문, 97면.
23) 이외수가 그런 경우였는데, 최근 이외수가 골방을 탈출하여 SNS의 하나인 트위터를 통해 사람들과 소통하고 거기서 소재를 찾거나 작품을 구상하는 작가로 변신했다는 사실은 참으로 상징적이다.

다.”고 언급했다. 이제 문화와 문명의 발전은 고독한 개인보다는 조화로운 협동 작업에 참여하는 사람들에 의해 가능해진다. 협업이나 집단지성의 중요성이 차츰 커지고 있는 것이다.[24]

문학교육은 이런 추세에 맞춰 변해야 한다. ‘개인’의 창조적 능력을 향상시키기 위한 글쓰기 교육은 지나치게 근대적이다. 문학교육은 협업을 연습하는 교육의 장이 되어야 한다. 예컨대 앞에서 언급했던 삼성 애니콜 광고와 같은 문학복합체를 만들어 내기 위해서는 스토리 작가뿐만 아니라, 영상 전문가, 카피라이터, 웹 콘텐츠 전문가 등 다양한 분야의 사람들이 협력해야 한다. 문학복합체는 이처럼 서로 다른 관심과 능력을 가진 여러 사람들이 협력함으로써 만들어질 수 있다. 이런 과정을 통해 습득한 협력 정신과 방법들은 디지털 사회를 살아가는 소중한 힘이 될 것이다.

그렇다면 학생들이 협력적 참여를 통해 만들어낼 문학복합체는 어떤 내용으로 만들어지는 것이 좋을까? 물론 어떤 것이라도 좋다. 다만 학교에서의 문학교육에서는 일상적 삶과 체험을 대상으로 하는 것이 좋겠다. 특히 자신보다는 주변 사람들의 삶을 형상화하는 작업에 좀 더 비중을 둘 필요가 있다. 이는 2007년 교육과정에서 ‘문학과 공동체’나 ‘문학의 생활화’ 항목 등을 통해 문학을 삶의 실천으로 보고자 했던 관점과 잘 어울리는 것이다. 학생들은 이 작업을 통해 학습과 생활, 일과 놀이 간의 중간 지대를 체험하게 될 것이다. 학습을 위해 만나는 사람과 실제 생활에서 만나는 사람 간의 구분이 없어지기 때문에 학생들은 학습 부

---

24) 최근 클라우드가 부상하고 있다. 여기에 힘입어 본격적인 네트워크 컴퓨팅 시대가 멀지 않아 도래한다면, 디지털 협업은 훨씬 손쉽게 이루어질 수 있을 것이다. 참고로, 클라우드는 PC와 스마트폰, 태블릿, 스마트TV E등 모든 디바이스가 서로 통합되고 데이터가 쉽게 이동되는 미래의 컴퓨팅 환경을 말한다.

담 없이 훨씬 유희적 상황에서 작업을 진행해 갈 수 있다. 이렇게 함으로써 문학복합체는 미적 대상으로부터 점차 소통의 방법으로 변한다. 즉 미적 커뮤니케이션의 영역을 벗어나 일상적, 문화적 소통을 위한 커뮤니케이션의 영역으로 확장될 수 있다. 앨빈 커넌의 다음 언급은 같은 맥락에서 이해될 수 있다.

> 학생들에게 문학은 현실의 또 다른 범주로 사라져가고 있다. 그곳에서 문학은 말이나 그림, 도표와 같은 다른 수많은 의사소통 방법들, 그리고 인쇄, 텔레비전, 라디오, 비디오, 카세트, 레코드, CD 등과 같이 정보를 효과적으로 수집하고 구성하고 전달하는 다른 수많은 의사소통 양식들 중에서 단지 글을 통한 의사소통을 위한 하나의 테크닉일 뿐이다.[25]

하지만 여기에서 일상적 삶과 체험에 관심을 두는 것은 보다 실제적인 이유도 있다. 그것은 학생들에게 자료를 모으고 취재를 하는 직접적인 경험을 해 볼 수 있게 해주기 때문이다. 우리나라 글쓰기 교육의 가장 큰 문제점 중 하나가 어떤 주제나 제재를 던져주고 '한번 써 보자'하는 방식이다. 그렇게 되면 학생들은 아무 것도 없이 머릿속에서 글을 쥐어짜느라 고생한다. 무엇보다도 자료를 모으고 취재를 하는 과정을 통해 글쓰기가 이루어진다는 것을 학생들은 알지 못한다. 때문에 취재가 용이하고, 다양한 자료를 모으기 쉬운 글쓰기 대상을 찾는 것이 중요한데, 그것이 바로 주변 사람들의 생애사 작업일 수 있다. 그리고 그것은 소설 형식, 영화 형식, 다큐 형식, 사진이나 동영상 등 어떤 매체, 어떤 장르로도 쉽게 만들어질 수 있다.

---

25) 앨빈 커넌, 앞의 책, 270면.

4. 마무리

문학(제도)은 단순히 문학작품으로만 이루어지지는 않는다. 등단 같은 작가 제도를 비롯하여, 문학비평 제도, 문학출판 제도, 문학유통 제도 등의 여러 가지 하위 제도들로 구성되어 있다. 그중에서 문학교육 제도는 가장 중요한 하위 제도에 속한다. 문학교육은 문학이 무엇이고, 또 무엇이어야 하는지 정의하고 정립하는 데 있어서 중요한 역할을 하게 된다. 사람들은 학교교육에서 문학이라고 배운 것을 문학이라고 생각한다. 그래서 시와 소설을 다른 종류의 글들과 다른 특별한 글로 생각한다. 그것을 삶의 진정성과 인간의 존재 의의를 되짚게 하는 글들이라고 생각한다. 하지만 이런 전통적인 의미의 문학에만 초점을 맞춘 문학교육이 지속된다면, 어느 순간 문학은 현재를 반영하지 못하는 퇴영적 제도의 그늘에 갇혀 버릴지도 모른다.

특히 오늘날과 같이 문학을 둘러싼 여러 환경이 급속하게 변하고 있는 상황에서는 더욱 그렇다. 사회문화의 제반 분야에서 변화가 일렁거릴 때, 문학교육은 원래 보수적인 것이라면서 홀로 끝까지 보수적 입장으로 일관한다면? 그래서 언어예술과 언어예술 아닌 것을 나누는 데 집착하고, 문학 중심(혹은 우선) 주의를 철저하게 지켜 다른 미디어 콘텐츠를 보조 텍스트로 지레 한정해 버린다면 문학과 문학교육의 장래가 어떻게 될 것인지, 진지하게 생각해 보아야 할 때가 되었다. 문학이 지금까지의 모습을 유지하면서 언제까지나 계속될 수는 없을 것이다. 따라서 문학교육은 현재의 문학과 미래의 문학 사이에서 늘 고심해야 한다. 길항하거나 서로 섞여 융합되는 양자를 예의주시하면서 향후 무엇을 문학이라고 말하고 교육할 것인지 고민해야 한다. 그것이 문학교육의 본질적 과제이면서 기본적인 역할일 것이다.

참고문헌

박사문, 「삼성 애니콜 애니스타일 TV 광고와 웹 광고의 스토리텔링」, 『문화산업과 스토리텔링』, 다홀미디어, 2007, 183~211면.

우한용, 「'현대문학' 교육의 생태학을 위하여」, 『국어교과교육연구』 10, 국어교육학회, 2005, 1~22면.

임성규, 「개정 국어과 교육과정 문학 영역에 대한 비판적 검토」, 『국어교육』 124, 한국어교육학회, 2007, 445~472면.

장노현, 「다매체 환경에서 문학의 정체성과 연구방법 모색」, 『어문연구』 58, 어문연구학회, 2008, 27~49면.

정재찬, 「미디어 시대의 문학교육」, 『문학교육학』 28, 한국문학교육학회, 2009, 315~345면.

정재찬, 「상호텍스트성에 기반한 문학교육의 실천」, 『독서연구』 21, 한국독서학회, 2009, 111~160면.

정혜승, 「문식성(literacy) 교육의 쟁점 탐구」, 『교육과정평가연구』 11(1), 한국교육과정평가원, 2008, 161~185면.

정현선, 「한국의 교육과정과 미디어 교육」, 『한국언론학회 미디어교육 컨퍼런스』 자료집, 2004.

한국출판학회, 『위기의 읽기문화, 어떻게 할 것인가?!』(제7차 출판정책 라운드테이블 자료집), 2010. 12.

Gere, C., *Digital Culture*, 찰리 기어, 임산 역, 『디지털 문화』, 루비박스, 2006.

Kernan, A., *The Death of Literature*, 앨빈 커넌, 최인자 역, 『문학의 죽음』, 문학동네, 1999.

Negroponte, N., *Being Digital*, 니콜라스 네그로폰테, 백욱인 역, 『디지털이다』, 커뮤니케이션북스, 2006.

Williams, R., *Marxism and Literature*, 레이몬드 윌리암스, 박만준 역, 『문학과 문화이론』, 경문사, 2003.

미디어아트채널 앨리스온 : http://aliceon.tistory.com/580

갤러리현대 : http://www.galleryhyundai.com/teaser/

제3장
매체 간 상호텍스트성을 통한 현대시 교육 연구

송 여 주

안산 성호중학교

1. 머리말

현대시 교육에서 시 텍스트가 저자라는 유일한 기원을 가지고 있으며, 유기적 의미 구조의 생명체로서 자족적 완결성을 가진다는 관점이 오랫동안 주도적인 위치를 차지하고 있었다. 이런 관점에서 벗어나 시 텍스트의 해석에 관여하는 요인들에 대한 관심이 증대되면서 상호텍스트성에 대한 여러 연구들이 이루어졌다.

모든 텍스트는 상호텍스트적 연관에 바탕을 두고 있으며 텍스트 안의 어떤 요소의 의미는 다른 텍스트와의 관계 속에서만 파악되거나, 그 관계 형성을 통해 훨씬 더 선명하게 드러나게 된다. 이러한 상호텍스트성에 기반한 시 교육은 작가 내적인 범주와 작가 외적인 범주에서 이루어질 수 있다.[1] 시 텍스트 읽기의 과정에서 상호텍스트성이 관여되며, 상호텍스트성을 활용할 때 텍스트 해석이 보다 풍부해진다. 그런데 이는 주로 개별 시 텍스트와 직접적인 연관이 있는 상호텍스트적 관계를 이용한 시해석이다.

여기에서 더 나아가 시 텍스트와 직접적 영향 관계 및 연관이 없는 텍스트들 역시 독자가 자신만의 상호텍스트성을 활용하여 통합적으로 엮어 읽기가 가능하다는 연구도 있었다. 같은 주제나 소재로부터 출발하여 독자의 원체험과 문화적 체험에 따라 상호텍스트적 관계를 구축해 나가는 해석의 방법이다. 독자가 창의적으로 구축하는 상호텍스트성은

---

1) 김정우, 「시 해석 교육 내용 연구」, 서울대학교 박사학위논문, 2004, 81~102면 참조.

시 텍스트들을 포함하여 소설, 영화, 가요, 드라마를 아우르는 모든 문학과 예술, 미디어 텍스트 사이의 상호텍스트성이 가능하다고 보았다.[2]

전자는 문학적으로 영향 관계가 분명하며, 독자가 타당한 해석을 할 수 있도록 도와주는 역할을 한다. 반면 후자는 독자의 측면에서 능동적이고 창의적인 해석을 가능하게 한다는 장점이 있다. 그런데 전자는 문학 내에서, 후자는 문학을 포함한 다양한 매체 및 문화 텍스트에서 가능한 것처럼 보인다.[3]

그러나 본 연구에서는 시 텍스트와 직접적인 연관이 드러나는 상호텍스트성에도 매체를 넘나드는 상호텍스트적 관계의 발견이 가능하다는 사실에 주목하고자 한다. 또한 독자가 상호텍스트성을 활용할 때 다른 매체로부터 말미암은 상호텍스트적 경험이 주요하게 작용하고 있다는 점에 주목하여 매체 간 상호텍스트성에 초점을 맞추어보고자 한다. 이러한 문제의식을 바탕으로, 현대시사에서 매체 간 상호텍스트성이 두드러지게 드러나는 1930년대 모더니즘 시와 영화 사이의 상호텍스트적 관계를 연구 대상으로 삼는다. 특히 영화 매체와 시와의 관련성을 논한 바 있는 김기림의 시를 대상으로 삼고자 한다. 시의 해석 과정에서 영화와의 상호텍스트성은 학습자의 해석 활동을 촉진시키는 역할을 담당할 수 있을 것이다.

---

[2] 정재찬, 「상호텍스트성을 통한 현대시 교육 연구」, 『국어교육학 연구』 29, 한국국어교육학회, 2007.
정재찬, 「미디어 시대의 문학교육」, 『문학교육학』 28, 한국문학교육학회, 2009 참조.

[3] 전자와 후자를 수렴적 상호텍스트성과 발산적 상호텍스트성으로 명명하기도 한다. 본고에서도 이 개념을 사용하고자 한다. 류수열, 「<사미인곡>의 콘텍스트와 상호텍스트적 읽기」, 『독서연구』 21, 한국독서학회, 2009, 84~87면 참조. 또한 기존의 연구를 분류해 보면, 수렴적 상호텍스트성은 동일한 시나 문학 안에서 주로 발견되며, 발산적 상호텍스트성은 매체를 달리하는 다양한 텍스트들 간에 구축된다.

2. 매체 간 상호텍스트성과 시 해석

상호텍스트성은 처음에는 문학 텍스트가 다른 문학 텍스트와 영향 관계에 있다는 의미였다. 점차 상호텍스트성의 개념은 확장되어 텍스트와 텍스트, 주체와 주체 사이, 텍스트와 사회문화적인 영향 관계에서 일어나는 모든 지식의 총체적인 연결에서 나타나는 현상들을 설명하는 개념이 되었다.[4]

매체 간 상호텍스트성은 확장된 의미의 상호텍스트성 개념과 연관되어 있다. 매체 간 상호텍스트성은 특정 텍스트와의 영향 관계만을 의미하지는 않는다. 매체 간 상호텍스트성은 특정 텍스트 차원이라기보다는 매체 특성의 차원에 가깝다. 시 텍스트를 해석해내는 데 다른 매체의 특성을 활용하는 것이다. 그 특성은 시 텍스트의 작가가 의도한 것일 수도 있고 의도하지 않은 것일 수도 있다. 예를 들어 작가가 매체 간 상호텍스트성을 의도했다고 할지라도 독자가 서정시의 관습대로 읽어간다면 상호텍스트적 의미가 실현될 수 없다. 반대로 작가가 매체 간 상호텍스트성을 의도하지 않았다고 할지라도 독자가 그 텍스트에 담긴 매체 간 상호텍스트성을 발견해 내어 상호텍스트적 의미를 실현시킬 수도 있다. 매체 간 상호텍스트성은 텍스트와 작가, 독자, 다른 매체 경험 등이 복합적으로 얽혀 있는 것이다.

본고에서 다루고자 하는 1930년대 모더니즘 시와 영화 매체 사이의 관계 역시 작가, 독자, 영화 매체 경험 등이 복합적으로 얽혀 있다. 1930년대 모더니즘 문학이 시각성, 좁게 말하면 영화와 관련되어 있다는 점

---

4) 김도남, 『상호텍스트성과 텍스트 이해 교육』, 박이정, 2003, 100~105면.

에 대해서는 문학 연구에서 지적되어 온 사실이다.

1910년 2월 영화를 상시 상영하는 활동사진관이 처음 생기게 된 것은 일본인 거류지 황금정에 경성고등 연예관이 개관하면서부터였다. 그 이후 단성사, 연흥사 등 조선인 거주 지역 극장에서도 영화를 상영하기 시작했고, 1920년대에는 대중적인 오락물로 자리 잡게 된다. 1930년대에 이르면, 영화 관람 체험은 문화 향유의 차원을 넘어서 문학작품에도 영향을 주기 시작한다. 1926년부터 1939년에 걸쳐 집중적으로 영화소설이 창조되며, 영화시의 창작이 제안되기도 한다.5) 영화는 같은 서사 장르인 소설뿐 아니라 시와도 상호 영향 관계에 놓이게 된다. 예술과 예술, 매체와 매체 사이의 관계는 일방적 영향이 아니라 항상 상호 영향 관계에 있다 볼 수 있다.

그런데 이 시기의 상호 관계는 조금 다른 양상을 보인다. 그 이유는 영화는 최초의 영상 매체로 등장하였기 때문이다. 맥루한에 의하면, 모든 미디어는 인간의 감각을 확장시키는데, 영화는 주체가 대상을 '바라보는 지각'의 성격을 변화시켰다. 즉 카메라의 시선이라는 객관화된 시선으로 전개되는 영화의 지각 형태는 이전에는 보편화되지 않았던 지각 형태라 할 수 있다.

영화의 서술 형식 역시 새로이 개발되었다. 영화의 서술 즉 영화가 시간과 공간을 다루는 방식은 문학과는 다른 양상을 보여준다. 영화에서 시간은 공간화되고 공간은 시간화되어 각 장면들은 자유롭게 결합·배열될 수 있다. 영화의 편집은 시간적 질서를 배열하는 방법이기도 하지

---

5) 문혜원, 「한국 근대시의 시적 전환과 영화 체험의 상관성」, 『한국언어문학』 65, 한국언어문학회, 287~290면.
　　전우형, 「1920~30년대 영화소설 연구」, 서울대학교 박사학위논문, 2006, 8면.

만 시간을 공간화시킬 수도 있다. 클로즈업은 시공간을 정지시키는 기법이라면 플래시 백은 시간의 흐름을 거꾸로 돌리는 기법이다. 또한 여러 개의 플롯들이 평행적으로 진행됨으로써 그 사건들의 동시성을 보여줄 수 있으며 이는 시간을 공간화시킨 것이다.[6]

영화라는 신생 영상 매체가 확장시킨 인간의 지각 방식과 시공간을 다루는 방식은 1930년대 모더니즘 시에 그 흔적을 짙게 남기고 있다. 이는 시 텍스트가 생산된 문화의 차원에서 상호텍스트적 관계 즉 작가 외적 상호텍스트성으로 볼 수 있다. 즉 영향 관계가 비교적 뚜렷하며, 시 텍스트의 타당한 해석을 용이하게 하는 수렴적 상호텍스트성에 해당된다.

그런데 영향 관계는 없지만 독자 중심의 상호텍스트적 관계에서도 매체 간 상호텍스트성이 시 텍스트의 해석이 관여한다. 이는 영향 관계라기보다는 시 텍스트의 해석에 매체 간 상호텍스트적 관계를 활용하는 것이다.

상호텍스트성 경험이 해석 과정에서 환기되고 그것이 또한 해석 텍스트에서 그 흔적을 명확히, 혹은 징후적으로 남기게 되는 과정을 다음과 같이 상정해볼 수 있다. 이미 학습 독자에게 존재하고 있었던 상호텍스트적 경험은 학습 독자가 문학 텍스트를 읽는 과정에서 환기될 수 있다. 상호텍스트 경험이 환기되는 이유는 두 텍스트 사이의 장르적 유사성 때문이거나 두 텍스트에서 경험한 공통된 주관적 체험과 관련 있다. 따라서 학습 독자는 문학 텍스트를 읽고 해석하는 과정에서 상호텍스트적 경험에 대한 재해석도 병행하게 된다. 그리고 학습 독자는 이러한 상호텍스트성 경험과 관련 양상을 해석 텍스트에 명기할 수도 있고 그렇지 않을 수도 있다. 명기하는 경우에는 상호텍스트적 경험의 환기는 해석 과정을 정교화하거나 해석 결과의 신빙성을 높이는 역할을 하게 된다. 그

---

6) A. Hauser, *Sozialgeschichte der Kunst und Literatur*, 아르놀트 하우저, 백낙청 외 공역, 『문학과 예술의 사회사―현대편』, 창작과 비평사, 1974, 224~225면.

리고 문학 텍스트의 의미를 탐구하는 데 도움을 줄 수 있다.[7]

독자가 해석 과정에서 이끌어 내는 상호텍스트적 경험은 자의적인 것이 아니라, 해석 과정을 정교화하거나 해석 결과의 신빙성을 높이는 역할을 할 수 있으며 텍스트의 의미 탐구 활동과 직접적으로 연관된다. 이러한 독자의 상호텍스트적 경험에서 매체를 넘나드는 상호텍스트적 관계가 두드러지는 것은 당연한 현상일 것이다. 양정실에 의하면 장르적 유사성보다 주관적 체험의 유사성이 있을 때 학습 독자가 해석의 과정에서 상호텍스트적 경험을 적절히 사용할 수 있다.[8]

이때의 상호텍스트성은 체험의 유사성에 근거한 유추의 성격을 지닌다고 하겠다. 정재찬은 김수영의 <눈>에 나오는 '기침'과 '가래'의 의미를 록음악의 정신과 유추해서 설명하였다.

이 텍스트 해석은 시에서 형상화된 세계가 일반적으로 환기할 수 있는 상상의 의미를 그대로 간직하면서도 해석자가 자신의 실재 세계에서의 유사한 경험들로부터 또 다른 상상을 능동적으로 수행한 것이었다. 또한 문학 향유의 방법으로 상호텍스트성을 활용한 해석 텍스트의 생산을 제안하였다.[9] 이렇듯 매체 간 상호텍스트성이 작용하는 시 해석의 과정은 독자의 매체 경험에 의한 유추적 상상이 개입한다. 유추적 상상은 해석의 타당성과 텍스트의 의미 탐구 활동에 위배되기보다 오히려

---

7) 양정실, 「해석 텍스트 쓰기의 서사교육 방법 연구」, 서울대학교 박사학위논문, 2006, 93~94면.
8) 양정실의 앞의 논문에서도 학습 독자가 발견해 낸 상호텍스트는 영화 <투모로우>와 <비포선셋>이었다. 오히려 장르적으로 유사한 <역마>는 학습 독자가 상호텍스트 경험을 해석 과정에서 적절히 사용하지 못하고 있다.
9) 정재찬, 「상호텍스트성에 기반한 문학교육의 실천」, 『독서연구』 21집, 한국독서학회, 2009, 117~118면.

해석의 폭과 깊이를 더해줄 수 있다.

3. 모더니즘 시에 나타난 매체 간 상호텍스트성의 양상

1) 카메라적인 시선의 채택

1930년대 모더니즘 시는, 시적 주체의 정서를 표출하며 대상을 자아와 동일시하는 1920년대 서정시와는 다른 시 창작 방식을 보여주고 있다. 주체와 대상 사이에 객관적인 거리를 확보하게 하는 방식으로 영화의 카메라적인 시선[10]과 유사한 속성을 보인다. 감상주의에 대한 의도적 단절을 표방했던 1930년대 모더니즘은 대상을 주관적 감정의 개입 없이 '있는 그대로' 그리기 위해서 기계의 눈을 필요로 했다.[11]

김기림은 자신의 눈을 카메라와 동일시하며 대상을 객관적으로 포착해 내고자 한다. 김기림은 "그는 다만 가두에 세워진 호흡하는 '카메라'에 지나지 않는다. (…중략…) 시인은 그의 독자의 '카메라·앵글'을 가져야 한다고 말한다."[12] 여기서 시인의 시선은 대상에 대한 주관적인 해석은 배제하고 단지 대상을 포착한다는 것으로만 기능한다. 또한 시가 진솔한 감정을 표출하는 데서 그치는 것이 아니라 제작 과정을 거쳐야 하며, 시를 창작하는 데도 지적인 판단과 해석이 필요하다는 인식을 표명하고 있다.

---

10) 문혜원, 앞의 논문, 291면.
11) 나희덕, 「김기림의 영화적 글쓰기와 문명의 관상학」, 『배달말』 38, 배달말학회, 2006, 237~238면.
12) 김기림, 『김기림 전집』, 심설당, 1988, 79면.

그러나 카메라가 단순히 모든 사물을 객관적으로 포착하지 않는다. 카메라는 자신의 프레임 속에 넣을 대상을 선택하고 배제하는 과정을 거치기 마련이다. 김기림의 카메라에 주로 등장하는 것들이 바로 근대 문명의 산물들이며, 이국적 취향을 드러내는 사물들이다.

토요일의 오후면은

사람들은
수없는 나라의 이야기들을 담뿍 꾸겨넣은 가방을 드리우고 달려듭니다.
태양을 투겨올리는 인도양의 고래의 등이며
라마교의 부처님의 찡그린 얼굴이며...

(…중략…)

식당...
샨테리아의 분수밑에
사람들은 제각기
수없는 나라의 기억으로 짠
향수의 비단폭을 펴놓습니다.
테블 우에 늘어놓는
국어와 국어와 국어와 국어의
전람회

수염이 없는 입들이
뿌라질의 커피 잔에서
푸른 수증기에 젖은
지중해의 하눌빛을 마십니다.

오후 아홉시면……
이층과 삼층의 덧문들은
밖앗의 물결소리가 시끄럽다는 듯이
발깍발깍 닫겨집니다.
그러면 호텔은 검은 연기를 토하면서 움직이기 시작합니다.

밤의 항해의 출발신호……
힌 꿈의 비닭이들은 침실로부터
세계의 모-든 구석으로 향하야 날어갑니다.
배가 아침의 부두에 또다시 닿기까지……

— 〈호텔〉, 『씨네마 풍경』

이 시는 씨네마 풍경 연작 중의 첫 시로 토요일 오후부터 밤까지 세계 각국에서 사람들이 모여드는 호텔의 풍경과 풍속을 그리고 있다. 호텔은 근대 도시의 소비문화 공간으로 '인도양의 고래'와 '라마교의 불상'을 본 이국의 사람들이 모여드는 곳이다. 토요일 오후에 호텔에 모여든 사람—호텔의 삼층 층계의 모습 — 식당의 풍경 — 커피를 마시는 풍경—오후 아홉시에 문을 닫은 후 세계로 향하는 모습까지 김기림의 카메라는 근대적 공간을 시간적 흐름을 두고 관찰하고 있다. 또한 사진의 카메라와는 달리, 영화의 카메라는 대상을 파노라마로 재현한다. 움직이는 카메라는 특정 공간을 주욱 돌아가면서 촬영하면서 전체 풍경을 스케치해나간다. 김기림의 카메라는 호텔의 입구에서 호텔의 층계를 지나 식당으로 들어가 커피를 마시는 식탁에까지 이르렀다 다시 호텔의 문 밖으로 이동한다.

호텔의 풍경과 풍속을 훑어가는 듯한 시선은 한편으로는 1930년대 문학에서 두드러지는 산책가의 시선이기도 하다. 산책가의 시선이란 군중과 거리를 두면서 동시에 자신을 군중과 동일시하는 태도와 관련된다.[13] 이 카메라를 든 산책가는 도시 문화의 이국성에 매혹된 주체로 더 넓은 세계로 날아갈 것을 꿈꾸는 자이기도 하다.

2) 영화적 서술 형식의 투영

김기림의 시는 카메라적인 시선을 보여줄 뿐 아니라, 영화적 서술 형식을 사용하고 있다. 그래서 일반적인 서정시를 읽는 관습대로 읽어 가면 의미를 해석해 내기 쉽지 않다. '한 개의 현대의 교향악'을 계획하여 문명 비판의 시를 쓰고자 한 김기림의 의욕적인 시도인 <기상도>가 대표적으로 그러하다.

<기상도>는 태풍의 시작 전, 지구상 문명에서 시작하여 태풍의 육지 상륙 통과 모습과 태풍이 사리지기까지의 일을 뼈대로 한 것이며,[14] <기상도>의 본문 사이사이에 국제 정치의 생태, 동시대 인간들의 생활상이 독립 단위로 삽입된다. 그러나 전체적으로 이 작품은 한 차례 태풍이 시작되어 끝나기까지의 정경을 시간 순서에 따라 제시한 것이다.[15] 이 시는 이상의 시처럼 알 수 없는 부호나 의미로 이루어진 것도 아닌데 시행과 연 사이에 의미의 연결이 매끄럽지 않다. 이는 몽타주 기법[16]이

---

13) W. Benjumin, 발터 벤야민, 반성완 역, 『발터 벤야민의 문예이론』, 민음사, 1983, 139면.

14) 제1부는 <세계의 아침>, 제2부는 <시민행렬>, 제3부는 <태풍의 기침시간>, 제4부는 <자취>, 제5부는 <병든 풍경>, 제6부는 <올빼미의 주문>, 제7부는 <쇠바퀴의 노래>로 이루어져 있다.

15) 김용직, 『김기림』, 건국대학교 출판부, 1997, 62면.

16) 몽타주 기법은 1920년대 러시아의 푸토프킨과 에이젠슈타인에 의해 발전된 영화 기법으로, 연속적인 장면들을 의도적으로 분절하거나 맥락이 다른 장면들을 한데 연결시킴으로써 의미의 충돌과 비약이 일어나 새로운 의미를 생성시키는 기법이다. 넓은 의미의

라는 영화적 서술 형식을 사용하는 것과 관련된다.

> 비늘
> 돋친
> 해협은
> 배암의 잔등
> 처럼 살아났고
> 아롱진 아라비아의 의상을 두른 젊은, 산맥들
>
> 바람은 바닷가에 사라센의 비단폭처럼 미끄러웁고
> 오만한 풍경은 바로 오전 7시의 절정에 가로누웠다.
>
> — 김기림, 〈세계의 아침〉 일부

〈세계의 아침〉 1연과 2연은 마치 영화의 첫 장면에서 카메라가 하늘 높은 곳에서 배경을 파노라마식으로 보여주듯이 해협—산맥—바닷가로 이어지는 원경을 객관적으로 보여준다. 들쭉날쭉한 해협과 아른거리고 굴곡진 산맥들에서 바닷가로 이어지는 첫 장면은 영화의 도입부를 보는 것 같다. 바람은 앞으로 일어날 일인 태풍을 암시하는 일종의 복선이며, '오만한 풍경'은 서구 문명의 오만함을 비유적으로 표현한 것이다.

뒤이어, 3연과 4연에서는 의미의 단절이 일어나는 몽타주 기법을 사용하고 있다.

> 헐덕이는 들 우에 늙은 향수를 뿌리는
> 교당의 녹슬은 종소리
> 송아지들은 들로 돌아가려무나

몽타주는 영화의 편집 원리 전반을 의미한다.

아가씨는 바다에 밀려가는 輪船[17]을 오늘도 바래보냈다.

국경 가까운 정거장
차장의 신호를 재촉하며
발을 구르는 국제열차
차창마다
잘 있거라를 삼키고 느껴서 우는
마님들의 이지러진 얼굴들
여객기들은 대륙의 공중에서 티끌처럼 흩어졌다.
(…중략…)

전서구들은
선실의 지붕에서
수도로 향하여 떠났다
……스마트라의 동쪽……5킬로의 해상……일행 감
기도 없다
적도 가까웁다……20일 오전 열시.…

— 김기림, 〈세계의 아침〉 일부

3연에서는 들의 풍경과 바다의 증기선을, 4연에서는 정거장과 여객기를 보여준다. 의미가 단절된 듯해 보이는 이 두 연은 '바다에 밀려가는 윤선을 바래보냈다'와 '잘 있거라', '여객기들은 티끌처럼 흩어졌다'처럼 떠남의 모습을 연상시키는 장면이 병치되어 있어 이 두 연이 '떠남'이라는 의미로 통합될 수 있다. 5연에서도 떠남의 장면은 비슷한 방식으로 반복되는데 이는 다양한 근대의 모습을 병치함으로써 근대의 복합적 특성[18]을 드러내고자 한 것이다. 또한 이 떠남의 방향은 '수도'를 향한 것

---

17) 윤선 : 근대적인 증기선의 옛 이름.

으로 문명의 주변이 아니라 중심을 향한 것이다.[19]

이 시에서는 화자의 목소리보다는 카메라의 눈 즉 보는 주체의 시선이 어디로 향하고 있는지 찾아낼 필요가 있다. 이때 보는 주체는 관찰자의 시선으로 세계를 객관적으로 바라본다.[20] 영화의 서술 형식으로 보면 3연과 4연이 몽타주에 해당한다. 시간적으로 거의 동시에 일어나는 여러 개의 이야기 즉 독립적인 씬(장면)을 병치하여 교차 편집한 것이다. 이를 통해 새로운 의미를 발생시키는 것이다. 몽타주의 기본 원리는 "하나의 숏은 다른 숏과의 관계 속에서 그 의미가 탄생한다."는 것이다.[21]

<기상도>의 3~7부에도 다양성 속의 통일성을 추구한 장면들의 병치가 두드러진다.[22] 독립적인 장면을 병치하여 <태풍의 起寢시간>에서 태풍의 시작과 태풍경보를, <자취>에서는 정치적, 도덕적 타락과 현실 상황을 구원하지 못하는 낡은 사상 즉 '오만한 도시'를 파괴하는 태풍의 위력을 보여준다. <병든 풍경>과 <올빼미의 주문>은 태풍이 파괴한 뒤 '등불도 별들도 피지 않는' 풍경과 어둠 아래 '생쥐보다 큰 숨소리를 내지 못하고, 강아지처럼 얻어맞고 발길로 채이는' '나'의 고통이 드러난다.[23] 마지막 <쇠바퀴의 노래>에서는 태풍이 짓밟고 간 뒤 '어린 태양이 병아리처럼 홰를 치며 일어나며' 폭풍 경보는 해제된다.

---

18) 나희덕, 앞의 논문, 247면.

19) 김기중, 「김기림의 장시 <기상도>에 나타난 현실인식 양상」, 『인문학논집』 14, 순천향 대학교, 2004, 8면.

20) 양인경, 「모더니즘의 시각화 연구－김기림, 김수영을 중심으로」, 『한국언어문학』 54, 한국언어문학회, 2005, 349면.

21) 김용수, 『영화에서의 몽타주 이론』, 열화당, 1996, 25면.

22) 김기림의 <기상도>에서 총체적 주제가 몽타주 형식을 통해 잘 표현되었는가에 대한 평가를 여기에서 하지는 않겠다.

23) 김기중, 앞의 논문, 16~17면.

3) 여행시의 대상인 풍경에 대한 장면화

김기림의 시 중 여행을 제재로 하거나 기행시임을 표방한 시편들 역시 영화와의 연관성을 찾기 쉽다. 김기림의 여행시는 '장면시'의 모습을 보인다. 이동의 계기인 탈것이 뚜렷하게 드러나며 이국적 공간과 인물, 여로를 보여준다. 여행의 시작에서 끝을 보여주는 정거장과 대합실이다.24) 즉 여행에서의 자신의 감흥이나 느낌을 위주로 하기보다는 여행을 통해 보는 것들에 중심이 놓인다.

세계는
나의 학교.
여행이라는 과정에서
나는 수없는 신기로운 일을 배우는 유쾌한 소학생이다.

— 〈서시〉

대합실은 언제든지 「투-립」처럼 밝고나.
누구나 거기서는 기빨처럼
출발의 희망을 가지고 있다.

— 〈대합실〉, 『함경선 오백킬로 여행풍경』

김기림은 시를 통해 여행을 시작하는 자신을 '학교에서 신기로운 일을 배우는 유쾌한 소학생'에 비유한다. 여행은 지적 호기심에 의한 '탐험'의식에서 발상한 것이다.25) 또한 여행을 시작하는 마음은 밝고 희망에 차 있다. 김기림의 여행시에 표현되는 장면들은 각 시편들의 제목이

---

24) 조영복, 「김기림 시론의 기계주의적 관점과 영화시」, 『한국현대문학 연구』 26, 한국현대문학회, 2008, 232~235면.
25) 김학동, 『김기림평전』, 새문사, 2001, 107면.

가리키는 것과 일치한다. 함경선 오백 킬로 여행길에 지나가는 마을26)과 풍속,27) 평야,28) 목장,29) 동해,30) 동해수,31) 바위, 따리아(꽃)32)과, 산촌33)의 풍경이 그것이다. '길에서' 바라보는 제물포 풍경 역시 기차, 인천역, 조수(바다), 밤항구, 파선(부서진 배), 대합실의 풍경처럼 여행길에서 스쳐 지나가는 풍경이다. 기차를 타고 여정을 따라 지나가는 곳에서 만나는 풍경을 시각적으로 재현하면서 풍경에 대한 감상을 형상화하고 있다.

이 중에서 김기림의 여행시에 두드러지게 눈에 띄는 사물은 근대적 교통수단인 '기차'이다. 기차는 풍경을 단순한 자연 경관이 아닌 기차의 창문이라는 프레임 안의 근대적 공간으로 인식하게 한다. 또한 기차는 풍경에 원근감과 속도감을 부여한다. 기차는 '서울에서는 사자의 울음소리를 내는' 자연을 굴복시키는 근대적 이성의 표상이기도 했으며 한편으로 여행지에서는 '기러기와 같이 조그만 나그네'처럼 낭만적인 감상의 표상이기도 했다.

---

26) 수수밭 속에 머리 숙으린 / 겸손한 오막사리 재빛 지붕 우를 / 푸른 박덩쿨이 기여 올라갔고 / 엉크린 박덩쿨을 나리 밟고서 / 허-연 박꽃들이 거만하게 / 아침을 웃는 마을
27) 해변에서는 여자들은 될 수 있는대로 / 고향의 냄새를 잊어버리려 한다. / 먼-외국에서 온 것처럼 모다 동딴 몸짓을 꾸며보인다.
28) 밤마다 / 서울서 듣던 기적소리는 / 사자의 울음소리 같드니 / 아득한 들이 푸른 깃을 / 한 구름의 품속에 감추는 곳에서는 / 기차는 / 기러기와 같이 조고마한 / 나그내고나.
29) 뿔이 한치만한 산양의 새끼 / 흰 수염은 붙였으나 / 아기네처럼 부끄러워서 / 움쭉한 풀포기 밑에 달려가 숨습니다. /
30) 울룩 불룩 기운찬 검은 산맥이 팔을 버려 / 한아름 둥근 바다를 안어드린 곳. / 섬들은 햇볕에 검은 등을 쪼이고 있고 / 고깃배들은 돛을 걷우고 / 푸른 침상에서 항해를 잊어 버리고 조을고 있구료. (…중략…) 오늘밤은 차에서 나려 저 숲에 숨어서 / 별들이 나려 와서 목욕하는 것을 가만히 도적해볼가 /
31) 순이.... / 우리들의 흰 손수건을 / 저 푸른 물에 새파랗게 물드립시다. / 돌아가서 설합에 접어두고서 / 순결이라 부릅시다.
32) 진홍빛 꽃을 심거서 / 남으로 타는 향수를 길으는 / 국경 가까운 정거장들.
33) 모-든것이 마을을 사랑한담네. / 참아 령을 넘지 못하고 / 산허리에서 ㅁ어서리는 / 흰 / 아침연기.

　여행지의 풍경과 풍속을 바라보는 시적 주체는 이방인 즉 외부자로서 존재한다. 근대적 여행자는 근대적 일상으로부터 탈출한 여행지에서의 낯섦을 낭만화하는 태도를 가지고 있다.

　　낯익은 강아지처럼
　　발등을 핥는 바다 바람의 혀빠닥이
　　말할 수 없이 사롭건만
　　나는 이 항구에 한 벗도 한 친처도 불룩한 지갑도 호적도 업슨
　　거북이 같이 징글한 한 이방인이다.

— 〈이방인〉, 『제물포 풍경』

　위의 시에서 시적 주체는 자신을 이방인으로 규정하는데, 기본적으로 여행자는 자신을 스스로 낯선 영역으로 들어가기로 결정한 일시적인 이방인이다.[34] 그래서 낯익은 바다 바람조차 새롭게 느껴진다. 낯익은 바다 바람에도 불구하고 여행지의 항구는 벗도, 의지할 곳도 없는 자신의 뒷받침해 줄 것이 아무것도 없는 낯선 공간이다. 이 속에서 시적 주체는 자신을 이방인으로 규정하며 다른 시편에서 '고독'이라는 낭만적인 감상을 토로하게 된다.

　　푸른 모래밭에 자바저서
　　나는 물개와 같이 완전히 외롭다.
　　이마를 어르만지는 찬 달빛의 은혜조차
　　오히려 화가난다.

— 〈고독〉, 『제물포 풍경』

---

34) 곽명숙, 「김기림의 시에 나타난 여행의 감각과 의미」, 『한국시학연구』 21, 한국시학회, 2008, 16~17면.

　　푸른 바닷가 해변에서 외로움을 느끼는 시적 주체는 달빛조차 화가 난다고 표현한다. 자신이 느끼는 고독의 깊이가 심상치 않음을 보여준다. 그러나 김기림의 여행시에서는 여행을 통한 주체의 변화는 추상적으로 드러난다. '순이…. / 우리들의 힌 손수건을 / 저 푸른 물에 새파랗게 물드립시다. / 돌아가서 설합에 접어두고서 / 순결이라 부릅시다.'와 같은 시에서 '순결'이 여행에서 얻은 주체의 변화로 상정할 수 있다. 도시의 일상에 찌든 마음을 순수하게 만들어 가는 것, 그것에 변화라는 말을 붙이기엔 너무 미약하다.

　　그러나 김기림의 여행시를 산책가적 태도로만 해석할 수 없는 측면도 존재한다. 김기림의 여행시편 중에는 근대적 문명의 산책자의 시선이나 이방인으로서 근대적 여행의 낭만성을 드러내는 여행시 외에도 다른 유형이 나타난다. 예를 들어 <관북기행> 연작편에서는 '간도'로 간 '아들'의 이야기와 '아들'을 애타게 기다리는 가족들의 모습을 모티브로 작용한다.

> 물레방아가 멈춰 선날 밤
> 아버지는 도라오지 못할 아들이
> 도라오는 꿈을 꾸면서 눈을 감엇단다.

— 〈관북기행 – 마을(가)〉 일부

> 조고만한 소문에도
> 마을은 엄청나게 놀랐다
> 소문은 언제든지 열매를 맺어서
> 한집 두집 마을은 여위어가고
> 간도 소식을 기다리는 이웃들만 그 뒤에 남어사
> 사흘 건너 오는 우체군을 반가워했다.

— 〈관북기행 – 마을(다)〉

간도로 떠나 돌아오지 못할 아들을 기다리다 죽은 "아버지"가 있는 마을에서 사람들은 항상 불안한 소문에 시달리고 '한 집 두 집' 사람들이 떠나고, 남은 사람들은 '간도 소식'만 기다리며 '사흘 건너 오는' 우체부를 반가워한다. 식민지 시대의 열악한 현실을 담고 있는 이러한 여행시는 김기림의 여행이 식민지적 현실 인식의 과정이기도 함을 보여준다.35)

4. 매체 간 상호텍스트성을 통한 현대시 교육의 방법

김기림 시를 통해 검토한 모더니즘 시와 영화와의 상호텍스트적 관계가 현대시 교육의 어떤 장면에서 교육적 내용으로 활용될 수 있을까? 학생들이 기존 지식으로 가지고 있던 서정시를 읽는 관습에 적합하지 않는 모더니즘 시 텍스트의 경우 학습자는 능동적 해석에 어려움을 겪는다. 이때 학습자의 능동적 해석 활동을 도와줄 수 있는 비계36)로서 매체 간 상호텍스트성이 활용될 수 있다.

학생들의 주체적이고 능동적인 문학 능력 신장을 위한 상호텍스트성의 활용은 두 가지 방향에서 이루어질 수 있다. 앞서 이야기한 바와 같

---

35) 김진희, 「김기림 기행시의 인식과 유형」, 『한국현대문학연구』 24, 한국현대문학회, 2006, 75~81면.

36) 비계(scaffolding)은 비고츠키의 개념에서 나온 것이다. 학습자의 학습은 개인 간의 사회적 상호 작용과 사회적 상징적 중개 도구의 사용 등을 통해 일어나며 비계는 이와 같이 학습의 발판 역할을 하는 것을 의미한다. 학습자 중심의 구성주의적 관점에서는 학습의 과정에서 비계가 제공되어야 한다고 본다. V. D. Tuner & M. W. Berkowitz, "Scaffolding Morality : Positoning a Scio-cultural Construct", *New Ideas in Psychology* 23(3), Elsevier Science B. V. : Amsterdam, 2005, pp.174~175 참조.

이 수렴적 방향과 발산적 방향이 그것이다. 상호텍스트를 활용해 텍스트의 의미 해석을 명료화해 나가는 방향과, 새로운 맥락을 형성하여 텍스트의 의미를 보다 깊고 넓게 이해하는 방향으로 나눌 수 있다.[37)

1) 형식의 이해를 통한 해석의 근거 제공

수렴적 방향의 상호텍스트성 활용은 학습자에게 상호텍스트적 관계를 통해 해석의 근거를 제시함으로써 근거 있는 해석에 이르는 방법이 된다. 그런데 명료한 해석의 근거가 되는 상호텍스트성은 시어나 주제 등 내용 차원과 서술 방식, 운율 등 형식 차원에서 모두 이루어질 수 있다. 시와 영화라는 다른 매체 간의 상호텍스트적 관계에서는 매체의 특성에서 비롯되는 형식 차원에서 주로 나타난다. 여기에서 형식은 영화 매체의 표현 방법이 시에 영향을 미친 방향에서 논의할 수 있다. 1930년대 김기림의 시에 나타나는 카메라의 시점과 몽타주는 영화 매체의 형식적 특성으로 시에 영향을 미친 양상이 직접적으로 나타난다. 시인은 시적 주체를 카메라와 같은 위치에 두어 대상을 표현하는 방법으로 시를 창작하였으며, 이는 모더니즘 시의 객관적 서술 방식이라는 형식적 특성으로 드러난다. 또한 언어적인 의미 연결 관계로는 이해되지 않는 모더니즘 시의 형식적 특성은 영화의 의미 연결 방식인 몽타주라는 형식에 영향을 받은 것이다. 이러한 형식에 대한 이해를 시 교육의 방법으로 활용할 수 있다.

김기림의 시에서 카메라적 시선의 활용은 학습자가 시를 읽을 때 관

---

37) 김정우(2004), 류수열(2009), 조고은(2010)의 논문 역시 시 해석에 있어 상호텍스트성을 두 방향으로 작용하는 힘으로 보고 논의를 전개하고 있다.

점의 선택에 영향을 미친다. 학습자는 시에 등장하는 시적 화자의 마음이나 정서에 감정이입하고자 하는 관점을 취하는 것이 아니라, 대상과 객관적 거리를 둔 카메라의 시점과 자신의 관점을 같이 하는 방법을 활용할 수 있다. 시적 화자를 중심에 둔 시 이해가 아니라 시에서 포착된 대상들이 의미하는 바가 무엇인지에 초점을 맞추어야 한다. 이때 대상은 그것을 바라보는 주체의 해석과는 분리되어 그것 자체가 독립적인 의미를 가진 것으로 인식된다. 즉 학습자에게 시적 대상과 대상을 바라보는 객관적 관점을 선택하여 시를 읽어내려 가도록 지도하는 것이 필요하다. 그러나 카메라의 시점이란 완전히 객관적인 시점을 의미하지 않는다. 선택과 배제, 즉 연속적으로 존재하는 세계 중 일부를 선택하여 대상에 의미를 부여하고 초점화하는 것임에 유의해야 한다.[38]

또한 형식에 관한 상호텍스트적 관계의 인식은 해석에 있어 중요한 단서가 될 수 있다. 김기림의 시에서 영화적 서술 형식이란 텍스트가 주는 단서 즉 해석의 근거로 작용할 수 있다. 단일한 화자의 목소리로 읽어 나갈 때 해석 불가능한 시가 몽타주라는 영화적 서술 형식의 적용임을 이해할 때 해석이 가능해진다.

다음 영화는 몽타주 미학을 담은 영화의 대표인 세르게이 에이젠슈타인의 <전함 포템킨>의 장면들이다.

---

38) 김정우, 「이미지를 중심으로 본 매체교육의 방향—사진과 시의 이미지를 중심으로」, 『선청어문』 28, 서울대학교 국어교육과, 2000 참조.

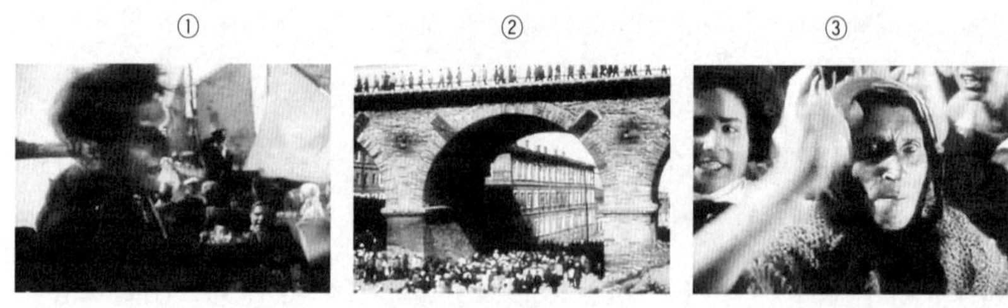

위 ①은 짜르의 압제에 항거하다가 억울하게 죽임을 당한 전함 포템킨의 수병이 잠든 천막 앞에서 오뎃사의 주민들이 분노하는 장면이다. 그들 속에서 전함 포템킨의 봉기에 연대할 것을 호소하는 인물이 등장한다. ②는 부두로 사람들이 모여드는 장면을, ③은 호소에 동참한 사람들이 같이 분노하며 시위하는 모습이다.

①~③ 즉 오뎃사의 부두 장면과 교차되어 제시되는 ④~⑥은 바다 위 <전함 포템킨>에서 일어난 사건이다. ④는 선원들이 갑판으로 모여드는 장면이며, ⑤는 선원들에게 오뎃사의 소식을 전하며 함께 할 것을 호소하는 인물의 연설 장면이다. ⑥은 연설을 들은 갑판 위의 선원들이 오뎃사의 주민들과 함께 연대하여 싸울 것을 결정하는 장면이다.

이 두 시퀀스는 독립적인 호소력을 지닌 단편과 단편이 결합하여 폭압적인 지배층에 대한 '분노'와 민중들의 '연대'라는 의미를 창조한다. 이렇듯 몽타주는 관객들에게 '이미지 연상 사고'를 불러일으켜 새로운 의미 차원의 의미를 발생시킬 수 있다.

독립된 이미지들이 병치되는 몽타주를 에이젠슈타인은 어트랙션 몽타주와 충돌의 몽타주, 총체적인 이미지의 몽타주 등으로 제시하고 있다. 에이젠슈타인의 정의를 따르면 어트랙션 몽타주(montage of attractions)는 "특정한 주제 효과를 내기 위해 임의로 선택된 독립적인 효력들(장면들, 에피소드)의 자유로운 조립"이다 몽타주는 독립적 장면들의 결합→이미지 연상→새로운 의미 창조로 이어지는 의미 생성의 경로를 거친다. 어트랙션 몽타주에서 발전된 충돌의 몽타주(montage of collision)도 그리 다르지 않은데, 충돌의 몽타주에서 보다 강조되는 것은 결합을 통한 의미의 연상 작용보다는 충돌을 통한 의미의 비약이다. 마지막으로 총체적인 이미지의 몽타주는 어트랙션 몽타주와 충돌 몽타주를 모두 포괄하는 것으로, 개별적인 장면들이 결합해 전반적인 주제를 부각시키는 것에 방점을 둔다. 개별 장면들을 대립 혹은 대위적인 조화를 통해 총체적인 주제에 맞는 통합적인 이미지를 창조해내야 한다는 점을 강조하는 몽타주이다.39)

태풍에 의한 서구 문명의 파괴와 재생이라는 총제적인 주제는 담은 <기상도>는 총체적인 이미지의 몽타주를 지향하고 있다.

> 넥타이를 한 흰 식인종은
> 니그로의 요리가 칠면조보다도 좋답니다.
> 살결을 희게 하는 검은 고기의 위력

---

39) 김용수, 앞의 책, 234~238면.

의사 콜베-르 씨의 처방입니다.
헬매트를 쓴 피서객들은
난잡한 전쟁경기에 열중했습니다.
(…하략…)

— 김기림, 〈시민행렬〉 일부

　서구 문명의 부정적인 면을 풍자하고 있는 이 부분은 백인의 흑인 차별, 난잡한 전쟁, 독재자가 등장하는 장면들을 병치하여 서구 문명의 모순 및 부정성을 다양한 측면에서 보여주고자 한다. 이는 에이젠슈타인이 〈전함 포템킨〉의 애도 시퀀스를 분석하면서 제시한 총체적인 이미지의 몽타주와 흡사하다. 〈전함 포템킨〉의 애도 시퀀스는 압제에 항거하다 죽은 수병을 애도하는 군중의 모습을 클로즈업을 통해 표현한다. 다양한 사람들의 얼굴 표정을 통해 애도를 표현하는데, 슬픔이라는 지배적인 분위기에 뉘앙스를 첨가하기 위해 심지어 냉소적인 표정까지 삽입하였다. 이는 다양함 속의 통일성을 추구하여 총체적인 주제를 표현하고자 한다.[40]

　그런데 몽타주라는 형식에 대한 이해가 배경 지식 제공의 차원에서 이루어져서는 안 된다. 즉 상호텍스트성의 활용이 몽타주에 대한 설명으로 대체되어서는 안 되며, 몽타주라는 형식이 학습자에게 경험되어야 한다.[41] 영화의 몽타주 장면들이 텍스트를 해석해내는 경험적 지식이 될

---

40) 위의 책, 215~226면.
41) 몽타주라는 서술 형식이 경험되어야 한다고 해서 에이젠슈타인의 〈전함 포템킨〉을 보여주어야 한다는 의미는 아니다. 몽타주라는 서술 형식이 영화의 의미에 큰 역할을 하는 어떤 영화라도 상관없다고 본다. 몽타주에 대한 설명과 몽타주라는 형식이 학습자의 경험으로 체험된다는 것은 상호텍스트성 활용에 있어 차이를 가져온다는 점을 지적하고자 한다.

때 비로소 상호텍스트의 관계적 의미[42]가 실현된다. 경험적 지식은 배경지식과는 달리 다양한 텍스트를 수용하는 과정에서 얻어진 경험을 지칭한다. 텍스트에 대한 경험을 통해 구조화된 지식이며 학습자가 텍스트를 읽어나가는 가운데 살아 있는 원리가 될 수 있다.[43]

2) 유추적 상상을 통한 텍스트에 대한 확산적 통찰

형식에 대한 상호텍스트적 관계에 대한 이해는 시 해석을 명료하게 할 수 있는 근거를 제공해 준다. 그런데 내용적 측면에서도 매체 간 상호텍스트성을 찾아볼 수 있다. 앞서 양정실과 정재찬이 밝힌 것처럼, 장르적 유사성보다는 주관적 체험의 유사성에 의한 유추적 상상이 풍부한 반응과 통찰을 가져온다는 점에 주목할 필요가 있다.

김기림의 여행시가 가진 특성에서 영화를 내용적 차원의 상호텍스트로 끌어오기 쉽다. 근대적 교통수단을 통한 여행에서의 장면화된 풍경들에서 쉽게 영화의 장면들을 떠올릴 수 있다. 또한 김기림의 여행시는 세계를 지적 호기심으로 탐험하는 지식인 청년의 기록이기도 하다. 세계를 학교 삼아 유쾌하게 여행을 시작하는 지식인 청년의 여행기이며, 근대적 교통수단을 통한 여행이라는 공통된 내용을 가진 텍스트를 유추해냄으로써 독자의 입장에서 상호텍스트적 관계망을 형성시킬 수 있다. 그런데 여행시의 내용적 요소들—근대적 교통수단, 지식인 청년의 여행, 장면화된 풍경 등에서 유추되는 영화를 연상하는 것만으로 상호텍스트성 활

---

42) 김정우(2004), 앞의 논문, 81면.
43) 김미혜, 「비판적 읽기 교육의 내용 연구―비평 담론의 생산 과정을 중심으로」, 서울대학교 석사학위논문, 2000, 60면.

용의 목적이 달성되는 것은 아니다. 연상 수준에서 그치는 것이 아니라 시와 영화 양자를 아우르는 상상적 체험으로 재구해낼 수 있을 때 비로소 시에 대한 확산되고 심화된 이해에 도달할 수 있다.[44]

본고에서는 영화 <모터 사이클 다이어리>를 그 예로 들어 상호텍스트적 관계망을 구축하고자 한다.[45] <모터 사이클 다이어리>는 에르네스토 게바라와 알베르토 그라나도 두 청년이 남미 대륙을 종단한 8개월 동안의 여정을 쫓는 영화이다. 의과대학 졸업을 한 해 앞둔 에르네스토는 생화학자인 알베르토는 새로운 세계에 대한 호기심으로 '페로고사'라는 오토바이 한 대를 교통수단 삼아 여행을 시작한다. 아르헨티나-칠레-페루-베네수엘라에 이르는 이 여행은 완전히 허구적인 이야기가 아니라, 훗날 체 게바라로

널리 알려진 에르네스토의 실제 여행 기록을 바탕으로 한 것이다. 노트의 구석구석을 파블로 네루다의 시로 채웠던, 근대적 지식인이며 혁명가

---

44) 본고에서 연상이 아닌 유추적 상상이라는 개념을 사용하는 이유가 여기에 있다. 연상은 단순히 어떤 대상을 지각하거나 생각할 때 그와 관련 있는 다른 사물을 떠올리는 정신 활동이다. 상상은 연상을 기반으로 하지만 현존하지 않는 대상과 세계를 그려내어 체험하는 것이다. 상상의 국면도 다양하므로 본고에서는 유사성에 근거한 상상에 한정시키는 의미에서 유추적 상상이라는 개념을 사용하고자 한다. 김창원·정재찬·최지현, 「문학교육과 상상력」, 『독서연구』 5, 한국독서학회, 2000, 157~162면 참조

45) 엄밀하게 따지면, 구조적 유사성으로 볼 것인가, 공통된 소재와 인물의 성격 차원에서 볼 것인가는 논쟁의 여지가 있다고 본다. 본고에서는 학습자들이 쉽게 상호텍스트적 관계를 형성할 수 있도록 근대적 교통수단을 통한 여행이라는 공통된 소재와, 젊은 지식인이라는 인물의 성격인 내용 차원으로 보고자 한다.

인 체 게바라가 혁명가가 되기 이전 '세계라는 학교에서 새로운 것을 배우고자 했던 소학생'이었던 시절을 다룬 영화인 셈이다. 이들의 여행 역시 출발의 희망을 가지고 유쾌하게 시작된다.

<모터 사이클 다이어리> 역시 카메라가 주목하는 것은 남미의 풍경들과 도시들, 스쳐가는 사람들의 모습이다.

만년설이 보이는 산과 다리(①, ②), 넓은 초원(③), 작은 마을(④), 항구(⑤), 유적(⑥), 도시(⑦)로 종횡무진 이동하면서 영화는 남미의 아름다운 풍광과 여행지에서의 청년의 모습을 보여준다. 이방인으로서 타자와 자신을 구별하면서 이국적인 아름다움과 여행의 낭만을 만끽하던 청년들을 그리던 영화는 오토바이가 고장 난 중반 이후에는 청년들이 지역의 사람들과 밀착되어 마주하며 이야기를 나누는 장면을 자주 보여준다.

고장 난 오토바이를 고치지 못하고 싼 값에 중고상에게 넘긴 에르네스토와 알베르토는 도보, 배와 기차, 히치하이킹, 뗏목에 이르는 다양한 교통수단을 이용해 남미 종단 여행을 계속한다. 사막을 도보로 건너가다 만난 공산주의자 부부, 가파른 산을 걸어 올라 도달한 마추피추에서 만난 인디오들, 그들에게 뗏목을 선물했던 나병 환자들, 그 얼굴들은 '헐벗고 괄시받던' 사람들로 당시 남미의 핍박받는 민중을 대표하는 것이다. 컬러가 아닌 흑백조로 클로즈업되는 그들의 얼굴은 여행자의 마음에 선명하게 각인되어 간다.

그들이 타자들과 대면하게 되는 계기가 오토바이가 고장 난 이후라는 것은 의미심장하다. 근대의 문명, 사물을 스치어 지나가는 속도의 기계인 오토바이에서 내려선 순간 그들은 그 위에서는 보지 못했던 현실의 얼굴들과 대면하게 된다. 그들은 남미 민중들의 삶과 지속적으로 접촉하게 되고, 에르네스토는 '길 위에서의 자신이 이전의 자신과 달라지고 있다'는 고백을 하게 된다. 그리고 영화는 긴 여행을 마치고 비행기를 타고 돌아가는 장면(⑧)과 이상을 향해 나는 듯한 에르네스토를 배웅하는 알베르토의 클로즈업(⑨)에서 끝이 난다.

에르네스토가 오토바이라는 근대 문명을 통해 여행했다면, 김기림은 기차라는 근대 문명을 통해 여행을 했다. 그러나 김기림이 근대의 문명

을 표상하는 속도의 기계인 기차에서 내려서
이방인의 시선으로 응시하던 대상들과 대면
하게 되는 순간을 여행시에서는 보여주지 않
는다.46)

  그렇지만 그는 '바다와 나비'47)에서 근대
문명의 바다로 날아갔다가 지쳐 돌아온 '나
비'를 통해 그가 근대 문명의 매혹에서 벗어
난 순간을 비유적으로 보여준다. 그가 대면한
것이 무엇인지 그의 시에서는 뚜렷이 나타나
지는 않는다. 그는 일제 강점기말 우리말마저
빼앗긴 현실에서 침묵하기 때문이다. 그가 침
묵을 깬 후 내놓은 시 '나의 노래'48)를 통해
그가 대면한 것이 에르네스트가 대면했던 것
들과 유사하지 않을까 짐작케 한다.

  <모터사이클 다이어리>를 통한 유추적 상상은 김기림의 여행시편들
을 넘어 김기림의 이후 작품인 '바다와 나비', '나의 노래'에 대한 유추

---

46) 조영복, 앞의 논문, 232~235면에서 기차와 같은 근대적 교통수단을 근대 문명을 표상
   하는 속도의 기계로 규정한다. 본고에서 오토바이와 기차를 주목하는 이유도 이러한 관
   점에 기반하고 있다.

47) 아모도 그에게 수심을 일러 준 일이 없기에 / 힌 나비는 도모지 바다가 무섭지 않다. //
   청무우밭인가 해서 나려 갔다가는 어린 날개가 물결에 저러서 공주처럼 지쳐서 도라
   온다. // 삼월달 바다가 꽃이 피지 않어서 서거푼 / 나비 허리에 새파란 초생달이 시리
   다 // <바다와 나비>

48) 서투른 내 노래 속에서 / 헐벗고 괄시받던 나의 이웃들 / 그대 우름을 울라 아낌업시
   울라 / 분을 뽑으라 // 내 목소리 무디고 더듬어 / 그대 앞은 사연 이루 옮기지 못하거
   덜랑 / 내 아둔을 채치라 / 목을 따리라 // 사치한 말과 멋진 말투 / 시의 귀족도 한량도
   아니라 / 그대 그슨 얼골 흙에 튼 팔뚝이 사로워 / 그대 속에 자라는 새날 목노아 부르
   리라 // <나의 노래>

적 상상까지 불러일으킨다. 이는 두 사람의 구체적 삶의 궤적은 다를지라도 세계를 관찰하며 응시하고 대면하기를 회피하지 않았던 태도와 '헐벗고 괄시받는 이웃들'과 함께 하는 '새날'을 바라는 정신에 있어서의 동일성이 김기림 시 텍스트에 대한 확산적 통찰의 바탕으로 작용할 수 있다.

5. 맺음말

본고는 모더니즘 계열의 시를 교육할 때 영화 매체와의 상호텍스트적 관계망을 활용하는 것의 유효성에 주목하여, 매체 간 상호텍스트성을 통한 현대시 교육 방안을 구안하고자 하였다. 매체 간 상호텍스트성은 기존의 연구에서와는 달리, 수렴적 방향과 발산적 방향 모두에 적용될 수 있다. 독자의 해석에 근거를 제공해주어 해석을 명료화하는 데 있어서는, 시어나 주제 등의 내용적 차원보다는 매체 특성에서 비롯된 형식적 차원에서의 상호텍스트적 관계에 대한 이해가 필요함을 제시하였다. 그리고 독자의 유추적 상상을 통한 상호텍스트적 관계 구축은 상상적 체험을 확산시켜 텍스트에 대한 폭넓은 이해를 가능하게 하였다. 이러한 매체 간 상호텍스트성은 학습자가 주체적이고 능동적인 해석 활동을 수행하기 위한 비계의 역할을 담당할 수 있다.

그런데 본고에서 제안한 매체 간 상호텍스트성을 현대시 교육에 적용하기 위해서는 시와 상호텍스트적 관계에 있는 매체 장르, 즉 영화에 대한 지식, 경험, 해석 능력이 교사와 학습자에게 필요하다. 필요한 능력의 수준은 어떤 시 텍스트와 어떤 영화 텍스트를 선택하느냐에 따라 다르겠지만, 본고가 대상으로 삼은 김기림의 시와 영화 텍스트들은 중학교 학습자보다는 고등학교 학습자의 수준 이상에 적합하다.

이 연구는 1930년대 모더니즘 시처럼 다른 매체와의 상호텍스트성을 감지할 수 있는 텍스트를 대상으로 하였으므로, 현대시 교육 전반에 일반적인 원리로 매체 간 상호텍스트성을 적용하기 힘들다는 한계가 있다. 그리고 실제 학습자를 대상으로 한 연구의 수행을 통해 교수학습 방법을 정치하게 구안해야 할 필요성을 후속 과제로 남겨 두고 있다.

참고문헌

김기림, 『김기림 전집-1권 시』, 심설당, 1988.
월터 살레스, <모터사이클 다이어리>.
세르게이 에이젠슈타인, <전함 포템킨>.

곽명숙, 「김기림의 시에 나타난 여행의 감각과 의미」, 『한국시학연구』 21, 한국시학회, 2008, 7~27면.
김기중, 「김기림의 장시 <기상도>에 나타난 현실인식 양상」, 『인문학논집』 14, 순천향대학교, 2004, 5~15면.
김도남, 『상호텍스트성과 텍스트 이해 교육』, 박이정, 2003.
김미혜, 「비판적 읽기 교육의 내용 연구-비평 담론의 생산 과정을 중심으로」, 서울대학교 석사학위논문, 2000.
김용수, 『영화에서의 몽타주 이론』, 열화당, 1996.
김정우, 「이미지를 중심으로 본 매체교육의 방향-사진과 시의 이미지를 중심으로」, 『선청어문』 28, 서울대학교 국어교육과, 2000.
김정우, 「시 해석 교육 내용 연구」, 서울대학교 박사학위논문, 2004.
김진희, 「김기림 기행시의 인식과 유형」, 『한국현대문학연구』 24, 한국현대문학회, 2006, 65~95면.
김창원·정재찬·최지현, 「문학교육과 상상력」, 『독서 연구』 5, 한국독서학회, 2000, 131~193면.
김학동, 『김기림평전』, 새문사, 2001.
나희덕, 「김기림의 영화적 글쓰기와 문명의 관상학」, 『배달말』 38집, 배달말학회, 2006, 233~255면.
류수열, 「<사미인곡>의 콘텍스트와 상호텍스트적 읽기」, 『독서연구』 21, 한국독서학회, 2009, 81~109면.
양인경, 「모더니즘의 시각화 연구-김기림, 김수영을 중심으로」, 『한국언어문학』 54, 한국언어문학학회, 2005, 343~363면.
양정실, 「해석 텍스트 쓰기의 서사교육 방법 연구」, 서울대학교 박사학위논문, 2006.

조영복, 「김기림 시론의 기계주의적 관점과 영화시」, 『한국현대문학연구』 26, 한국현대문학회, 2008, 203~243면.

문혜원, 『한국현대시와 모더니즘』, 신구문화사, 1996.

문혜원, 「한국 근대시의 시적 전환과 영화 체험의 상관성」, 『한국언어문학』 65, 한국언어문학회, 2008, 287~307면.

전우형, 「1920~30년대 영화소설 연구」, 서울대학교 박사학위논문, 2006.

정재찬, 「상호텍스트성을 통한 현대시 교육 연구」, 『국어교육학 연구』 29, 국어교육학회, 2007, 255~281면.

정재찬, 「미디어 시대의 문학교육」, 『문학교육학』 28, 한국문학교육학회, 2009, 1~20면.

정재찬, 「상호텍스트성에 기반한 문학교육의 실천」, 『독서연구』 21, 한국독서학회, 2009, 111~160면.

조고은, 「동일작가 작품군의 상호텍스트적 시 읽기 교육 연구」, 서울대학교 석사학위논문, 2010.

최지현 외, 『국어과 교수·학습 방법』, 역락, 2007.

Hauser, A., *Sozialgeschichet der Kunst und Literature*, 아르놀트 하우저, 백낙청 외 공역, 『문학과 예술의 사회사-현대편』, 창작과 비평사, 1974.

Tuner, V. D. & Berkowitz, M. W., "Scaffolding Morality : Positoning a Scio-cultural Construct", *New Ideas in Psychology* 23(3), Elsevier Science B. V. : Amsterdam, 2005, pp.174~184.

제 4 장

영화와 소설의 비교 분석을 통한 서사 교육의 목표 탐색

―〈오발탄〉을 중심으로―

강 만 진
호서대학교 한국어문화학부

1. 서론

미디어콘텐츠가 범람한다. 영화, 애니메이션, 게임, 출판만화 등 다양한 영역의 콘텐츠들이 대형 문화몰(mall)에서부터 문화가판대에 이르기까지 각양각색으로 구비되어 있다. 미디어 시장에서 이렇게 콘텐츠의 공급이 활발한 이유는 그만큼 수요가 많기 때문이다. 바야흐로 현대인들의 일상생활은, 미디어콘텐츠란 뉴런(neuron)이 천라지망으로 펼쳐진 감각적 시공간에 놓여 있다.

이러한 분위기에 힘입어 문학교육 분야에서도 미디어콘텐츠를 활용하여 학습 효과를 높이기 위한 방안이 그 동안 모색되어 왔다. 친연성을 기준으로 문학과 미디어콘텐츠를 정제(精製)하면 소설과 영화를 추출할 수 있는데 그 친연성의 핵심은 서사에 있다.[1] 고로 미디어콘텐츠를 활용한 문학교육의 한 갈래는, 서사적 관점에서 영화와 소설을 비교분석하는 것으로 구체화될 수 있다.

영화와 소설의 서사 분석을 통해 얻을 수 있는 교육적 효과는 첫째, 서사 그 자체가 교육적 기능을 한다. 남의 이야기를 통해 나를 돌이켜보고, 타자와 세계를 인식하여 보다 조화롭게 인간다운 삶을 영위할 수 있게 한다.

서사에 등장하는 인물의 인생 역정은 수용자로 하여금 누가, 언제, 어

---

1) R. Richardson, *Literature and Film*, 로버트 리처드슨, 이형식 역, 『영화와 문학』, 동문선, 2000, 21면. "오늘날 영화가 창조하고 확대하는 시각적 문학성은 그리스 시대 이래로 문학과 문화에 연관되었던 언어적 문학성의 확장, 혹은 그것의 또 다른, 매우 밀접하게 관련된 버전이라고 주장할 수 있을 것이다."라며 영화와 문학(소설)의 친연성을 강조하였다.

디서, 어떻게 그 궤적을 남겼는지 살펴보는 기회가 된다. 비록 허구의 서사이지만 수용자는 인생의 밀의를 깨치는 진실로 한 걸음 나아간다. 나는 누구이며 시공간의 좌표점에서 다른 점들과 어떤 관계를 형성하고 어떤 모양으로 점 찍혀야 하는지에 대한 성찰의 그래프를 조감할 수 있는 것이다.

둘째, 영화와 소설의 상호텍스트성에 의거하여 각 장르의 특징을 이해하고 의미를 구조화하는 방법을 배울 수 있다. 원작 소설과 각색 영화의 장르에 대한 공통점과 차이점을 형식적인 측면에서 비교·대조함으로써 작품 이해가 한층 원활하며 내용상 삭제·첨가·변형된 부분을 찾아내고 이러한 원인과 결과를 분석함으로써 서사적 의미를 형상화하는 의미 구조 원리와 감상 방법을 밝혀낼 수 있다.

셋째, 문자 텍스트의 접근성을 높이기 위한 흥미유발의 당의(糖衣)성이다. 학생들이 활자보다 이미지를 선호하고 더 재미있어 하기에 이를 활용하여 소설과의 친화력을 높일 수 있다. 따라서 영화와 소설의 서사 교육을 함께 진행하면 학습자의 내적 동기2)가 유발되어 "작품을 명확하게 이해할 뿐만 아니라 발견, 해석, 비판적 읽기를 순조롭게 진행"3)하는 효과가 있다.

이에, 소설로는 물론 고등학교 문학교과서에 영화 장르로서도 수록 빈도가 높은 <오발탄>을 예시 작품으로 삼아 인물, 플롯, 시공간이란 서

---

2) "학습 활동에 있어 동기유발은 내적 동기유발과 외적 동기유발로 나눌 수 있다. 내적 동기유발은 학습 활동에 있어 흥미나 관심을 환기시키며 재미가 있어서 공부하도록 하는 것이고 외적 동기유발은 칭찬하거나 꾸짖거나 경쟁심을 북돋움으로 해서 학습 활동을 강화시키는 것이다."
박기범, 「소설과 영화를 통합한 서사 교육의 특성과 의의」, 『현대문학의 연구』 31, 한국 문학연구학회, 2007, 24면.
3) 위의 논문, 23면.

사적 요소를 중심으로 영화와 소설을 비교·분석하려 한다.

특히, 서사의 이야기적 속성을 바탕으로 한 교육적 기능과 두 장르의 서사적 변용에 따른 의미구조의 변화 양상에 주목하여 교수·학습활동 과제와 내용을 예시하고 이에 대한 분석을 진행할 것이다.

위에서 언급한, 서사의 이야기로서의 교육적 기능은 '자아성찰과 타자에 대한 이해', '삶의 의미 탐구', '세계 인식 태도'로 정리할 수 있는데 이것은 서사 교육의 목표로도 설정된다.

그 근거는, 첫째, 작품에 등장하는 인물을 통해 '자아성찰과 타자에 대한 이해'를 배울 수 있다. 영화와 소설에서는 각각의 군상들이 등장하여 당면한 갈등에 대해 저마다의 문제를 푼다. 수용자는 이러한 등장인물들의 면면을 살피며 '성찰'의 시간을 가진다. 이윽고 작품 세계를 벗어나 현실로 돌아오면 허구적 인물에게서 현실의 '자아'에게로 '성찰'의 초점이 바뀐다. 바야흐로 자아성찰이 이루어지게 되는 것이다. 또한 등장인물에 대한 성찰 작업은 '타자를 이해'하려는 행동으로서 자아와 타자간의 관계를 정립하고 조화롭게 사는 방식을 궁구하는 의미가 된다.

둘째, 플롯에서 '삶의 의미를 탐구'할 수 있다. 작품 안에서는 다양한 갈등이 존재하기 마련이고 각각의 갈등이 상승·하강·해결 국면을 맞으면서 그것들이 전개되는 양상도 다채롭다. 이때 삶에 반응하는 양태도 달라지며 저마다 삶의 의미를 새롭게 구축한다. 수용자는 작품에서 플롯을 '경험'하고 적절한 거리에서 그 경험을 음미하며 오늘을 새롭게 해석하고 미래를 준비한다.

셋째, 작품 내 시공간적 분석을 통하여 '세계 인식 태도'를 배울 수 있다. 인간은 특정한 시공간의 역사적 환경에 따라 가치관이 설정되기 마련이다. 시공간에 따른 이데올로기와 문화의 차이는 인간이 처하게 될 환경을 만들어내고 인간은 그 환경을 바라보는 태도를 견지하며 생을 살아간다. 작품 내 설정된 시간 및 공간적 배경은 현실이 반영된 것이며 작품 내 시공간의 중심에 놓인 인물과 그의 세계관도 현실의 사회구조를 통찰해내는 수용자의 경험 요소로 작용한다.

이상과 같이 소설과 영화 작품에 등장하는 인물을 통해 자아성찰과 타자에 대한 이해를 배우고, 플롯에서는 삶의 의미를 탐구하고, 시공간적 배경을 통해 세계에 대한 비판적 인식 태도를 함양하는 서사 교육의 목표를 이루고자 한다.

2. 자아성찰과 타자에 대한 이해

단편 소설 <오발탄>(작가 이범선)은 1959년 10월 『현대문학』 58호에 발표되었고, 2년 뒤 이종기·나소운에 의해 시나리오로 공동 각색되어 유현목 감독이 1961년 영화로 제작하였다.

이 작품은 한국 전쟁 이후 가난한 피난민으로 생계를 꾸려가고 사회의 불합리한 모순에 몸부림치다 기진맥진하여 허무감으로 방황하는 인물들이 그려진 수작이며, 소설과 영화 두 장르에서 모두 호평을 받았다.[4]

우리는 서사물에 등장하는 인물을 거울삼아 나를 돌아보고, 또 그 인물에 대한 해석을 통해 타자에 대한 이해를 하게 된다.

바로 그것을 서사 교육의 첫 번째 목표인 '자아성찰과 타자에 대한 이

---

4) 단편소설 <오발탄>은 제5회 동인문학상을 수상하였고, <학마을 사람들>과 함께 작가 이범선의 대표작으로 거론된다. 영화 <오발탄>은 제7회 샌프란시스코 영화제에 출품되었고, 한국 영화 사상 최고의 걸작 중 하나로 꼽힌다.
   (네이버 지식사전 : http://terms.naver.com/entry.nhn?docId=698165)

해'라 정리했다. 또한 상호텍스트성에 의거, 소설과 영화 장르의 서사 변용을 통한 의미 구조화 과정에 입각하여 소설과 영화 <오발탄>에서 등장인물과 관련된 교수·학습 활동 과제와 내용을 다음과 같이 예시할 수 있다.

- 소설에 등장한 인물과 영화에 등장한 인물을 비교하여 표를 만들고 가감된 이유를 추측해 보자.
- 소설과 영화에서 등장인물의 성격이 각각 다르게 표현되었다면 성격 변화 내용을 찾아보고 그 효과를 말해보자.
- 주요 등장인물인 송철호, 송영호, 송명숙, 송철호의 아내, 송철호의 모친, 송철호의 딸은 모두 가족들이다. 이들이 가족 구성원으로서 가족이란 울타리를 어떻게 생각하며, 그 안에서 본인의 역할이 무엇이라고 생각하는지 알아보자.

소설에 등장하는 송철호는 계리사 업무를 보는 박봉의 가장이다. 치매에 걸려 자리보전하고 있는 노모를 모시고 아내와 함께 궁핍한 생활을 하는 도시인이다. 그의 어깨를 짓누르는 생계와 노모 부양의 책임에 숨막힐 듯 살아가지만 최소한의 윤리와 도덕을 지키려 한다.

반면에 동생 송영호는 제대 이후 이렇다 할 만한 직업 없이 친구들과 술집에서 어울리며 세상한탄을 해대는 실없는 위인이다. 그는, 모순된 사회에서 저지르는 일탈적 행위가 인간다운 삶을 위해 행하는 필요악이라 주장하며 송철호와 언쟁한다.

소설에서의 주인공은 송철호이다. 만성적 치통과 함께 궁핍과 고단함은 늪이 되어 그를 간단없이 빨아들이는데 여기에 가족 구성원의 영향이 크게 작용한다. 삭마르고 음산한 목소리로 시도 때도 없이 '가자'고 외치는 중증 치매의 노모, 난산으로 인해 사망한 아내, 급기야 권총강도를 저지르고 체포된 송영호, 미군에게 몸 팔고 손가락질 받는 송명숙 등은 송철호가 마침내 오발탄이 되어 무감각, 무지향의 상태로 밤거리를 정신적 빈혈로 혼미하게 떠돌게 한다.

그러나 영화에서는 송철호의 비중이 줄어든다. 그의 내면적 갈등이 소설에서만큼 부각되지 않고, 비중이 커진 동생 송영호를 관찰하는 입장으로 바뀐다. 그의 성격은 영화라는 장르의 특수한 성격 상 더욱 정적으로 보이는 착시현상을 일으킨다. 그의 고뇌와 허무의식까지 한층 더 가라앉아 있고 말수가 줄어든 것처럼 느껴지기까지 한다.

반대로 동생 송영호는 영화에 등장하는 분량 상 송철호를 능가하고 더 비중 있게 다루어진다. 또한 소설에 없던 새로운 등장인물들이 추가된다. 애인 고미리와 야전병원에서 만난 간호장교 오설희, 강경식·곽진원 등의 제대군인 무리와 에피소드를 새롭게 창조하거나 원작 소설의 내용을 구체화한다.

[표 1] 소설과 영화의 등장인물 비교

장르	등 장 인 물
소설	송철호, 송영호, 송명숙, 어머니, 송철호의 아내, 송철호의 어린 딸 혜옥, 계리사 사무실 사환, 과장, 형사, 치과의사, 택시 운전수와 조수
영화	송철호, 송영호, 송명숙, 어머니, 송철호의 아내, 송철호의 어린 딸 혜옥, 계리사 사무실 사환, 과장, 형사, 치과의사, 택시 운전수와 조수 ▶**추가된 인물** 송민호(송철호, 막내동생), 오설희(전쟁 때 야전병원에서 만난 간호장교), 고미리(송영호의 애인), 강경식(제대 군인/송명숙의 약혼자), 곽진원(제대 군인), 박만수(제대 군인), 김성국(제대 군인), 건물지기 노인, 시인 청년, 미스 최(계리사 사무실 타자수), 조감독, 송철호의 갓난아기

영화에서 새롭게 창조된, 권총강도 이전의 극적 설정을 통해 송영호의 현실 부적응과 무기력함을 드러내고, 권총강도가 될 수밖에 없는 당위성을 원작보다 더욱 짙게 호소한다. 원작소설의 내용을 구체화한 경우는 권총강도행각 시퀀스이다. 영화적 박진감과 긴장감을 위해 원작보다 더 길고 자세하게 묘사하기도 하였지만 송영호의 일탈 정도가 소설에서보다 훨씬 심각함을 드러내는 대목이다. 그것은 송영호의, 사회에 대한 피해의식과 건전하지 못한 도덕률이 위태하게 줄타기를 하는 데서 위험성은 이미 예고되어 있었다.

<오발탄>의 주요 등장인물은 공히 '가족'이다. 가족은 '나'와 '사회'의 중간에 위치하여 그 두 가지 속성을 모두 지니고 있는 특수한 집단이다. '가족'은 나로 하여금 자아성찰케 하고 타자에 대한 이해가 발아되는 이중성을 가진 집단이다. 송철호를 비롯한 가족들은 각자 단독자인 '나'의 인생이 존재하는 것과 동시에 어머니, 아내, 동생 등 가족집단에서의 역할이 주어진다.

송철호는 본인을 위해서는 치과에서 발치를 하고 싶으나 가족의 생계 때문에 어쩔 수 없이 치통을 턱에 괴고 다니는 안타까운 사람이다. 그는 '나'와 '타자' 사이에서 고민하고 통증을 겪는다.

송영호는 양심 따위는 버리고 빗나간 '용기'를 갖지 않으면 세상에서 도태될 것이라 생각한다. 더욱이 "형님 하나 깨끗하기 위하여 치르는 식구들의 희생이 너무 어처구니없이 크고 많단 말입니다."[5]라며 형 송철호의 양심적이고 도덕적인 삶이 식구들의 가난을 벗어나지 못하게 하는 것이라고 주장한다. 결국 송영호는 가족을 위한다면 범법을 저지를 수도

---

5) 이범선, <오발탄>, 문학과 지성사, 2010, 125~126면.

있음을 나중에 행동으로 보여준다.

3. 삶의 의미 탐구

플롯은 인과관계로 성립되며 크고 작은 갈등 요소를 포함하기 마련이다. 그 갈등에 반응하는 양상은 우리로 하여금 적절한 거리에서 다양한 경험을 하게 만든다. 부챗살처럼 펼쳐지는 플롯에서는 각각의 대오리가 '삶의 의미를 탐구'할 수 있는 나침반의 바늘과 같은 역할을 한다.

그러므로 소설과 영화 <오발탄>에서 플롯과 관련된 교수·학습 활동 과제와 내용은 다음과 같은 예시로 정리된다.

- 소설 <오발탄>의 플롯과 영화 <오발탄>의 시퀀스를 분석하여 표로 정리해 보자.
- 소설 <오발탄>이 영화화되면서 내용상 첨가·생략·변형된 부분을 찾고 그 이유는 무엇인지 말해 보자.
- 소설과 영화의 갈등 양상을 비교·대조해보고 삶의 의미와 연관지어 이야기해 보자.

소설 <오발탄>의 5단 구성 플롯과 내용 요약은 다음과 같다.

[표 2] 소설 〈오발탄〉의 구성 단계

단계	요 약
발단	계리사 사무실에 근무하는 송철호는 살아보려 열심히 일을 해도 힘겨운 하루하루의 현실이 암울하기만 하고 가장으로서의 무기력함에 울분을 터뜨린다.
전개	송철호네는 볼품없는 해방촌 꼭대기에 산다. 자기 비관에 빠져 양심, 윤리, 관습, 법률 등을 다 벗어던지자는 영호. "가자!"만을 외치며 북에 있는 고향으로 가고 싶어하는 실성한 어머니, 삶의 의욕이 없는 아내, 양공주 노릇을 하고 있는 여동생 명숙, 그리고 누더기 차림의 딸은 지독한 가난의 늪에 빠져 있다. 이런 동생을 불안하게 바라보며 충치도 해결 못할 정도로 가족의 무게에 찌들린 철호는 마냥 한숨만 난다.
위기	철호는 영호가 은행에서 권총강도 짓을 하려다가 체포되었다는 소식을 듣는다. 경찰서에서 영호를 만나고 집으로 돌아간 철호는 아내가 아이를 낳다가 난산으로 위독하다는 사실을 알게 된다. 병원으로 달려가지만 이미 아내는 사망한 상태이다.
절정	갑작스런 영호의 체포와 아내의 죽음으로 철호는 어찌해야 할지 모르는 공황 상태가 된다. 길거리로 정처 없이 나선 철호. 경찰서에도 들르고 길거리 상점들을 기웃거리기도 하면서 넋을 놓고 걷다가 어느 치과에 들어가 고질적이던 충치를 모두 뽑는다. 이를 한꺼번에 두 개를 뽑아서 출혈이 심한 탓에 철호는 걷기가 힘들어 택시를 잡아탄다.
결말	철호는 택시기사에게 병원으로 가자고 했다가, 경찰서로 가자고 하기도 하는 등 갈팡질팡한다. 택시 기사와 조수는 갈 곳도 모르는 오발탄 같은 손님이 걸렸다고 푸념하고 철호는 자기 자신이 정말 조물주의 오발탄일지도 모른다는 생각을 하며 "가자"를 외치다가 점점 정신을 잃는다.

영화 〈오발탄〉의 플롯은 시퀀스로 구분될 수 있는데 그 구분과 내용 요약은 아래와 같다.[6)]

[표 3] 영화 「오발탄」의 시퀀스 구분과 내용 요약

SQs.	Scene#	Sequence 내용 요약
S1	1~3	사회에 적응하지 못하고 방황하는 제대군인들의 군상들. 그 중 불구가 된 경식은 자격지심으로 명숙의 결혼 제의를 거절한다.
S2	4~8	송철호의 집과 회사에서의 가난에 찌든 암울한 처지 : 방황하는 동생들, 병들고 실성한 노모 등

---

6) 본 연구에 사용된 자료는 『한국 시나리오 선집 제3권』, 영화진흥위원회, 1990에 수록되어 있는 이종기·나소운의 각색작 〈오발탄〉과 유현목 감독이 1961년 대한영화사에서 제작한 영화 〈오발탄〉으로 함께 참고하였다.

S3	9~13	철호는 박봉이지만 열심히 일하고 영호와 명숙도 일자리를 나름대로 알아보고 있지만 가난의 굴레를 벗어나기 쉽지 않다.
S4	14~22	송철호는 월급날이어도 딸의 신발 하나 편히 못 사는 처지인데다가 실성한 노모와 철없는 어린 딸로 인해 여전히 우울하다.
S5	23~25	영호는 사회에 적응 못 하는 것을 한탄하고 경식으로부터 거절당한 명숙은 방황하며 귀가하지 않는다.
S6	26~28	영호는 과거 국군병원에서 만났던 설희를 우연히 만나 반가워한다.
S7	29~32	철호는 경찰서로부터 호출을 받고 밤새 거리에 있던 명숙을 인계받는다. 둘은 아무 말 없이 사이를 두고 걷다가 제 갈 길을 간다.
S8	33~36	영호는 일자리를 마련했다는 미리의 전갈을 받고 영화사에 가지만 전쟁의 상처를 이용하려는데 발끈하여 영화출연 제의를 거절한다.
S9	37~43	철호는 전차를 타고 가다가 미군과 함께 지프차에 타고 있는 명숙을 발견하고 경식은 거리에서 미군들을 호객하는 명숙을 보고 비통해한다.
S10	44~46	영호는 설희와 사랑을 다시 불태우고 설희는 영호에게 호신용의 총을 보여준다.
S11	47~48	영호는 조카 혜옥에게 예쁜 치마와 신발, 그리고 백화점 구경시켜주겠다는 약속을 한다. 그 때 영호의 친구 외팔이 민수가 집으로 와서 경식의 잠적 사실을 알린다.
S12	49~52	영호는 설희를 짝사랑하던 시인청년이 설희를 살해한 사실을 알게 된다. 비탄에 잠긴 영호는 설희의 권총을 품에 넣고 나가며 뭔가를 결심한다.
S13	53~57	집안의 현실을 피해 산비탈에 오른 철호, 멍하니 세상을 본다.
S14	58~62	양심을 지키며 올바르게 살고자 하는 형 철호를 영호는 답답해하고 신세한탄을 한다.
S15	63~67	영호는 형수(철호의 아내)가 진통을 느끼는 것을 보고 명숙에게 집에 있을 것을 부탁하며 권총을 챙겨 집을 나선다.
S16	68~99	미리에게 저녁에 만나자는 약속을 하고 급기야 은행에서 권총강도짓을 하는 영호, 같이 차를 타고 갔던 진원은 총소리에 놀라 도망가고 이상히 여겨 미행한 미리와 범행현장에서 마주친다. 짧은 추격전 후에 결국 경찰에 잡히고 만다.
S17	100~107	철호는 경찰서에서 수갑 찬 영호를 면회하고 착잡한 심정으로 집에 돌아온다. 그는 산기가 있던 아내가 위독하다는 명숙의 말을 듣고 급히 병원으로 향한다.
S18	108~113	아내가 사망했음을 전해 듣고 철호는 넋이 빠져 병원을 나온다. 어디로 갈까 망설이다 경찰서로, 사무실로 허적허적 발길을 옮긴다.
S19	114~124	철호는 심한 치통을 느끼며 걷다가 두 치과에서 연달아 이를 뽑는다. 택시를 잡아타고 해방촌으로, 병원으로, 경찰서로 우왕좌왕 행선지를 바꾸는 철호의 모습. 그 와중에 명숙은 새로 태어난 철호의 아기에게 희망을 얘기한다.
S20	125~129	택시기사는 철호에게 갈 곳도 모르는 오발탄 같은 손님이라 말하자 철호는 자신의 처지를 생각하며 "가자!"라는 말을 외치고 정신을 잃는다.

소설의 주인공이 송철호라면, 영화의 주인공은 송영호이다. 소설에서는 송철호와 관련된 이야기가 많은 분량을 차지하고 송철호와 가까운 시점에서 사건을 서술하지만, 영화에서는 송영호의 등장 시간이 더 많고 송영호의 스토리에 인과성을 부여하는데 공을 들인다. 그럴 수밖에 없는 이유는 단편소설을 장편영화로 각색할 때 메인스토리와 여러 개의 서브스토리가 혼합된 복합구성방식이 요구된다. 정적인 인물 송철호의 스토리를 보강하는 것보다 동적인 인물 송영호를 보강하는 것이 더 영화적이기 때문에 영화 <오발탄>에서는 송영호가 주인공으로 부각되었다.

소설 상에서 송영호가 친구들과 어울려 술을 마시며 신세한탄의 허송세월을 보내는 것을 송철호와 송영호 두 사람의 대화를 통해 표현했지만 영화에서는 송영호가 제대군인들과 어울려 다니는 장면을 직접 제시한다.

또한 영호의 권총강도 행각도 소설에서는 자세하게 묘사되어 있지 않고 간단한 서술로 대신한다. 그러나 영화에서는 어떻게 총을 손에 넣게 되었으며 어떤 감정으로 강도짓에 뛰어 들었는지 다양하고 자세하게 전개된다.

영호에게는 고미리라는 영화배우가 애인으로 설정되어 있는데, 권총강도 행각을 신고하고 자수를 권유하는 역할을 한다. 영호가 권총을 입수하게 된 계기는 야전병원시절 간호장교 설희를 길거리에서 우연히 다시 만나 애정을 꽃피우게 되면서부터이다. 그러나 그녀의 옆방에 사는 시인 청년의 병적인 짝사랑으로 설희는 살해된다. 영호는 비탄에 잠긴다. 문득 설희가 갖고 있던 권총을 챙겨 뭔가를 결심한다.

군대 후배 곽진원에게 트럭을 대기시키라고 하고 혼자서 은행을 털지만, 실패하여 결국 경찰들에게 쫓긴다. 소설에 없는 긴박한 추격전을 영화에서 구체적으로 묘사한 것은 영화적 매체 특성을 효과적으로 살리기 위한 것으로 판단된다.

그 외에도 영화화되면서 내용상 첨가된 부분은 명숙이 양공주의 길로 들어서게 된 연유를 제시하는 에피소드가 있다. 애인 경식과의 관계가 깨지면서 명숙이 방황하게 되고 결국 자포자기의 심정으로 양공주가 되었다는 것이다. 영화화되면서 첨가된 내용들은 표4와 같이 정리할 수 있다.

[표 4] 영화화되면서 첨가된 부분

4-①	제대 군인들이 사회에 적응하지 못하고 방황하는 모습들
4-②	경식과 명숙의 연인 관계가 깨지고 따라 명숙이 방황하고 경식이 잠적함.
4-③	신문팔이를 하는 철호의 어린 막내동생 민호
4-④	실연의 아픔을 달래기 위해 미리에게 취직을 부탁하는 명숙
4-⑤	철호의 아내는 사망하고 아이가 새로 태어남.
4-⑥	영호가 은행강도를 결심하고 곽진원에게 지프차를 몰게 함.
4-⑦	영호의 추억의 여인 설희의 등장, 그녀와의 사랑 나눔, 그리고 그녀의 갑작스런 죽음.
4-⑧	설희를 짝사랑하다가 살해하는 시인 청년 등장
4-⑨	설희가 살고 있는 건물의 건물지기 노인의 등장

소설 오발탄이 영화화되면서 눈여겨볼 만한 구성상의 변화는 크게 두 가지이다. 하나는 위에서 언급한, 송영호의 스토리를 보강했다는 것, 또 다른 하나는 소설에 있던 회상 장면이 생략되었다는 점이다.

소설에 나오는 회상 장면은 5-④ 노모가 실성하게 된 계기와 이북 고향에서 넉넉히 살던 시절, 5-⑥ 음악도였던 아내의 젊고 예뻤던 대학시절 모습 등이다. 주요 회상 장면 중 이 두 장면이 생략된 이유는 암담한 현실을 사실적으로 묘사하는 작품의 톤에서 다소 이질적인 측면이 있어 제외되었을 것이라는 점이다. 우울하고 칙칙한 분위기에 해맑고 행복했던 장면이 어울리기 어렵다.

그렇다면 나머지 회상 장면(5-②, 5-⑤)의 생략은 무엇으로 설명할 수 있을 것인가? 소설 <오발탄>의 시간 구성은 시간의 역전(회상)이 삽입된 복합적 시간 구성이다. 대개의 소설이나 영화가 취하는 방식이라 할 수 있다. 그러나 영화 <오발탄>은 시간이 선형으로 진행되는 순차적 구성 방식이다. 순차적 구성 방식은 관객의 몰입도를 높여 집중력 있게 끌고 갈 수 있는 장점이 있지만, 탄탄한 스토리를 짜는 것이 어렵고 또 구성이 탄탄하지 않으면 지루해지는 등의 단점을 지니고 있다. 영화 <오발탄>의 시간 구성은 과거로 회귀하는 회상 장면들을 날려버리고 오직 목적지를 향해 달리는 특급열차처럼 전자의 장점을 견인하기 위해 고안되었을 것이라 추측된다.

[표 5] 영화화되면서 소설 내용에서 생략된 부분

5-①	철호가 대야에 퍼지는 잉크를 피라고 여기며 자신을 관조하는 장면
5-②	중학교 시절 박물관에서 미이라를 본 것을 철호가 회상하는 장면
5-③	철호의 딸이 자다가 깨어 영호가 사온 신발을 보고 좋아하는 장면
5-④	철호의 노모가 실성하게 된 계기와 북의 고향에서의 넉넉했던 시절에 대한 회상 장면
5-⑤	분단의 상황과 이데올로기의 차이를 이해하지 못하는 어머니와의 대화를 철호가 회상하는 장면
5-⑥	음악도였던 아내의 젊고 예뻤던 대학시절 모습을 철호가 회상하는 장면

[표 6]은 소설에 표현된 내용이 영화에서 어떻게 변형되어 표현되었는가를 살펴본 것이다. 이는 소설과 영화의 매체적 특성을 먼저 이해하는 것이 필요하다. 소설에서는 6-① 철호의 내면 묘사로 사냥에 실패하는 무능한 원시인에 대한 이야기를 표현하지만 영화 장르로 옮기게 되

면 내레이션이나 독백으로 바뀌는 경우가 많다. 영화 <오발탄>에서는 떠들썩한 대사로 각색되었다. 6-③ 영호가 은행에서 나오는 사람에게 강도짓을 하기보다 은행을 터는 것이 스케일이 더 크고 영화적이라는 점에서 변형되었을 것이라 생각한다.

　인물의 성격은 변화하느냐 그렇지 않느냐에 따라 입체적 인물과 평면적 인물로 구분한다. 소설에서는 6-② 영호가 취직하려는 노력을 보이지 않다가 결국 권총강도 행각을 벌이지만, 영화에서는 여자 친구 미리에게도 부탁을 하는 등 구직을 활동을 하다가 나중에 변심하여 강도가 된다.

[표 6] 각색 시 변형된 내용

소설	영화
6-① 사냥에 실패하는 무능한 원시인에 대한 이야기가 철호의 관념 속에서 비춰짐.	사냥에 실패하는 무능한 원시인에 대한 이야기가 영호의 발화로 표현됨(친구들에게 지껄임).
6-② 영호는 취업에 별 생각이 없음.	영호가 열심히 구직을 하고 여자 친구 미리에게 취직을 부탁함.
6-③ 영호가 은행에서 나오는 사람에게 강도짓을 함.	영호가 은행 내부에서 강도짓을 함.
6-④ 영호가 대학을 3년 다니다가 중퇴했다는 얘기를 철호와 언쟁을 할 때 함.	영호는 대학을 3년 다니다가 중퇴했다는 것을 오랜만에 설희를 만나서 회포를 푸는 가운데 얘기함.
6-⑤ 영호가 범행 직후 강도 피해자의 차를 빼앗음.	영호가 은행강도로 돌변하자 밖에서 대기하던 곽진원이 차를 몰고 도주함.
6-⑥ 영호는 범행 후 도주하다가 미아리 인근에서 체포됨.	영호가 경찰에 쫓기다가 공장안에서 체포됨.

　소설과 영화의 서사에는 인물의 설정 목표가 있고 그것을 이루지 못하게 하는 장애가 있으며 거기서 갈등이 생겨난다. 그 갈등을 이겨내고 목표를 달성하거나, 좌절하여 포기하는 경우 등장인물에게 삶의 의미가 달리 전해진다. 고로 소설과 영화에서의 삶의 의미를 탐구하기 위해서는 갈등의 양상을 분석할 필요가 있다.

소설에서의 주된 갈등은 송철호와 송영호의 갈등, 송철호와 송명숙과의 갈등, 송철호와 처한 현실(가난, 치통)간의 갈등 등으로 정리할 수 있다. 특히 송철호와 송영호의 갈등은 단편 소설치고는 꽤나 긴 대사로 처리하여 두 형제간의 세계인식과 가치관의 차이를 대비시켜 보여준다. 결국 소설에서 두 형제는 평행선을 걷게 되고 비운의 결말로 치닫는다. 송철호와 송명숙과의 갈등은 양공주가 되어 가는 여동생 송명숙의 일탈을 오빠인 송철호가 마음의 상처를 입으며 힘겹게 지켜보는 것으로 표현된다. 또한 송철호는 가난 및 치통을 떨치지 못하고 어깨에 가족의 무거운 십자가를 지는 희생양으로 그려 우리로 하여금 연민을 느끼게 한다.

영화의 갈등은 소설의 갈등을 온전히 이식하고 새로 구성된 플롯에 나타나는 갈등까지 포함한다. 송영호와 애인 고미리와의 갈등, 송영호와 영화 조감독과의 갈등, 송영호와 운명(運命)-청년 시인-과의 갈등 등 다양하다.

영화 <오발탄>은 소설에 없던 갓난아기의 탄생, 민호의 부지런하고 활동적인 성격을 추가하여 작품 전체에 희망적 메시지를 담으려 하는 측면을 엿볼 수 있다. 송영호는 소설 오발탄에서처럼 권총강도행각을 벌이고 체포되지만 그에게도 아직 희망은 있다. 왜냐하면 애인 고미리와 갈등 관계에 있을 때도 있지만, 은행 강도 직후 자수를 권할 만큼 송영호를 아껴주는 그녀가 있기 때문이다.

이렇게 소설과 영화의 갈등 양상이 달라지면서 등장인물에게 삶의 의미가 달라지고 작품의 결말과 전체 톤의 느낌이 달라진다. 작품의 갈등을 들여다보고 삶의 의미를 다시 새겨보는 교육은 인생을 살아가는 지혜를 얻는 것과 비견되는 중요한 덕목이 된다.

4. 세계 인식 태도

작품 내 설정된 시간과 공간은 역사·문화적 환경을 구축한다. 등장인물은 환경의 지배를 받으며 굴복하거나 환경을 극복하여 변화시키기도 한다. 이 모든 환경은 현실세계를 반영한 것이다. 이러한 시공간에는 이데올로기가 녹아 있으며 비로소 '세계'가 된다. 또한 시공간을 통하여 사회구조를 통찰해내려는 것을 '인식'이라 할 수 있으며 '세계 인식'은 서사의 시공간을 현실 세계에 존재하는 사회로 구조화 하는 태도이다.

이러한 '세계 인식 태도'로 접근하기 위해 소설과 영화 <오발탄>에서 시공간적 배경과 관련된 교수·학습 활동 과제와 내용을 다음과 같은 예시로 정리할 수 있다.

- 시공간적 배경과 작품 주제와의 상관관계에 대해 말해 보자
- 소설에서 묘사된 주요 공간을 영화에서 어떻게 표현했는지 비교해 보자.
- 시공간적 배경을 드러내는 소품과 의상이 있다면 찾아보고 어떤 의미를 갖는지 말해보자.
- 작품 내 세계에 대한 등장인물의 인식 태도는 어떠한가 말해 보자.

소설의 시간적 배경은 한국전쟁이 끝난 1950년대 중반이다. 전쟁의 상흔이 아직 아물지 않은 시기라 정치·경제·사회·문화적 혼란과 불안이 가시지 않은 상황이다. 사회적 부조리와 모순이 팽배하고 허무의식도 만연했던 시기로 송철호 가족은 시대의 대표적인 희생양이다.

그들은 해방촌이라 불리는 허름한 판잣집 동네에서 궁핍하게 산다. 해방촌은 이북에서 해방 직후 혹은 한국 전쟁을 피해 내려온 피난민들이

하나둘 모여 들어 움막이나 판잣집을 지어 생활주거지를 형성한 곳으로, 찢어지게 가난한 공간에서 고향에 대한 상실감과 무기력으로 엎드려 있는 곳이다. 이러한 시공간은 전후 한국 사회의 부조리한 현실과 소시민의 고통스런 삶을 주제로 형상화하기 위해 매우 적절한 설정이며, 그것이 당대의 사회 현실에 대한 거침없는 비판이었으므로 리얼리즘적이고 사회고발적인 성격을 가지는 것은 당연하다.

먼저 소설의 시간과 공간을 정리해 보면 다음 표와 같다.

[표 7] 소설 〈오발탄〉의 시간과 공간 리스트

번호	공간	시간	공간에 따른 내용 요약
1	계리사 사무실	저녁	직원들은 이미 퇴근해버리고 늦게까지 남아있는 철호, 퇴근을 준비한다.
2	해방촌 고개	저녁	철호는 판잣집이 즐비한 해방촌 고개를 오르며 더욱 허기를 느낀다.
3	해방촌 골목	저녁	비좁은 골목은 생활오물로 더럽혀져 있다.
4	철호네 집 앞	저녁	누추한 철호의 집. 어머니의 "가자" 소리가 들린다.
5	철호네 집 안	저녁	냄새나는 집안, 아랫목에 치매 걸린 어머니가 자리보전하고 있다.
6	철호네 집 윗방	저녁	철호는 가난한 삶에 지쳐 있고, 만삭의 아내는 말이 없고 딸아이는 아직 철이 없다. 어머니는 연신 "가자" 소리를 외쳐 댄다.
7	철호네 집 뒤 산등성이 바위 위	저녁	바위 위에 앉아 심란함을 달래고 있는 철호, 북쪽 고향에 대한 회상을 한다.
8	해방촌 골목	밤	철호는 어머니의 "가자" 소리를 들으며 어머니가 정신이상이 시작된 계기에 대해 회상한다.
9	철호네 집 안	밤	동생 영호가 조카의 구두를 사가지고 귀가한다. 영호는 올바르게 양심껏 사는 것이 소용없음을 얘기하며 옳게 살려고 하는 철호와 말다툼한다.
10	졸업음악회 무대 (회상)	밤	예전엔 음악도였던 아내는 참 아름다웠다.
11	철호네 집 안	밤	철호와 영호는 신세타령과 함께 계속적으로 논쟁을 한다.
12	전차 안(회상)	낮	철호는 교통신호가 바뀌기를 기다리는 동안 옆에 나란히 서있

			는 지프차에 미군과 함께 있는 명숙이를 발견한다. 쑥덕거리는 사람들
13	철호네 집 안	밤	밤이 깊어 모두 잠을 청한다. 자다 깬 딸아이가 새 구두를 보며 즐거워한다.
14	계리사 사무실	낮	철호, 경찰서로부터 영호의 일로 갑작스럽게 호출을 받는다.
15	경찰서 문 앞	낮	불안해하며 경찰서로 들어가는 철호
16	경찰서 안	낮	철호는 형사로부터 영호가 저지른 은행강도 짓에 대해 듣는다. 수갑을 찬 영호를 잠깐 면회하며 철호의 심정은 착잡하기 그지 없다.
17	해방촌 고개	낮	멍한 상태로 어디에 가는지도 모른 채 철호는 집을 향한다.
18	철호네 집 안	낮	철호는 산기가 있어서 병원에 간 철호의 아내가 현재 난산으로 위독하다는 얘기를 명숙으로부터 듣는다.
19	병원	낮	병원에 도착한 철호는 아내의 사망소식을 간호원으로부터 전해 듣는다.
20	길거리	낮	병원을 나와 정처 없이 방황하는 철호, 충치 때문에 치통을 느낀다.
21	치과1	낮	철호, 썩은 충치를 뽑는다.
22	치과2	낮	의사의 만류에도 불구하고 하나 더 충치를 뽑는 철호
23	길거리	저녁	철호, 정신이 혼미한 상태에서 거리를 헤매고 다닌다.
24	음식점	저녁	철호는 새삼스레 허기가 느껴져 식당에 들어가 설렁탕을 주문한다.
25	음식점 밖 골목	저녁	철호는 발치의 고통과 함께 출혈이 심하다.
26	큰 길	저녁	집에 가서 쉬고자 택시를 잡으러 큰길로 나온다.
27	택시 안	저녁	해방촌으로 가자고 하다가 다시 행선지를 병원으로, 경찰서로 자꾸 변경한다.
28	경찰서 근처/택시 안	저녁	택시기사가 철호의 요구에 따라 경찰서 앞으로 온다.
29	택시 안	저녁	철호는 기사에게 오발탄 같은 손님이라는 얘기를 듣고 정말 자신은 조물주의 오발탄일지도 모른다는 생각을 하며 정신을 잃는다.

위의 표를 참고하여 소설에서 묘사된 주요 공간, 예를 들면 철호의 집, 계리사 사무실, 경찰서, 치과, 택시 안 등이 영화에서 어떻게 표현되었는지 알아보자.

① 해방촌 철호의 집

소설에 드러난 해방촌 철호의 집은 등장인물들이 활동하는 주요 무대로 비중 있게 다루어지고, 노모, 아내, 딸은 주로 집안에서만 소개된다. 또한 철호가 가치관의 차이에 따른 동생 영호와 설전을 벌이기도 하는 중요한 곳으로 작품의 주제와 복선을 품고 있다. 그러나 영화화되면서 철호의 집은 소설만큼 비례하여 비중 있게 다루지 않는다. 영화의 특성상 카메라는 실외로 뛰쳐나가 활동하는 영호를 부각시키는 데 충실하기 때문이다.

② 계리사 사무실

계리사 사무실은 소설이나 영화에서 대동소이하게 묘사된다. 치통을 앓지만 월급을 받는 날에도 박봉이라 치과에 갈 엄두를 못내는 경제적 무능과 답답함이 느껴지는 공간이다. 다만, 소설과 달리 영화에서는 김성국 계리사와 타이피스트 미스 최를 사무실에 등장시켰고 소설 서두에 나오는 세면대야의 비주얼이 생략되어 상징성이 약화되었다.

③ 경찰서

양공주 노릇하던 여동생 명숙 때문에 몇 번 경찰서를 들락거렸던 송철호는 급기야 남동생 송영호의 권총강도행각으로 경찰서를 방문한다. 여동생 명숙에 대한 내용은 회상으로 처리된 소설과 달리 영화에서는 현재 진행형으로 넣어 사실감과 극적 긴장을 가지려 했다.

④ 치과

철호가 문제의 사랑니를 발치한 첫 번째 치과에서 다른 치아도 뽑아 달라고 하지만, 소설에서는 의사가 거부한다. 철호는 할 수 없이 두 번째 치과를 방문하지만 뽑아 줄 수 없다는 대답을 듣는다. 세 번째 방문한 치과에서 드디어 또 하나의 치아를 추가 발치한다. 영화에서는 소설의 내용을 단순화하여 첫 번째 치과에서 추가 발치를 퇴짜 맞은 후, 두 번째 치과에서 추가 발치를 완료한 것으로 설정한다.

병원비가 없어 치아 발치 하나도 여유 있게 하지 못하던 철호가 두 개를 한꺼번에 발치한 것은 사회에 지르는 반항적 고함이다. 이를 뽑는 데도 통증이 잘 느껴지지 않을 정도로 반항에 몰두해 있음을 표현하는 특별한 공간이다.

⑤ 택시 안

철호는 노모가 누워 있는 해방촌의 집, 아내가 죽은 병원, 남동생이 권총강도로 체포된 경찰서를 떠올리며, 택시를 타고 밤거리를 오발탄처럼 떠돈다. 철호는 그 폐쇄된 공간에서 빈혈로 정신이 아득해지는데 주제가 강하게 전달되는 공간이며 비극적이고 허무한 엔딩이 치러지는 상징적인 공간이다.

작품에서 제시된 소품과 의상은 시공간적 배경을 드러내는 것은 물론 극적 의미를 갖기도 한다.

'파랑새' 담배는 한국전쟁으로 실의에 빠진 국민들을 위무하는 차원에서 행복과 희망이 가득할 것을 기원하기 위해 지어진 것이다. 철호가 동생 영호의 양담배를 거부하며 고집스레 피우는 파랑새는 실낱같은 행복과 희망의 기원 외에도 제 분수를 알지 못하는 영호를 못마땅해 하는 등 영호의 현실 인식 태도와 상치함을 드러낸다.

또한 삼촌 영호가 조카 혜옥에게 선물한 빨간색 운동화는 비극적 결말을 맞게 되는 영호의 비장미를 조성하기도 한다.

송철호는 어깨에 한없이 무거운 짐을 진 가장으로 고단하게 하루를 살아가는 소시민이다. 그는 동생 영호의 일탈적 가치관을 경계하며 윤리와 도덕의 영역에서 살아가려 노력한다. 하지만 세상은 훨씬 잔인하다. 중증 치매의 노모, 난산 때문에 사망한 아내, 권총강도로 체포된 남동생, 양갈보 여동생 등은 송철호로 하여금 세상에서 꿈틀하게 만든다. 사랑니를 연거푸 두 개 발치하는 것으로 세계에 반항해 본다. 하지만 비좁은 택시 안에서 어디로 가야할지 결정하지 못하고 도로 위에서 그의 정신은 점점 꺼져간다.

송영호는 한국 전쟁에 참전했던 제대 군인으로 심신에 시대의 상흔을 안고 살아간다. 전후의 허무주의와 한탕주의에 젖은 채 피난민 해방촌 공간을 벗어나려고 몸부림친다.

송철호와 송영호는 같은 시간과 공간에 놓인 형제이지만 그들이 세상을 인식하는 태도는 상반되며 대응 방식도 다르다. 형 송철호는 양심적이고 책임감이 있지만 점점 무기력해지며 삶의 의지가 고갈되어 쓰러지고, 동생 송영호는 비윤리적이고 다혈적이라 결국 범법을 저지르고 수인(囚人)으로 전락하는 운명이 된다.

5. 결론

본고는 영화 <오발탄>의 인물, 플롯, 시공간 등의 서사적 요소를 분석하여 소설의 그것과 비교·대조함으로써 두 장르의 교육적 효과를 얻기 위해 노력하였다.

인물적인 측면에서는 장르에 따라 주동 인물의 변화가 있지만, 주요 등장인물 군을 가족으로 설정하여, '나'와 '사회'의 중간에 위치한 특수한 집단의 구성원으로서, 나는 누구이며 어떻게 살아야 하는지에 대한 내면의 성찰과, 혈연관계에서 타자에 대한 이해를 바탕으로 주어진 역할에 충실하고 더불어 살아야 하는 방법을 살펴보는 계기에 주목하였다.

플롯적인 측면에서는 인물과 인물, 인물과 운명, 인물과 환경 등의 갈등 양상이 영화와 소설에서 달리 표현되고 그로 인해 등장인물에게는 삶에 반응하는 양태가 달라지며 저마다의 삶의 의미를 새롭게 구축하여 인생의 나침반이 어디를 가리키는지 관심을 갖게 하는 효과가 있었다.

영화와 소설 공히 작품 내 시간적 배경은 한국 전쟁이 끝난 1950년대 중반, 전쟁의 상흔이 사회의 부조리와 모순을 낳고 허무 의식이 역병처럼 퍼지던 시기를 다룬다. 공간적 배경은 해방촌에서의 경제적 궁핍과 돌아갈 수 없는 고향에 대한 열렬한 향수적 희구를 드러내며 어디로 가야할지 목적지를 상실한 오발탄이 되어 떠도는 곳으로 설정된다.

두 장르의 작품이 해방촌 철호의 집, 계리사 사무실, 경찰서, 치과, 택시 안 등에서 다소 차이를 보이는데 인물들이 그들에게 주어진 시간과 공간 속에서 세계 인식의 태도를 어떻게 취하는지 파악함으로써 수용자가 올바른 가치관을 형성하는 데 기여할 수 있음을 살펴보았다.

본고에서 아쉬운 점은 영화와 소설의 매체별 특성에 따른 담론[7]에 대해 본격적인 논의를 펼치지 못한 점이다. 다음 기회에 '무엇을' 보다 '어떻게'에 관심을 가지고 연구가 이어질 수 있기를 기대한다.

---

7) 구조주의의 서사 구조를 이야기(histoire)-내용-와 담론(discours)-표현-으로 나누었을 때 내용을 담아내는 그릇으로서 매체를 표현하는 수단을 말한다.

참고문헌

유현목 감독, <오발탄>, 대한영화 제작, 1961.
이범선, 『오발탄』, 문학과 지성사, 2010.
이종기·나소운, <오발탄>, 『한국 시나리오 선집 제3권』, 영화진흥위원회, 1990.

교육과학기술부, 『고등학교 교육과정 해설 국어』, 2009.
박기범, 『다중매체 시대의 서사 교육』, 역락, 2009.
박기범, 「소설과 영화를 통합한 서사 교육의 특성과 의의」, 『현대문학의 연구』 31, 한국문학연구학회, 2007, 7~35면.
박유희, 「영상매체 논의의 현 단계」, 『우리어문연구』 25, 우리어문학회, 2005, 149~178면.
서정남, 「영화 텍스트에서 시간의 공간화와 공간의 시간화에 대한 서사학적 분석」, 『기호학연구』 15, 한국기호학회, 2004, 87~117면.
신종곤, 「영상텍스트를 통한 비판적 사고 교육연구」, 고려대학교 박사학위논문, 2004.
신재훈, 「대중영상매체의 문학 텍스트 개입에 대한 연구」, 성균관대학교 박사학위논문, 2001.
조정래, 「소설과 영화의 서사론적 비교연구」, 『현대문학의 연구』 22, 한국문학연구학회, 2004, 525~560면.
정재찬, 「미디어 시대의 문학교육」, 『문학교육학』 28, 한국문학교육학회, 2009, 1~20면.
Richardson, R., *Literature and Film*, 로버트 리처드슨, 이형식 역, 『영화와 문학』, 동문선, 2000.

네이버 지식사전 : http://terms.naver.com/entry.nhn?docId=698165

다문화 교육을 위한 미디어 콘텐츠 〈올리볼리 그림동화〉에 관한 연구

정 현 선

경인교육대학교 국어교육과

1. 서론－연구의 필요성과 목적

이 연구에서는 필자에게 주어진 '다문화 시대 아동문학교육과 미디어 콘텐츠'라는 주제에 대해, 다문화 교육을 위한 목적으로 다양한 나라의 동화를 온라인 미디어 콘텐츠로 기획·제작·배포하고 있는 다음세대재단의 <올리볼리 그림동화> 시리즈 사례에 주목하여 살펴보고자 한다.[1) <올리볼리 그림동화>는 자라나는 어린이들이 글로벌 시민으로서 문화다양성에 대한 감수성을 기를 수 있도록 하기 위해 이제껏 한국에서 접하기 어려웠던 나라들의 그림동화를 보급하는 것으로, 어린이들이 그림동화를 쉽게 볼 수 있도록 하기 위해 인터넷 공식 홈페이지(http://www.ollybolly.org), 다음 어린이 포털 "키즈짱"(http://http://kids.daum.net/)과 스마

---

1) <올리볼리 그림동화>는 다양한 나라에서 출판된 '그림이야기책' 혹은 '그림책'을 현지에서 직접 수급해 번역과 윤문, 음성 녹음과 자막 작업을 포함한 애니메이션으로 제작해 인터넷 웹사이트와 스마트폰 응용 프로그램으로 배포하고 있는 다음세대재단 사업의 고유 명칭으로, 일종의 '브랜드' 혹은 '고유명사'이다. 본고에서 '그림동화'라는 용어를 사용하는 것은 <올리볼리 그림동화>라는 고유명사를 존중한 까닭이다. 이것이 고유명사임을 강조하기 위해 본고에서는 따옴표를 사용하여 <올리볼리 그림동화>로 표기하였다. '그림동화'와 관련된 용어에는 '그림이야기책'과 '그림책'이 있다. 현은자 외(2004)에 따르면, '그림이야기책(illustrated book)'이란 <안데르센 동화집>과 같이 그림이 없어도 이야기를 이해할 수 있으며, 그림은 글을 보조하는 역할을 하는 책, 즉 삽화가 이야기에 더해져 있는 책을 뜻한다(현은자 외, 『그림책의 그림 읽기』, 마루벌, 2004). 그리고 '그림책(picturebook)'이란 글이 그림 없이는 그 자체로 존재할 수 없는 책, 즉 그림에는 글에 담겨 있지 않은 추가 정보가 있을 뿐 아니라 글과 그림의 상호작용으로 전체 의미가 생성되는 책을 뜻한다. 이러한 정의를 적용할 때 애니메이션 형태로 된 <올리볼리 그림동화>의 원작(인쇄된 책)에는 '그림이야기책'과 '그림책'이 혼재되어 있다고 할 수 있다. 한편, 그림책의 유형은 일상생활에서 접할 수 있는 사물이나 현상에 대한 궁금증을 풀어주는 것을 중심으로 한 '지식그림책'과, 전래동화나 창작동화를 중심으로 한 '이야기그림책'으로 나뉘기도 한다. <올리볼리 그림동화>는 인쇄된 '이야기그림책'을 온라인 애니메이션으로 매체 변환한 것에 해당하며, 이 점에서 그림책의 연장선상에 있다고 할 수 있다.

트폰의 응용 프로그램을 통해 무료로 제공되고 있다. 이 사업이 시작된 2008년 이래 현재까지 제작된 <올리볼리 그림동화>는 베트남 15편, 필리핀 13편, 몽골 8편, 우즈베키스탄 4편, 태국 2편, 인도네시아 1편 등 총43편(작품 편수 기준)에 달한다.

<올리볼리 그림동화>에 주목하는 이유는 크게 세 가지로 나누어 볼 수 있다. 우선 제작 목적 측면에서 볼 때 <올리볼리 그림동화>는 다문화 교육을 위해 필요한 동화의 보급을 목적으로 한다는 점에서, 다문화 시대라는 사회적 맥락에서 아동문학교육이 다양한 외국문학작품을 다루어야 할 필요성을 다문화 교육의 큰 흐름과 관련하여 되돌아볼 수 있는 계기를 제공한다.[2] 둘째, 콘텐츠 제작과 보급 방식의 측면에서 볼 때 <올리볼리 그림동화>는 가능한 한 많은 어린이들이 동화들을 접할 수 있도록 하기 위해 온라인 미디어 콘텐츠로 제작하여 무료로 보급하고 있다는 점에서, 아동문학의 미디어 콘텐츠화의 필요성과 의의에 주목하게 한다.[3] 마지막으로 독자(수용자) 대상의 측면에서 볼 때 <올리볼리 그림동화>는 그간 다문화 교육 정책이 주요 대상으로 삼은 다문화가정과 이주민 자녀들뿐 아니라 일반 어린이들을 중요한 독자층으로 삼고 있다

---

[2] <올리볼리 그림동화>의 보급이 본격화되기 시작한 2008년도를 기준으로 볼 때, 당시 국내 아동 도서 가운데 번역서가 차지하는 비율은 26%에 달하는 것으로 나타났는데, 이 가운데에 대다수는 유럽(50.3%), 미국(28.4%), 일본(13.4%)에 편중되어 있고 동남아시아와 중앙아시아의 도서는 불과 2.2%에 불과한 것으로 조사되었다(대한출판문화협회 2008년 통계자료). 이는 우리나라의 어린이들이 책을 통해 다양한 문화를 접할 수 있는 기회에 심각한 불균형이 있음을 말해줄 뿐 아니라, 국내 거주 외국인주민, 특히 국제결혼이주자의 국적 분포에서 필리핀, 베트남, 태국, 중앙아시아, 몽골 등의 국가가 중요한 위치를 차지하고 있음에 비추어 볼 때에도 문제가 있다고 할 수 있다.

[3] 정부가 2015년까지 디지털 교과서 개발과 적용을 포함한 이른바 '스마트교육 추진 전략'을 추진하고 있음에 비추어 볼 때에도 아동문학을 온라인 미디어 콘텐츠로 제작해 보급한 <올리볼리 그림동화>의 사례는 주목할 필요가 있는 것으로 보인다(국가정보화교육위원회, 교육과학기술부, 『인재대국으로 가는길, 스마트교육 추진전략』, 2011.

는 점에서, 일반 어린이들의 다문화적 감수성 증진을 목표로 한 다문화 교육의 필요성과 방법에 대해 아동문학교육과 관련하여 주목할 수 있는 계기를 제공한다.[4] 이러한 이유들로 인해 <올리볼리 그림동화>는 여성가족부를 비롯한 정부 기관 이외에 다양한 교육기관과 단체, 그리고 언론의 관심을 받아왔다.

이 논문에서는 <올리볼리 그림동화>의 기획과 제작 방식 및 내용 구성에 대해 관계자 인터뷰 결과 및 자료 분석을 통해 살펴보고, <올리볼리 그림동화> 가운데 대표적인 작품의 사례를 들어 <올리볼리 그림동화>를 다문화 교육에 활용하기 위한 교육 원리를 논의하고자 한다. 이에 앞서 그림 동화와 동화를 다문화 교육의 시각에서 분석한 연구 및 다문화 교육을 바라보는 시각에 대한 연구들을 선행 연구의 차원에서 간략히 검토하고자 한다.

---

4) 다문화 사회로의 전환을 준비하는 한국 정부의 다문화 교육 정책은 주로 국제결혼 가정과 이주노동자 가정의 부모와 자녀를 대상으로 한 한국어 학습과 한국 문화 교육 등 학습 지원과 사회적 역량 강화에 초점을 두고 시행되어 왔다. 그러나 최근에는 이와 같은 '이주민' 대상의 교육 못지않게 '선주민', 즉 일반 학생과 시민, 교사들의 이주민에 대한 편견과 차별 해소, 다문화 이해와 체험, 다문화 감수성 증진, 다문화적 가치관 함양 등 다문화 능력 개발을 목표로 한 교육의 중요성이 부각되고 있는 상황이다(윤인진, 「한국의 다문화교육에 대한 평가와 향후 과제」, 『외국어로서의 한국어교육』 34, 연세대학교 언어연구교육원 한국어학당원, 2009, 65~88면). 이러한 문제의식을 바탕으로 하여, <올리볼리 그림동화>는 이용자의 측면에서 볼 때 이주민들과 한국의 선주민들이 서로를 이해하고 영향을 주고받을 수 있는 방식으로 이용되도록 하기 위한 의도에서, 해당 동화의 모국어, 한국어, 영어 등 3개 국어로 제작되고 있으며, 해당 동화를 이해하기 위해 필요한 그 나라의 문화에 대한 안내를 제공하는 '이건 뭐예요?'와 동화에 나오는 주요 표현을 해당 국가의 모국어로 배우도록 하는 '따라해 봅시다.'를 부가 콘텐츠로 제공하고 있다. 이는 올리볼리 그림동화가 결혼이주 여성들은 물론 다양한 나라에서 한국에 와 정착해 일하며 살아가고 있는 이주민들 또한 자신의 자녀들에게 모국의 동화를 통해 모국어와 모국의 문화를 교육하기 위한 목적으로 사용할 수도 있고, 한국 사회의 선주민 어린이들도 문화적 편견이 크지 않은 어린 시절부터 여러 나라의 우수한 '그림동화'를 접함으로써 자연스럽게 그 나라들에 대한 호감을 가질 수 있도록 하기 위한 의도를 반영한 것이다.

2. 선행 연구 검토

1) 그림책과 동화에 대한 다문화 교육적 접근

유아 교육 분야에서는 그림동화를 포함한 그림책을 활용한 다문화 교육 프로그램이 유아의 인종 및 타문화에 대한 태도에 긍정적인 영향을 미칠 수 있다는 점에 일찌감치 주목해왔다.[5] 사실 유아교육에서 다문화 교육은 음악, 미술, 문학, 요리 등을 이용한 다양한 프로그램들로 개발되어 왔는데, 그 중 그림책을 활용한 활동들은 유아의 인종, 태도에 긍정적인 변화를 가져오는 등 교육적 효과가 큰 것으로 보고되고 있다. 그림책은 문학성과 예술성을 두루 갖춘 교육 매체로서 글과 그림 간의 복잡한 대화 방식을 통해 다양하고 풍부한 내용을 전달하는데,[6] 글을 통해서뿐 아니라 그림을 통해 다른 문화권 사람들의 삶의 모습을 볼 수 있게 해 주는 특성으로 인해 다문화 교육을 위한 텍스트로서 가치가 높은 것으로 평가받고 있는 것이다.[7]

그러나 그림책이 다문화 교육에 의미 있게 사용되기 위해서는 결국 그림책에 담긴 다문화적 내용이 중요하다. 그림책이 국내 다문화가정의 모습을 어떻게 반영하고 있는지 분석하고 이에 대한 유아의 반응을 살펴본 윤갑정·지은주·이혜은(2009)의 연구에 따르면, 다문화가정 유아와 가족들이 주류집단 유아의 시선에서 볼 때 잠시 왔다 가는 손님처럼 묘

---

5) 현은자·박성연, 「그림책을 활용한 다문화교육 프로그램이 유아의 인종 및 다문화에 대한 태도에 미치는 효과」, 『어린이문화교육연구』 3(2), 한국어린이문학교육학회, 2003, 101~124면.
6) 현은자 외, 『그림책의 그림 읽기』, 마루벌, 2004.
7) 강민정, 「다문화 내용의 그림책을 활용한 철학 놀이 프로그램이 유아의 인종 및 다문화에 대한 태도 및 사고에 미치는 효과」, 위덕대학교 석사학위논문, 2008.

사되면서 신기하면서도 의아한 존재로 그려지거나, 한국어가 미숙하고 무지하거나 가난하여 우리가 도움을 주어야 하는 대상으로 타자화 되어 있는 경우가 많은 것으로 나타났다.[8] 또한 베트남, 필리핀, 그리스, 북한 등에 대해 소개한 그림책들의 경우, 해당 국가들에 대해 그다지 매력적이지 않은 단편적 정보 제공을 함으로써 이들이 가진 문화적 특수성이나 강점을 부각시키지 못하는 문제점도 나타나는 것으로 조사되었다.[9]

김상욱(2010) 역시 우리 사회의 다문화적 현실을 반영한 동화들의 서사가 도식성을 넘어서고 있지 못하고 있음을 비판적으로 검토한 바 있다.[10] 예를 들어, 주인공이 이주노동자를 관찰함으로써 새로운 인식과 감성을 얻어 성장하는 "관찰의 서사"를 통해 이념 도식에 갇혀 당위를 제시하는 작품들의 경우, 연민을 자아내고 이를 바탕으로 도움을 베푸는 설정으로 인해 이주노동자들을 타자화 하는 부정적인 측면이 있다는 것이다. 또한 "관찰의 서사"에서 한 단계 진전되어 어린이 주인공들이 스스로 경험한 바를 서사화하는 "경험의 서사"가 나타나는 작품들의 경우에도, 주인공들의 감정이 이주노동자에 대한 연민이나 동정을 넘어서 공감으로 진척될 여지가 있지만, 대부분은 주인공 스스로의 경험이 아니라 타자의 경험을 관찰하는 것에 머무는 한계가 있다고 보았다. 이와 같이 "관찰의 서사"나 "경험의 서사"가 지니는 한계와 비교해 볼 때, 주인공이 성장해 가는 이야기인 "성장의 서사"가 나타나는 작품들의 경우에는 기존 동화에 등장하는 것과 같은 소극적인 인물이 아니라 적극적으로

---

8) 윤갑정·지은주·이혜은, 「다문화 그림책에 대한 내용 분석 및 유아반응—국내 다문화 가정을 반영한 그림책을 중심으로」, 『미래유아교육학회지』, 16(4), 미래유아교육학회, 2009, 45~72면.
9) 위의 논문, 65~66면.
10) 김상욱, 「다문화 시대, 동화의 서사」, 『아동청소년문학연구』 6, 한국아동청소년문학학회, 2010, 201~224면.

자신의 서사를 확장해가는 인물을 그리는 등 긍정적인 측면이 있으나, 아직까지 이러한 작품은 매우 드물다고 하였다. 김상욱(2010)의 연구 역시 앞서 살펴본 윤갑정·지은주·이혜은(2009)의 연구와 마찬가지로, 보다 진전된 다문화 교육을 위해서는 다문화적 능력 개발을 위해 활용되는 동화의 내용 자체가 다문화에 대해 지닌 시각과 내용이 무엇인가가 중요함을 강조하고 있다. 이는 <올리볼리 그림동화>에 담겨 있는 다문화적 내용이 무엇인가에 대한 관심과 더불어(이에 대해서는 3.2. <올리볼리 그림동화>의 작품 내용 개관'을 통해 다루기로 하겠다.), 이를 활용한 다문화 교육이 어떤 방향에서 이루어져야 할 것인가에 대해 관심을 갖게한다.

2) 다문화 교육을 바라보는 '상호문화적' 관점

다문화 교육은 기존의 국제이해 교육이나 반편견 교육과 혼동되기도 한다. 그러나 국제이해 교육과 반편견 교육은 '나'와 다른 '타자'에 대한 편견을 극복하는 것을 목적으로 하는 데 비해(국제이해 교육에서 타자는 '국경 너머에 존재하는 외국이나 외국인'으로, 반편견 교육의 경우에서 타자는 '한 사회 및 국가 내에 존재하는 다른 집단의 문화'로 설정된다.), 다문화 교육은 후기 현대 사회의 생활세계 자체가 다문화 상황이 되었음을 인식하고 스스로의 생존과 실존의 방식을 그에 맞게 재구성하는 일이 요구된다는 점에서 근본적인 차이가 있는 것으로 논의되고 있다.[11]

이와 관련하여 정영근[12]은 다문화 교육을 통해 길러야 할 다문화적

---

11) 조용환, 「다문화 교육의 의미와 과제」, 유네스코 아시아·태평양국제이해교원 엮음, 『다문화 사회의 이해-다문화 교육의 현실과 전망』, 동녘, 2008.

감수성 중에서 중요한 것 중의 하나로 '상호문화성'을 들고 있다. 우리 각자의 주관은 다르지만 사람들 사이에 '상호주관성'이 존재하듯이, 서로 상이한 문화 사이에도 공통된 보편성인 '상호문화성'이 존재하는데, 다문화 교육은 상이한 문화 사이에서 관용과 이해를 목표로 서로의 공통점과 각각의 특수성을 찾아나가는 것을 목표로 할 필요가 있다는 것이다. 이런 시각에서 그는 문화적 보편주의와 상대주의, 다원주의와 동화주의의 대립에서 벗어나 '문화교육'이라는 관점에서 사회통합 및 문화의 공존에 대해 새롭게 성찰하고 실천하는 일이 다문화 교육의 핵심 과제라고 보았다.

'상호문화'의 개념과 관련하여 압달라-프렛세이(Abdallah-Pretceille)는 '상호(inter-)'라는 접두사는 사람들이 타인을 보는 방법과 자신을 보는 방법과 관련된 것이라고 본다. 여기에서는 인간의 인식이 타인이나 자신의 '특성'이 아니라 타인과 자신이 맺고 있는 '관계'에 달려 있다고 본다. 따라서 '상호문화'를 강조하는 입장에서는 '너'나 '그들'만큼 '나'에 대해서도 많은 질문을 던지도록 한다. 타인에 대한 모든 질문은 자신에 대한 질문과 겹치게 되며, 타인과 자신의 상호작용 및 관계 속에서 이루어지는 이해와 소통이 중요하게 된다고 보기 때문이다.[13]

한건수(2008) 역시 이와 같은 맥락에서 '차이의 다문화주의'[14]나 '식탁

---

12) 정영근, 「한국사회의 다문화화에 대한 교육학적 성찰」, 『교육철학』 44, 교육철학회, 2009, 113~139면.
13) Abdallah-Pretceille, *L'education interculturelle*, 압달라-프렛세이, 장한업 역, 『유럽의 상호문화교육—다문화사회의 새로운 교육적 대안』, 한울아카데미, 2010, 73~78면.
14) 같은 국가나 지역 출신, 혹은 같은 언어를 사용하는 사람들은 같은 문화를 공유하거나 같은 가치를 공유할 것으로 보면서 서로 다른 문화 간의 '차이'를 강조하는 것 역시 문화 다양성을 올바로 이해하는 것이라 볼 수 없다.
구정화·박윤경·설규주, 『다문화교육의 이해와 실천』, 동문사, 2010.

위의 다문화주의'15)처럼 피상적이고 정치적으로 남용될 수 있는 다문화
주의와 구분되는 '비판적 다문화주의'의 관점을 강조하면서, 모든 언어
와 문화적 교류는 본질적으로 경계 지어진 개인들 사이에 발생하는 것
이 아니라 서로 침투하고 변화 가능한 주체들 간에 발생하는 것이라고
주장한다.16) 그에 따르면 비판적 다문화주의의 시각에서는 집단(즉, 문화
들)을 고립되어 있는 것으로 간주하는 '게토화 담론'을 거부하고 관계성
을 강조한다. 또한 비판적 다문화주의는 문화적 차이를 주장하고 인정과
지원을 요구하는 '인정의 정치(politics of recognition)'나 '정체성의 정치'를
넘어설 것을 주장하는 것이다. 따라서 다문화주의의 진정한 의미는 문화
적 차이에 대한 낭만적 태도나 정치적 이해관계를 추구하는 도구적 관
심이 아니라, 차이의 존중을 통해 새롭게 구성해내는 새로운 시민문화의
창출이다.17)

이와 같이 다문화 교육을 바라보는 '상호문화적' 관점은 <올리볼리
그림동화>를 통한 다문화 교육의 목표와 관련하여, 동화 속에 나타난
외국인과 외국 문화에 대한 이해가 '그들'과 '우리' 사이의 공통점과 차
이점에 대한 이해와 소통으로 나아가도록 하는 것이 중요하다는 시사점
을 제시해준다. 서로 다른 문화 간의 '관계성'을 강조하는 상호문화적
관점의 다문화 교육은 타자에 대한 이해만을 목표로 하는 것이 아니라,
결국에는 우리 자신에 대한 이해의 깊이를 심화하는 것을 목표로 하는

---

15) 다문화주의가 외국의 요리나 음악, 패션 등을 소비하는 형태로 나타나는 것을 뜻하는
말로, '온건한 다문화주의' 또는 '가벼운 다문화주의'라고도 한다(한경구, 「다문화사회란
무엇인가?」, 유네스코아시아·태평양국제이해교육원 엮음, 『다문화 사회의 이해—다문화
교육의 현실과 전망』, 동녘, 2008).
16) 한건수, 「비판적 다문화주의」, 유네스코아시아·태평양국제이해교육원 엮음, 『다문화
사회의 이해—다문화 교육의 현실과 전망』, 동녘, 2008.
17) 위의 책, 163면.

것이기 때문이다. 이러한 상호문화적 관점은 앞서 논의한 바와 같이, <올리볼리 그림동화>의 일차적인 대상 독자(수용자)가 다문화 가정 어린이들이 아니라 일반 어린이들이라는 점에서 특히 중요한 의미가 있는 것으로 보인다.

3) 다문화 문식성에 관한 논의

그렇다면 앞서 살펴본 상호문화주의에 입각한 다문화 교육은 아동문학교육에 어떻게 접목될 수 있을까? 비록 문학교육에 관한 연구는 아니지만 '다문화 문식성' 개념을 바탕으로 읽기 텍스트 구성에 관해 연구한 권순희·김호정·이수미(2008)에서는 해당 문화 밖의 외부자의 관점을 취하는 '에틱(etic)'적 접근과 해당 문화 내의 내부자적 관점을 취하는 '에믹(emic)'적 관점을 제시함으로써 '읽기 자료'로서의 아동문학이 다문화 교육에 어떻게 활용될 수 있는지에 대한 시사점을 제공한다.[18)]

이에 따르면, 본래 '에믹'은 보통 사람들이 일상적으로 사용하고 범주화하는 음운 현상을 그 세계 내부에서 주목하는 방식을 가리키는 개념이고, '에틱'은 언어학자들이 학문적인 표준과 도구에 의해 음성 현상을 외부에서 관찰하고 범주화하는 방식이다. 그러나 문화를 바라보는 이 두 가지 관점은 언어 연구뿐만 아니라 인간 행동의 구조를 연구하는 모든 학문에 적용 될 수 있다. 개별 문화를 그 문화 성원들 스스로가 지각하고 경험하는 대로 이해하려는 내부자적 접근 방식으로서의 에믹(emic)은 자문화 기술 시에 필연적이고도 당연하게 요구되는 기술 관점이지만, 개

---

18) 권순희·김효정·이수미, 「다문화 문식성 제고를 위한 읽기 텍스트 구성 방안 연구」, 『국어교육학연구』 33, 국어교육학회, 2008, 177~204면.

별 문화에 대한 에믹 기술과 비교문화적 접근 관점을 취할 수 있는 에틱적 기술 관점이 통합적으로 적용될 필요가 있다. '외국 문학'에 속하는 <올리볼리 그림동화>에 이를 적용해 보면, 이 동화를 수용하는 일반적인 한국의 어린이들은 처음에는 이 동화가 속한 문화의 '외부자'로서 동화를 수용하게 될 것이지만, 해당 문화의 '내부자'가 갖는 관점에 대해서도 이해하는 이중의 과정을 겪을 필요가 있다는 시사점을 얻을 수 있다.

'다문화 문식성'을 국어교육에 적용한 또 다른 연구로는 심상민(2009)을 들 수 있다. 심상민(2009)은 다문화 문식성을 사회·문화적 맥락에서 '기초적 문식성(읽기, 쓰기, 산술적 계산 등 가장 기본적인 의사소통 행위를 가능하게 하는 것)'과 '확장된 문식성(기능적 문식성과 비판적 문식성)'의 두 층위로 나누고, 그것이 구현되는 환경과 방식으로서 '매체 문식성'을 제시하고 있다. 이러한 구분의 바탕에는 문식성의 개념 변화, 즉, 본래 문식성은 문자를 읽고 쓰는 능력을 의미했지만 최근에는 다양한 영상 매체가 정보 교류의 중심에 자리 잡으면서 문식성의 개념이 더욱 확장되었다는 인식이 깔려 있다.[19] 심상민(2009)은 이와 같이 확장된 문식성 개념을 바탕으로, 다문화 읽기 자료는 다양한 문화적 배경을 지닌 학생들이 그들의 문화적 유산에서 자긍심을 발견하고 스스로 자존감을 향상시키는 데에 도움을 주며, 우리 사회를 이루고 있는 다양한 문화에 대한 이해와 감상을 하는 데에 중요한 자료로 사용된다고 보았다. 이와 같은 논의는 본 연구의 논의 대상인 <올리볼리 그림동화> 시리즈를 확장된 읽기 자료로 보고, 특히 매체 문식성의 측면에서 그 가치를 논의하는 데 도움이

---

19) 심상인, 「다문화 사회에서의 문식성 교육의 제 문제」, 『국어교육학연구』 35, 국어교육학회, 2002, 23~54면.

된다.

이러한 논의를 바탕으로 하여 아래에서는 <올리볼리 그림동화>의 제작·보급 과정과 작품 내용에 대해 살펴보도록 하겠다.

3. <올리볼리 그림동화>의 제작·보급 과정과 작품 내용 개관

1) <올리볼리 그림동화>의 제작·보급 과정

온라인 미디어 콘텐츠로서 <올리볼리 그림동화>의 제작 절차는 '동화책 수집 → 초벌 번역 → 동화책 선정 → 저작권 계약 → 전문 번역 → 윤문(어린이가 이해하기 쉬운 언어로 번역) → 애니메이션 제작 → 부가 콘텐츠 기획 → 성우 녹음 → 음향 작업 → 감수'와 같은 순서로 진행된다.[20] 첫 번째 단계인 동화책 수집은 해당 국가의 언어나 문화를 전공하는 교수, 해당 국가의 문화원이나 대사관, 그리고 다양한 개인적 인맥으로 연결된 해당 국가 출신의 유학생이나 해당 국가에서 활동하는 국제구호단체 활동가 등을 통한 정보 수집과 국제도서전 출품작 참고 등의 과정을 통해 이루어진다. 이런 과정을 거쳐 후보작으로 선정된 동화는 해당 국가 출신의 이주민이나 유학생에게 초벌 번역을 의뢰한 후 검토하게 되며, 동화 선정은 다문화 관련 현장 전문가, 출판인, 아동문학작가, 그리고 재단 관계자로 구성된 '기획선정위원회'에서 이루어진다. 해당 국가의 어린이들이라면 누구나 보편적으로 접하게 되는 동화와 해당 국가에서 문화적으로 가치를 인정받은 동화를 선정해 보급하겠다는 의도가 반

---

20) <올리볼리 그림동화>의 공식 웹사이트(http://www.ollybolly.org)의 홍보 동영상 참고.

영된 결과라 할 수 있다.

제작 대상 텍스트가 그림동화라는 점에서 동화 선정 기준에는 내용적 측면과 그림의 측면이 모두 고려된다. 내용적 측면에서는 '해당 국가의 문화적 전통이 잘 드러난 동화'를 선정한다는 점, 전래 동화를 우선적으로 선정한다는 점, 창작 동화의 경우 해당 국가의 문화를 잘 반영한 것을 선정한다는 점 등이 고려된다. 특히 전래 동화의 경우 우리나라 어린이들에게 친숙하게 여겨지도록 하기 위해, 우리나라의 전래 동화와 비슷한 내용을 지닌 동화는 우선적으로 선정하며,21) 창작 동화의 경우 해당 국가의 저명한 아동문학 작가의 작품인 경우 선정 과정에서 중요하게 고려한다.22) 그림의 측면에서는 글이 아닌 그림으로서 보여줄 수 있는 해당 국가의 느낌과 이미지가 잘 살아있는가를 따지는데, 예를 들어 해당 국가의 전통 복장, 혹은 해당 국가의 문화적 전통에서 중요한 동물, 식물, 지명 등이 그림에 나타나 있는지를 중요하게 살펴본다.

그림동화 제작의 원칙 가운데 하나는 이야기가 글로만 나와 있는 동화를 들여와 그림은 우리나라에서 그리는 것이 아니라, 전래 동화라 하더라도 애초에 해당 국가에서 그림동화로 출판된 동화를 들여온다는 것이다. 이는 해당 국가의 문화가 글로 된 이야기뿐 아니라 그림에도 반영되어 있어야 한다는 원칙 때문인데, 이 때문에 디즈니 만화와 같은 방식

---

21) 예를 들어 베트남 동화 가운데 <나무꾼과 선녀>는 우리나라 전래 동화의 <선녀와 나무꾼>과 <견우직녀>를 그대로 이어 붙인 것처럼 여겨질 정도로 등장인물, 사건 전개 및 결말이 유사하며, 인도네시아의 <선녀와 날개옷> 역시 <선녀와 나무꾼>과 유사하다.

22) 예를 들어 몽골 동화 가운데 <게르 이야기>, <낙타를 들어올린 할아버지와 염소를 들어올린 손자>, <달려라, 망아지!> 등의 원작자인 잠바 다쉬돈독은 몽골의 '안데르센'으로 불릴 정도로 저명한 작가이다. <올리볼리 그림동화>의 대부분은 전래 동화인 가운데, 이 동화들은 창작동화임에도 불구하고 저명 작가의 작품이라는 점, 몽골의 전통 문화가 잘 나타나 있다는 점에서 선정되었다.

으로 그려진 그림동화는 해당 국가의 문화를 잘 반영하지 않는 것으로 보아 제외하게 된다. 흑백이 아닌 칼라 그림동화 제작을 원칙으로 하기 때문에 이는 그림동화 선정에서 제약으로 작용하기도 한다. 이러한 기준을 통과해 선정된 동화는 출판사와 저작권 계약을 체결한 후 전문 번역가에게 번역을 의뢰하고, 어린이가 이해하기 쉬운 언어로 윤문하는 절차를 거치게 된다.

이런 절차를 거쳐 제작된 그림동화는 인터넷이나 스마트폰 응용 프로그램을 통해서 볼 수 있는데, 해당 국가의 출판사와 맺은 저작권 협약 규정에 따라 화면상에서 볼 수만 있고 내려 받기를 통한 저장은 불가능한 방식으로 보급되고 있다. 이러한 보급 방식의 조건으로 인해 애니메이션 한 편의 길이는 어린이들이 인터넷상에서 한 번에 볼 수 있는 분량을 고려하여 5분 내외로 조정하고 있다. 이로 인해 동화의 길이가 긴 경우에는 한 작품을 1부와 2부로 나누어 제작한다.

<올리볼리 그림동화>가 온라인 미디어 콘텐츠로서 갖는 장점 가운데 하나는 동화를 시각적인 이미지로 전달할 수 있을 뿐 아니라 음성 언어로 읽어주는 방식으로도 전달할 수 있다는 점이다. 음성 언어로 이야기를 읽어주는 방식은 미디어를 통한 동화 구연의 효과를 갖는다는 점에서 또 다른 장점이 있다.[23] 한 편의 '그림동화'는 한국어, 해당 국가의 모어, 영어 등 3개 국어로 자막 및 음성이 제공된다. 이는 한국의 일반

---

[23] 동화 구연의 학습 효과에 관해 한명숙(2007)에서는 "학습독자 입장에서 이야기를 읽는 경험보다 더 쉽고 재미있게 이야기를 즐길 수 있는 방법은 이야기를 듣는 것이다. (…) 음성 언어가 주는 편안함이 읽어야 한다는 부담을 제거해 주고, 구연자의 이해를 바탕으로 하는 해석의 기초가 제공되며, 이야기를 듣는다는 기대감까지 곁들여지기 때문이다. 구연 혹은 동화구연은 다각도로 정의되고 있으나 이들의 정의는 음성 언어에 의한 이야기 경험이요 문학적 체험이라는 점에서 공통된다."라고 논의한 바 있다. 한명숙, 『이야기 문학교육론』, 박이정, 2007, 114~115면.

어린이들이 해당 동화를 원어를 접할 수 있는 기회를 제공하기 위한 목적과 함께 한국 사회에서 영어 학습의 비중이 크다는 점을 이용하여 영어 학습을 위한 콘텐츠로도 널리 활용할 수 있도록 하기 위한 전략의 소산이다. 또한 제작자의 본래 의도는 <올리볼리 그림동화>가 일반 어린이들의 다문화 교육을 위한 목적으로 사용되도록 하는 것이지만, 다문화가정 자녀들에게 한국어 능력을 증진시키기 위한 자료로 이 동화들을 활용하거나 다문화가정의 어머니들이 엄마 나라의 동화를 자녀들에게 보여주기 위해 활용하는 사례들도 보고되고 있다.[24]

2) <올리볼리 그림동화>의 작품 내용 개관

앞서 논의한 바와 같이 <올리볼리 그림동화>의 동화 선정 기준 가운데 가장 큰 원칙은 해당 국가의 문화적 전통을 반영한다는 것이다. 이러한 이유로 인해 현재까지 제작된 <올리볼리 그림동화>의 대부분은 전래 동화이며, 창작 동화는 전체 43편 가운데 4편에 불과할 정도로 그 비중이 크지 않다. 이 동화들의 내용은 크게 다음과 같은 네 가지 유형으로 분류될 수 있다.

첫 번째 유형은 특정 국가에 한정되지 않고 어느 나라에서든 찾아볼 수 있을 것으로 보이는 보편적인 이야기 주제와 구조를 담고 있는 것들로, 특히 우리나라의 설화와 내용과 구조가 거의 유사한 작품들이다. 예를 들어, 베트남의 <금구덩이 은구덩이>와 <돌 개의 웃음>은 우리나

---

24) 여성가족부 위탁 전국다문화가족지원센터에서 발행한 이중언어교실 운영프로그램 『신짜오! 베트남』은 <올리볼리 그림동화> 가운데 베트남 동화들을 자료로 활용한 한국어 교육 교수 학습 프로그램을 제시하기도 했다(전국다문화가족지원센터, 『신짜오! 베트남』, 2010).

라의 <흥부와 놀부>나 <혹부리 영감>과 비슷한 요소와 주제를 지닌 이야기이고, 베트남의 <나무꾼과 선녀>는 우리나라의 <선녀와 나무꾼>과 <견우직녀>를 합쳐 놓은 것처럼 보이는 이야기이며, 인도네시아의 <선녀와 날개옷> 역시 이와 유사한 내용과 구조로 되어 있다. 이러한 이야기들은 해당 국가의 문화적 특수성보다는 한국 문화와의 유사성이 더욱 두드러지는 이야기들이라는 점에서, 어린이들은 이러한 동화를 접함으로써 해당 국가를 보다 가깝고 친근하게 여길 수 있을 것으로 생각된다. 이러한 동화들의 경우, 문화적 차이를 강조하기보다는 문화적 공통점을 강조하는 방향에서 활용할 수 있을 것으로 보인다.

두 번째 유형은 앞서 살펴본 전래동화들과 같이 우리나라의 전래동화들과 거의 일치하는 내용을 가진 것은 아니지만, 예를 들어 탐욕스러운 지도자에 대한 풍자, 권선징악, 형제간의 우애, 재물에 대한 욕심의 경계 등 세계 여러 나라의 전래동화에 보편적으로 나타나는 이야기 주제를 가진 것들이다. 예를 들어, 필리핀의 <숲의 감시관이 된 필란독>, <필란독과 황금달걀을 낳는 닭>, <필란독과 바닷속 왕국>, 우즈베키스탄의 <왕과 앵무새> 등은 백성을 괴롭히는 탐욕스러운 왕이나 탐관오리를 골탕 먹이는 지혜로운 인물에 관한 이야기들이다.25) 또한 베트남의 <네 형제의 뛰어난 재주>, <꼬마 꾸어이> 우즈베키스탄의 <요술쟁이>, <할아버지와 도깨비>, <비를 내리게 하는 파야탠> 등은 신비한 인물들이 등장해 신비한 일을 하거나, 어려운 일에 직면한 인간이 지혜롭게 위기를 극복하는 이야기로, 세계 여러 나라에서 찾아볼 수 있는 '신비 설화'의 모습을 보여준다.26) 이러한 동화들의 경우 각 나라의 동

---

25) '필란독(pilandok)'은 필리핀의 민다나오 지방에 사는 쥐사슴으로 필리핀 민다나오 지방의 민담에는 탐욕스러운 영주를 골탕 먹이는 꾀 많은 존재로 자주 등장한다.

화에 등장하는 주요 인물들이나 사건이 갖는 문화적 특수성에 대해 관심을 갖게 하면서도 동시에 어느 사회에나 있을 수 있는 보편적인 이야기 주제와 구조에 대해 관심을 갖게 하는 자료로 활용될 수 있을 것으로 생각된다.

세 번째 유형은 해당 국가의 고유한 문화적 전통을 내용으로 하는 것이다. 예를 들어 베트남의 <바잉 쯩과 바잉 자이는 어떻게 생겼나>는 베트남에서 설에 만들어 먹는 음식인 '바잉 쯩'과 '바잉 자이'의 유래와 그 음식에 담긴 의미에 대해 알 수 있는 전래동화이다. 또한 몽골의 <게르 이야기>, <낙타를 들어 올린 할아버지와 염소를 들어올린 손자>, <달려라, 망아지!> 등은 몽골 고유의 주거 형태인 '게르'에 담긴 건축적 의미, 낙타와 망아지 등 몽골 사람들에게 중요한 동물과 몽골 사람들이 갖는 관계를 중심으로 한 이야기로서, 자연과 더불어 살아가는 몽골인들이 유목민으로서 지닌 독특한 삶과 이에 대한 자부심이 부각된 이야기들이다. 이러한 동화들은 해당 국가의 문화가 지닌 특수성에 관심을 갖도록 하면서 우리 문화 속에 존재하는 명절의 의미나 자연과의 관계 등을 비교해 보도록 하는 방식으로 활용할 수 있을 것이다.

마지막으로 네 번째 유형은 해당 국가의 다문화적 특징이 이야기 전개에 있어 주요 계기로 나타나 있는 동화들로, 다문화 사회화 되고 있는 현대 한국 사회에 대해 되돌아 볼 수 있도록 하는 동화들이다. 예를 들어, 필리핀의 <카부니안은 어떻게 사람을 만들었나>는 필리핀 북부의

---

26) 한명숙(2007)에 따르면 '신비 설화'란 주인공으로서 인간과 인간이 아닌 신비한 인물이 등장하여, 현실에서 일어날 수 없는 신비한 사건이 전개되는 이야기로, 인간이 얼마나 다면적이고 중층적인 존재인가에 대한 인식이 잠재되어 있어 인간을 이해하는 폭넓은 시각을 키울 수 있을 뿐 아니라, 자연과의 일체감을 내포하는 사고가 이야기 세계에 반영되어 있기 때문에 인간과 자연이 조화를 이루는 삶의 방식을 배우는 계기를 마련해 준다는 점에서 교육적 가치가 있다(한명숙, 앞의 책, 445~460면).

이푸가우족에게 전해 내려오는 전래동화로서, 이들이 믿는 신인 '카부니안'이 어떻게 피부색이 다른 세 종류의 사람들을 만들게 되었는지를 설명하고 있는 신화로, 다인종 국가인 필리핀에서 서로 다른 피부색을 지닌 사람들이 어떻게 공존하게 되었는지를 설명해주는 이야기이다. 그리고 필리핀의 <우형제와 행운을 가지고 온 장어>와 태국의 <중국인과 타마란드 잎>은 중국에서 필리핀이나 태국으로 이주해 온 이주민(중국인)들이 해당 국가에서 정착해 살아가면서 겪게 되는 이야기를 다루고 있다. 이러한 동화들은 세계화의 흐름 속에서 다양한 국가들로부터 이주민을 받아들여 다문화 사회화 되고 있는 오늘날 한국 사회에서 다양한 민족의 사람들과 더불어 살아가기 위해 필요한 관심과 태도 등에 대해 생각해 볼 수 있는 계기들을 마련해 줄 수 있다.

지금까지 논의한 바와 같이 <올리볼리 그림동화>는 크게 네 가지 유형으로 분류해 볼 수 있는데, 이 동화들 모두가 '해당 국가의 문화적 전통이 잘 드러나 있는 동화를 선정한다'라는 내부 원칙에 충실하게 선정된 것들이다. 그러다보니 <올리볼리 그림동화>는 전체적으로 볼 때 전래동화의 비중이 절대 다수를 차지하고 있어, 해당 국가의 현대 문화를 반영한 창작 동화들이 차지하는 비중이 매우 적다. 또한 창작동화들의 경우에도 '전통' 문화를 중심으로 이야기가 전개되고 있는 것들이 많다. 그런데 이처럼 해당 국가의 문화를 '전통'을 중심으로 인식하도록 하는 것은 자칫 해당 국가의 문화를 현대적 시각이 아니라 과거의 시각에서 편향되게 이해하도록 오도할 우려가 있다. 따라서 앞으로 추가로 제작되는 <올리볼리 그림동화>에서는 동화 선정 기준에 있어 전통 문화와 현대 문화를 반영한 동화의 균형과 전래동화와 창작동화의 균형을 고려할 필요가 있을 것으로 보인다.

아래에서는 앞서 논의한 <올리볼리 그림동화> 내용의 개관을 바탕으로 하여, <올리볼리 그림동화>를 활용한 다문화 교육의 목표와 원리에 관해 논의하되, 이 가운데 특히 필리핀 사회의 다문화적 특성이 일부 드러나면서 다양한 해석과 감상이 가능한 것으로 보이는 <우형제와 행운을 가지고 온 장어>에 이를 적용하여 논의하고자 한다.

4. <올리볼리 그림동화>를 통한 다문화 교육의 목표와 원리

1) 외국문학작품을 통한 다문화 교육의 목표와 원리

<올리볼리 그림동화>를 활용한 다문화 교육의 목표는 문학교육의 일반적인 목표와 관련하여 볼 때 문학교육의 '항존적' 목표보다는 '현존적' 목표와 관련하여 설정될 수 있다. 문학교육의 현존적 목표를 이끌어 내는 근원은 학습자들이 '지금 여기' 살고 있는 삶과 문화의 현장이다.[27] 학습자들이 '지금 여기' 살고 있는 삶과 문화의 현장이 다문화 사회화 되고 있는 현실에서 다문화 사회에서 살아가기 위해 필요한 다문화적 감수성의 개발이 요구되는 상황에 문학교육이 응답하는 것이라 볼 수 있는 것이다.

또한 <올리볼리 그림동화>는 문학교육의 제재가 일차적으로는 한국 문학으로 구성되어야 하지만, 일정 부분 외국 문학에 대한 배려가 필요하다는 원칙서 볼 때 의미 있는 자료가 될 수 있다.[28] 특히 지금까지 우

---

27) 국어교육 미래 열기 편, 『국어교육학개론』(제3판), 삼지원, 2009, 453면.
28) 위의 책, 476면.

리의 외국 문학 수용이 서구 중심으로 이루어져 왔다는 점에 비추어 볼 때, 현대 한국 사회의 구성원에서 비록 소수이기는 하지만 의미 있는 비중을 차지하고 있는 나라의 동화들을 수용해야 할 필요성에 비추어 볼 때 <올리볼리 그림동화>는 매우 가치 있는 아동문학교육의 제재라 할 수 있는 것이다.[29]

한편, <올리볼리 그림동화>를 통한 다문화 교육의 원리는 이 동화의 일차적인 대상 독자(수용자)가 지금까지의 다문화 교육이 주요 대상으로 설정해왔던 다문화 가정 자녀들이 아니라 '선주민'에 해당하는 일반 어린이들, 즉 초등학교 학생들 내지 유아들이라는 점에 비추어 논의될 필요가 있다. 일반적으로 다문화 교육에서 목표로 하는 '간문화적 감수성(혹은 상호문화적 감수성, intercultural sensitivity)'은 문화적 배경이 다른 사람들과 접촉하는 과정에서 경험하는 문화 차이에 대한 감수성을 6단계로 세밀하게 구분한 베네트(Bennett)와 베네트(Bennett)의 '간문화적 감수성 발달 이론'[30]을 바탕으로 논의되고 있다. 여기서 간문화적 감수성의 발달 단계는 둘 이상의 문화 집단 사이에서 나타나는 문화적 차이에 대한

---

[29] 이와 관련하여 김상욱(2005)은 아동 문학교육의 발전을 위해 '지식의 축소와 활동의 확대', '소재의 확장과 주제의 심화', '문학작품과 독자의 복원' 등이 필요하다고 보았다. 필자는 이러한 관점에 동의하는 입장에서 있으며, 우리 사회의 요구이자 교육적 요구인 다문화 교육을 아동문학교육이 수용하기 위해서는 형식주의 문학관에 지나치게 치우치거나 '듣기·말하기·읽기·쓰기' 등의 기능적 언어활동을 위한 자료로 문학작품을 활용하는 등 현재 학교 교육에서 이루어지고 있는 아동문학교육에 대한 접근을 벗어나, 어린이들이 오늘날 그들이 살아가는 현실 세계를 간접적으로 이해할 수 있는 통로로서 문학작품을 바라보고, 이 과정에서 자신의 삶의 경험을 반성하고 성찰하는 가운데 삶의 주체가 될 수 있도록 하는 접근이 필요하다고 본다. 김상욱, 「아동 문학교육 변천사」, 한국어교육학회 편찬위원회 편, 『국어교육론 3 : 국어문학, 한문, 특수교육론』, 한국문화사, 2005.

[30] J. M. Bennett & M. J. Bennett, "Deueloping Intercultural sensifivity : An integrative approach to global and domestic diversity", in Landis, D., J. M. Bennett & M. J. Bennett(ed.), *Handbook of Intercultural Training*, London : Sage Publications, 2004.

경험이 누적되면서 문화적 차이를 인식하는 의식 구조나 문화적 차이에 대한 태도와 행동 정향 등이 진전되고 세련되는 과정을 보여주는데, 이는 '문화적 차이 부정하기 → 문화적 차이 방어하기 → 문화적 차이 경시하기 → 문화적 차이 수용하기 → 문화적 차이 적용하기 → 문화적 차이 통합하기'의 단계를 거치는 것으로 제시된다.

이 가운데 처음 세 단계는 자신의 문화가 현실에서 중심이라고 생각하고 문화 차이를 회피하거나 부정하거나 아니면 의미를 최소화하는 단계인 '자민족 중심적 단계'이고, 그 다음 세 단계는 문화 차이의 중요성을 받아들이거나 공감하는 '민족 상대주의적 단계'이다. <올리볼리 그림동화>의 일차적인 독자(수용자) 대상인 일반 어린이들의 경우에 적용해 볼 때, 이 <올리볼리 그림동화>는 이 여섯 가지 단계 가운데 '자민족 중심적 단계'의 마지막에 해당하는 '문화적 차이 경시하기(3단계)'와 '민족 상대주의적 단계'의 첫 번째 단계에 해당하는 '문화적 차이 수용하기(4단계)'에 도달할 수 있는 데 기여할 수 있는 텍스트들로 볼 수 있지 않을까 생각된다. 비록 앞서 논의한 바와 같이 궁극적인 다문화 교육의 목표는 이주민을 '타자화'하는 것이 아니라 한국 사회에 상이한 문화가 공존하고 있음을 인정하고 서로 다른 문화 사이에서 서로의 공통점과 각각의 특수성을 찾아 나가는 '상호문화성'의 실현이라 할 수 있을 것이다. 그러나 <올리볼리 그림동화>의 목표 수용자인 어린이들의 사회적 경험이나 인지 발달 수준에 비추어 볼 때, 이들을 대상으로 한 다문화 교육의 실현 가능한 목표는 그림동화에 나타난 내용을 바탕으로 상이한 문화 간의 공통점과 차이점을 간접적으로 경험하고 이를 통해 문화적 차이만큼이나 공통점도 많다는 점을 이해하는 동시에, 문화적 차이를 이해하고 받아들일 수 있는 태도를 기르는 정도를 목표로 설정하는 것이 현실적이지 않을까 생각된다. <올리볼리 그림동화>의 제작 동기 가운데 하나가 타 문화권의 우수한 동화를 어린 나이에서부터 자연스럽게 접하도록 함으로써 해당 국가의 문화에 대한 '호감'을 갖도록 하는 것이라는 점에 비추어 볼 때에도 이러한 목표는 타당한 것으로 생각된다.31)

<올리볼리 그림동화>를 통한 다문화 교육의 목표를 위와 같이 설정할 때, 그 교수학습의 원리는 무엇이 되어야 할까? 본고에서는 이를 첫째, 문학작품(동화) 자체에 대한 학습과 이를 활용한 학습의 균형 잡기, 둘째, 말과 글로 전개되는 이야기뿐 아니라 그림으로 표현되는 문화적 요소에도 함께 주목하기, 셋째, 문화적 특수성과 보편성에 대한 이해를 함께 고려하기, 넷째, 외국 문화로서의 이해와 우리 사회 안의 다양한 문화로서의 이해라는 관점을 함께 견지하기 등의 네 가지로 제시하고자 한다.

첫 번째 원리인 '문학작품 자체에 대한 학습과 이를 활용한 학습의 균형 잡기'는 <올리볼리 그림동화>의 제작 목적이 다양한 문화권의 콘텐츠 제공함으로써 다문화 교육을 목적을 가진 다양한 상황에서 사용될 수 있도록 하기 위한 것이라는 점을 고려해 '문학작품 자체에 대한 학습'에 머물지 않도록 해야 함을 강조하기 위해 제시하였다. 두 번째 원리인 '말과 글로 전개되는 이야기뿐 아니라 그림으로 표현되는 문화적 요소에도 함께 주목하기'는 <올리볼리 그림동화>가 온라인 '그림책'이라는 매체로서 전달됨으로써 갖는 장점을 고려하여 제시한 것으로, 다문화 가정은 물론 이주민 가정과 일반적인 '선주민' 어린이들에게 다양한

---

31) 이는 다음세대재단 관계자와의 인터뷰에서 제시된 내용을 참고한 것이다.

표상 양식(mode)으로 전달될 수 있음을 강조하기 위해 제시한 것이다.

첫 번째 원리와 두 번째 원리에는 <올리볼리 그림동화>의 모든 작품에 적용될 수 있는 원리인데 비해, 세 번째 원리인 '문화적 특수성과 보편성에 대한 이해를 함께 고려하기'와 네 번째 원리인 '외국 문화로서의 이해와 우리 사회 안의 다양한 문화로서의 이해라는 관점을 함께 견지하기'의 경우에는 작품에 따라 보다 구체적인 수준에서 적용이 될 수 있는 작품도 있지만, 다소 추상적인 수준에서 적용될 수밖에 없는 작품도 있다. 그 이유는 <올리볼리 그림동화> 가운데에는 작품의 내용 자체가 해당 국가의 특수한 자연적 배경이나 전통을 소재로 하거나 '이주(migration)'와 같은 다문화 교육적 주제를 이끌어내기 쉬운 에피소드를 포함하고 있어 문화적 특수성이나 우리 사회 안의 타문화에 대한 이해를 직접적으로 수업 내용에 포함하기가 비교적 용이한 작품들도 있지만(앞서 3-2)에서 분류한 유형 가운데 세 번째와 네 번째 유형의 작품들이 이에 해당된다), 작품의 내용이 '정의'나 '지혜'와 같은 보편적인 교훈을 강조하고 있거나 한국의 전래동화와 매우 유사한 이야기인 경우들도 있기 때문이다(앞서 3-2)에서 분류한 유형 가운데 첫 번째와 두 번째 유형의 작품들이 이에 해당된다).

아래에서는 <올리볼리 그림동화> 가운데 앞서 논의한 네 가지 원리를 비교적 구체적인 수준에서 적용해 다룰 수 있는 것으로 보이는 작품인 <우형제와 행운을 가지고 온 장어>를 사례로 들어 논의하고자 한다.

2) 필리핀 동화 〈우형제와 행운을 가지고 온 장어〉의 사례

필리핀의 동화 가운데 〈우 형제와 행운을 가지고 온 장어〉는 장어에게 입은 은혜를 갚기 위해 가족 대대로 장어를 먹지 않기로 한 중국계 필리핀인인 '우씨' 집안의 전통을 소재로 한 이야기이다. 이 작품에는 '틴틴'이라는 여자 어린이가 화자로 등장하며, 이야기의 흐름은 '틴틴'의 친척들이 모두 식당에 모여 식사하는 자리에서 왜 우씨 집안은 장어를 먹지 않는 특별한 전통을 갖게 되었는지에 대해 틴틴의 증조할머니 '이포'가 이야기를 들려주는 방식으로 전개된다. 틴틴이 증조할머니에게서 들은 이야기는 틴틴의 고조할아버지인 '웨이 리'와 그 형인 '민 푸'가 중국에서 필리핀으로 이주해 온 중국인 남성 '우 티 코'와 필리핀 여성인 '돌로레스' 사이에서 태어났다는 것, 어느 날 민 푸와 웨이 리 형제가 배를 타고 아버지의 심부름을 하러 갔다가 실수로 배의 노를 놓치는 바람에 배가 바위에 부딪쳐 배에 구멍이 나는 위기에 처한 일이 있었는데, 신기하게도 장어가 배의 구멍에 들어와 몸이 끼는 바람에 두 형제가 목숨을 건지고 무사히 집에 돌아올 수 있었다는 것, 이 일을 계기로 하여 우씨 집안은 대대로 장어를 존중하여 장어 요리를 먹지 않게 되었다는 것이다.

앞서 〈올리볼리 그림동화〉 교육의 첫 번째 원리로 제시한 '문학작품(동화) 자체에 대한 학습과 이를 활용한 학습의 균형 잡기'는 비록 〈올리볼리 그림동화〉에 대한 학습이 구체적인 문학작품 자체에 대한 이해에서 출발할 필요가 있지만, 다문화 교육의 목표 실현을 위해서는 동화 자체에 대한 이해에서 그치는 것이 아니라 다문화 교육을 위한 학습 자료의 측면에서 동화를 활용하는 전략이 요구되기 때문에 설정된 것이다.

동화 자체에 대한 학습에 초점을 둘 경우, 동화의 세부적인 내용과 이야기의 전개 방식을 중심으로 다양한 주제로 흥미로운 수업을 할 수 있을 것이다. 예를 들어, 이 이야기는 집안일을 돕는 어린이들의 모습, 인간과 자연의 공존과 자연에 대한 존중, 여러 세대를 거쳐 집안에 전해져 내려오는 전통, 그리고 그 전통을 다음 세대에 전달하는 데 있어 '이야기'가 하는 역할 등 다양한 요소에 초점을 두어 이해될 수 있다.

그러나 이와 같은 동화의 내용과 이야기 구조에 초점을 둔 학습에만 그친다면 다문화 교육의 목표를 실현하기에는 어려움이 있을 것이므로, 동화에 나타난 요소를 소재로 하여 다문화 교육의 목표를 실현할 수 있는 토의거리를 이끌어내는 전략이 동시에 요구된다. 이런 관점에서 볼 때 <우 형제와 행운을 가지고 온 장어>는 '국경을 넘어선 타 민족의 이주와 정착', 혹은 '특정 집단이 지닌 음식에 대한 타부의 존중' 등과 같은 다문화 교육적 주제를 자연스럽게 이끌어낼 수 있는 상당히 매력적인 작품이다. 예를 들어, 이 동화의 화자인 '틴틴'의 집안이 중국에서 필리핀으로 건너온 이주민이 토착 필리핀인과 결혼해 이룬 '다문화가정'이라는 점은 '다문화 사회'로서 필리핀을 이해하는 계기로 작용할 수 있다. 실제로 작품 속 '우 형제'의 아버지는 필리핀에 관심을 갖고 중국을 떠나 이주해 온 중국인이고, 우 형제의 엄마는 필리핀인이다. 이와 같은 동화의 내용은 실제로 필리핀 인구의 약10%를 차지하는 중국계 필리핀인들의 이주와 정착의 역사에 관해 알려줄 수 있는 계기가 될 수 있는 것이다.

동화 속 인물 '우 티 코'와 같이 자신이 태어난 나라를 떠나 다른 나라로 일하러 가거나 정착하는 '이주' 현상은 역사적으로 늘 존재해왔을 뿐 아니라 오늘날 세계화의 거대한 흐름 속에서 불가피하게 가속화되고 있는 현상임을 어린이들에게 알려주고, 이를 바탕으로 한국 사회가 이주 노동자와 국제결혼가정의 증가로 인해 점차 다문화 사회화 되어가고 있음을 이해하도록 하는 계기로 삼을 수도 있다.[32] 이처럼 '이주'를 주제로 하여 이 작품을 이해할 수도 있지만, 작품 속 이야기의 중요한 모티프라 할 수 있는 '우씨 집안이 장어를 먹지 않는 전통'을 세계 여러 나라와 문화에 각기 달리 존재하는 '음식에 관한 타부(taboo)'와 연관 지어 이해하고, 이를 존중하는 태도를 갖는 것이 상이한 문화가 공존하는 사회에서 살아가는 데 필요한 다문화적 감수성의 일환으로서 왜 중요한지에 대해 알아보는 계기로 삼을 수도 있다. 이와 같이, 다문화 교육의 목표를 위해 <올리볼리 그림동화>를 활용하기 위해서는 동화 자체에 대한 학습과 동화를 활용한 학습의 균형 잡기가 필요하다.

두 번째 원리로 제시된 '말과 글로 전개되는 이야기뿐 아니라 그림으로 표현되는 문화적 요소에도 함께 주목하기'는 <올리볼리 그림동화>가 온라인 미디어 콘텐츠로 제작된 점에 주목한 것이다. <우 형제와 행운을 가지고 온 장어>에 이 원리를 적용해 보면, 이 동화에서 우씨 집안이 중국을 떠나 필리핀으로 이주해 정착하게 된 내력을 설명하는 '이포'의 이야기에는 필리핀이 중국은 물론 스페인과의 교역에서 했던 지리적 역할에 대해 이해할 수 있는 내용이 담겨 있을 뿐 아니라, 중국인들이 무역을 위해 필리핀으로 가져온 물건들에 대해 소개하는 내용과 더불어 필리핀에 정착한 중국인의 후손으로서 지닌 중국 문화에 대한 자

---

32) <올리볼리 그림동화> 가운데 태국의 동화인 <중국인과 타마란드 잎>은 중국에서 태국으로 이주해 온 이주민들이 태국에 정착해 살게 된 사건을 계기로 하여 전개되는 이야기라는 점에서, <우 형제와 행운을 가지고 온 장어>와의 상호텍스트적 관계를 설정하여 엮어 볼 수 있는 작품이다. 또한 필리핀의 전래동화 <카부니안은 어떻게 사람을 만들었나>는 피부색이 다른 다양한 사람들이 공존하게 된 이유를 제시한 신화라는 점에서 <우 형제와 행운을 가지고 온 장어>와 함께 엮어 볼 수 있는 작품이다.

부심이 드러나 있으며, 낯선 땅에 장사를 하러 온 외국인들과 현지인들의 활발한 교역과 교류의 모습을 상상할 수 있는 표현이 나타나 있다. 어린이 독자들은 이러한 표현을 "옛날 옛날에, 배를 타고 필리핀으로 장사를 하러 오는 중국 상인들이 있었단다. 그들은 바람처럼 부드럽게 살갗을 스치는 비단을 가져왔지. 옥으로 만든 불상과 관음상이 그들의 배를 지켜주고 있었지. 그들이 갖고 온 찻잎 향기가 공기 속에 감돌았어. 중국 상인들은 이 모든 것을 필리핀 바다에서 나는 진주와, 스페인 사람들의 은 동전으로 바꾸어 갔단다. 상인들은 중국으로 돌아가 축제와 닭싸움, 그리고 원숭이를 먹는 독수리에 대한 이야기를 전해 주었지."라는 말과 글을 통해서도 접할 수 있지만, 아래의 [그림 1]에 나타난 여러 가지 물건들의 모습과 이를 지니고 있는 사람들의 생기 있는 표정과 몸짓을 통해서도 직관적으로 알 수 있다.

[그림 1] 〈우 형제와 행운을 가지고 온 장어〉의 한 장면

이처럼 말과 글이 그림과 상호작용하여 서로를 보완하며 의미를 만들어내는 또 다른 예는, '틴틴'의 조상으로, 필리핀으로 이주해 온 중국인인 '우 티 코'가 '금실 은실로 장미꽃을 수놓아 만든 공단 슬리퍼'를 만들어 파는 공장을 운영하면서 현지에서 고용한 '솜씨 좋은 재봉사들' 가운데 한 사람이었던 '돌로레스'와 사랑에 빠지는 장면에서도 두드러진다. 아래의 [그림 2]에는 아름다운 슬리퍼에 금실로 한 땀 한 땀 섬세하고 정성스럽게 수놓고 있는 아름다운 돌로레스의 모습과, 그 모습을 수줍고 설레는 표정으로 보고 있는 사랑에 빠진 티 코의 모습이 나타나 있다. 이처럼 그림동화 속의 말과 글은 그림으로는 표현하기 어려운 인물과 사건에 대한 구체적인 정보를 제공하는 반면, 그림은 말과 글로 표현된 이야기 속 특정 장면을 부각시켜 글로는 표현되기 어려운 구체적인 사람의 표정과 동작, 물건의 생김새 등을 보여줌으로써 보다 감각적이고

[그림 2] 〈우 형제와 행운을 가지고 온 장어〉의 한 장면

정서적인 방식으로 이야기를 전개한다.

[그림 1]과 [그림 2]의 예를 통해 논의한 바와 같이, 그림동화에서 말과 글로 전개되는 이야기뿐 아니라 그림으로 표현되는 문화적 요소에도 함께 주목하는 전략은 동화에 나타난 특정한 문화적 요소나 주제를 부각시켜 이에 관한 지식을 다루거나 이해하도록 하는 데 있어 매우 중요한 원리라 할 수 있다. 특히 시각적 표현은 말이나 글로 표현되는 것에 비해 인물이나 사물의 모습을 직접적으로 보여주는 데 강점을 지닌다는 점에서 상이한 문화에 대해 상상하고 이해하는 데 있어 보다 생생한 경험을 제공할 수 있다. 이 때문에 그림동화(그림책)가 지닌 '복합양식 텍스트(multimodal text)'로서의 특성은 문학교육뿐만 아니라 매체언어 교육의 측면에서도 주목을 받을 수 있는 것이다.[33]

세 번째 원리로 제시한 것은 '문화적 특수성과 보편성에 대한 이해를 모두 중요한 것으로 제시하기'이다. <우형제와 행운을 가지고 온 장어>의 내용을 통해 필리핀 사회의 다문화적 특성에 대해 이해하는 계기로 삼거나 중국 이주민들의 문화에 의해 영향을 받은 것으로 알려진 필리핀인들의 돈독한 친족 관계에 관심을 갖게 하는 것은 문화적 특수성에 대한 이해를 강조하는 접근이 될 수 있다. 그런데, 어린이들에게 집안의 내력과 전통을 전해 주는 어른들의 모습이나 사랑에 빠져 결혼하여 가정을 이루는 남녀의 모습, 위기를 겪으며 성장해 가는 어린이들의 모습, 자연에서 입은 은혜를 존중하는 마음 등은 그 구체적인 상황과 방식은 달리 나타날지라도 사람이 사는 세상이라면 어디에서나 찾아볼 수 있는

---

33) 초등학교 국어과 교육과정의 '문학' 영역에 "그림동화 속의 그림을 이야기와 관련지어 이해한다."(2007 개정 국어과 교육과정 1학년), "글이나 말을 그림, 동영상 등과 관련지으며 작품을 수용한다."(2011 개정 국어과 교육과정 1~2학년군)라는 성취 기준이 제시된 것 역시 문학교육과 매체언어 교육의 접맥이라는 측면에서 이해할 수 있다.

보편적인 인간들의 삶의 모습이나 중요시 여겨야 할 가치라 할 수 있다. 따라서 이처럼 동화에 나타난 문화적 특수성과 보편성을 모두 중요하게 살펴보도록 함으로써, 어린이들로 하여금 상이한 문화에 대해 관심을 갖고 이해하면서 동시에 피부색과 문화의 차이에도 불구하고 인간으로서 지닌 공통점을 이해하도록 하는 것이 중요할 것으로 보인다.

네 번째 원리로 제시한 것은 '외국 문화로서의 이해와 우리 사회 안의 다양한 문화로서의 이해라는 관점을 함께 견지하기'이다. 앞서 논의한 바와 같이, 다문화 교육이 국제이해교육과 비슷하면서도 다른 점은 국제이해교육은 '국경 너머에 존재하는 타문화에 대한 이해'에 초점을 두는 반면, 다문화 교육은 '한 국가 공동체 내부의 문화적 이질성에 대한 이해와 이를 바탕으로 한 하위 집단 간의 형평성 증진'에 초점을 둔다는 점이다. 만약 <올리볼리 그림동화>를 활용한 교육이 예를 들어 외국 문화로서 필리핀의 문화에 관심을 갖는 데 그친다면, 이는 국제이해교육의 접근과 다를 바 없을 것이다. 앞서 논의한 바와 같이, 상호문화적 관점에서의 다문화 교육에서는 '타자'에 대한 이해만큼이나 '우리 자신'에 대한 이해가 중요함을 강조한다. 애초에 <올리볼리 그림동화>와 같은 외국 동화를 다문화 교육의 시각에서 수용할 필요성이 제기된 이유는 다문화 사회화 되고 있는 한국의 현실 때문이다. 이 점을 고려하여 우리 사회 안에 존재하는 이주민 문화로서의 필리핀 문화에 대해 관심을 갖고, 이를 다문화 사회로서 한국 사회를 이해하는 계기로 삼는 것이 필요한 것으로 생각된다.

이와 관련하여 최혜진(2008)에서는 설화 속의 다문화 양상을 통해, 우리의 삶이 어떠한 문화 능력을 토대로 발전해왔는지 발견할 수 있다는 점에서 대학의 국문학 전공 대학생들을 대상으로 한 구비문학론 수업에서 시도한 내용을 바탕으로 논의한 바 있다. 이 연구에서는 한국 설화에 대한 다문화주의적 수업을 시도한 결과에 대해 논의하고 있는데, 이주, 외국인, 문화 교류, 대외의식 등을 중심으로 한 다문화 양상이 드러난 설화를 찾아 이를 다문화주의적 관점에서 해석해보고 향유층의 인식과 태도를 살펴보도록 함으로써, 설화를 통해 우리 사회가 과거에 지녔던 다문화의 수용과 태도를 이해하고자 하는 목표를 지닌 것이었다.[34] 이러한 접근이 예를 들어 필리핀의 동화 <우형제와 행운을 가지고 온 장어>와 연계된다면 보다 풍부한 내용의 다문화 교육이 이루어질 수 있을 것으로 보인다.

아래에서는 지금까지 논의한 <올리볼리 그림동화>를 통한 다문화 교육의 목표와 교수학습의 원리에 관한 논의를 바탕으로 하여, 다문화 시대 아동문학교육에 있어 <올리볼리 그림동화>가 지니는 시사점에 대해 논의함으로써 마무리하고자 한다.

5. 아동문학교육에 대한 시사점

본고에서는 다문화가정 자녀나 이주노동자 자녀를 대상으로 한 동화주의적 성격의 다문화 교육이 아니라 한국사회의 '선주민'이라 할 수 있

---

34) 구체적으로는 『삼국유사』의 '석탈해', '처용', '연오랑세오녀', '김수로왕과 허황옥', 『구비문학대계』의 '명태조 이야기', '유리국태자표류기', '일본순사 골려준 이야기', '홍순언 이야기', '유척기야기' 등의 설화 속의 다문화 양상을 통해 우리 민족이 다양한 이민족을 수용하고 선진 문화를 지혜롭게 받아들이며 형성된 점을 알 수 있도록 한 수업이었다. 최혜진, 「다문화시대의 설화 교육 시론」, 『문학교육학』 26, 한국문학교육학회, 2008, 255~278면.

는 일반 학생들의 다문화적 감수성 증진을 위한 다문화 교육이 필요하다는 문제의식을 바탕으로 하여, 다음세대재단에서 제작·보급하고 있는 <올리볼리 그림동화>를 다문화 시대의 아동문학교육과 관련된 미디어 콘텐츠로서 살펴보았다. 아동문학 전반에 걸쳐 이루어지고 있는 미디어 콘텐츠 제작 양상이나 그것이 지닌 아동문학교육 전반에 대한 영향이나 전망에 대해 다루지 못한 것은 필자의 관심과 역량이 제한적이기 때문이다. 그럼에도 불구하고 다문화 시대의 아동문학과 아동문학교육에 관해 여기서 전개된 논의를 통해 제기할 수 있는 바가 다소 있다고 보아 몇 가지를 제시하고자 한다.

우선, 다문화 시대의 문화와 교육적 요구에 부응하기 위해서는 보다 다양한 나라의 동화, 그리고 보다 다양한 경향의 아동문학 콘텐츠가 보다 활발히 보급될 필요가 있는 것으로 보인다. 특히 현대 한국사회의 외국인 이주민 가운데 큰 비중을 차지하는 중국(조선족 포함)과 일본뿐 아니라 <올리볼리 그림동화>에서 포괄하고 있는 동남아시아 국가들의 나라들의 전래 동화뿐 아니라 현대 창작 동화들이 활발히 보급될 필요가 있을 것으로 보인다. 세계화의 거대한 흐름 속에서 어린이들은 국가의 경계를 넘어서 공감할 수 있는 삶의 경험을 공유하고 있다. 그렇지 않은 경우라 하더라도 어린이들의 현대적 삶의 모습을 반영한 동화 작품들은 세계를 전체적으로 이해하는 데 큰 도움이 될 수 있을 것이다. 이러한 콘텐츠의 보급이 활발히 이루어질 필요가 있으며, 그 매체적인 방식에 있어서는 <올리볼리 그림동화>가 시도하는 바와 같이 종이책뿐 아니라 온라인 디지털 콘텐츠나 전자책 등의 다양한 방식의 모색이 앞으로의 디지털 세대를 위해 유용할 것으로 보인다. 이 과정에서 저작권 협약이나 공공의 목적을 지닌 수요 예측 등 어려운 점들이 많다는 점에서 이는 개별 출판사나 문화 재단을 넘어서 정부나 공공기관의 체계적인 지원을 필요로 할 것으로 보인다.

둘째, <올리볼리 그림동화>를 비롯한 다양한 동화를 바탕으로 '선주민'들을 대상으로 한 다문화 교육, 또는 선주민과 다문화가정 자녀들이 함께 동화를 보는 장면을 염두에 둔 다문화 교육의 목표와 구체적인 방안에 대한 연구, 그리고 그 실행을 통해 다문화 교육의 관점과 방법을 반성하고 보다 상호문화적 관점에 가까이 다가갈 수 있는 방안의 모색이 필요한 것으로 보인다. 본고를 포함하여 많은 연구들이 실제 실행을 통한 학습자들의 인식과 태도의 변화를 어떻게 이끌어낼 수 있는지, 그 과정에서 어떤 즐거움과 보람, 또는 어려움과 해결해야 할 과제들이 있는지에 대한 실행 연구에는 미치지 못하고 있는 것이 사실이라는 점에서 그러하다. 예를 들어 본고에서 제시한 <올리볼리 그림동화>를 활용한 다문화 교육의 목표와 원리를 학교 현장에서 실행해 보고, 그 결과를 바탕으로 보다 효과적이고 현실성 있는, 그리고 상호문화적 관점의 문화교육으로 나아갈 수 있는 방안을 모색할 필요도 있을 것이다.[35]

셋째, 보다 현실적이고 구체적인 다문화 교육의 방향과 방안의 모색에 있어 교육 주체와 방식의 다양화 및 교육 장소의 다양화, 이와 관련된 교육 자료의 개발 및 교사 연수 방안의 모색이 필요한 것으로 보인다. 다문화 교육은 이에 대한 문제의식을 지닌 선주민뿐 아니라 '당사자'의 관점과 요구가 반영되고 당사자의 참여가 필요한 분야이기도 하다. 특히 정부 및 관련 공공기관이나 문화재단의 지원으로 국제결혼 이주 여성들

---

[35] 이러한 관점에서 <올리볼리 그림동화>를 활용한 다문화교육 가이드북이 개발되었다. 정현선·김현미·이란주·이미숙, 『올리볼리 그림동화를 활용한 문화다양성 교육 길라잡이 : 올리볼리 교육 매뉴얼』, 다음세대재단, 2012.

이 '엄마가 들려주는 엄마 나라 동화' 등의 방식으로 동화구연가로 양성되고 있는 현실을 고려할 때, 다문화 동화를 문학교육 현장에 도입하는 데 있어 교사뿐 아니라 이주민들에 의한 교육, 혹은 교사와 이주민들의 팀티칭에 의한 교육 등을 고려할 필요가 있을 것이다. 교육 장소 또한 학교의 정규 수업뿐 아니라 어린이들이 지역사회에서 쉽게 접근할 수 있는 어린이도서관 등으로 다변화하여 고려할 필요가 있을 것으로 보인다. 교사 연수나 교육 자료의 개발 역시 이와 같은 교육 주체와 장소의 다양화를 고려하여 이루어질 필요가 있을 것이다.

마지막으로 이러한 논의는 학교 문학교육은 물론 더 나아가서는 국어 과목의 교육과정과 교과서에서 다문화 교육적 목표와 학습 내용, 학습 방법 및 학습 자료를 어떻게 수용할 것인지에 대한 논의를 촉발시킨다. 문학교육의 목표 가운데 하나가 한국인으로서의 문화적 정체성을 확보하는 데 기여하는 것이라 할 때, 한국 사회가 다문화 사회화 되고 있는 현실은 이와 같은 전통적 문학교육의 목표에 도전으로 여겨질 수도 있다. 그러나 문학교육의 목표에는 문학을 통한 개인의 인격적 성장과 세계에 대한 이해도 포함된다는 점을 상기한다면, 이를 긍정적인 시각에서 미래지향적으로 해결해야 할 과제로 볼 수 있을 것이다.

온라인 디지털 미디어 콘텐츠로서의 <올리볼리 그림동화>는 문학교육의 자료이자 교육 자료를 디지털 방식으로 보급하는 데 있어 어떤 노력이 필요할지에 대해 생각할 수 있는 계기를 제공한다. 교육과학기술부를 중심으로 이루어지고 있는 전자교과서 개발 연구에서 국어 교과서를 개발하는 방식과 비교하면서, 문학작품이 어린이들의 생활 속으로 보다 깊숙이 파고들어갈 수 있도록 하면서 교사는 물론 가정에서 부모도 쉽게 이용할 수 있는 디지털 콘텐츠로서 문학교육 자료를 개발하는 방식,

그리고 '복합양식 텍스트'로서의 그림동화를 매개로 한 문학교육과 매체 언어 교육의 접목에 대해서 앞으로 보다 많은 관심이 필요할 것으로 보인다.

참고문헌

<올리볼리 그림동화> 공식 웹사이트 : http://www.ollybolly.org/

강미정, 「다문화 내용의 그림책을 활용한 철학 놀이 프로그램이 유아의 인종 및 다문화에 대한 태도 및 사고에 미치는 효과」, 위덕대학교 석사학위논문, 2008.

구정화·박윤경·설규주, 『다문화교육의 이해와 실천』, 동문사, 2010.

국가정보화전략위원회·교육과학기술부, 「인재대국으로 가는 길, 스마트교육 추진전략」, 2011.

국어교육 미래열기 편, 『국어교육학개론』(제3판), 삼지원, 2009.

권순희·김호정·이수미, 「다문화 문식성 제고를 위한 읽기 텍스트 구성 방안 연구」, 『국어교육학연구』 33, 국어교육학회, 2008, 177~204면.

김상욱, 「아동 문학교육 변천사」, 한국어교육학회 편찬위원회 편, 『국어교육론 3 : 국어 문학, 한문, 특수 교육론』, 한국문화사, 2005.

김상욱, 「다문화 시대, 동화의 서사」, 『아동청소년문학연구』 6, 한국아동청소년문학학회, 2010, 201~224면.

대한출판문화협회, 「2008년 통계자료」, 2008.

박성연, 「그림책을 활용한 다문화 교육 프로그램이 유아의 인종 및 타문화에 대한 태도에 미치는 효과」, 성균관대학교 석사학위논문, 2001.

심상민, 「다문화 사회에서의 문식성 교육의 제 문제」, 『국어교육학연구』 35, 국어교육학회, 2009, 331~359면.

안지혜·강승혜, 「초등학생 대상 다문화 교육 프로그램 개발을 위한 기초 연구」, 『초등교육연구』 22(4), 한국초등교육학회, 2009, 227~254면.

윤갑정·지은주·이혜은, 「다문화 그림책에 대한 내용분석 및 유아반응 : 국내 다문화 가정을 반영한 그림책을 중심으로」, 『미래유아교육학회지』, 16(4), 미래유아교육학회, 2009, 45~72면.

윤여탁 외, 『매체언어와 국어교육』, 서울대학교출판부, 2008.

윤인진, 「한국의 다문화교육에 대한 평가와 향후 과제」, 『외국어로서의 한국어교육』 34, 연세대학교 언어연구교육원 한국어학당원, 2009, 65~88면.

장유진, 「전래동화를 활용한 다문화가정 자녀 대상 한국어교육 방안 연구」, 한국외국어대학교 석사학위논문, 2009.

전국다문화가족지원센터, 『신짜오! 베트남』, 2010.

정영근, 「한국사회의 다문화화에 대한 교육학적 성찰」, 『교육철학』 44, 교육철학회, 2009, 113~137면.

정현선・김현미・이란주・이미숙, 『올리볼리 그림동화를 활용한 문화다양성 교육 길라잡이 : 올리볼리 교육 매뉴얼』, 다음세대재단, 2012.

조용환, 「다문화 교육의 의미와 과제」, 유네스코 아시아・태평양 국제이해교육원 엮음, 『다문화 사회의 이해 : 다문화 교육의 현실과 전망』, 동녘, 2008.

최혜진, 「다문화시대의 설화 교육 시론」, 『문학교육학』 26, 한국문학교육학회, 2008, 255~278면.

한건수, 「비판적 다문화주의」, 유네스코아시아・태평양 국제이해교육원 엮음, 『다문화 사회의 이해 : 다문화 교육의 현실과 전망』, 동녘, 2008.

한경구, 「다문화 사회란 무엇인가?」 유네스코아시아・태평양 국제이해교육원 엮음, 『다문화 사회의 이해 : 다문화 교육의 현실과 전망』, 동녘, 2008.

한명숙, 『이야기 문학교육론』, 박이정, 2007.

현은자 외, 『그림책의 그림 읽기』, 마루벌, 2004.

현은자・박성연, 「그림책을 활용한 다문화 교육 프로그램이 유아의 인종 및 타문화에 대한 태도에 미치는 효과」, 『어린이문학교육연구』 3(2), 한국어린이문학교육학회, 2003, 101~124면.

Abdallah-Pretceille, M., *L'éducation interculturelle*, 마르틴 압달라-프렛세이, 장한업 역, 『유럽의 상호문화교육 : 다문화 사회의 새로운 교육적 대안』, 한울아카데미, 2010.

Bennett, J. M. & Bennett, M. J., "Developing intercultural sensitivity : An integrative approach to global and domestic diversity", in Landis, D., Bennett, J. M., & Bennett, M. J.(ed.) *Handbook of Intercultural Training*, London : Sage Publications, 2004.

제 2 부

대중매체와 문학교육

제 6 장

디지털 미디어 시대의 서사텍스트의 위상

─자막언어의 서사 미학적 기능을 중심으로─

김 중 신

수원대학교 국어국문학과

1. 서론

21세기의 이야기들은 자판 앞에서 생산되고 있다. 이야기를 만들어내는 작가들은 더 이상 붓이나 펜을 들지 않는다. 그들은 모니터를 들여다보면서 자판을 두들기고 있다. 인간은 나무 기둥에 칼로 문자를 새기던 시대에서, 종이에 붓이나 펜으로 글씨를 쓰던 시대를 거쳐 왔다. 이제는 손가락으로 자판을 두들기며 디지털 문자를 찍어내는 시대이다. 새로운 도구는 새로운 문화를 창조한다. 사진도 그랬고, 영화도 그래왔다. 당대 현실의 도구 문화와 정면충돌해서 새로운 대안을 창조해 낼 때 문화는 명맥을 이어갈 수 있다. 붓글씨로 표현되던 서예가 뒤꼍으로 물러나고 대신 디지털로 표현되는 캘리그래피(calligraphy)라고 하는 그림 글씨가 주종을 이루고 있는 것이 그 예라 하겠다. 오늘날의 이야기는 종이와 펜뿐 아니라 미디어와 디지털, 그리고 자판을 아울러야 한다. 그건 오늘날의 삶과도 상통하는 일이다. 21세기의 서사는 이 자판 문화를 눈여겨봐야 한다. 자판 문화는 디지털 미디어 시대의 원초적 입력기이다. 디지털 미디어에서 영상과 음향이 압도적 우위를 차지한다고 하더라도 근원적 메시지는 자판에서 시작하기 때문이다.

디지털 미디어는 특성상 발신자와 수신자가 쌍방향으로 교신을 한다는 점에서 다른 매체와 차별성을 갖는다. 디지털 미디어에 나타난 서사를 수용하는 방식도 마찬가지이다. 한혜원[1]은 디지털 게임 내부에 존재

---

1) 한혜원, 『디지털 게임 스토리텔링』, 살림, 2005, 48면.

하는 스토리를 세 가지로 분류하고 있다. 게임이 시작되기 전에 설정해 놓은 기반적 스토리, 게임의 개발자가 정해 놓은 일종의 모범적 스토리에 해당하는 이상적 스토리, 그리고 게임 사용자들 사이에서 발생하는 돌발적인 상황과 사건들에 의해 형성된 우발적 스토리가 그것이다. 디지털 매체의 서사를 다루는 자리라면 의당 우발적 스토리를 그 대상으로 삼아야 할 것이다. 의외성과 돌발성 그리고 흥미성이 서사가 갖고 있는 주요한 미덕이기 때문이다.

디지털 미디어 시대의 서사를 주요한 연구 테마로 삼고 있는 최병우[2]는 전자통신기술의 발전에 힘입어 등장한 디지털 미디어와 관련한 서사의 연구를 진행하면서 크게 세 가지 측면에서 방향을 제시하고 있다. 하나는 현실의 전시 공간 등에서 이루어지는 서사를 대상으로 하는 문화콘텐츠 서사 연구이며, 다른 하나는 디지털 미디어 공간에서 이루어지는 각종 서사를 다루는 디지털 미디어 서사 연구이고, 나머지 하나는 디지털 미디어의 총아로 떠오르는 게임을 다루는 디지털 게임 서사 연구 등이 그것이다. 본고에서 다루려고 하는 TV 리얼 버라이어티 쇼 프로그램(일명 오락 다큐멘터리)[3]에 나타나는 서사 구조는 크게 보아 디지털 미디어 서사의 범주에 해당한다. 그러나 디지털 미디어 서사는 주로 현실 공간의 콘텐츠를 웹과 같은 디지털 미디어에서 구현하는 방법을 연구하는 데 초점을 두고 있다. 이는 디지털 미디어가 가지고 있는 매체의 특성을

---

2) 최병우, 「디지털 미디어 서사학」, 『내러티브』 13, 한국문화사, 2009, 5~12면.
3) [1박 2일](KBS)이나 [무한도전](MBC), [런닝맨](SBS) 같은 형식은 일반적으로 리얼 버라이어티 쇼 프로그램이라고 불린다. 다채로운 출연진이 여러 가지 과제(미션)를 실제적으로 수행하는 과정에서 오락을 추구한다는 의미이다. 그런데 토론 과정에서 제기된 김외곤 교수의 견해에 의하면, 허구를 가미하지 않았다는 점에서 다큐멘터리의 일종이며, 그 목적이 오락을 추구한다는 점에서 오락 다큐멘터리라고 분류하는 것이 타당하다고 한다. 본고에서는 토론자의 제안을 받아들여 오락 다큐멘터리(오락 다큐)라고 지칭한다.

효과적으로 운용하는 방법에 관심을 두고 있는 것으로 보인다. 본고에서 다루려는 것은 오락 다큐멘터리에 나타나는 자막언어라는 점에서 이와 구별된다. TV 자막언어는 미디어의 총아라고 하는 TV 프로그램에서 거의 유일하게 자판으로 생성되는 언어이다.

TV 프로그램을 구성하는 언어는 영상언어, 음향언어, 음성언어, 자막언어, 신체언어 등으로 나눌 수 있다. 영상 매체 시대의 총아인 영상언어가 아무리 강조된다고 하더라도 음성언어와 자막을 이용하는 문자언어의 역할이 축소되었다고 볼 수는 없다. 오히려 영상언어가 전하지 못하는 정보를 보완하여 더욱 생생하게 의미전달을 극대화 할 수 있어 그 가치는 여전히 창조적으로 활용할 수 있을 만큼 중요하다.[4] 이 중에서 자막언어는 화면의 일부분에 문자로 표시되는 언어를 말한다. 자막언어는 초창기에 화면의 내용을 보조적으로 설명하는 역할에만 국한되었다. 최근에는 출연자의 언어적, 비언어적 메시지[5]를 전면적으로 혹은 부분적으로 표기를 하기도 하며 경우에 따라서 제작진의 부연 설명도 첨가하기도 한다.

방송위원회(2002)에서는 TV 방송자막을 네 가지로 분류하고 있는 바, 첫째는 음성언어의 인용자막으로 방송이 진행되는 동안 진행자, 출연자, 내레이터, 방청객 등이 말하는 모든 음성언어를 화면에 그대로 또는 일부 옮겨놓은 자막이며, 둘째는 출연자의 상태 자막으로 출연자의 동작, 표정, 심리 상태를 적어놓은 자막이다. 그리고 셋째는 연출자의 개입 자막으로 연출자 또는 제작 스텝의 말이나 생각을 담고 있는 자막이고, 넷

---

4) 한국화법학회, 『국어화법과 방송언어』, 역락, 1999.
5) 비언어적 메시지는 신체 언어의 일부로서 출연자의 표정, 외모, 복장이라든가 몸짓, 손짓, 걸음걸이 등의 태도가 전하는 언어이다.

째는 주변 상황을 설명하는 자막으로 시간의 경과나 장소의 이동, 주위 배경 등 방송이 진행되는 동안 일어난 주변 상황들을 설명해주는 자막이다.[6] 한성우(2004)는 자막을 표현형식과 속성을 고려하되 자막을 사용하는 목적을 중심으로 '정보의 함축적 전달, 음성언어보완, 의도적 표현 수단, 부가 정보 및 세분 자료 제공, 프로그램 진행'으로 나누었다.[7] 강연임(2007)은 오락프로그램의 자막언어가 지니는 정보전달적 속성에 주목해 '언어정보 처리형'과 '상황정보 처리형'으로 유형을 나누었다.[8]

본고는 TV 오락 다큐멘터리의 서사적 성격을 살펴봄으로써 그러한 성격을 가능하게 한 자막언어의 서사 미학적 기능에 대해 논의하기로 한다.

2. 오락 다큐멘터리에 나타난 자막언어의 서사적 성격

오락 다큐멘터리[9]은 주말 밤의 문화를 지배한다. 이렇게 되기까지 빠

---

6) 방송위원회, 『방송 언어 사용실태 및 개선 방안 연구』, 방송위원회, 2002.
   그런데 방송위원회의 2006년도 보고서에는 자막언어를 '출연자의 음성 언어 인용 자막, 시청자의 사고와 판단을 제한하는 자막, 진행수단으로서의 자막' 등으로 구분하고 있는데, 이러한 변화는 자막의 오용과 문제점을 인식한 여론을 반영한 것이라고 할 수 있다. 이은희, 「오락 프로그램 음성 언어 표현 자막의 유형과 특성」, 『텍스트언어학』 23, 한국텍스트언어학회, 2007, 45~68면.

7) 한성우, 「텔레비전 자막의 작성과 활용에 대한 연구」, 『텍스트언어학』 17, 한국텍스트언어학회, 2004, 4면.

8) 강연임, 「오락프로그램 자막언어의 유형과 기능」, 『한국언어문학』 62, 한국언어문학회, 2007, 7면.

9) 참고로 [무한도전]과 [1박 2일]의 가구별 평균 시청률은 각각 18~21%를 상회한다. 중복 시청 가구를 감안한다고 하더라도 매주 평균적으로 1천만 명 이상이 시청하고 있는 셈이다.

트릴 수 없는 게 케이블채널의 무제한 재방송이다. 케이블 채널의 활성화로 시청자들은 프로그램을 보고 싶을 때 아무 때나 본다. 매일 방송을 보면서 리얼 서사가 전해 주는 메시지와 이야깃거리에 빠져들고 있다. [1박 2일]의 경우 본 방송 이후 KBS 드라마, KBS 조이에서 수시로 재방송되고 있으며, 현재 위성방송인 KBS 월드를 통해서도 해외 국가에 방영되고 있다. 이렇듯 수많은 시청자들을 흡인할 수 있는 이야깃거리를 갖추기 위해서 방송국에서는 막대한 물량과 함께 수많은 제작 인력을 투입하고 있다.

그렇다면 디지털 미디어 시대에 오락 다큐멘터리가 보여주고 있는 이야깃거리는 기존의 서사와 성격이 어떻게 구별되는지를 살펴보기로 하자.

1) 독립적 서사 / 보완적 서사

서사(敍事)라는 용어는 'narrative'의 번역어로서 실제 혹은 허구적인 사건을 설명하는 것 또는 기술(writing)이라는 행위에 포함되어 있는 이야기적인 성격을 지칭하는 말이다. 이에는 주로 이야기, 이야기체의 문학, 설화, 화술, 설명 부분이 해당한다. 용어상의 함의에도 나타나듯이 서사는 주로 특정한 서술자가 특정한 시간과 공간에서 발생하는 인과관계로 엮어진 실제 혹은 허구적 사건들의 연결을 의미하는데 주로 문자나 음성으로 전개된다. '옛날 옛적 호랑이 담배 피던 시절에'로 시작하는 옛이야기나 '화설 경상, 충청, 전라 어간에 놀부는 형이오, 흥부는 아우라.'로 허두를 장식하는 고전 소설 등은 모두 특정한 1인 화자에 의해 구술 혹은 서술된 것이다. 현대 소설도 이러한 범주에 속한다. 즉 문자나 음성이라는 단일한 매체에 의해 독립적으로 구현되는 것이다. 화자(혹은 광대)나 서술자는 음성이나 문자라는 단일한 매체에 의해 다른 요소에 의해 영향을 받지 않고 독립적으로 서사를 전개시켜 나간다.[10] 청자나 독자 또한 여타의 매체에 의해 영향 받지 않고 주어진 매체에 의해서만 정보를 수용한다. 요컨대 기존의 서사는 주어진 매체 외에는 어떠한 매체에 의해서도 정보를 수수하지 않는, 독립적 서사로서의 특징을 갖고 있는 것이다.

그런데 TV의 자막언어가 구현하는 서사는 화면의 자막으로서만이 아니라 화면을 구성하는 음성, 음향, 영상 등 여러 매체에 의해 보완되는 서사이다. 이를 역으로 말하자면 자막언어는 프로그램의 서사 구조를 구성하는 중요한 요소라는 것이다. 자막언어의 상당수는 인물간의 대화나 내면적 심리를 나타내면 한편으로는 사건의 진행 과정을 알려주는 정보를 담고 있기도 하다.[11]

자막언어의 보완적 기능을 단적으로 보여주는 예는 2008년 12월 27일 MBC에서 방영된 [무한도전]의 '유앤미 연말 콘서트' 편이다. 이 프로그램은 방송국의 사정으로 자막언어 없이 방송되었다가 시청자들의 엄청난 항의에 시달렸다. PD의 파업으로 인한 다른 PD가 대신 편집을 하면서 자막이 삽입되지 않았던 것이다.

10) 물론 구연 서사의 경우 화자(혹은 광대)의 비언어적 장치(판소리의 경우는 발림)에 의해 서사가 전개되는 경우도 있기는 하나 이는 극히 미미한 정보를 담고 있을 뿐이다.
11) [1박 2일]의 색다른 점은 제작진이 직접 화면에 출연을 하여 출연진들에게 미션을 부여하기도 하는데 이 과정에 고스란히 화면 속의 자막언어로 제시된다.

①

②

①은 2008년 12월 27일 방영분으로 노래가사 외에는 별도의 자막이 없는 것이다. 시청자들은 방영분에서 느낌 감정들을 게시판에 올렸는데, 자막이 없는 화면을 볼 때 어디에 초점을 두고 봐야하는지 몰랐다는 의견들이 많았다. ②는 그 이후 PD의 자막이 삽입된 채로 2009년 1월 17일 방영된 재편집본이다. 자막언어는 영상으로만 전달할 수 없는 부분을 보완하고 PD의 편집의도에 따라 이야기를 엮어나가는 보완적 서사의 기능을 하고 있는 것이다.12)

2) 목적론적 서사 / 유희론적 서사

문학적 서사의 중요한 유형 중 하나는 사회 공동체가 추구하는 가치를 구현하기 위해서 구현되는 서사이다. 나병철은 행복한 동일성의 공동체를 이루려는 서사는 목적론적 서사라고 하면서, 목적론적 서사는 화합

---

12) 김중신, 「TV 자막언어의 서사성과 의미에 관한 연구」, 『독서연구』 22, 한국독서학회, 2009 참조.

된 동일성의 세계를 이루기 위해서 유교 이념(영웅 소설), 신문명(혈의 누), 계몽 이념(계몽서사), 선진 조국의 창조(근대화 서사) 등과 같은 초월적 이념을 우월한 가치로 여긴다고 한다. 목적론적 서사는 초월적 이념을 향해 '홈 패인' 길로 단단하게 나아가면서 이탈자를 감시하는 흐름을 보인다. 목적론 서사 중에는 이념이 반복되는 순환적 전망을 지닌 근대 이전의 서사(영웅 소설)와 이념을 미래의 목표로 삼는 미래지향적 전망의 근대적 서사(혈의 누, 무정, 계몽서사, 근대화 서사)가 있다고 한다. 목적론적 서사는 늘 가치론적인 이항대립(충신/간신, 개화/미개화)의 항목들을 작동시킨다. 이항대립의 항목 중 가치나 힘에 있어서 우월한 첫째 항은 둘째 항을 배제(억압)하면서 동일성의 공동체를 성립시킨다.[13]

　반면에 자막언어로 구현되는 서사는 사회 공동체가 추구하는 동일성의 세계와는 무관한 유희론적 서사이다.

　리얼 버라이어티 쇼 프로그램의 궁극적인 목적은 말 그대로 '쇼', 즉 '놀이'일 뿐이다. 대표적인 오락 다큐멘터리인 [1박 2일]이 제 아무리 '우리가 알고 있는, 우리가 알지 못하는 아름다운 우리나라. (…) 우리는 시골로, 산골로, 어촌으로, 섬으로, 그리고 고향으로 간다.'[14]라고 하더라도 여섯 남자들의 복불복 게임과 미션 수행, 수다 등이 적절히 버무려

---

13) 이러한 목적론적 서사는 이항대립의 가치론적 관계를 통해 동일성의 공동체로 나아가는 점에서 미학적으로 로만스적 서사와 상응하는 관계에 있다. 로만스적 서사는 양극성(이항대립)의 원리와 하강→상승, 해피엔딩의 서사구조를 갖고 있다. 예컨대 영웅소설에서처럼, 충신/간신이라는 가치론적인 이항대립의 관계에서 일시적인 전도(간신/충신)의 위기를 맞은 후(하강), 충신의 유교 이념이라는 초월적 이념의 우월함에 의해 승리(상승)을 거두고 동일성의 공동체(태평성대)를 회복하는 서사이다. 이 같은 로만스적 서사는 초월적 이념을 목표로 삼는 목적론적 서사의 미학적 자매편이다. 즉 모든 목적론적 서사는 로만스라는 미학적 등가물을 갖고 있다. 반대로 말하면 로만스적 서사는 목적론적 서사를 포함한 몰적 선분의 삶을 동일성의 공통체로 옹호한다고 한다. 나병철, 『소설과 서사 문화』, 소명출판, 2006, 348면.
14) [1박 2일] 방송 취지문 : http://www.kbs.co.kr

진 오락물이다. 이것을 즐기는 시청자 또한 주말 밤을 편안하게 쉬려는 사람들이다.

보여주는 사람들은 '무거움' 대신 '가벼움'을, '진지함' 대신 '발 빠름'을 행동의 모토로 삼고 있고, 보는 사람들 또한 그것을 즐기며 '유희'로 삼고 있다. 특별한 목적의식이나 가치의 창출과 관계없는 순수한 놀이 행위는 근대적 일상성의 코드화된 표면으로부터 자유로운 유희를 감행하게 마련이다. 출연진들은 거액의 출연료를 받으면서도 '1박 2일 여행'이라고 하는 일상의 탈주를 표방함으로써 한바탕의 '유희'를 즐긴다. 출연진들은 모두 정상적인 사람들보다는 약간 모자라는 사람이거나 어린아이 같은 행동을 한다. 밥 한 숟가락 더 얻어먹기 위해 아양을 부리기도 하고 조금 더 편안한 잠자리를 위해 약간의 변칙도 불사한다. 그들은 그들만의 놀이의 규칙으로 주어진 미션(과제)을 수행하거나 혹은 왜곡한다. 부단히도 여행의 목적을 망각하고 미션 수행을 지연시키고 이 과정에서 또 다른 놀이를 파생시킨다. 이 과정에서 '미션 수행'이라는 원래의 목적은 출연진들의 예기치 않은 행동이나 상황으로 인해 부차적인 행위가 되어 버리기도 한다. 수다나 놀이가 본래적인 의미의 영역을 대체함으로써 합의된 미션은 소멸되는 것이다. 미션은 과제가 아니라 '놀이'가 되고, 규칙은 금기가 아니라 '유희'가 된다. 그래도 시청자들은 즐거워한다. 어차피 미션 차제가 유희이기 때문이다.

게다가 출연진들은 미션 수행 실패로 인해 저녁밥을 굶게 되거나 야외에서 잠을 자더라도 별로 낭패라고 생각하지 않는다. 미션 자체가 '유희'라는 사실을 누구보다도 잘 알고 있기 때문이다. 출연진들은 근대적 자본주의 사회에서 실제로 낙오되거나 소외된 자들도 아니다. 자본주의적 혜택을 가장 많이 받고 있는 이들이 '한 끼의 굶주림'이나 '하룻밤의 노숙'이라는 자본주의적 낙오자를 천연덕스럽게 연기할 때 시청자들은 통쾌한 복수감을 맛보게 된다.[15] 설령 그것이 그들의 훌륭한 유희의 감각으로 무장한 허구라는 사실을 알고 있음에도 불구하고 암묵적 합의에 의하여 유희를 즐기는 것이다. [개그콘서트] 같은 코미디 프로그램이 '진정한 조작'을 통해 현실의 허위를 까발림으로써 오락적 성격을 추구한다면, [1박 2일] 같은 오락 다큐멘터리는 출연진과 시청자 사이의 '묵인된 조작'을 통해 현실의 긴박성을 이완시킴으로써 오락성을 추구하는 것이다.

자본주의가 극에 달한 오늘날 '굶주림과 노숙'은 반드시 해결해야 할 시대적 명제임은 부인할 수 없다. 하지만 제작진이나 출연진은 물론이고 시청자들 또한 미션 수행의 벌칙을 '굶주림과 노숙'이라는 시대적 명제와 관련지으려 하지 않는다. 이 프로그램은 행복한 동일성의 공동체를 추구하는 것과는 거리가 먼 단순한 유희론적 서사이기 때문이다.

3) 단독 서사 / 연대 서사

'서사'는 이야기이다. 이야기는 '화자'와 '청자' 사이에서 소통이 이루어진다. 이때의 화자는 이야기의 생산자이거나 전달자이다. 음성이나 문자이라는 매체의 성격상 이야기의 생산자나 전달자는 단독일 수밖에 없다.

리오타르(J. F. Lyotard)는 '포스트모던(postmodern)이란 메타 이야기에 대한 불신'으로 단언하고, '모던(modern)'을 메타 이야기 혹은 거대 이야기

---

15) [무한도전]의 주된 시청자가 20대 여성층임에 반하여, [1박 2일]의 주된 시청자가 30대 이상의 청장년층이라는 점은 이런 면에서 주목할 만하다.

라는 정당화 담론에 의해 자신을 정당화하는 사유 및 행위 양식으로 규정한다.[16] 즉 국가나 민족 혹은 이념이나 세계관 또는 총체성을 위주로 하는 거대 서사보다는 개인의 감성이나 생활, 취미 등과 같은 미시 서사가 중요하게 된 것이다. 이 미시 서사들은 특정한 목적에 의해서 생겨난 것이 아니라 즉흥적이고 친밀하고 공감적인 필요에 의해 생겨난다. 힘보다는 연약함을, 결정론적이고 기계적이고 추상적인 필연성보다는 즉각적이고 자발적이며 참여적 공감을 우선으로 하는 것, 바로 이것이 '미시 서사'의 특성들이다.

자신을 정당화하는 사유 및 행위 방식인 거대 서사나 타인과의 공감적 필요에 창작되는 미시 서사나 모두 창작자 자신이 체험한 것을 토대로 형상화한 것들이다. 서사의 대상은 개인이거나 집단일 수 있어도 서사의 창작 주체는 개인 단독으로 창작한 것이다.

그런데 멀티미디어의 속성상 오락 다큐멘터리의 서사는 단독으로 이루어지지 않는다. TV 프로그램의 제작진은 출연진을 섭외하고, 대본을 작성하고, 촬영을 하고, 또 영상을 편집한다. 특히 오락 다큐멘터리의 기본 구성은 PD가 출연진에게 일정한 임무를 부여하고 출연진은 여러 우여곡절 끝에 그 임무를 수행해 내는 것이다. 이 과정에서 출연진들은 임무 수행을 위해 여러 가지 논의를 하기도 하고 출연진들 간에 경쟁을 벌이기도 한다. PD는 출연진 각자의 개성을 잘 살리면서도 프로그램의 성격에 맞게 출연진을 성격을 부여하기도 한다. 그리고 이들을 사건에

---

16) 그는 포스트모더니즘의 시대에는 유토피아적이고, 공상적이며, 휴머니즘적인 담론같은 거대 담론들은 힘을 잃고 대신 감각적이고, 사적이며, 파편적인 담론들은 미시 담론이 힘을 얻었다고 한다.
J. F. Lyotard, *La Condition Postmoderne*, 리오타르, 이현복 역, 『포스트모던적 조건』, 서광사, 1992, 13~14면.

따라 적절히 역할을 부여함으로써 서사의 창작 주체로서의 기능을 발휘한다.

이렇듯 오락 다큐멘터리에서 제작자는 프로그램의 생산자이자 이야기의 창작자로서의 기능을 맡기도 한다. 이들이 생산해 내는 이야기는 문자나 음성으로 구성되는 서사보다는 다양하다. 실제로 오락 다큐멘터리의 제작자는 인물의 대화나 행동, 오프닝 멘트 등을 구성하는 대본 작가와 현장에서 프로그램 전체의 진행을 책임지고 있는 PD 그리고 녹화 후에 스튜디오에서 자막언어를 입히는 보조 PD 등이 다양하게 구성되어 있다. 이들은 특정 개인으로서 존재하는 것이 아니라 창작 집단으로서 연대하면서 존재하는 것이다.

이렇듯 오락 다큐멘터리의 서사적 성격은 특정 개인의 '단독 서사'가 아니라, 흔히 스텝이라고 일컬어지는 제작진 전체가 공동으로 참여하는 '연대의 서사'라고 할 수 있다.[17]

3. TV 자막언어의 서사 미학적 기능─[1박 2일]의 경우

1) 패턴의 미학─장회성(章回性)과 유형성(類型性)

반복되는 것은 익숙해지고, 익숙한 것은 친해지게 된다. 일상적 기대치가 허용되는 한에서의 반전은 흥미를 준다. 하지만 기대치를 벗어나는 반전은 극적 긴장감을 준다.

---

17) 1년에 한번 씩 시청자와 함께 하는 1박 2일에는 신청자가 무려 15만 명이다. 한 명 당 10명씩 참여할 수 있으니 모두 150만 명이 참여를 희망한 것으로 볼 수 있다. 출연진과 제작자만이 아니라 시청자들도 연대해서 만들어지는 서사라고도 할 수 있다.

국민 오락이라고 불릴 정도로 다양한 계층의 호감을 받고 있는 주말 오락 프로그램의 특성상 일반 시청자들이 일상적 기대치를 넘어서는 반전적 요소는 거부감을 불러일으킬 수 있다. 따라서 국민 오락적 요소가 된 주요한 요인 중의 하나는 일상적 기대치를 넘어서지 않는 내용이 전개된다는 것이다. 이는 오락 다큐멘터리의 서사가 장회성과 유형성으로서의 패턴의 미학을 추구하고 있기 때문이다.

오락 다큐멘터리는 끊임없이 이야기를 생산해 내는 '서사 구조'를 갖고 있다. 무협지나 서사시는 허구적 인물들의 가상의 공간에서 이야기를 펼쳐나가지만 오락 다큐멘터리는 현실 속의 인물들이 펼치는 이야기이다. 이 프로그램의 중심축은 제작진이 부여하는 일종의 과제(미션)를 출연진들끼리 협력적으로, 혹은 경쟁적으로 수행을 하면서 목적지에 도달하는 것이다. 이 과정에서 출연진들 사이나 혹은 출연진과 제작진 사이에 갈등이 개입되기도 한다. 과제 수행을 무사히 수행하면 영웅담이 되고, 그렇지 못하면 바보담이 된다. 오락 다큐멘터리는 주말 밤의 오락 프로그램의 대표 주자로서 토요일에는 [무한도전], 일요일 밤에는 [1박 2일]이 시청자들의 안방을 점유한다. 월요일이 되면 지난 주말의 이야깃거리를 곱씹어 보고, 금요일이 되면 이번 주말의 이야깃거리를 예상한다. 시청자들은 지난주의 대결 구도가 이번 주에는 어떻게 바뀔 것인가를 예상하고, 또 지난 회차의 대결 구도를 기억해 내고 이것과는 또 어떻게 다른가를 예상한다.

오락 다큐멘터리는 매주 새로운 이야깃거리를 생산해 냄으로써 서사를 일상화한다. [1박 2일]은 2007년 8월 5일부터 KBS 2TV에서 방송되고 있는 버라이어티 쇼로, 리얼 야생 로드 버라이어티를 표방하여 대한민국 각지를 돌아다니면서 1박 2일 동안 다양한 체험을 하는 프로그램이다. 2011년 6월 현재까지 전국 94곳을 여행하면서 촬영을 하여 모두 340회를 방송되고 있다. 시청자들은 한편의 잘 짜인 이야깃거리를 매주 한 편씩 장회편(章回篇)으로 체험하게 되는 것이다.

또한 대개의 장수 프로그램이 그러하듯이 [1박 2일] 또한 매회 일정한 유형으로 진행되고 있다. 매주 방영된 프로그램에 따라 약간의 변동은 있지만, 대체로 '집결(오프닝 멘트) → 행선지 안내 → 미션 제시 → 행선지 이동 → 복불복 게임 → 취침 게임 → 아침 기상 미션 → 종결(클로징 멘트)'로 구성된다.

이 중에서도 대표적인 유형은 '복불복'과 '미션 수행'이다. '복불복'은 사람의 운수를 일컫는 말인데, [1박 2일]에서는 잠자리 복불복, 저녁식사 복불복과 같은 게임을 통해 벌칙자를 선정한다. '미션 수행'은 제작진이 출연진에게 일정한 과제를 부여하는데 출연진 전체에게 공통으로 부여하거나 아니면 출연진을 두 팀으로 나누어 미션 수행을 경쟁하는 구도로 설정된다.[18] 출연진들은 각각 코너별로 주어진 임무를 나름대로의 방법으로 해결을 한다. 예능 프로그램의 속성상 다른 코너와의 관련성보다는 해당 코너가 독자성을 갖고 진행된다. 하나의 코너에서 한 출연진이 승자가 된다면 다른 코너에서는 다른 인물이 승자가 된다.

이렇듯 매주 새로운 이야기가 전개된다는 점에서 장회성(章回性)을 띠

---

18) 2011년 4월 17일~5월1일에 방영된 '경상남도 남해군 편'에서는 봄철 최고의 밥상을 걸고 출연진 전체가 각자에게 부여된 미션을 수행하기도 하였다.
　　강호동(참기름) : 인형 눈 100개 붙이기
　　이승기(고추장) : 꼬깔과자 5초안에 다 먹기
　　김종민(달래) : 독일마을 철수네 집에서 자장면 시켜먹기
　　이수근(된장) : 동네 노래방에서 노래를 부르고 79점 받기
　　엄태웅(봄동무침) : 보리암 대웅전에서 108배 하기
　　은지원(밥) : 전자오락실에 가서 테트리스 최고 기록 달성하기

고 있으며, 또한 유사한 코너가 계속적으로 반복된다는 점에서 유형성을 갖춘 서사라고 할 수 있다. 시청자들은 매주 반복되는 장회성과 동일한 유형으로 전개되는 패턴 속에서 어떠한 미션과 어떠한 복불복으로 새로운 이야기가 전개될지를 기대하면서 [1박 2일]이 전해주는 이야기를 즐기게 된다.

2) 대결의 미학 – 이항대립의 구도와 허구성

손바닥도 서로 마주쳐야 소리가 난다. 한 방향으로만 흔들게 되면 헛손질만 하게 된다. 서로 다른 방향으로 달려가는 손바닥이 있어야 소리가 난다. 서사 구조도 서로 대립되는 성향을 보이는 인물이나 세력이 있어야 사건이 일어나고 이야깃거리가 생긴다. 어둠 속에서 촛불은 더욱 빛나듯이 악한 사람이 있어야 착한 사람이 돋보인다. 이처럼 서사 구조는 기본적으로 이항대립적이다. 선과 악, 행운과 불운, 우연과 필연이 맞서는 것이다. 이항대립적 요소에 의해 갈등이 생성되고 이야기도 전개되어 나간다.

오락 다큐멘터리는 기본적으로 이항대립적 요소가 잘 갖추어져 있다. 미션의 성공자와 실패자가 상존하기 마련이다. 이러한 이항대립적 요소는 라이벌로 표면화된다. [1박 2일]도 라이벌에 의한 이항대립적 요소가 상존한다. 제작진과 출연진, 복과 불복, 실내 취침과 야외 취침, 섭섭당과 바보당, OB와 YB 등이 서로 라이벌 관계를 형성하면서 끊임없이 이야기를 만들어낸다.

[1박 2일]의 경우, 출연진들끼리 경쟁 구도가 짜여지면 순식간에 3명씩 대결 구도가 형성된다. 예전에는 가수 출신(은지원, 김종민, 이승기)과 코

미디언 출신(강호동, 이수근) 등으로 짜이거나, OB(강호동, 이수근, 김C) 대 YB(은지원, MC몽, 이승기) 등과 같이 연령에 의해 대결 구도가 짜이기도 하고, 경우에 따라서는 프로그램 내의 캐릭터에 의해 섭섭당과 무섭당, 혹은 바보당19) 등으로 라이벌이 형성되기도 한다.

자막	무당 섭섭이 허당 무섭당
유형	장면외 주체의 해설
기능	출연진의 성격을 부여함

자막	! ! ! 바보당
유형	장면외 주체의 해설
기능	출연진의 성격을 부여함

'무섭당'이나 '바보당'은 모두 시청자들이 지어준 이름이다. 무섭당의 구성은 엄태웅, 이승기, 은지원이다. 엄태웅은 무당, 은지원은 섭섭이, 이 승기는 허당이라는 별명을 가지고 있어서, 별명의 첫 글자를 따서 '무섭 당'이 되었다. '바보당'은 지능이 다소 낮은 캐릭터로 형상화된 강호동, 이수근, 김종민이 한 팀이 되었을 때를 말한다.

흥미로운 것은 이러한 대결 구도가 짜인 뒤에 과제(미션)이 부여되는 것이 아니라 미션에 의해 팀이 구성된 후에 대결 구도의 이름이 붙여진 다는 것이다. 연령이나 출신 등 출연진들의 프로그램 외적 성격에 따라

---

19) '섭섭당'은 상식적인 문제를 틀리게 될 때 바보라고 하지 말고 섭섭하다고 부르자고 해 서 붙여진 이름이다. 은지원과 엠씨몽, 그리고 허당의 이승기 등을 아우르는 말이다. '바보당'은 강호동, 이수근, 김종민 등을 지칭한다. 경우에 따라 '무섭당'도 형성되는데 무당(엄태웅), 섭섭이(은지원), 허당(이승기)를 일컬을 때 불려진다.

대결 구도를 형성한 것에 비해 최근에는 프로그램 내적 성격에 따라 대결 구조를 형성하고 있다는 점이다. 서사적 흥미를 높이기 위해 제작진이 붙이기도 하지만 경우에 따라서는 시청자들이 붙인 대결 구도를 그대로 차용하기도 한다.

하지만 중요한 것은 이들의 대결 구도가 근원적인 것이 아니라는 점이다. 전회의 라이벌이 이번 회에서는 동료가 되기도 하며 제작진과 대결할 때에는 출연진 전원이 한 팀이 되기도 한다. 또한 바보당으로 지칭되는 팀이 최종 미션에 성공을 하기도 한다. 프로그램의 장회성, 유형성 때문에 대결 구도가 형성되었지만 프로그램의 말미에는 대결 구도는 종결되고, 출연진 모두가 손을 잡고 클로징멘트를 한다. 즉 대결 구도가 선과 악과 같은 본질적, 근원적인 것이 아니라 표면적이며 일시적인 것이다. 낯선 곳으로의 여행담을 이야깃거리로 만들어 내기 위해 설정한 이항 대립적 성격은 프로그램이 종결되면 삽시간에 사라지는 것이다. 결국 오락 다큐멘터리의 이항 대립적 속성은 대결 구도를 형성하여 서사적 긴장감을 이끌어 내지만 프로그램의 종결과 함께 이러한 구도도 종결된다. 이것은 이항 대립적 속성이 인물의 허구적 성격을 극적으로 부각시키기 위한 목적으로 설정되었기 때문이다.

3) 사이의 미학 – 전복과 경계 허물기

선과 악, 행운과 불운, 우연과 필연 등은 서사 구조의 주된 갈등을 이루는 이항대립이다. 이러한 이분법적 이항대립으로 보는 것은 근대 모더니즘적 사유와 관련이 깊다. 모더니즘적 사유에 의하면 서사 구조에서는 철저히 작품 안의 세계만이 미학적 고려 대상이다. 작가의 손을 떠난 작품은 그 자체로서 완결된 것으로 본다. 작품 밖의 독자는 작품 속의 세계에 대해 간섭을 할 수가 없다. 이성이 머무는 '안'은 단일한 진리가 발생하는 근원인 반면, '바깥'은 현상이 뒤죽박죽 뒤엉켜 진리가 머물 수 없는 난장판이다. 그래서 항상 안은 성채로 튼튼하게 방호되며 그 안에 보호되는 것들만 가치 있는 것이 된다. 모더니즘은 안과 밖의 경계를 창의적인 가르는 것을 방해하고 안과 밖을 넘나드는 것을 체제 전복의 위협으로 철저히 감시된다.[20]

<table>
<tr><td align="center">①</td><td align="center">②</td></tr>
</table>

자막	나만 아니면 돼애애액~
유형	장면내 주체의 발화[21]
기능	복불복에서 승리한 강호동의 쾌재

자막	냉정하다! 냉정해
유형	장면내 주체의 발화
기능	복불복에서 패한 김C의 독백

---

20) 현대 미술에서도 모더니즘적 사유가 안과 밖을 철저히 이항대립적으로 파악하는 것에 대해 거부감을 표시한다. 최태만은 미술에서 근대적 체제의 질서는 안을 주체, 중심, 밖을 객체, 주변이라는 공간 위계로 파악하고 배치시킨다. 그에 의하면 모더니즘은 작품 밖은 아무 것도 지시하지 않았다. 그림 안이 바깥보다 훨씬 더 중요하고 의미있는 것이기에 밖을 철저히 배제했다. 실재를 능가하는 안의 세계, 환각의 세계를 연 것이다. 안과 함께 하는 것with-in은 고려 대상이지만, 바깥과 관계하는 것with-out는 아예 없는 것이 되었다. 따라서 밖에 대한 관심은 안에서, 관념 속에서 기화되어 버린 근대적 이상주의의 문제를 넘어서서 밖을 통해 삶의 구체성을 회복하려는 노력의 반영이라고 한다. 이상은 최태만, 『한국 시각 예술의 과제와 전망』, 다할미디어, 2009, 277~278면.

21) 서사의 주체가 텍스트 내에서 활동을 하는 것처럼 TV에서의 인물은 화면 속에서 활동을 하게 된다. 시청자들은 화면 속에서 전개되는 장면을 보면서 그의 움직임을 주시하게 된다. 이런 면에서 예능 프로그램의 인물은 '장면내 주체'라고 할 수 있다. 반면에 PD나 작가, 스탭들은 화면 밖에 존재하면서 장면을 설정하지만 필요에 따라 간간히 사

[1박 2일]의 서사 구도의 주축을 이루는 '복불복'은 외견상 철저히 승자와 패자로 나뉜다. 이긴 자는 세상을 다 얻은 듯이 펄쩍 뛰며 진 자는 세상의 종말을 맞이하듯 패배감에 잠긴다.

①은 '복불복' 게임에서 이긴 강호동이 '나만 아니면 돼애애애엑~'이라고 외치면서 기뻐하는 모습이며, ②는 게임에서 패배한 김C가 자기를 버리고 차를 타고 떠나는 동료들을 보며 '냉정하다! 냉정해!'라고 하면서 푸념을 하는 장면이다.

하지만 그 어느 것도 실제가 아니다. 복불복의 승자가 현실의 승자도 아닌 것처럼 바보당의 멤버가 결코 바보가 아니다. 모든 장면은 끊어지지만 다시 연결된다. 승자와 패자가 극명하게 드러나지만 어느 누구도 승자도 패자도 아닌 '사이의 미학'을 추구한다.

사이를 공간적으로 말하면 '틈'이며 두 지점의 경계이기도 하다. 어떤 사람이 서울에서 부산으로 여행을 간다고 하자. 그렇다면 그는 서울과 부산 사이에 있는 것이다. 달리 말하면 서울에 있는 것도 아니며 부산에 있는 것도 아니다. 역으로 서울에 있는 것이기도 하며 부산에 있는 것이기도 하다. '사이'를 현상학적으로 말하면 이것도 아니고 저것도 아니다. 0과 1 사이에는 무엇이 존재하는가? 수학적으로 말하면 0.5가 될 수 있다. 하지만 0과 1로 표현되는 이진법의 세계에서 0과 1 사이란 0도 아니고 1도 아닌 것이 된다. J. 데리다 식으로 말하면 '정의되지 않은 방향 전환의 거처'로서 이곳에서 저곳으로 나가는 자들이 거쳐야 하는 중간지대이다.22)

건에 개입하기도 한다. 이들은 '장면외 주체'라고 할 수 있다.
 남지영, 「TV 자막언어의 특성에 관한 연구」, 수원대학교 석사학위논문, 2009 참조.
22) 신방흔은 '0과 1 사이의 미학'을 데리다의 대리적 충보 supplementary supplement 개념으로 설명하고 있다. 이진법에서 0과 1은 서로 반대되는 대극 사이에 있는 숫자이다. 0

‘사이’는 현대인의 속성 중 하나라고도 할 수 있다. ‘사이의 미학’을 삶의 근원적 물음으로 던진 작가는 정현종이다.

> 사람들 사이에 섬이 있다.
> 그 섬에 가고 싶다.

— 정현종, 〈섬〉

이 시에서 ‘사이’는 무엇을 의미할까? 시인은 사람들 ‘사이’에 ‘섬’이라는 공간을 설정하고 있다. 이때 섬이 상징하는 바는 매우 다양할 것이지만, 어느 경우에도 섬은 사람과 사람의 ‘사이’를 이어주는 일종의 ‘관계함의 방법’을 내포한다. 관계함이란 곧 삶의 가장 근본적이고 현실적인 조건이며, 이 관계함 속에서 우리의 삶을 뒤틀리기도 하고 정지하기도 하며 서로 접힐 수도 있는 것이다.[23]

사이의 미학을 가장 적나라하게 드러나는 것이 추리 소설이다. 추리 소설에서 범인을 잡게 되는 유형은 세 가지가 있다. 첫째는 범인을 사전에 미리 알려주는 유형이다. 작가와 독자는 범인이 누구인지 알지만 형사(작중 인물)만 모르고 있다. ‘작가 + 독자 ↔ 형사’라는 대립 구도가 형성된다. 두 번째는 범인을 나중에 알려주는 유형이다. 작가는 범행 사실

을 정의하기 위해서 1은 꼭 필요한 것이고, 반대의 경우도 마찬가지이다. 하나를 정의하기 위해 다른 하나를 필요로 하는 것, 혹은 하나를 정의하는 것을 다른 하나를 빌려서 하는 것은 서로 상보적 관계에 있는 것이다. 그러므로 0과 1의 미학이라는 것은 0도 아니고 1도 아닌 0과 1 사이의 미학이라고 말해야 한다. 혹은 0이면서도 동시에 1이 되는 0과 1 사이의 미학이라는 것이다.
신방흔, 『문화콘텐츠를 위한 시각예술과 대중문화』, 진한도서, 2001, 69~71면 참조.

[23] 이 시에서 섬은 존재자의 고독이고 독백이며, 두 삶이 부딪히고 움직이는 육체적 공간이다. 두 존재 사이를 이어주고 열어주는 매개로서의 섬. 여기서 우리는 ‘사이’가 ‘나’의 지속, ‘너’의 지속을 가능하게 하는 에로스로 확장되고 있음을 볼 수 있다.
이상은 민족문학사연구소현대문학분과, 『1970년대 문학연구』, 소명출판, 2000, 538면 참조.

만 제시할 뿐 범인이 누구인지를 알려주지 않는다. 독자는 형사와 함께 여러 가지 단서를 추리해서 범인을 찾아내야 한다. '작가↔독자 + 형사'의 대립 구도가 형성된다.24) 세 번째는 사전에 특정한 인물이 유력한 용의자로 지목되었지만 결말 부분에서 전혀 엉뚱한 인물이 범인으로 드러나는 유형이다. 반전적 결말 유형이다. 처음에는 '작가 + 독자↔형사'였던 대립 구도가 결말 부분에서는 '작가↔독자 + 형사'로 바뀐다. 처음의 범인이라고 지목되었던 모든 증거들이 뒤집혀지면서 결말 부분에서는 엉뚱한 사람이 범인임이 밝혀진다. 독자들은 자신이 추리했던 모든 증거가 잘못 추리되었음을 확인하고, 정교하게 짜인 플롯을 되짚어가면서 반전의 재미를 맛보게 된다. 독자는 '작가'와 '형사' 사이를 오가면서 반전의 쾌감을 느끼게 되는 것이다.

오락 다큐멘터리의 가장 전형적인 유형은 제작진이 설정한 미션을 출연진이 수행해 나가는 과정을 시청자들이 지켜보는 것이다. 카메라는 출연진을 그림자처럼 따라다니며 출연진의 일거수일투족을 찍어서 시청자들에게 보여준다. 카메라는 곧 제작진의 눈이며 시청자들의 눈이기도 하다. 그리고 제작진은 촬영이 끝난 후 녹화 필름을 편집하면서 적절히 자막언어를 자판으로 입력을 한다. 한편의 이야깃거리를 만들어내는 것이다.25) 시청자들은 제작진이 입력한 자막언어로 재구성된 출연진의 여행담 혹은 고생담을 지켜본다. 따라서 대개의 경우 '제작진 + 시청자↔출연진'이라는 이항 대립적 구도가 형성된다.

---

24) 이 두 유형은 흔히 '수사반장'과 '형사 콜롬보'로 대변된다. '수사반장'은 범인을 알려주지 않고 결말 부분에 가서 의외의 인물을 범인으로 지목하는 경우이며, '형사 콜롬보'는 사전에 시청자들에게 범인이 누구인지 알게 해주고, 형사만 모르고 있다가 나중에 범인을 체포하는 유형이다.

25) 제작진은 프로그램의 시작과 결말을 알고 있으며 출연진 사이의 갈등을 적절히 조성해가면서 사건을 진행한다는 점에서 전지적 작가의 역할을 한다. 김중신, 앞의 논문 참조

[1박 2일] 또한 이 유형에서 크게 벗어나지 않는다. 제작진들은 미션을 제시하고 출연진은 이를 수행한다. 제시와 수행, 출제자와 수험자, 주체와 객체, 능동과 피동의 엄연한 이항대립이 중요한 구조를 이룬다.

그런데 [1박 2일]의 경우 출연진은 간혹 제작진을 화면 안으로, 즉 사건 안으로 불러들인다.

자막	너희들은…너희들은 뭐하려구요?
유형	장면내 주체의 발화
기능	제작진의 역할에 대한 불만을 표시함.

제작진이 목적지로 출발하기 전에 출연진들과 게스트로 초청한 여배우들에게 오늘의 미션을 설명하는 대목이다. 두 팀으로 나눈 후에 출연진과 여배우들만이 자동차로 가고 PD나 카메라 감독, 매니저 등이 아무도 따라가지 않는다고 설명한다. 그러자 강호동이 "너희들은… 너희들은 뭐하려구요?"라고 하면서 화를 내고 있다.[26]

원래 카메라 감독이나 코디, 의상 매니저들은 장면 외적 존재들로서 화면 속의 사건과는 무관한 존재들이다. 그런데 강호동은 이들의 역할을 호명함으로써 그들의 존재감을 화면 안으로 끌어들이고 있다. '장면 밖'과 '장면 안'의 사이를 자연스럽게 넘나들고 있는 것이다.

심지어는 제작진이 소외된 채 출연진과 시청자가 결합이 되는 경우도

26) 감독을 비롯한 제작진을 통칭하여 '너희들'이라고 하대하는 호칭으로 호명한 것이라든가, '－요'라는 어미를 붙여서 곤란한 상황을 빠져나가려는 재치에서 유희적 요소를 발견할 수 있다.

발생한다. 2011년 5월에 방영된 '여배우 1탄'에서는 '제작진 + 시청자↔출연진'이라는 이항대립이 무산되는 상황이 제시된다. 제시된 상황은 '목적지 먼저 찾아가기'이다. 나중에 도착하는 팀은 입수를 한다는 조건이다. 통상적으로 제작진이 미리 출연진에게 행선지를 통보하도록 되어 있으나 이번 편에서는 일정한 미션을 달성해야만 목적지를 알 수 있도록 설정이 되어 있었다. 그런데 자동차 안에서 이수근은 일행들에게 자동차의 의자 밑을 뒤져 보도록 한다(①). 그런데 의자 밑에서 제작진이 감춰놓은 미션이 적힌 종이가 발견된다(②). 이러한 상황은 제작진도 미처 예상치 못한 것이다(③).27) 그런데 당시의 상황을 제작진도 파악을 하지 못한 것으로 보인다. 예상치 못한 변수가 발생한 것이다(④). 출연진은 제작진이 감춰놓은 미션 종이를 찾아 가면서 그들의 음모를 벗겨놓은 것에 대한 통쾌감을 맛보는(⑤) 한편, 자신들의 현재 상황에 대해 재확인한다(⑥).

①

②

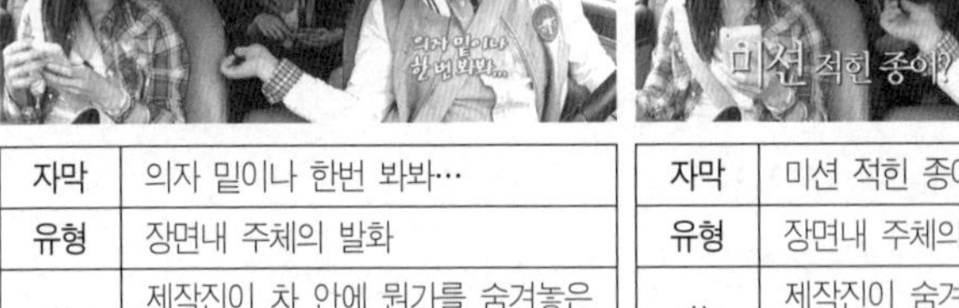

자막	의자 밑이나 한번 봐봐…
유형	장면내 주체의 발화
기능	제작진이 차 안에 뭔가를 숨겨놓은 것이 있는지를 살펴보게 함.

자막	미션 적힌 종이?
유형	장면내 주체의 발화
기능	제작진이 숨겨놓은 미션이 적힌 종이를 발견함.

---

27) 대개의 경우 출연진에게는 한 명 이상의 카메라맨이 따라 다니지만 이때의 상황은 모두 무인 카메라로 촬영되고 있었다. 자막언어는 녹화가 다 마친 후 편집 과정에서 입력이 된다는 점을 고려할 때 이때의 상황은 제작진도 미처 몰랐을 것으로 판단된다.

③

④

자막	이렇게 쉽게 찾을 줄이야
유형	장면외 주체의 발화
기능	제작진 자신이 감춰놓은 종이가 발견된 것에 대한 당혹감의 표출

자막	예상치 못한 변수 발생!
유형	장면외 주체의 해설
기능	미션 종이가 발견된 상황에 대해 아직 모르고 있는 PD에 대한 설명

⑤

⑥

자막	도대체 얼마나 숨겨놓은 거야
유형	장면내 주체의 발화
기능	제작진의 의도를 발각한 것에 대한 출연진의 쾌감

자막	제작진은 지금 모르잖아요
유형	장면내 주체의 발화
기능	제작진의 현재 상황에 대한 의견 제시

이 상황에서는 제작진의 권위와 역할이 역전된다. 출연진이 제작진이 내주는 미션을 사전에 알아차리게 됨으로써 역할이 전도되어 버린 것이다. 출연진이 제작진이 되고, 제작진이 출연진이 되는 전복적 상황이 벌어지게 되어, '제작진↔출연진 + 시청자'라는 구도가 형성된 것이다. 시청자들은 제작진과 출연진의 역할이 전도되는 상황을 지켜봄으로써 능동과 피동, 주체와 객체라는 엄격한 이항대립을 파괴하고 대립된 이항들의 '사이'를 넘나드는 쾌감을 맛보게 된다.

4. 결론

긴긴 겨울밤, 화롯불 앞에서 할머니의 무릎을 베고 호랑이가 담배를 먹던 이야기를 듣던 아이들은 이제 모니터 앞에서 이야기를 본다.

도구가 바뀌면 문화가 바뀐다는 말은 여전히 유효하다. 디지털 미디어 시대에 서사의 위상은 이전과는 달라질 수밖에 없다. 그렇다고 해서 이전의 문화 양식까지 소멸되는 것은 아니다. 책으로 이야기를 읽던 시대에도 할머니의 무릎 위에서 손자들은 이야기를 '들었다'.

디지털 미디어 시대에도 서사는 책으로 전해질 것이고 이야기로도 들려질 것이다. 어제 보았던 TV 속의 이야기는 다음 날 아침에 휴대 전화의 문자를 통해서 전해지기도 하며, 버스 속에서 친구와의 대화를 통해 재생되기도 한다.

매체의 주류가 바뀌어도 매체의 속성에 의한 문화는 존속될 것이다. 다만, 새로운 도구에 의해 등장한 새로운 문화를 어떻게 수용할 것인가가 문제인 것이다. 문화는 대치되는 것이 아니라 누적되는 것이기 때문이다. 디지털 미디어 시대에 서사를 수용하는 방식도 이제는 새로워져야 하는 까닭도 여기에 있다.

참고문헌

강연임, 「오락프로그램 자막언어의 유형과 기능」, 『한국언어문학』 62, 한국언어문학회, 2007, 5~27면.

김중신, 「TV 자막언어의 서사성과 의미에 관한 연구」, 『독서연구』 22, 한국독서학회, 2009, 49~77면.

나병철, 『소설과 서사 문화』, 소명출판, 2006.

남지영, 「TV 자막언어의 특성에 관한 연구」, 수원대학교 석사학위논문, 2009.

민족문학사연구소현대문학분과, 『1970년대 문학연구』, 소명출판, 2000.

방송위원회, 『방송 언어 사용실태 및 개선 방안 연구』, 2002.

신방흔, 『문화콘텐츠를 위한 시각예술과 대중문화』, 진한도서, 2001.

이은희, 「오락 프로그램 음성 언어 표현 자막의 유형과 특성」, 『텍스트언어학』 23, 한국텍스트언어학회, 2007, 45~68면.

최병우, 「디지털 미디어 서사학」, 『내러티브』 13, 한국문화사, 2009.

최태만, 『한국 시각 예술의 과제와 전망』, 다할미디어, 2009.

한국화법학회, 『국어화법과 방송언어』, 역락, 1999.

한성우, 「텔레비전 자막의 작성과 활용에 대한 연구」, 『텍스트언어학』 17, 한국텍스트언어학회, 2004, 377~402면.

한혜원, 『디지털 게임 스토리텔링』, 살림, 2005.

Lyotard, J. F., *La Condition Postmoderne*, 리오타르, 이현복 역, 『포스트모던적 조건』, 서광사, 1992.

[무한도전] : http://www.imbc.co.kr
[1박 2일] : http://www.kbs.co.kr

제 7 장

소설과 텔레비전 드라마의 통합적 교육 방안

-TV 단막극을 중심으로-

한 귀 은

경상대학교 국어교육과

1. 텔레비전 드라마 교육에 있어서 단막극의 의의

국어과 교과서는 이미 텔레비전 드라마를 여러 편 수록하고 있다. 중학교 1학년 1학기 『국어』에는 <육체미 소동>이, 고등학교 『국어 하』에는 <어느날 심장이 말했디>가 수록되어 있다. <육체미 소동>은 MBC '사춘기'에서, <어느날 심장이 말했다>는 KBS의 '학교 Ⅱ'에서 방영된 드라마이다.

'사춘기'와 '학교 Ⅱ'는 소위 시추에이션 드라마(situation drama)이다. 시추에이션 드라마는 매 회 독립된 상황을 제시하기 때문에, 그 한 편으로 마치 단막극과 같은 효과를 낸다. 연속극이나 미니시리즈는 매 회가 독립적이지 않고 다음 회로 계속 연결되기 때문에 드라마 방영이 완전히 종결되어야 서사가 닫히는 방식으로 운영된다. 시추에이션 드라마는 매 회 동일한 인물로 구성되기는 하지만, 각각 독립된 상황이 제시되고 또 그것이 1~2회 안에 종결된다. 국어 교과서는 이러한 시추에이션 드라마 한 회의 대본을 수록함으로써, 학생들로 하여금 텍스트 일부가 아니라 전부를 감상을 할 수 있게 만들었다고 볼 수 있다.

고등학교 문학 교과서에도 이러한 시추에이션 드라마가 수록되어 있는데, <우리는 지금 반란을 꿈꾼다>(학교 Ⅲ 중), <오늘 너에게 세상을 읽어준다>(학교 Ⅱ 중)가 그것이다. 이렇듯 문학 교과서는 성장 드라마이면서 시추에이션 드라마를 수록함으로써, 학생들의 일상 문화와도 일치하면서 형식적으로도 완결된 작품을 통해 교육적 효과를 높이고 있다. 이 밖에 온전히 단 한 편으로 작품성을 논할 수 있는 단막극도 수록되어 있는데 <어디로 가나>, <가시고기>, <삼포 가는 길>이 그것이다.

하나의 텍스트에 대해 그 일부가 아니라 전부를 수업의 대상으로 하는 것이 텍스트 완결성과 관련하여 교육하는 길이 되기 때문에 교과서에서는 시추에이션 드라마 한 편과 단막극(single play, teleplay)을 제시하는 경우가 많다. 특히 작품성을 논한다면 단막극이 단연 최고일 것이다.

단막극이란 텔레비전 드라마 장르 중 가장 짧은 길이의 드라마이다.[1] 단막극은 그 예술성과 가치가 강조되기도 하며,[2] 예술적 테마를 가진 문학으로 보기도 한다. 고급문화로 자리매김 되는 경향이 있는 단막극은 연속극이나 시리즈, 미니시리즈와 종종 다르게 받아들여진다. 단막극을 쓰는 사람만이 유일하게 작가로 인식되는 경우도 있다. 다른 드라마 장르에 비해 제작 단가가 높고, 매 드라마마다 스타일과 내용이 달라 편성하기 어려우며, 이에 따라 매주 같은 시청자를 확보하기도 어려워 시청률에 있어 고전을 면치 못하기도 하지만 단막극은 지속해서 만들어진다. 그 이유는 그것의 실험적인 영상미학이 다른 드라마 형식에 창의적이고

---

1) 가장 긴 드라마는 연속극(serial)과 시리즈이다. 그리고 미니시리즈는 연속극보다 짧고 단막극보다는 길다. 연속극과 시리즈는 드라마 방영 회수에 제한이 없다. 미니시리즈는 연속극의 형태이지만 일반적으로 연속극보다 짧다. 미니시리즈는 그 명칭에 '시리즈'가 붙어 마치 시리즈의 짧은 형태인 듯 오해가 되기도 한다. 연속극은 매 회 누적되는 이야기(cumulative narratives)로 되어 있고, 마지막 회에서 결론을 내게 되어 있다. 여러 에피소드로 구성된 극 형태이되 마지막 회에서 마감하는 닫힌 형태를 취하는 것이다. 미니시리즈도 같은 특성을 갖는다. 그러나 시리즈는 마지막 결론이 없는 독립적인 에피소드로 구성되고, 해결과 마감보다는 매 회 딜레마의 형태를 띤다. 매 회가 누적되어 마지막 결론에 이르는 것이 아니라 매 회 다른 주제와 제목으로 개별적으로 묶인 드라마 형태를 띠는 것이다. 따라서 시리즈란 인물과 배경은 재활용하지만 이야기는 개별적 에피소드로 마무리되는 프로그램이라고 할 수 있다. 이런 측면에서 미니시리즈는 '시리즈'라기보다는 일종의 '짧은 연속극'이라고 할 수 있다.
G. Creeber et al., *Television genre book*, 글렌 크리버 외, 『텔레비전 장르의 이해』, 산해, 2004, 64~65면.
2) 장기오, 『TV 드라마 바로보기, 바로쓰기』, 커뮤니케이션북스, 2005, 112~113면.

새로운 형식으로 수렴되기 때문일 것이다. 따라서 단막극은 텔레비전 드라마의 한계를 극복하면서 새로운 가능성을 열어주는 텍스트가 될 수 있다.

특히 소설을 단막극으로 만든 경우 그 작품성이 더 뛰어난 경우가 많다. 그것은 소설이 이미 가지고 있는 탄탄한 이야기 구조나 문학적인 장치들이 단막극에 적절하게 반영되기 때문이다. 소설을 단막극화하는 대표적인 프로그램이 KBS의 TV문학관이다. 이것은 TV문학관(1980. 12~1987. 10), TV문예극장(1991. 6~1992. 12), 신TV문학관(1996. 5~2003), HDTV문학관(2005~현재)으로 이어져 왔다.3)

소설을 원작으로 한 단막극의 경우, 소설과 상호적으로 읽음으로써 문학과 영상의 통합적 교육을 꾀할 수 있다는 이점이 있다. 또한 소설과 단막극 모두 각각 문학과 영상으로써 가치가 있는 텍스트들이므로, 텍스트 자체로서 학생들에게 모범이 될 수 있다.

텔레비전 드라마 교육에 있어서 단막극과 시추에이션 드라마를 대비하면 [표 1]과 같다.

---

3) 물론 장편 소설을 연속극(serial drama)으로 만든 것도 있다. 그러나 이것은 수업의 효율성 측면에서 단막극보다 그 가치가 낮다. 연속극은 드라마의 길이가 길어 편의상 부분을 취할 수밖에 없기 때문에 실제 텔레비전 드라마에 대한 교육이 편협해 질 수 있고, 연속극 자체가 흘끗보기(glancing)의 텍스트이기 때문에 같은 서사를 반복한다든지, 하나의 정보를 중첩적으로 제시한다든지 하는 잉여적 서사가 많다. 연속극이 일반적인 드라마의 속성을 그대로 가지고 있다는 측면에서 드라마의 일반성을 교육할 때 자료로 활용될 수는 있겠으나, 학생들에게 텔레비전 드라마에 대한 전문적인 정보와 드라마 읽기 능력을 고취시키기 위한 것이라면 연속극보다 단막극이 더 수업 자료로 적합하다.

[표 1] 단막극과 시추에이션 드라마 대비

	단막극 한 편	시추에이션 드라마 한 회 분량
공통점	길이가 짧기 때문에 텍스트의 전부를 교과서에 실음으로써 학생들이 작품을 처음부터 끝까지 감상할 수 있다	
차이점	드라마의 서사와 영상 미학적 측면에 있어 예술성과 작품성을 확보하고 있다	'학교 생활'을 상황으로 제시하는 소위 청소년 시추에이션 드라마의 경우, 학생들이 그들의 일상이나 정서와 관련지어 드라마를 감상할 수 있다.

수업목표가 드라마의 예술성과 작품성을 파악하고 감상하는 것이라면 '단막극'을, 드라마를 통해 학생들이 그들의 일상적 정서를 활성화시키는 것이라면 시추에이션 드라마를 자료로 활용할 수 있다.

실상 지금까지 이루어진 텔레비전 드라마에 관한 교육 연구는 드라마를 '통한' 또 다른 능력 신장을 꾀하는 교육 연구였다. 예를 들어 드라마를 통해 '말하기' 능력을 제고하는 연구,[4] 외국인을 대상으로 한국어를 교육하는 방안으로 드라마를 활용하여 연구한 경우 등[5]이 여기에 해당된다.

교과서에서 텔레비전 드라마를 수용한 이유도 드라마를 교육하기 위한 것이 아니라, 다른 능력 신장을 위해 흥미를 고취시키기 위함인 경우가 대부분이다.

예컨대 중학교 국어 1학년 1학기 교과서에 수록된 <육체미 소동>의 단원 길잡이에 제시된 수업목표는 '갈등' 파악이다. 이 단원은 '문학에 등장하는 갈등'을 가르치기 위해 드라마 대본을 차용한 경우에

---

4) 최인자, 「사회적 정체성과 스피치 패턴의 연관을 중심으로 한 TV 드라마 교육」, 『국어교육학연구』 12, 국어교육학회, 2001, 383~416면.
5) 최인자, 「사회적 정체성과 스피치 패턴의 연관을 중심으로 한 TV 드라마 교육」, 『국어교육학연구』 12, 국어교육학회, 2001, 267~286면.

해당한다. 그렇기 때문에 교과서에서는 이 드라마 대본을 가지고 '공연'을 해 보라는 활동을 제시하는 것이다. '공연'은 연극에서 사용하는 용어이다. 만약, 텔레비전 드라마를 가르친다고 한다면 몇 개의 장면(scene)이나 쇼트(shot)를 카메라에 담고 이를 편집해 보라고 해야 한다. '공연'하는 활동은 드라마 시나리오를 희곡으로 각색한다는 전제에서 적합한 용어이다.

고등학교 『국어 하』 교과서에 실린 <이_날 심장이 말했다> 또한 대화 교육의 일환으로 사용된다. 실제로 이 텍스트는 '함께 하는 언어 생활' 단원에 포함된 소단원 중 하나이며, 이에 대한 학습 활동도 드라마 상의 어떤 상황에 대해 '나라면 어떻게 말했을지 상상하여 표현해 보자'라는 활동이나, 높임법이나 외래어·비속어·통신 언어 사용에 관한 활동이다. 실제 연기를 해 보자는 부분이 있기는 하지만 이 또한 대화 교육의 일환으로 보인다.

본고에서는 텔레비전 드라마 교육을 '통한' 언어나 문학교육이 아닌, 드라마와 소설의 통합 교육 방안을 모색해 보고자 한다. 연구 대상 텍스트는 은희경의 <내가 살았던 집>과 동명 단막극이다. 이 소설은 2001년 한국일보문학상 수상하면서 그 문학성을 인정받았을 뿐만 아니라 영화적·영상적 성격이 두드러지기 때문에[6] 학생들이 소설에서 영상으로 옮겨지는 과정에서 발생하는 현상들을 쉽게 간파할 수 있다는 장점이 있다.

드라마도 영상에 깃들여 있는 이야기의 가치와 그 이야기의 화면 구성(mise-en-scene)과 몽타주의 미학적 가치를 논할 수 있는 텍스트이기도

---

6) 김예니, 「은희경 <내가 살았던 집>에 나타나는 영화적 기법」, 『돈암어문학』 18, 돈암어문학회, 2005, 235~258면.

하다.[7] 단막극 <내가 살았던 집>은 HDTV 용으로 제작된 것이기 때문에 텔레비전 매체 안에서 영화적 기법을 실험한 것이라고 볼 수 있다. 이렇듯 이 단막극은 텔레비전 드라마의 성격과 영화의 성격이 조화된 텍스트라고 할 수 있다는 점에서 교육적으로 가치 있는 텍스트라 생각된다. 텔레비전 드라마와 관련된 활동이 지속적으로 교과서에 수록된다는 전제 하에, 좋은 드라마를 발굴하는 일은 중요한 일이다. 특히 교육적 효율성이 있는 단막극을 중심으로 탐색하는 것은 의미 있는 일이 될 것이라 생각된다.

2. 소설과 텔레비전 드라마의 통합적 읽기 방법

텔레비전 드라마에서 단막극이 그렇듯 예술적 가치가 있는 것이라면, 단막극 자체만으로 교육의 대상이 될 수도 있을 것이다. 그러나 교육의 효율성을 제고하고 통합적 교육을 통해 학생들의 문화 능력을 고취시키기 위해서는 소설과 그것을 단막극으로 각색한 작품을 함께 교육하는 것이 더욱 효과적이라 생각된다. 이런 교육적 접근은 소설과 단막극에 학생들의 관심을 동시에 이끌 수 있다는 측면에서 시너지 효과도 발생시킨다. 이러한 맥락에서 우선, 소설과 이것의 각색 드라마를 함께 연구

---

7) 이 드라마의 연출을 맡은 이윤기는 영화 <여자 정혜>와 <러브 토크>를 만든 감독으로서 이미 그 영화적 역량을 검증받은 바 있다. <여자 정혜>는 부산국제영화제 경쟁 부문에 출품되어 대상(뉴커런츠상)을 받고, 미국 선댄스 영화제 경쟁부문에 초청받았으며, 홍콩 국제 영화제, 프랑스 도빌아시아 영화제 등에서 수상했으며, 제55회 베를린 영화제에서는 넷팩상을 수상하였다. <러브 토크> 또한 2006년 체코의 카를로비 바리 영화제에 경쟁부문에 진출하였다.

한 논의들에서 어떤 시사점을 찾아볼 수 있을 것이다.

　소설과 그것의 각색 드라마의 차이를 중점적으로 삼는 연구는 종종 있었다.8) 분명, 소설과 텔레비전 드라마 읽기는 다르다.9) 영상 매체의 경우 읽기의 대상에 영상이 포함되기 때문이다. 단막극의 경우도 언어와 영상이 빚어내는 조화를 함께 읽어내야 한다. 그러나 대부분의 소설과 드라마의 차이 연구는 '문학적'인 소설이 '대중적'인 드라마로 각색될 때 발생하는 역작용을, 그 '내용'직 측면에서 고찰하는 것에 한정되었다.

　소설에 있어서 그 이야기나 내용이 중요하기도 하지만 그것을 풀어 나가는 화자도 간과할 수 없는 요소이다. 마찬가지로 텔레비전 드라마 또한 그 이야기뿐만 아니라 담론(discourse) 차원, 즉 이야기가 서술되는 방식에 대한 읽기를 필요로 한다.10)

---

8) 조미숙, 「소설의 드라마화 연구―내러티브와 담론에 나타나는 이데올로기 양상 고찰」, 『돈암어문학』 17, 돈암어문학회, 2004, 7~36면.
　유현미, 「소설과 TV 드라마의 상보적 관계 연구」, 고려대학교 석사학위논문, 2001.

9) 그것은 인쇄매체가 갖는 독서 행위와 영상 매체가 갖는 수용 방식의 차이에서도 비롯된다. 이 외에도 인쇄매체 텍스트에 대해 독자는 자유롭고 반성적이며 자기결정적인 방식으로 감상하지만, 영상 매체 중 텔레비전에 대해서 시청자는 분산적이며 덜 몰입하고 주어진 화면에 따라갈 수밖에 없는 특성을 갖는다는 차이점도 있을 수 있다. 그러나 텔레비전 단막극의 겨우 몰입하지 않으면 드라마 서사를 따라갈 수 없을 만큼 시공간의 비약이 많고 카메라 워크도 다양하다는 측면에서 단순히 일반적인 텔레비전 드라마 특성을 그대로 적용하기가 어렵다. 또한 인쇄매체는 자기결정적이고 반성적인 반면, 영상은 그렇지 않다고 말하는 것도 속단이다. 최근 발달된 매체 환경으로, 텔레비전 드라마를 인터넷을 통해 볼 수 있고, 그럴 경우 자기결정적이고 반성적으로 드라마를 감상할 수 있다. 드라마 수용자는 자기가 놓친 부분이나 다시 보고 싶은 부분만 따로 볼 수도 있고, 드라마 텍스트를 독립된 파일로 다운을 받았을 경우 심지어 그것을 자기에게 맞게 편집을 할 수도 있는 것이다.

10) 서사물을 구성하는 것은 이야기(story)와 담론이다. 서사물은 이중 구조를 갖는 것이다. 텔레비전 드라마 또한 서사물이라는 관점에서 그 동안 연구는 '이야기'에 초점이 맞추어져 있었다. 앞으로는 이야기 내용 그 자체에 대한 분석보다는 이야기가 서술되는 방식에 대한 연구가 활성화되어야 한다(이수연·홍석경, 「TV 드라마에 대한 공적 담론과 시청자의 수용 사이의 거리 : 페미니즘 시각에서 본 TV 드라마의 '재현'의 문제」, 한국 언론학회 여성커뮤니케이션 연구회 제2회 쟁점과 토론 발표논문집, 1997, 9~24면). 또

단막극을 포함하여 텔레비전 드라마의 담론 차원은 크게 '촬영, 편집, 음향, 컴퓨터 그래픽' 등으로 구분될 수 있다. 여기에 '촬영'의 하위 요소로 '카메라 각도', '카메라 워크', '카메라와 피사체와의 거리', '조명' 등이 포함될 수 있다. 즉 텔레비전 드라마에 소설에서처럼 직접적으로 화자가 등장하지 않더라도 여러 영상 언어나 영상 기법이 소설의 화자 역할을 수행한다. 물론 텔레비전 드라마에도 화자가 등장하는 경우가 있다. 이를 화면 밖 목소리(voice-over)라고 하며, 이 목소리는 진행되는 사건과 독립적으로 나타난다. 화면 밖 목소리의 주체는 이야기에 등장하지 않는 제삼자일 수도 있고, 이야기에 등장하지만 현재 진행되는 화면 속에서 직접 발화하지 않는 인물일 수도 있다.

요컨대 텔레비전 드라마에서 화자 혹은 담론 주체는 화면 밖 목소리와 여러 영상 기법이라고 말할 수 있을 것이다.

그렇다면 소설과 텔레비전 드라마를 통합적으로 읽는다는 것은 각각의 이야기 차원과 담론 차원을 통합해야 한다는 전제에서 출발한다. 여기서 간과할 수 없는 사실은, 통합적 읽기가 각 텍스트를 요소별로 분석·해석한 후 순차적으로 상호텍스트적으로 대비하는 것이 아니라, 소설과 드라마를 함께 본 후에 머릿속에 재구성된 제3의 텍스트를 재표상(re-presentation) 하는 활동이라는 것이다. 그 과정 중에 감상자의 머릿속에서는 소설과 단막극이 오가면서 두 텍스트의 의미나 전략이 통합적으로 추출된다. 따라서 소설의 인물 읽기는 드라마의 인물과 배우 읽기와 함

한 영상 스타일 연구도 필요하며, 이때 영화학과 기호학의 이론적인 틀을 적극적으로 차용하여 텔레비전 영상의 기호학적 분석이 활성화되어야 한다(정재철, 「한국 텔레비전 드라마 연구 경향 분석」, 황인성·원용진 편, 『애인 : TV 드라마, 문화 그리고 사회』, 한나래, 1996, 257~284). 요컨대 텔레비전 드라마 읽기는 '이야기 + 영상문법 + 드라마의 유통과 매체 환경'과 더불어 읽혀져야 한다(한귀은, 「텔레비전 드라마의 상호복제와 복제반동」, 『현대문학의 연구』 27, 한국문학연구학회, 2005, 205~234면).

께 이루어진다. 동시에 드라마에서 그것이 어떤 영상 전략으로 표현되었는지도 고려가 된다. 소설의 사건이나 구성도 드라마의 구성과 편집과 함께 읽혀지면서 몽타주 효과도 고려된다. 소설의 배경 또한 드라마의의 장소와 그 장소에 대한 화면미학과 함께 읽혀진다. 따라서 소설과 드라마의 통합적 읽기는 '인물－배우－화면미학', '사건·구성－편집－몽타주 효과', '배경－장소－화면미학'의 관계 속에서 이루어지는 것이라 볼 수 있다.

이러한 관계를 도식하면 아래와 같다.

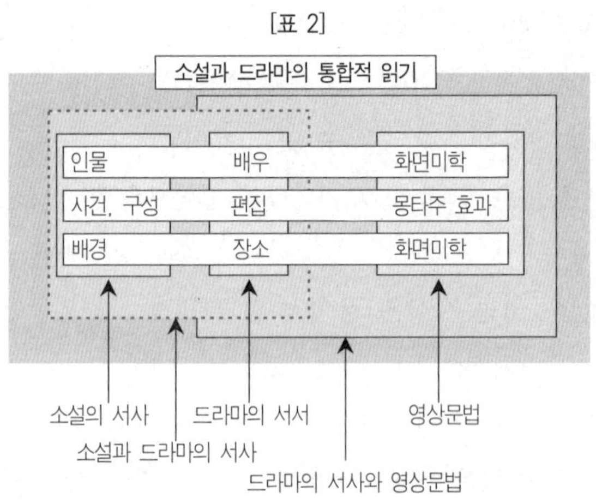

위의 표는 소설과 드라마에 대한 다양한 읽기 방향을 제시하고 있다. 앞서 제시했던 '인물－배우－화면미학, 사건·구성－편집－몽타주 효과, 배경－장소－화면미학'의 관계 속에서 읽기 이외에도, '소설의 서사'를 읽기 위해서는 '인물－사건·구성－배경'을, 드라마의 서사를 읽기 위해서는 '배우(인물)－편집－장소'를 파악해야 함을 명시하고 있다. 또한

드라마의 통합적 읽기는 '배우(인물)-편집-장소'와 '화면미학과 몽타주 효과'를 함께 고려해야 함을 표시하고 있다. 소설과 드라마의 '서사에만' 집중하여 읽기 위해서는 '인물-배우, 사건·구성-편집, 배경-장소'를 중심으로 파악하면 된다는 것도 제시하고 있다.

3. 은희경 소설 〈내가 살았던 집〉과 동명 단막극의 통합적 읽기

1) 인물과 배우, 그 화면 미학

〈내가 살았던 집〉의 주인공 '그녀'는 '김훈'과 결혼하려고 하지 않는다. '그녀'는 미혼모이면서 '김훈'보다 5살 연상이다. '김훈'이 간절하게 결혼을 원하지만 '그녀'는 결국 '그'와 헤어지는 길을 택한다. 그 헤어짐이 '김훈'의 죽음을 초래한다. 소설 속에서는 왜 그녀가 결혼을 하지 않으려고 하는지, 어떤 연유에서 그녀가 미혼모가 되었는지 나타나지 않는다. 그러나 은희경의 소설에 익숙한 독자라면 그것에 대해 의문을 갖기보다는 그 인물의 내면 갈등과 심리 변화에 더 천착하게 된다. '그녀'는 이미 은희경의 다른 소설들에서 보아 온 인물들이기 때문이다. 독자는 익숙한 인물형의 소설 속 '지금 여기'의 상황과 그 상황에서의 심리에 더 주목하는 것이다.

실상 '그녀'는 이전 은희경 소설의 여성 인물들을 종합해 놓은 것 같다. 아니면, 은희경 소설에 나오는 여성 인물들의 기억을 압축 저장해 놓은 인물과도 같아 보인다. 압축 파일을 풀면 기억이 줄줄 새어 나온다. '그녀'의 기억에 대해 서술자는 어떤 말도 하고 있지 않지만, '그녀'가 미혼모이며 혼자 아이를 키우는 전문직 여성이라는 측면에서, 그리고 그녀가 다른 사람들에게 하는 말과 거기에서 빚어지는 분위기로 독자는 '그녀'에 대해 한눈에 간파한다. '그녀'는 아주 '특별하고도 위대한 연인'이라고 믿었던 남자와 사랑했으나 분명 '짐작과는 다른 일들'이 생길 것이라는 점을 아는 여자이며, 그 결과 '연미와 유미'처럼 헤어짐을 예감하고 있을 것이라는 점. 만약 결혼을 하더라도 '빈처'의 아내처럼 평범한 일상 속에 매몰될 것을 알기 때문에 '김훈'과 결혼을 하지 않으려고 하는 것이 아닌지, 독자는 생각할 것이다. 또 그렇기 때문에 '그녀'가 '타인에게 말 걸기'를 쉽게 시도하지 않는다는 것도 무리 없이 이해할 것이다. 그래서 '지금 여기'서 '그녀'에게 '김훈'은 '특별하고도 위대한 연인'이기 때문에 '그'에게 불행과 권태를 주지 않기 위해 결혼을 하지 않을지도 모른다는 것을 독자는 예상할 수 있다.11)

'그녀'는 사랑에 집착하면서도 사랑에 대해 거리를 유지하려고 하는 역설적인 인물이다. 이러한 인물의 성격은 다음의 인용에서 바로 드러난다. '그녀'는 '김훈'이 주고 갔던 '사과'가 썩어가는 것을 바라보며 생각한다.

> 그녀는 사과 역시 자기들끼리 닿아 있는 부분에서부터 썩기 시작한다는 걸 알았다. 가까이 닿을수록 더욱 많은 욕망이 생기고 결국 속으로 썩어 문드러지는 모양이 사람의 집착과 비슷했다. 갈색으로 썩은 부분을 도려내 봤지만 살이 깊게 팬 사과들은 제 모양이 아니었다.12)

'그녀'는 '김훈'을 사랑하지만 너무 가까이 가지 않기 위해 결혼하지

---

11) '특별하고도 위대한 연인', '짐작과는 다른 일들', '연미와 유미', '빈처', '타인에게 말 걸기'는 은희경 중단편 소설의 제목임.
12) 은희경, 「내가 살았던 집」, 『2001년 제26회 한국소설문학상 수상 작품집』, 개미, 2001, 35면(이후로는 인용문 뒤 쪽수만 표시).

않고, 그 거리를 감내한다. '사과'처럼 너무 가까이 가면 서로의 상처가 닿아 한없이 문드러져 버릴 것을 알기에 드라마의 마지막 내레이션도 "너의 상처를 이해해 줄 능력이 없었어."이다.

이렇듯 사랑에 대한 자기검열과 방어기제는 타인에 대한 냉소로 치닫는다. 그렇기에 '그녀'와 '김훈'은 자주 다툰다.

> 그가 말했다. 왜 안 된다고만 생각하지? 너는 너무 보수적이야. 그녀도
> 그를 비난했다. 그러는 너는 너무 충동적이고 감상적이야. 그가 소리쳤
> 다. 너같이 갑갑하게 살려면 공동묘지에 들어가 있는 게 제일 속편하겠
> 다. 그녀의 목소리는 차가웠다. 나한테는 충동적인 때가 없었는 줄 알아?
> 하긴 내가 잘못 봤는지도 모르지. 너 같은 출세주의자가 어떻게 충동적
> 이 될 수 있겠어. 넌 단지 감상이라는 촌스러운 취향을 가졌을 뿐이야.
> 그가 걸음을 멈추었다. 맞아. 네가 잘못 봤어. 그건 충동이 아니고 추진
> 력이라는 거야. 그리고 감상이 아니라 순정이라구. (31면)

드라마에서도 위와 같은 다툼 장면이 나온다. 죽음에 임박한 '김훈'의 형을 문병하면서 '김훈'은 '그녀'를 결혼할 여자라고 소개한다. 병실에서 나오면서 '그녀'는 '김훈'에게 '충동적'이라고 말했다가 '감상적'이라고 말한다. '김훈'은 그것을 '순정'이라고 말한다. 이러한 사랑과 결혼에 대한 과잉 자의식은 다른 소설들에서도 보인다.

> 나는 결혼이 모험이라는 걸 알아. 그렇기 때문에 사랑하는 사람과는
> 할 수 없는 거야. 사랑하는 사람과는 결혼하지 말아야 한다는 것을 사람
> 들은 알아야만 해. (<그녀의 세 번째 연인> 중)

> 결혼은 아무하고나 하는 거야. (<연미와 유미> 중)

결혼한 사람은 모두 불행을 견디고 있어. 사랑하는 사람과 함께 견디기에 가장 어려운 것은 불행이 아니라 권태야. 하지만 사람을 무력하게 만들기 때문에 현상을 바꿀 의지 없이 그럭저럭 견딜 수 있게 되는 것이 권태의 장점이지. (<연미와 유미> 중)

이러한 '위악적 냉소'는 거의 은희경의 특허처럼 기능한다. 위악이 가능하기 위해서는 위선과 마찬가지로 철저한 자기 분리가 있어야 하고 또 그런 분리 상태를 견딜 수 있어야 한다. 둘 다 일종의 연기이기 때문이다. 자기 보존을 위해 자아를 분리했다가 '김훈'의 죽음에 대한 실감으로 결국 울음을 토해 내고 마는 '그녀'의 고통으로 소설을 마감하는 것도 결국 자기 분리에 실패한 알라존의 비극처럼 보인다.

이러한 알라존을 연기한 배우는 '배종옥'이다. 이 드라마에서는 '배종옥'이라는 배우가 갖는 아우라를 여실히 보여준다.13) 소설 속에서 '그녀'는 긴 머리였으나 드라마에서는 짧은 머리로 등장한다.14) '배종옥'은 시청자와의 동일시를 거부하는 얼굴을 가지고 있다. 짧은 머리, 동그란 눈, 좀처럼 웃지 않는 얼굴, 다른 여배우처럼 예쁘지만은 않은, 각이 진 얼굴, 약간의 코맹맹이 소리, 그러나 결코 애교가 섞이지 않은 차가운 어조. 그녀가 갖는 이러한 이중성은 일반인이 쉽게 동일시 할 수 있는 이미지가 아닌 것이다. 이중적 이미지의 아이콘, 그것이 '배종옥'이라는 배우의 몸이 갖는 물질성이다.15) 배종옥으로 인하여 드라마는 소설의 주

---

13) '배종옥'은 이 드라마로 2005년 불가리아 국영TV(BNT)가 주최하는 골든체스트상에서 여우주연상 수상하기도 하였다.

14) 소설의 인물과 드라마의 배우 혹은 인물은 분명 일치하지 않는다. 이 드라마의 경우, 소설보다 드라마에서 '그녀'의 위악성이 더욱 부각된다. '통합적 읽기'는 소설과 드라마를 '일치'시키는 과정이 아니라 그 차이를 인정하는 전제 위에서 독자(시청자) 스스로가 제3의 인물을 재표상하는 과정이라고 할 수 있다.

15) 그러기에 그녀는 가장 털털한 남자 같은 여자(영화 <질투는 나의 힘>)도 될 수 있고

인공 이미지보다 훨씬 강해진 이미지를 갖는다. 이로써 소설보다 더 거리감이 창출된다. 자신을 과잉포장하지 않는 배우로 인해 '그녀'는 더욱 자연스러움을 획득하는 것이다. '그녀'의 차가움은 '배종옥'의 빠른 속도의 하이톤의 목소리로 배타적인 차가움이 아닌 이미지를 갖게 되어 시청자의 공감을 산다.

'그녀'는 위악적이고 냉소적인 여자로 남자에게 기꺼이 상처를 입힌다. 그러나 '배종옥'의 귀여우면서도 싸늘한 얼굴은 서사에 기여하지 않고 오히려 서사와 이미지의 일치를 교란시키면서 서사의 통일성을 파괴한다. 얼굴이 서사로 통합되지 않기 때문에, 그녀의 얼굴이 클로즈업될 때마다 시청자는 '생각'하고 텍스트의 구멍을 메우고자 하는 적극적인 활동을 요구받는다.

시청자는 배종옥의 얼굴에서 길을 잃고 사유하기 시작한다. 그녀에게 포커스를 맞추는 카메라가 유난히 떨리는 것도 이러한 맥락이다. 시청자가 '배종옥'을 볼 때 시선은 고정되지 않고 불안정하게 떨린다. 이 떨림, 떨림으로 인한 공백, 이것이 이 드라마를 추동하는 힘이 된다. 지속적으로 텍스트에 구멍을 내면서 시청자들을 사유하게 하는 배우로 인해 소설 속 '그녀'라는 인물의 의미역은 더욱 풍성해지고, 드라마는 시청자의 적극적인 독해를 요구하는 '쓸 수 있는 텍스트'가 되었다고 볼 수 있다.

이 카메라의 떨림은 '들고찍기'(hand helding)의 효과이다. 드라마에서는 그녀의 불안함과 내적 갈등을 나타내기 위해 들고찍기[16]가 많이 사용된

착하고 순진한 아이의 엄마(시트콤 <웬만해선 그들을 막을 수 없다>)도 되며, 불륜이며 이루어질 수 없는 사랑이라는 것을 알지만 결코 그만둘 수 없는 사랑에 고통스러워하는 여자(드라마 <거짓말>), 환상을 보면서도 그것과 친해질 수 있는 여자(드라마 <굿바이 솔로>)가 될 수도 있는 것이다.

16) '들고찍기'는 화면을 안정되게 만드는 스테디캠(steady cam)과 반대로 카메라맨이 카메라를 들고 찍는 기법을 말한다. 사람이 카메라를 들고 찍기 때문에 자연히 카메라의 흔

다. 이 들고찍기 기법은 드라마의 처음부터 반영된다.

> 텔레비전 뉴스 방송 소리(E). 샤워기에서 물 떨어지는 소리와 휴대전화
> 벨 소리(E).
> 핸드 헬딩(hand-helding) 샤워하는 유정(B.S.) 휴대 전화벨 소리(E.)
> 유정 : 그러지 마, 글쎄 제발 그러지 말라니까.17)
> 화장대의 물방울을 닦는 손가락(C.U.) 휴대전화의 배터리를 빼 버리는
> 손(C.U.) 벽에서 뽑아지는 일반 전화 코드(C.U.)

위 장면에 해당하는 소설 장면은 다음과 같다.

> 마감 뉴스가 끝난 뒤 그녀는 리모컨을 눌러 텔레비전을 껐다. 그때 첫
> 번째 전화벨이 울렸다…샤워를 하는 동안 다시 벨이 울렸지만 그녀는 받
> 지 않았다…마지막 벨이 울렸을 때에야 그녀는 전화기 쪽으로 천천히 몸
> 을 돌렸다. 여보세요. 그녀의 목소리는 나직했다. 그 다음 말은, 아니, 그
> 러지 마, 였다…고개를 약간 저었으므로 긴 머리카락을 타고 물방울이
> 흘러내려 어깨 위로 뚝뚝 떨어졌다…그러지 마. 그 세 마디 말만으로 전
> 화기를 내려놓고는 코드를 뽑았다. (17면)

소설에서 '긴 머리카락', '흘러내리는 물방울', '전화기 코드를 뽑는

들림이 동반될 수밖에 없다. 원래 이 기법은 프랑스의 누벨 바그(nouvel vague) 감독인
장 뤽 고다르(Jean Luc Godard)의 <네 멋대로 해라>에서 처음 시도되었는데, 이때는
영화의 장면이 카메라에 의해 찍혀진 것임을, 즉 사실 그 자체가 아님을 노출시키기 위
한 것이었다. 그러나 왕가위 감독 등에 의해 이 기법은 인물 시점 샷과 함께 쓰임으로
써 인물의 불안한 심리, 흥분되는 심리 등을 효과적으로 나타낼 때 쓰이기도 하였다.
이 기법은 드라마 감독인 '이윤기'가 많이 활용하는 기법이기도 하다. 실제로『여자 정혜』
는 영화의 처음부터 끝까지 들고찍기가 사용되었다
한귀은, 「소설과 영화의 '시점 및 초점화' 교육」, 『어문학』 91, 한국어문학회, 2006,
193~218면.
17) '그녀'의 드라마상의 이름은 '유정'이다. 소설에서의 '김훈'은 드라마에서 '병운'으로 이
    름이 바뀐다.

것’ 등의 이미지나 행위는 드라마상에서 ‘손가락’, ‘휴대전화기의 배터리를 빼 버리고 일반 전화 코드를 뽑는 손’ 등으로 클로즈업된다. 신체 일부의 클로즈업은 인물의 얼굴과 표정의 클로즈업으로 연결된다. 얼굴이 클로즈업되는 순간 움직이던 내러티브는 이미지로 동결되고, 흐르던 이야기는 정물이 된다. 드라마의 결정적인 순간에 행동과 사건의 흐름과 무관하게 인물의 얼굴이 클로즈업으로 부각되는 것이다. 특히 ‘들고찍기’ 기법으로 보여지는 클로즈업은 완전히 정지된 클로즈업과 또 다른 의미를 갖는다. 고다르는 ‘단순한 클로즈업 하나가 영화에서 가장 감동적인 장면이 된다’고 말한 바 있다. 이 관점에 기댄다면, 흔들리는 ‘그녀’ ‘배종옥’의 얼굴 클로즈업은 인물의 자기 분열이나 균열을 여실히 보여준다. 그리고 그녀를 바라보는 시청자 또한 불안정하게 만든다. 이 기법은 일반적으로 드라마에서 거의 사용하지 않는 방법이다. 이러한 기법은 학생들에게 영상에 대한 새로운 감각을 일깨워주면서 소설이 어떻게 예술적 영상으로 표현되고, 또 이 과정에서 어떤 예술미가 더해지는지 알게 해 준다. 이 소설과 단막극은 학생들에게 문화적 자극제가 되는 것이다.

들고찍기나 신체의 일부를 클로즈업 하는 것과 함께 이 드라마의 실험적인 영상 문법은, 두 인물의 대화조차도 투쇼트(two shot)으로 잡지 않고 원쇼트(one shot)으로 잡는 것에서도 나타난다. 대화 장면을 연출할 때 화면에 두 인물이 나타나는 것이 아니라 한 인물만 보이게 함으로써 소통의 불완전성과 각 인물의 자의식 과잉을 표현해 낸다. 또한 기존 드라마에서 많이 쓰이지 않는 ‘멀리서 찍기’(long shot)이나 한 장면을 ‘오래 찍기’(long take)는 텔레비전 드라마가 아니라 마치 실험적인 영화 한 편을 보는 듯한 느낌을 준다. 특히 ‘오래 찍기’는 인물의 행위가 거의 없는

장면이거나, 목적 없이 걷는 장면 등에 활용되어 드라마상에서 '일상성'
을 표현해 낸다.

2) 사건과 구성, 편집과 음향

은희경의 <내가 살았던 집>은 소제목을 가지고 있다. '① 출장－② 교
통마비－③ 햄스터－④ 전화통화－⑤ 여름옷－⑥ 사과－⑦ 목걸이－⑧
무덤가－⑨ 바다－⑩ 두통－⑪ 노래－⑫ 교통사고 사망지역'이라는 소
제목의 연결은 마치 드라마의 장면번호를 연상시킨다. 마치 시퀀스별로
서술이 되어 있는 양상을 보이는 것이다. 소제목별로 내용을 요약하면
다음과 같다.

① '출장'을 가기 전 그녀는 샤워를 하는데 전화벨이 연거푸 울린다. 마
지막 벨이 울렸을 때 전화를 받고 '그러지 마'라고 말한다. 그리고
전화선을 뽑는다. 한편, 그녀의 딸은 생리를 시작한다. 공항으로 가
는 길이 막힌다. 사고가 있었던 것이다. 볼로냐의 호텔에 도착하여
그녀는 엽서를 쓴다. 출장에서 돌아와서 목걸이를 잃어버린 것을 알
게 된다.
② '교통마비'는 '김훈'의 죽음 때문이었다는 것을 A의 전화로 알게
된다.
③ '햄스터'가 자기 새끼를 잡아먹은 것에 대해 '딸'에게 그것이 동물의
본성이라고 하자, 딸은 엄마가 자신도 죽어 버리는 것이 낫다고 생각
하는 것은 아닌지 반문한다.
④ A에게 전화하여 '김훈'에게 보낸 엽서를 찾아 달라고 부탁한다. 한편,
그녀의 어머니에게서 전화가 온다. 어머니는 자신이 늙어 가는 것에
대해 푸념한다. 한편, 볼로냐에 갔던 일행 한 명에게서 사진을 교환하
자는 전화가 온다.

⑤ 그녀는 그와 만날 때 입었던 '여름옷'을 정리한다. 정리하면서 '김훈'과의 추억을 재생한다. 따라서 이 부분은 과거 기억된 사건의 나열로 구성된다. 소설 속에서는 이렇게 표현된다. '그 모든 기억들은 비디오테이프처럼 그녀의 머릿속에서 되감기고 재생되기를 반복했다.'(31면) 단편적 기억의 단속적인 서술이 '여름옷'에 서술되어 있는 것이다.

⑥ 그녀는 사과가 먹고 싶어진다. 그리고 과거 '김훈'이 사 주었던 '사과'를 회상한다. 그녀는 속이 메스껍다. 그녀는 영화 <더 로스 오브 섹슈얼 이노센스>를 중간쯤에서 보기 시작한다.

⑦ 그녀는 젖꼭지가 조금 검어졌다는 걸 깨닫는다. 볼로냐 일행을 만나 사진을 교환한다. 그 사진 속에서 잃어버렸던 목걸이를 본다. 그의 선물이었다. 한편, A에게 전화를 하니 그는 출장중이다. 그녀는 그가 자주 부르던 '이별이란 없는 거야'라는 노래를 좋아하지 않았다. 그녀는 자신도 모르게 아랫배를 쓰다듬었다. 그녀는 목걸이가 들어 있는 사진을 거실 장식장 위에 놓고 생각한다. 그의 집에 걸려 있던 커다란 결혼 사진을 그의 아내는 어떻게 했을까, 라고.

⑧ '무덤가'에서는 '그의 형'의 무덤가에서 둘이 나누었던 대화가 계속해서 서술된다. 다른 부분들이 여러 장소와 사건으로 구성되어 있는 것과 다르게, 이 부분은 '무덤가'라고 하는 한 장소에 고정되어 두 인물이 과거 이야기를 나누는 장면으로 이루어져 있다.

⑨ 그녀는 딸과 함께 목욕탕에 간다. 그리고 갑자기 바닷가에 간다. 바닷가에서 자살하려고 하는 남자를 보게 된다. 딸은 그녀에게 잘못했다고 말한다.

⑩ '두통'은 딸이 가출한 이야기와 A에게서 온 전화로 되어 있다. 딸이 가출한 지 사흘만에 경찰서에 연락했고, 한편, 그녀는 A에게 엽서를 버리라고 말한다.

⑪ '노래'에는 '김훈'이 직접 만들어 부른 노래 가사가 있다. 사건시는 다시 ①로 돌아간다. 전화가 계속해서 걸려 오고 그녀는 '그러지 마'라고 말하고 전화기를 뽑는다. '김훈'은 그녀의 아파트까지 왔었고 그녀의 이름을 불렀으며 화단의 꽃들을 짓밟다가 피가 흐르는 손바닥

으로 벽을 치기도 했다. 그리고 '자유로' 쪽으로 가속 페달을 밟은 것은 그녀가 잠든 지 한 시간도 채 지나지 않아서다. 새벽 6시가 되어 그녀는 여행 가방을 꾸리고 현관문을 나서려는데 딸이 부르고 피로 얼룩진 팬티를 그녀에게 보인다. 그녀가 탄 택시가 '자유로'에 들어서자 교통마비가 왔다. 차는 처참하게 찌그러져 있었다. 바로 '김훈'의 차이다. 물론, 그녀는 당시 그것을 알지 못한다. 볼로냐에 도착한 그녀는 엽서를 쓴다. '남녀 사이의 흔하디흔한 비밀 한 가지가 없어졌을 뿐 세상은 우리로 해서 달라진 게 아무것도 없어……' 그녀는 첫 번째 엽서를 버린다. 두 번째 엽서에 날씨와 사소하고 평이한 안부, 그리고 '그럼 잘 있어'라는 문장으로 써서 그에게 보낸다.

⑫ '교통사고 사망지역'은 '김훈'의 사고가 있었던 곳이다. 그녀는 계속해서 울리는 전화를 받으려다 역시 거기서 사고가 날 뻔 한다. 다시 전화벨이 울리고 그녀는 '여보세요'를 반복한다. 그러나 아무 소리도 들리지 않는다. 전화가 끊어지고 '뚜뚜뚜하는 날카로운 기계음이 그녀의 귀와 눈을 깊숙이 찌'른다. '그녀는 팻말에서 눈을 떼지 않고 있었다. 교통사고 사망지역. 그것은 그녀가 꿈속에서나 살아보았던 다정한 집의 커다란 문패였다.'

위에서 알 수 있듯이, <내가 살았던 집>은 서로 무관해 보이는 듯한 에피소드가 병치되는 영화의 몽타주를 연상시키는 구성으로 되어 있다. 전형적인 불륜 소설의 외관을 가지고 있지만, 현재와 과거가 수시로 교직되고 단편적인 에피소드가 충돌하는 기법으로, 두 장면의 충돌에서 빚어지는 제 3의 의미를 창출하는, 영화의 몽타주 효과를 내고 있는 것이다.

특히 현재와 과거를 넘나드는 구성은 영화의 플래쉬백(flashback) 기법에 유추될 수 있다. ①에서 분명치 않게 처리되었던 '김훈'의 죽음은 ⑪에서 자세하게 서술됨으로써 독자의 의문과 그 의문을 풀어주는 구성을 취하고 있다. ①~⑩이 대부분 '그녀'가 초점화자가 되어 서술된 부분이라면 ⑪은 '그녀'가 보지 못한 것, 즉 외적 초점화로 서술된 부분이다. 그렇기 때문에 '그녀'가 몰랐던 사실이 ⑪에서 드러나고 동시에 ⑪을 통해 독자 또한 '김훈'의 죽음에 대해 전말을 알게 되는 것이다. 이것은 단막극에서 ①~⑩은 '그녀' 시점의 주관적 쇼트(shot)로 많이 표현되고, ⑪은 객관적 쇼트로 표현된다는 점으로 연결된다.

다시 ⑫에서 이어지는 같은 장소에서의 '그녀'의 사고는 영화의 편집이 '장소'를 중심으로 자연스럽게 이루어지는 것에 비견된다. 그리고 ⑥과 ⑦에서 언뜻 드러나는 그녀의 '임신'은 독자로 하여금 '김훈'과의 관계가 단지 일시적인 것이 아님을 알게 한다. 이러한 소설의 영상적인 구성은 드라마에 그대로 적용된다. 드라마는 위 소설의 구성을 거의 그대로 따르고 있다. 다만, 그녀가 낙태 수술을 받는 장면이 잠깐 삽입되는데, 이러한 설정은 드라마에서 '그녀'의 위악성과 자기방어성을 더욱 강조하는 결과를 낳는다.

소설의 구성이 위와 같이 복잡하고, 드라마가 이 복잡한 구성을 그대로 따르고 있기 때문에 이 구성 자체가 텔레비전 드라마라고 하는 매체에 맞지 않을 수도 있다. 텔레비전 드라마는 시청자들이 집중해서 보는 매체가 아니라 '흘끗 보기'(glance)의 매체이기 때문이다. 따라서 드라마는 본격적인 서사가 시작되기 전에 시청자를 드라마로 안내하는 프롤로그격인 화면 밖 목소리(voice over)인 그녀의 독백으로 시작된다. 위 ⑥의 '사과'에 나와 있는 것과 같이 '가까이 있는 사과가 더 썩는 것이 사람의 욕망이나 집착과 비슷'하다고 '그녀' '배종옥'이 말하는 것이다.

텔레비전 드라마나 영화와 같은 영상 예술 미학의 측면에서 보면, '화면 밖 목소리'는 장면 속 대사 위에 덧칠해져 나오기 때문에 비사실적이거나 비영화적이라고 간주되고, 영상 이미지 트랙의 부드러운 연결에 부적절하다고 기피되기도 한다. 그러나 문학작품, 특히 관념적인 해설이 필요하거나 1인칭 소설이나 내적 초점화가 두드러진 소설을 각색한 영화나 드라마에서 흔히 활용되어 나타난다. 은희경의 소설 또한 내적 초점화가 두드러진 소설로서 드라마에서도 '그녀'가 초점화자로서 '그녀'의 시선이 카메라의 위치를 갖는 경우가 많다. 그렇기 때문에 '그녀'가 주체가 되어 지속적으로 그녀의 회상이 이루어진다. 즉 소설에서 '그녀'가 '그'와의 추억을 빈번하게 상기하듯이 드라마에서도 '그녀'는 '그'를 연거푸 추억한다. '그'가 없는 현재와 '그'가 있었던 '과거'가 빠르게 편집되는 것이다.

> 조명 가게 안을 둘러보는 그녀.
> 점원 : 뭐 찾으세요?
> 그녀 : (잠시 둘러보다가 스탠드 하나를 가리키며) 저건 얼마죠?
> 점원 : 저거⋯⋯(가격을 모르는 듯 갸우뚱하다가) 잠깐만요.
> 점원, 카운터 쪽으로 가서 다른 점원을 부르는데
> 병운(E) : 아아, 그거 아니다.
> 뒤를 돌아보는 그녀
> 그녀 : 왜? 내가 보기엔 괜찮은데.
> 병운 : 좀 심플한 게 낫지 않냐? 그건 무늬가 영⋯⋯(주위를 둘러보다가)
>   저런 스타일. (점원에게) 저거 좀 보여 주세요.

위에서 보듯이 '병운(E) : 아아, 그거 아니다'에서 현재에서 과거로 자연스럽게 넘어간다. 이때는 특히 소프트 필터링(soft filtering)으로 과거의 장면을 더욱 부드럽고 따뜻하게 처리한다. 레코드 가게 장면에서도 비슷한 기법으로 현재와 과거를 교차시키는데, 특히 이때는 '현재의 그녀'가

'과거의 그'를 바라보는 모습을 한 화면에 넣음으로써 환상성마저 느끼게 한다.

그렇다고 이 드라마가 과거 기억에 연연하는 한 여자의 슬픔을 과장시키는 것은 아니다. 일반적으로 시청자의 감정을 자극하기 위해 주로 쓰는 방법이 배경음악이다. 특히 트렌디 드라마(trendy drama)나 연속극에서는 인물의 얼굴을 클로즈업하면서 감상적인 음향을 동시에 흘려보냄으로써 시청자들을 인물의 감정에 동화되도록 유도한다. 혹은 뮤직 비디오처럼 아름다운 영상과 함께 테마음악을 반복적으로 삽입하기도 한다. 그러나 이 드라마에서는 거의 배경음악을 넣지 않는다. 오히려 텔레비전 소리나 차 소리, 전화 소리 등 소음을 그대로 노출시키는 음향 전략을 구사한다. 시청자의 감정이 과잉되는 것을 경계하려는 듯한 이러한 수법은 마치 차이밍량의 영화를 보는 듯하다.

단 한 장면, 비교적 오랜 시간 배경음악을 쓴 장면이 있는데, 그것은 '병운' 형이 죽고, 그 슬픔에 '병운'이 '그녀'의 어깨에 기대어 우는 장면이다. 이 장면에서 김창완의 <안녕>이라는 곡이 가사 없이 기타 연주로만 삽입된다. 이 장면은 '미디엄 쇼트, 풀쇼트, 패닝(panning, 카메라를 옆으로 이동하면서 찍는 것)과 파노라마식 촬영' 등 다양한 카메라 워크로 이어지는데, 특히 벽을 쇼트에 포함시켜 형의 죽음으로 인한 그의 세상과의 단절감을 표현해 낸다. 특히 이 장면은 그 다음 '그'의 집에서의 둘의 정사 장면으로 이어지면서, 비도덕적인 사건에 감정적인 인과성을 부여하기도 한다.

이처럼 이 드라마는 일반적으로 연속극 등이 사건을 순차적으로 이어나가는 것을 중심으로 간혹 인물의 회상이 삽입되는 방식18)으로 편집이 이루어지는 것과는 달리, 현재와 과거의 끊임없는 교직으로 시청자들을

‘생각하게’ 만든다. 그리고 감정의 과잉을 가져오는 음악 사용도 자제한다는 측면에서 이 드라마는 텔레비전 드라마에 대한 자의식을 가지고 그것을 대하게 해 준다는 데 의미가 크다고 하겠다. 이런 측면에서 학생들에게 텔레비전 드라마에 관한 교육을 시도함에 있어 좋은 텍스트가 된다고 할 수 있다.

3) 배경과 장소, 그 화면미학

‘서사’를 그 ‘배경이나 장소’를 중심으로 재개념화 하자면, 그것은 특정한 장소(topos)와 그 장소에 대한 인물의 경험과 감각,[19] 그리고 인물이 장소를 이동하면서 만들어가는 사건으로 이루어진 구성체라고 말할 수 있다. 이미 힐리스 밀러는 소설 쓰기를 비유적인 지도 그리기(figurative mapping)라고 말한 바 있다.[20] 인물이 장소를 옮기면서 사건을 일으키는 과정을 일종의 지도 그리기 과정으로 유추할 수 있다는 것이다.

특히 은희경의 소설은 소제목을 가직 있고 이 소제목에 따라 배경(장소)이 이동한다. 이는 드라마도 마찬가지다. 드라마에서 씬은 특히 ‘장소’를 중심으로 구성되는 경우가 많다.

특히 <내가 살았던 집>에서 지속적으로 반복되는 장소가 ‘그녀의 집’

---

18) 그 회상 장면도 이미 앞서 나왔던 사건이나 장면을 그대로 삽입되는 경우가 대부분이다.

19) ‘경험’은 직접적인 감각에서부터 사물과 현상에 대한 상징화 작용까지를 모두 포함한다. 경험은 통상 ① 외부세계로 향해지며, ② 피동의 함축의미를 가지며, ③ 위험의 극복이며, ④ 감정(feeling)과 사고(thought)로 구성되는 특성을 갖고 있는데, 이러한 경험의 특성은 곧 인간에게 공간과 장소에 대한 독자적이면서 강렬한 애착의 감정을 불러오게 된다. Yi-Fu Tuan, *Space and Place*, 이-푸 투안, 심승희 외 공역, 『공간과 장소』, 대윤, 1999, 13~25면.

20) H. Miller, *Topvgraphies*, Stanford Uni. Press, 1995, p.10.

과 '자유로(교통사고 사망지역)'이다. 아이러닉한 것은 '교통사고 사망지역'을 '그녀가 꿈속에서나 살아보았던 다정한 집의 커다란 문패'라고 서술되어 있다는 점이다. 작품의 제목 또한 '내가 살았던 집'인데, 그렇다면 이 '집'은 실제로 '그녀의 집'이자, '그가 죽었던 곳'이자, '그녀가 죽을 뻔 한 곳'이 되는 것이다. '그녀'는 이 '집'에 대한 강한 애착을 보인다. 바슐라르는 '행복한 공간'의 이미지에 초점을 두어 장소애의 기본 대상으로 '집'을 언급21)한 바 있다. 장소애(場所愛, topophilia)란 특정 장소에 대한 인물의 사랑과 애착이라고 말할 수 있다. 따라서 '그녀'의 '집'에 대한 애착은 '그'에 대한 애착과도 통한다고 볼 수 있다.

그렇다면 이 소설은 '집'(실제 그녀의 집)에서 시작하여 '집'(그가 죽은 곳, 그녀가 죽을 뻔 한 곳)으로 끝나는 소설이며, 이 사이에 볼로냐(아키타), 목욕탕, 바다가 있으며, 그리고 사이사이에 과거의 장소인 무덤가와 그와의 추억의 장소가 끼어 있다. 장소의 이동을 간단히 도식하면 다음과 같다.

[표 3]

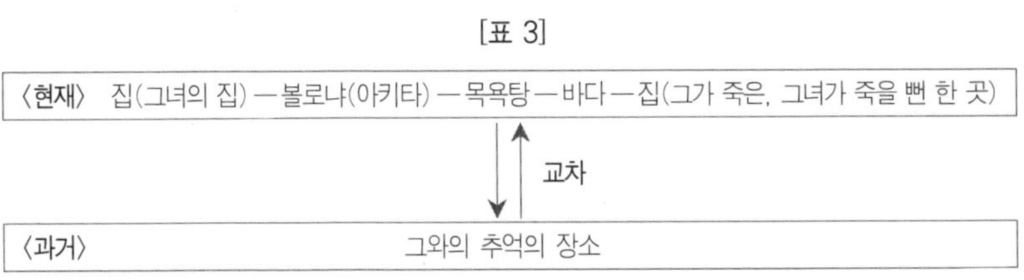

---

21) 바슐라르는 내부공간의 내밀함의 가치들에 대한 현상학적 연구의 일환으로 '집의 시학'의 문제를 제기한다. 그는 장소애의 징후를 나타내는 소위 '장소분석'을 통해 이러한 행복한 공간의 인간적인 가치를 규명하고자 하는데, 그에 의하면 '집'은 우리들의 최초의 세계이자 하나의 우주로서, 인간의 사상과 추억과 꿈을 한데 통합하는 가장 큰 힘의 하나이며, 이때 이 통합의 연결 원리는 몽상이다. 다시 말해서, 집은 행복한 몽상의 공간인 것이다(G. Bachelard, *Poetique de l'espaie*, 가스통 바슐라르, 곽광수 역 『공간의 시학』, 동문선, 2003, 113~120면).

위의 도식은 소설과 드라마의 장소를 중심으로 본 지형도(topography)라고 볼 수 있다.[22) 이 지형도에 있어서 각 장소에 대한 카메라의 접근 방식은 다양하다. 먼저, '그녀의 집'에 대해서는 클로즈업과 들고찍기가 많이 활용된다. '그'가 '그녀'의 집에 찾아왔을 때나 '그녀'가 '햄스터'나 '딸'을 바라볼 때도 주로 클로즈업과 들고찍기가 사용된다. 반면, 이는 '그가 죽은 곳, 그녀가 죽을 뻔 한 자유로'에서도 마찬가지이다. 교통사고 사망지역인 이 곳에 대해 카메라는 처음에는 '차' 전체를 잡지만 곧 '그녀'의 얼굴을 잡는다. 롱쇼트에서 바스트쇼트나 클로즈업으로, 점차 카메라는 '그녀'에게 가깝게 다가가는 것이다.

반면, '아키타, 목욕탕, 바다'에서는 클로즈업이 사용되지 않는 것은 아니나 주로 롱쇼트나 풀쇼트가 사용된다. 특히 '아키타'에서 그녀를 잡을 때는 대부분 롱쇼트이다. 눈으로 덮힌 아카타 속에 마치 그녀가 유폐된 것 같은 분위기를 자아낸다. 실상 아카타는 '그'에게서 피해 온 곳이며, '그'에게 마지막 편지를 보내는 곳이면서 '그녀' 자신을 정리한 곳이기도 하다. 현실의 여러 강박으로부터 벗어나려고 한 곳으로 설정되어 있는 것이다. 따라서 '그녀'의 불안한 심리를 나타낼 때 자주 사용하는 클로즈업이 아닌 풍경 속에 묻힌 '그녀'를 표현해 내고 있는 것이다.

또한 과거의 장소들에 대해서 카메라는 '집'과 '아카타, 목욕탕, 바다'에서 사용한 모든 쇼트를 활용한다. 다른 말로 표현한다면 특정한 쇼트

---

22) 장소·장소애·지형도는 이푸 투안이 정리한 개념이다. 모든 인간은 '장소'에 애착을 가지는데 이것을 장소애라고 하였다. '장소애'는 그리스어로 '장소'를 뜻하는 'topos'와 '병적 애호'를 뜻하는 'philia'의 합성어로서, 인간과 장소(물리적 환경) 사이의 정서적인 유대 및 결속을 포함하는 개념으로 정의될 수 있다. 장소애가 장소에 대한 사랑이라면, 지형도는 장소의 기록이다. 지형도, 즉 토포그라피(topography)는 'topos'와 'graphen'의 합성어로서 장소와 장소의 이동을 도상적 언어로 마치 지도를 그리듯이 서술한 것을 의미한다(이푸 투안, 구동회·심승희 공역, 앞의 책, 7~25면).

를 갖지 않는다는 의미이기도 하다. '그녀'와 '그'가 만나는 장면에 있어서 서로를 사랑하는 장면은 클로즈업을 통해 표정을 강조하기도 하고, '그'가 형이 죽은 슬픔에 빠져 있을 때 '그녀'가 '그'를 위로하는 장면에서는 롱쇼트가 사용된다.

그렇다면 이 드라마의 지형도에 있어서 장소에 따른 카메라의 사용은 다음과 같이 요약된다.

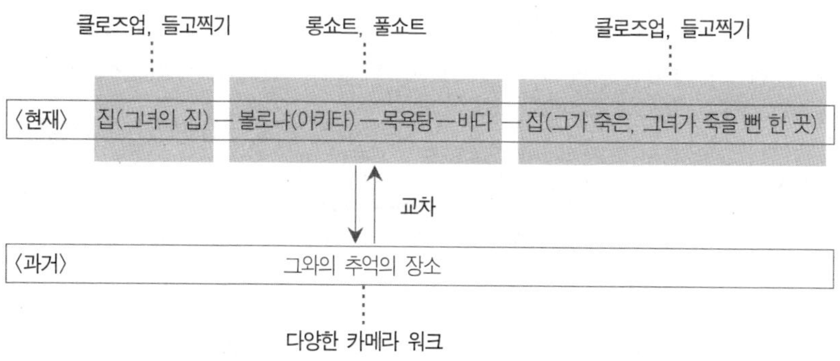

4. 소설과 단막극의 통합적 수업 방향[23]

현재 고등학교 수업 시간은 50분으로 제한되어 있기 때문에 이 시간 안에 모든 통합적 활동이 이루어질 수는 없다. 다만, '방과 후 학교'나 '특기적성 활동' 등의 경우 시간을 좀 더 융통성 있게 쓸 수 있기 때문에 좀 더 다양하고 심도 깊은 활동을 해 볼 수 있다.[24]

---

23) 실제로 이 장은 따로 독립적으로 현장연구가 되어야 할 부분이나 본고에서는 지면상 실제 수업의 방향만 간단하게 제시하고자 한다.

그러나 정규 수업 시간에 통합적 수업을 실시할 경우 차선의 교수 방법이 요구된다.[25] 먼저, 소설 읽기와 단막극 보기는 개별 활동으로 실시해야 한다.[26] 그러나 수업 시간에 학생들이 읽고 본 것을 반드시 상기시켜야 한다. 그것은 교사의 입말로도 가능하겠으나 소설과 영상의 통합 수업인 만큼 적절한 영상이 동원되면 훨씬 효과가 커진다. 현재 시중에 HDTV문학관 DVD가 출시되어 있다. 이것을 Power DVD 등과 같은 DVD를 볼 수 있는 컴퓨터 프로그램을 사용해서 관람할 경우 프로그램 자체 내에 내장된 캡쳐(capture) 기능을 통해 원하는 장면을 복사할 수 있다. 또한 이 복사된 장면은 컴퓨터 편집 프로그램으로 재편집이 가능하다. 이때 교사는 영상물에 해당하는 소설의 일부도 인용하면서 프레젠테이션을 하고 이를 통해 학생들의 심적 표상을 활성화시킨다. 이와 같은 재편집이 어려울 경우, 정영상의 슬라이드쇼로 대체할 수도 있다.[27]

교사는 프레젠테이션을 마치고 본격적으로 대화적 분위기 속에서 통합적 읽기를 진행한다. 통합적 읽기는 본고의 Ⅲ에서 제시한 방식대로 '인물-배우와 그 화면미학', '사건과 구성, 편집과 음향', '배경-장소와 그 화면미학'의 요소로 나누어 진행한다.

---

24) 필자는 2006년 4월부터 8월까지 10회에 걸쳐 각각 2시간씩 S고등학교 2학년 학생들을 대상으로 '문학과 영상' 수업을 진행한 바 있다. '방과 후 학교' 차원에서 이루어진 수업이었기 때문에 2시간을 연달아 활용할 수 있었다.

25) 많은 경우, 교과 수업 활동의 제약이 한정된 수업 시간에서 오는 경우가 많다. 예를 들어 단편 소설 한 편에 대한 수업 시간이 50분씩 일 주일에 한 번 배당이 된다면 학생들은 지난 시간 수업 내용에 대한 상기가 제대로 안 된 상태에서 학습을 할 수밖에 없다. 시간이 마치 규율이 되어 교수·학습을 막고 있는 아이러니에 대해 인식하고 몇몇 연구 학교에서는 국어 수업 시간을 2시간 연달아 할애하는 경우도 있다.

26) <내가 살았던 집> 드라마는 인터넷이나 DVD로 볼 수 있다.

27) 물론 이를 위해서는 담당 교사의 영상 기술 능력이 요구된다. 이 또한 교사의 과중한 업무 부과가 될 수 있다. 따라서 교과서를 제작할 때 DVD나 DVD 내용을 요약한 영상물 등을 부교재로 함께 제작하는 것도 고려해 볼 수 있다.

각각의 요소에 대해 다음과 같은 발문을 통해 학생들의 반응을 이끌어낼 수 있다. 본고에서는 구체적인 발문의 예는 생략하고자 한다.

요소	발 문
인물―배우와 그 화면미학	'그녀'는 어떤 특징을 가지고 있는가. '그녀'를 드라마에서는 어떻게 형상화하고 있는가. 배우와 관련지어 생각해 보자. '그녀'에 대해 카메라는 어떻게 접근하고 있는가.
사건과 구성, 편집과 음향	소설은 어떻게 구성되어 있는가. 소제목을 중심으로 생각해 보자. 소설의 소제목은 어떤 기능을 하는가. 각각 소제목에 포함된 이야기는 어떻게 구성되어 있는가. 소설의 구성이 드라마에 어떻게 편집·형상화되고 있는가. 소설에 있어 현재와 과거의 교차가 드라마에서는 어떻게 편집·형상화되고 있는가. 드라마의 배경음악과 음향은 어떻게 사용되고 있는가.
배경―장소와 그 화면미학	소설과 드라마의 장소는 어떻게 이동하고 있는가. 소설과 드라마의 '현재' 장소와 '과거' 장소는 어떻게 교차되고 있는가. 현재의 장소와 과거의 장소에 대해 카메라는 어떻게 접근하고 있는가.

위와 같은 발문들은 학생들이 소설과 드라마에 대해 인상비평에서 벗어나 텍스트의 잠재적 의미역을 여러 모로 파악해 나가면서 자신이 개별적으로 구성했던 심적 표상을 더욱 정교화하는 역할을 할 수 있다. 교사는 이 외에도 좀 더 구체적이고 세부적인 발문을 통해 학생들의 다양한 반응을 이끌어 낼 수 있으며, 수업 시간의 이러한 경험들은 학생의 일상문화 생활에도 전이되어 학생들이 소설과 텔레비전 드라마를 대할 때뿐만 아니라 범람하는 영상텍스트에 대해서도 적극적으로 반응하는 태도를 길러 주리라 기대한다.

참고문헌

교육인적자원부, 고등학교『국어 하』, 두산, 2003.

교육부, 『중학교 국어 1-1』, 대한교과서주식회사, 2001.

은희경, <내가 살았던 집>, 《2001년 제26회 한국소설문학상 수상 작품집》, 개미, 2001.

김예니, 「은희경 <내가 살았던 집>에 나타나는 영화적 기법」, 『돈암어문학』 18, 돈암어문학회, 2005, 235~258면.

유현미, 「소설과 TV 드라마의 상보적 관계 연구」, 고려대학교 석사학위논문, 2001.

이수연·홍석경, 「TV 드라마에 대한 공적 담론과 시청자의 수용 사이의 거리 : 페미니즘 시각에서 본 TV 드라마의 '재현'의 문제」, 한국언론학회 여성커뮤니케이션 연구회 제2회 쟁점과 토론 발표논문집, 1997, 9~24면.

장기오, 『TV드라마 바로보기, 바로쓰기』, 커뮤니케이션북스, 2003.

정재철, 「한국 텔레비전 드라마 연구 경향 분석」, 황인성·원용진 편, 『애인 : TV 드라마, 문화 그리고 사회』, 한나래, 1996.

조미숙, 「소설의 드라마화 연구」-내러티브와 담론에 나타나는 이데올로기 양상 고찰, 『돈암어문학』 17, 돈암어문학회, 2004, 7~36면.

최인자, 「사회적 정체성과 스피치 패턴의 연관을 중심으로 한 TV 드라마 교육」, 『국어교육학연구』 12, 국어교육학회, 2001, 383~416면.

최인자, 「대중매체를 활용한 한국어 교육 방법」-텔레비전 드라마를 중심으로, 『어문학교육』 28, 2004, 267~286면.

한귀은, 「텔레비전 드라마의 상호복제와 복제반동」, 『현대문학의 연구』 27, 한국문학연구학회, 2005, 205~234면.

한귀은, 「소설과 영화의 '시점 및 초점화' 교육」, 『어문학』 91, 한국어문학회, 2006, 193~218면.

Bachelard, G., *Poetique de I'espaie*, 가스통 바슐라르, 곽광수 역『공간의 시학』, 동문선, 2003.

Creeber, G. et al., *Television genre book*, 글렌 크리버 외, 박인규 역, 『텔레비전 장르의

이해』, 산해, 2004.

Miller, H., *Topvgraphies*, Stanford Uni. Press, 1995.

Tuan, Yi-Fu, *Space and Place*, 이-푸 투안, 구동회·심승희 공역, 『공간과 장소』, 대윤, 1999.

제 8 장

귀신 등장 이야기의 문화적 변화와 문학교육

―〈귀신이 산다〉와 〈시실리2km〉를 중심으로―

서 유 경

목원대학교 국어교육과

1. 서론

귀신 이야기는 아주 오래 전부터 향유되어 온 역사를 지니고 있다. 원한을 품고 죽어 귀신이 되어 한풀이를 한다거나, 영웅적 인물이 귀신을 만나 퇴치하거나 귀신과 사람이 사랑을 하는 등[1] 현재 우리 주변에서도 접할 수 있는 이야기들이 천 년도 넘게 전해지고 향유되고 있다. 흥미로운 현상은 귀신 소재의 이야기가 말로 향유될 뿐만 아니라, 소설이라는 양식으로, 짧은 우스개 소리로, 심지어 현대의 문화 양식인 영화에서도 차용, 활용되면서 계속적으로 재생산, 향유되는 것이다.[2]

지금도 귀신 이야기는 그 공포스러움 때문에 한여름 더위를 식히는 일환으로 나타나기도 하고, 귀신이 희화화되어 재미있고 신기한 이야기 거리로 만들어져 나오기도 한다. 귀신 등장 영화는 원래의 귀신 이야기

---

[1] 이러한 다양한 귀신 이야기의 존재로 인해 지금까지 여러 연구자들에 의해 유형화가 시도되었다. 구비문학으로 전승되는 이야기이든 문헌 설화집 혹은 고전 소설로 이어지는 이야기이든 귀신 이야기로 볼 수 있는 이야기들은 기준 설정에 따라 몇 가지로 나누어 볼 수 있다. 윤주필은 귀신을 신령, 귓것, 도깨비로 나누고, 이에 따라 귀신 설화의 범주를 夜來者 설화, 怨鬼 설화, 도깨비 설화로 설명하고 있다(윤주필, 「귀신이야기의 설화적 전통과 범주」, 『도솔어문』 13, 단국대 인문대학 국어국문학과, 1997, 11~37면). 최원오 는 귀신설화의 범주를 귀신과 인간의 관계를 결합과 분리의 차원에서 다루어, 귀신을 결합의 대상으로 인식하는 경우를 神魂, 분리의 대상으로 인식하는 경우를 除治와 崇仰 유형으로 나누고 있다(최원오, 「귀신설화가 서사무가와 판소리에 수용된 양상 연구」, 서울대학교 석사학위논문, 1993, 5~6면). 이제까지 이루어진 귀신 이야기의 유형은 이러한 방식으로 다양한 유형화가 이루어지고 있는데, 결국 귀신 이야기 유형 분류의 기준은 귀신과 인간의 관계, 귀신의 존재 설정 혹은 위상 규정이라 할 수 있다.

[2] 귀신 이야기의 현대적 재생산 현상에 대한 주목한 연구는 이제까지 주로 고대에서부터 이루어져 온 귀신 이야기 향유가 현대에 어떤 의미를 지니는가라는 문제의 해결을 귀신 이야기의 원형을 확인하는 방향으로 이루어져 왔다.

와는 다른 부분이 있기는 하지만 전통적으로 우리가 갖고 있는 귀신 이야기의 맥락에서 보고, 즐기고 있다. 이렇게 귀신 이야기는 서사적 장치나 시간적 지속 시간, 이야기가 향유되는 양식 등 여러 측면에서 너무나 다양하게 재생산되고 향유되고 있는 것이다.

귀신 이야기 향유의 역사적 전통과 동시에 횡적 차원에서 얼마나 다양한 향유층을 갖고 있는가를 보면 그 위력은 더 이상 설명할 필요가 없을 정도이다.3) 이러한 귀신 이야기의 지속적이고 광범위한 향유는 귀신 이야기가 지닌 다층적이고 복합적인 효용이 있기 때문에 가능할 것이다. 그런 점에서 귀신 이야기가 지닌 지속적 향유의 힘과 효력4)이 어디에 있는지 궁금증을 갖게 된다.

한편으로 귀신 이야기 자체의 특성, 이야기를 이루는 내용과 구조에 눈을 돌리면, 귀신의 정체나 귀신이 등장하는 이야기의 효용이 무엇인가에 따라 서사의 진행 방향이나 실체화되는 과정이 달라짐을 알 수 있다. 즉 무서움, 공포를 환기하기 위한 목적으로 등장하는 귀신인가, 귀신이 등장하는 상황, 맥락에 따라 어떤 의미를 강조하기 위한 것인가 등 귀신 이야기의 향유 맥락과 목적은 이야기 자체의 성격과 서사 구조, 내용 구성을 다르게 만든다. 이는 달리 말하자면, 귀신 이야기의 종류, 좀더 좁히자면 귀신 이야기에 등장하는 귀신의 정체가 어떤 것인가에 따라 귀신 이야기의 내용과 환기되는 정서에 차이가 있다는 의미이다.

귀신 이야기는 전통적으로 귀신의 정체와 귀신과 인간의 관계 설정에

---

3) 이러한 광범위한 향유층이 실존하는 증거를 초·중등학생용 잡지에도 귀신 이야기가 실릴 정도라는 데에서 쉽게 찾을 수 있다.
4) 가장 직접적으로 귀신 이야기가 지닌 문학치료학적 효용을 다룬 연구로는 하은하(『귀신 이야기와 문학 치료』, 문학과 치료, 2004)가 있으며, 이외에도 귀신 이야기를 왜 향유하는가에 초점을 맞춘 많은 연구들은 근본적으로 귀신 이야기가 지닌 서사적 힘과 효력을 긍정적으로 전제하고 있다고 판단된다.

있어서 귀신과 인간의 결합을 시도하는 것인가 귀신의 퇴치에 주안점을 두는가를 기준으로 나누어 볼 수 있다. 귀신과 인간의 결합은 보통 신화나 영웅 탄생 과정에서 볼 수 있고, 귀신 퇴치 이야기는 전설이나 민담에서 흔히 나타난다. 현대에까지 주로 계승되고 있는 이야기를 본다면 귀신을 퇴치하는 인간의 이야기5)가 중심이 된다. 그리고 귀신 퇴치에 초점을 맞추어 귀신의 성격을 위주로 이야기 유형을 설정한다면 원혼담이 그 핵심에 있다. 원혼담은 원혼 이야기, 원혼형 설화 등으로도 부르는데6), 원혼담의 주류를 이루는 하위 유형은 나타난 귀신의 신원을 목적으로 하는 이야기7)이다.

이렇게 볼 때, 현대에 들어 생산되고 있는 귀신 등장 영화가 이러한 원혼담의 전통과 관련되어 보인다는 점이 흥미롭다. 특히 현대에 들어 매체를 달리하여 재생산되고 있는 귀신 등장 이야기들8) 중에서도 웃기는 공포 영화, 소위 코믹 호러9)물이라고 불리는 장르는 전통적 원혼담

---

5) 이는 어떤 인물의 영웅적 행각을 드러내기 위한 이야기나 신원을 필요로 하는 귀신의 소원 풀이 이야기로 집약하여 볼 수 있다.

6) 이러한 종류의 이야기유형을 크게 신원형, 욕구형, 좌정형의 세 범주로 나누기도 하고 (강진옥, 「원혼설화에 나타난 원혼의 형상성 연구」, 『口碑文學研究』 12, 한국구비문학회, 2001, 4면 참조), 원한의 동기, 해소 방식, 결과적으로 설화수용자가 갖게 된 태도를 기준으로 하여 1) 욕망 좌절, 억울한 죽음, 절실한 염원 및 사후홀대, 2) 직접 보복, 공식적 신원, 신격좌정 혹은 자기현시, 3) 욕망 긍정, 윤리의 옹호, 사당 및 유물의 숭배 등의 유형으로 나누기도 한다(윤주필, 「귀신이야기의 설화적 전통과 범주」, 『도솔어문』 13, 단국대학교 인문대학 국어국문학과, 1997, 11~37면).

7) 강진옥은 신원형 원혼담의 대표적 예로 『아랑형』과 『사그라진 신부원귀』를 들어 분석한 바 있다(강진옥, 위의 논문, 2001)

8) 실제적인 귀신 이야기의 매체적 재생산 현상이라고 부를 만한 문화적 양상은 단적인 예로 '전설의 고향'과 같은 TV 드라마 형식, '여고괴담'과 같은 영화를 들 수 있을 것이다. 이 연구에서는 다양하게 이루어지고 있는 매체적으로 변용된 귀신 이야기들 중에서 전형적인 귀신 이야기와 전통이 닿아 있으면서도 차별화를 하고 있는 영화를 대상으로 논의해 보고자 한다.

9) '코믹 호러'라는 용어는 학술적으로나 사전적으로 정의되지 않은 신조어로 특정 영화 장르의 속성을 지칭하는 것으로 보인다. '코미디'나 '호러'와 같은 명백한 한 가지 양식의

과 관련되면서도 문화적 변용 양상으로 볼 수 있는 현상이라는 점에서 관심을 끌만하다. 따라서 여기서는 <시실리2km>와 <귀신이 산다>[10]를 중심으로 전통적 원혼담과 대비하여 귀신이 등장하는 이야기가 문화적으로 변화한 맥락을 짚어 보고, 이러한 현상의 의미와 효용을 문학교육 측면에서 살펴보고자 한다.

원혼 이야기가 문학 향유의 전통이라는 점에서 문제적인 동시에 문학교육적으로 의미가 있다고 볼 수 있는 것은 근본적으로 귀신과 인간의 소통을 문제 삼고 있다는 점이다.[11] 소통의 문제가 귀신 이야기에서 중요한 문제가 되는 이유는 귀신이라는 존재가 인간도 아니면서 신도 아닌 인간과 초월 세계의 경계에 있는 존재[12]이며, 귀신의 문제는 인간 세계에서 풀어야만 귀신이 있어야 할 초월 세계에 진입할 수 있는 특성이

특성만 지닌 것이 아니라, 이 둘의 속성을 모두 포함하고 있는 복합적인 성격을 지니고 있어 '코믹 호러'라고 한 것 같다. 그런데 이렇게 불리는 영화를 굳이 어느 한 영역으로 분류하라고 한다면 그것은 '코미디'의 영역이라기보다는 '호러'에 들어가야 할 것 같다. 왜냐하면 이러한 부류의 영화들이 귀신과 같은 초자연적이고 기괴한 존재가 중요한 이야기의 소재로 삼고 있지만, 그것이 정통 호러 영화와 같이 무섭기만 한 것이 아니라 '코믹'한 요소를 갖고 있기 때문에 붙여진 명칭이 '코믹 호러'이기 때문이다. <시실리 2km>나 <귀신이 산다>와 같은 '코믹 호러'는 우리나라 영화계에서는 비교적 새로운 장르로 이외에도 <흡혈형사 나도열> 등이 있다.

10) 원혼담의 매체 변용 양상을 다룬다는 측면에서 이 두 작품을 선정한 것은 전통적 원혼담과 유사한 맥락을 지니면서도 '코믹 호러'라는 비교적 새로운 장르라는 점에서 주목할 만하다고 판단했기 때문이다. 그리고 이 두 작품 간의 유사성과 차이점 역시 같은 장르 안에서의 다른 변용이라는 측면에서 흥미롭기 때문이다. 다시 말해 이들은 전통적 원혼담과 근원을 같이 하면서도 현대적 장르로 재생산된 작품이라는 점에서, 그리고 여타의 전형적인 공포물로서의 원혼을 다룬 영화와는 차별성을 지닌다는 점에서 주목하였다.

11) 원혼설화는 쌍방적 시선이 존재하는 설화유형이다. 원혼은 스스로 풀리는 법이 없다. 제3인물을 통한 신원이든 직접 대면을 통한 해결 또는 파국이든 산 자와 죽은 자의 관점이 공존하고 있다. 이른바 소통이 이루어지는 것이다(강진옥, 「원혼설화의 담론적 성격 연구」, 『고전문학연구』 22, 한국고전문학회, 2002, 35~64면).

12) 전형적인 원혼담에서 묘사되는 원혼은 생물학적으로는 죽은, 그러나 의식의 측면에서는 현존성을 유지하고 있는 양면적 존재이다(강진옥, 위의 논문, 2002).

있기 때문이다. 귀신 이야기에서 귀신은 끊임없이 인간과 소통하고자 하는 의지를 표현하는 존재이며, 귀신 이야기이든 일반 고전 소설에서든 귀신이 등장하는 대목은 귀신을 통해 어떤 말하기가 이루어지고 있는 부분이라는 점에서도 그러하다. 또한 문학교육이 다루는 장르의 범위가 문자 텍스트에 국한되지 않고 영상이나 이미지 등 시각 텍스트로의 변용까지를 포괄할 수 있다는 점에서 이러한 시도가 문학교육적으로 의미를 지닐 수 있다고 보았다. 특히 여기서 다루는 영화라는 장르는 어떻게 보면 문학작품보다 대중적 흥행을 목표로 만들어졌다는 점에서 좀더 수용자에 가까이 있는 특성을 지니고 있기도 하다.13) 이러한 수용자에의 접근성은 텍스트 자체의 어려움을 갖고 있는 설화나 고전 소설과의 연계에 의미 있는 방법론을 제공해 줄 수 있으리라 기대한다.

이러한 관점에서 본고에서는 원혼 이야기에 주목하고자 한다. 그것은 귀신 이야기가 갖고 있는 대중적 향유 특성과 소통적 특성이 본 연구가 지향하고 있는 문학교육적 관점에 부합한다고 판단되기 때문이다. 특히 이 글에서는 전통적인 귀신 이야기 자체의 존재 양상과 의미보다는 현대에 들어 영화라는 매체를 통해 지속적으로 변용, 재생산되고 있는 귀신 이야기에 초점을 맞추어 보고자 한다. 이는 귀신 이야기의 전통이 문화적으로 어떻게 변화했는가에 주목하고, 이것이 우리의 문학교육에 어떻게 활용될 수 있는지를 살피는 데 변용된 귀신 이야기의 모습으로서의 영화가 시사하는 의미가 클 것이기 때문이다.

---

13) 이는 여기서 다루는 영화들이 얼마나 흥행에 성공했는가의 여부를 떠나 영화로 제작되었다는 사실 자체가 갖는 대중성을 전제로 할 때 가능한 논의이기도 하다.

2. 귀신 등장 이야기의 문화적 변용 양상

오래 전부터 향유되어 온 귀신 등장 이야기가 현대적 양식으로 어떻게 변용, 계승되어 왔는지 그 양상을 정리하기 위해서는 귀신 등장 이야기가 원래 갖고 있던 주요 요소를 정의하고, 이를 중심으로 하여 비교하는 과정이 필요하다. 기존의 연구에서는 원혼이 등장하는 귀신 이야기의 구조를 대략 원한이라는 심리적 상황을 중심으로 1) 맺힘의 동기, 2) 풀림의 방식, 3) 설화수용자의 태도를 기준14)으로 하거나, 귀신이 가진 원한의 내용과 등장 목적을 기준15)으로 삼아 전형적 원혼 이야기의 구조를 제시하고 있다.

논자에 따라 상술하고 있는 기준이나 하위 구조를 최종 유형 분류로만 보면 다른 듯이 보이지만, 귀신 등장 이야기 그 중에서도 원혼 이야기의 핵심 서사 구조는 1) 원혼의 출현, 2) 원한 형성의 배경, 3) 원한 해소―방법과 결과 등의 요소를 지닌다는 공통성16)이 있다. 다시 말해 원혼이 등장하는 이야기에는 반드시 귀신이 나타나야 하고, 그 귀신이 어떻게 원혼이 되었는가라는 사연이 있어야 하며, 귀신의 원한을 해소하는 과정과 결과가 있어야 하는 것이다. 그리고 각각의 요소 안에는 다른 등장 인물과의 대립적 혹은 지원 관계가 설정되어 있으며, 결과적 혜택―귀신한테나 다른 인물, 혹은 이야기 향유 집단과 관련된 일 등―이 포

---

14) 윤주필, 앞의 논문 1997.

15) 강진옥의 앞의 인용 논문들에서 분류하고 있는 유형의 기준을 이렇게 정리할 수 있다.

16) 강진옥은 원혼담의 대표 설화 두 개로써 ① 원혼형성의 배경, ② 출현의 동기, ③ 원혼 출현, ④ 원혼과의 대면 계기, ⑤ 원혼과의 대면, ⑥ 해결, ⑦ 해원 등 7개를 공통 서사 단락으로 추출하고, 서사구조의 근간을 원혼의 출현과 해원으로 정리한 바 있다(강진옥, 앞의 논문, 2002).

함되어 있다. 이를 간단히 도표화하면 다음과 같다.

[표 1] 원혼 이야기의 핵심 서사 구조

1) 원혼의 출현	• 분위기와 배경 • 이유 • 인간과의 관계 • 귀신 형상
2) 원한 형성의 배경	• 원혼의 과거사 • 원혼의 성격
3) 원한 해소-방법과 결과	• 해결 방식 • 해결자 • 신원의 결과

이제 이러한 귀신 이야기의 구조적 요소를 중심으로 <귀신이 산다>와 <시실리2km>가 전통적 귀신 등장 이야기를 어떻게 변용했는지 살펴보도록 하겠다.

1) <귀신이 산다> - 전통적 원혼담의 일상적 현실화

<귀신이 산다>는 남자 주인공 박필기가 열심히 일한 결과 어릴 적부터 겪은 집 없는 설움을 한 번에 해소할 수 있을 만큼 멋진 집을 사는 이야기에서 시작된다. 문제는 필기가 산 집이 귀신 나오는 집이라는 것. 처음에는 귀신의 존재 자체를 부정했었지만, 필기 앞에 수시로 나타나 온갖 종류의 협박과 위협적 상황으로 그 집에서 나갈 것을 강요하는 귀신을 도저히 당하지 못해 급기야 도망을 친다.

그러다 우연히 맞은 번개로 필기는 귀신을 볼 수 있게 되고, 귀신과 의사소통할 수 있는 능력을 갖게 되면서 이야기가 달라진다. 이제는 필

기가 귀신에게 일방적으로 당하는 것이 아니라 귀신과 맞대결을 할 수 있을 정도가 되었기 때문이다. 필기는 귀신이 하는 말을 알아듣고, 귀신의 모습도 볼 수 있게 되어서 그 귀신이 여자임도 알게 되고, 귀신이 하는 일거수 일투족을 보며 비꼬거나 무시할 수 있는 능력을 갖게 된 것이다. 그 사실을 알게 된 귀신은 당황하지만, 이제는 필기와 소통이 가능해짐으로써 자신이 가진 사연을 털어놓는다.

귀신의 존재를 알고서는 자신의 집에서 도망하거나 집을 처분할 생각만 하던 필기가, 귀신의 사연을 알고 나서 적극적으로 귀신을 도와주기 시작한다. 그리고 귀신이 지키고자 하는 집을 없애려는 부동산 매매업자에게서 다른 귀신의 도움을 빌어서까지 집을 지켜낸다. 필기와 필기 직장의 작업 반장의 노력으로 마침내 필기의 집에 있던 여자 귀신은 님편을 만나 편안히 떠난다는 것이 <귀신이 산다>의 전체 줄거리이다.

이렇게 볼 때 <귀신이 산다>는 원한이 있는 귀신과 이에 맞서는 인간 주인공의 대결과 교감, 그리고 신원 과정을 핵심적인 이야기로 삼고 있는 영화이다. <귀신이 산다>는 서사 구조상으로 크게 두 부분으로 나눌 수 있다. 그것은 귀신과 인간의 관계를 중심으로 볼 때, 귀신이 주인공 필기를 무조건적으로 집에서 내쫓으려고 하는 전반부와 필기가 귀신과 소통할 수 있게 됨으로써 서로의 내력과 사연을 알고 도와주게 되는 후반부이다. 전후반부는 귀신과 주인공 필기의 관계에 반전이 이루어지는 번개 사건으로 나누어지지만, 귀신의 실체가 나타나고 문제의 원인과 해결 가능성이 나타나는 시점을 기준으로 보아도 전후반부의 구성상, 내용상의 차이가 명백히 드러난다. <귀신이 산다>를 전형적인 귀신 이야기 구성에 맞추어 재구성해 보면 다음과 같다.

[표 2] 원혼 이야기 서사구조와 〈귀신이 산다〉

1) 원혼의 출현	분위기와 배경	• 일상적 생활 공간에서 필기가 혼자 있는 상황 • 필기가 산 귀신 사는 집의 주요 공간
	이유	• 귀신이 자신의 공간을 인간으로부터 지키기 위함.
	인간과의 관계	• 적대적→친근함.
	귀신 형상	• 인간의 모습과 다를 바 없음.
2) 원한 형성의 배경	원혼의 과거사	• 예상치 못한 교통사고와 죽어서도 만나지 못하는 상황으로 남편 귀신을 기다림. 귀신이 지키고 있는 집은 남편이 지은 사랑의 결실임.
	원혼의 성격	• 자신이 있는 집에 사람이 들어오지 못하도록 포악한 행동을 하지만, 필기와의 소통 후 마음을 열고 친구처럼 변함. 사랑을 이루려는 한을 지님.
3) 원한 해소-방법과 결과	해결 방식	• 기다림으로 해결하려 하였지만, 필기와의 소통으로 도움을 받아 남편을 만나게 됨.
	해결자	• 상대역 박필기, 필기를 도우는 작업반장
	신원의 결과	• 남편과 함께 편안히 저승으로 감.

이렇게 볼 때, 1) 원혼의 출현 부분에서 속성상 전통적 귀신 이야기와 확연히 다르게 나타나는 부분은 귀신 형상이다. 〈귀신이 산다〉에 등장하는 귀신은 예쁜 여자 귀신이다. 예쁜 얼굴에 예쁜 옷까지 갖춰 입었으며, 수시로 목욕도 하고 화장도 곱게 하여 단장에 힘쓰는 모습은 보통의 어느 여자와 다를 바가 없다. 전통적 귀신 이야기에서 나타나는 산발하여 긴 머리 풀어 헤친 귀신, 피를 흘리고 있거나 피로 범벅이 되어 그 자체로 공포스러운 귀신의 형상과는 매우 다르다. 나머지 요소는 구체적인 내용이 현대 문화적으로 변형되었을 뿐[17] 원래의 귀신 이야기와 다

---

17) 예를 들어 일상적 생활 공간의 실체와 영상 자체는 옛날과 다른 것이 분명하다. 그러나 주인공이 혼자 있는 상황에서 나타나 무서움을 느끼도록 하는 귀신의 출현은 예전과 다를 바가 없다.

르지는 않다고 판단된다. 자신의 공간을 지키기 위해 인간을 쫓아내려는 귀신의 행동들은 전통적 귀신 이야기와 거의 흡사한 모티프이다.

2) 원한 형성의 배경 부분에서 하위 요소 자체의 속성은 전통적 귀신 이야기와 동일한 '한스러움'이지만, 그 속성이 구체화되는 이야기는 현대 문화에 적용되어 '교통사고'나 '집'지은 내력 등으로 다르게 구현되어 있다. 그리고 원한의 소재가 어디에 있는가에 차이가 있다. <귀신이 산다>에서 원혼은 죽어서도 남편을 만나지 못한다는 순수한 이유로 자기 집을 지키려 할 뿐이다.[18]

3) 원한 해소-방법과 결과 부분은 전통적 귀신 이야기와 닮아 있으면서도 현대 문화를 반영하여 무엇이 달라졌는지를 보여준다. 원한의 상대가 아닌 제3의 인물[19]을 통해 신원하게 되는 과정이나 인간 상대역 주인공(필기)를 통해 귀신의 원한을 해소하게 된다는 구조는 전통적 귀신 이야기와 동일하지만, 귀신의 능력을 행사할 수 있는 범위가 공간적으로 명백히 제한되어 있다[20]는 점이 주목된다. 일반적인 전통적 원혼담에서 일반적으로 귀신의 범위가 제한되는 경우는 공간적인 것이 아니라, 시간적인 것이다. 즉 밤에만 활동할 수 있다는 것[21]이 그것이다.

그리고 여기서 눈여겨 볼 것이 귀신의 원한 문제를 해결하는 방식이

---

18) 이런 종류의 사랑 문제는 전통적 원혼 이야기에서의 사랑문제와 다르다. 전통 귀신 이야기에는 이루지 못한 사랑이나 다른 이의 사랑에 대한 질투 문제가 많다.

19) 이러한 존재에 대해서는 강진옥과 하은하의 논의 결과에서도 언급되고 있다. 이 제3의 인물은 원혼의 신원을 가능하게 하는 존재이다.

20) 『귀신이 산다』에서는 귀신이 살고 있는 집안에서만 귀신으로서의 영향력, 즉 마음대로 인간을 능가하는 초월적 능력을 행사할 수 있다. 즉 『귀신이 산다』에서는 귀신의 정체가 '지방령'이기 때문에 그 집의 바깥에서는 존재할 수도 없는 한계가 드러난다.

21) 일반적인 원혼담에서는 원혼을 가진 귀신이 항상 새벽이라는 시간에 한해 등장한다. 전통적 원혼담을 따르고 있는 『전설의 고향』이라는 드라마에서도 이같은 양상은 확인할 수 있다.

다. <귀신이 산다>에서는 애초에 귀신이 사람의 힘을 빌려 신원하겠다는 의지를 갖고 나타나지 않는다. 다시 말해 <귀신이 산다>에서 귀신이 등장하는 이유가 자신의 신원을 목적으로 제3의 인물을 찾는 것이 아니라는 것이다. <귀신이 산다>에서는 자신의 신원을 해결하기 위한 조력자 혹은 위임자로 제3의 인물, 즉 필기를 선택하는 것이 아니라 자신의 신원을 스스로 이루는 데 방해가 되기 때문에 상대역 주인공 필기를 쫓아내려 하는 것으로 나타난다. 그러나 결과적으로 동일한 것은 원혼이 대결하고 쫓아내려 했던 상대역 필기가 신원을 가능하게 하는 제3의 인물 역할을 담당하고 있기 때문이다. 여기서 조역으로 등장하는 작업반장에 눈을 돌릴 필요가 있다. 그의 역할은 제3의 인물이 더욱 제대로 역할을 감당할 수 있도록 도와주는 제3의 인물의 조력자이다. 그는 원래 조력자로서 위치지워진 것이 아니라, 귀신을 볼 수 있는 능력을 가진 존재 정도로 나온다. 그런데 필기가 제3의 인물 역할을 맡게 되자 그때서야 비로소 제대로 조력자의 역할을 하게 된다.

이러한 상대역 필기의 역할과 기능이 바뀌는 계기는 필기가 번개를 맞아 귀신을 볼 수 있게 된 이후이다. 필기가 귀신에게 쫓기다가 번개를 맞기 전까지는 귀신의 정체나 귀신이 자신을 쫓아내려는 이유를 전혀 알 수 없는 상태였지만, 필기가 귀신을 볼 수 있게 된 후로는 귀신의 모습도 보고 의사소통을 할 수 있게 됨으로써 귀신이 가진 원한도 알게 되고, 서로의 문제에 대해 공감하게 되는 것이다. 여기서 중요하게 보이는 것은 필기가 귀신을 돕는 이유이다. 즉 전통적인 원혼담에서 제3의 인물이 신원을 가능하게 하는 역할을 맡게 되는 계기는 원혼의 문제를 해결해야만 자신이 죽음의 위협에서 벗어나고, 어떤 보상을 받기 때문이라할 수 있는데, <귀신이 산다>에서는 그러한 이유가 발견되지 않는다.

물론 결과적으로는 필기가 그러한 원한 해결자로서 역할을 하였기 때문에 물질적 보상을 더욱 크게 받을 것처럼 보이는 장면이 있기는 하지만, 사실 그러한 것은 아니다. 오히려 필기는 제3의 인물의 역할을 맡음으로 해서 물질적 손해를 입는 상황이 벌어진다. 이러한 상황 때문에 필기의 신원 노력은 더욱 순수해 보인다. 그리고 신원 후 필기가 얻게 되는 보상이라는 부분은 미미하기 짝이 없다. 마지막 장면에서 필기가 원혼 해결사로 활약하며 그가 만났던 귀신보다 더 큰 위력을 가진 귀신을 만나는 부분은 그의 순수한 의도를 확인할 수 있게 해 준다.

그래서 <귀신이 산다>라는 영화는 총체적으로는 전통적 원혼담의 형식을 갖고 있지만, 현대 문화에 적합한 일상성을 확보하고 있는 현대적 원혼담이라 지칭할 수 있을 것이다. <귀신이 산다>는 전통적 원혼담이 현대 문화에 적용되었을 때, 무엇이 유지되고 무엇이 변화하는지를 전형적으로 보여준다고 하겠다.

2. <시실리2km> – 원혼담의 희화적 뒤집기

<시실리2km>는 전통적 원혼담을 차용하고는 있지만 앞서 살펴본 <귀신이 산다>에 비하면 상당히 큰 변화를 보이고 있다. 우선 <시실리2km>에서는 주인공이 원한이 있는 귀신을 만나고 그것을 해결하는 과정이 핵심 서사 속에 다른 하나의 이야기로 끼워져 있다. 이 영화에서 귀신은 결말을 이끄는데 핵심적인 역할을 하는 존재임에도 불구하고, 전체적 서사의 틀은 양이라는 주인공이 자신의 조직이 가져야 할 다이아몬드를 훔쳐 달아나서 그것을 찾아야 하는 이야기로 설정되어 있고 그 안에 원혼담이 삽입되어 있는 형식이다.

<시실리2km>는 양이가 속한 깡패 조직이 가져야 할 다이아몬드를 석태라는 사기꾼이 양이를 권투용 샌드백 안에 가둬두고 유유히 훔쳐 달아나는 장면에서 시작한다. 이때 암시적으로 석태가 탄 승용차의 라디오에서 오늘 천둥 번개가 칠 예정이므로 남의 돈 떼어먹은 사람은 조심하라는 우스개 소리가 섞인 일기예보가 나온다. 그리고 석태는 우연한 사고로 시실리에 들어가게 된다.

석태가 접한 시실리라는 마을은 순진한 마을 사람들이 살고 있는 시골이다. 그래서 그가 만난 사람들도 순수하게 농사를 짓고 사는 듯이 보이는 사람들이지만, 알고 보면 석태가 화장실 간 사이에 장난을 쳐서 석태가 기절하게 되는 상황을 만들고, 우연히 본 석태의 다이아몬드에 마음이 빼앗겨 그것을 훔치고자 산 채로 석태를 벽에 묻기까지 하는 순진한 촌사람인 척하는 악한 사람들이다.

문제는 여기서 시작된다. 석태가 훔친 다이아몬드를 차지하려는 나쁜 마을 사람들과 기절해 있는 석태의 감금, 그리고 석태를 뒤쫓아 온 양이 일파의 싸움이 시실리에서 벌어지는 것이다. 여기까지의 이야기로 보면 어쩌면 양이가 주인공이 아니라 석태가 주인공인 것처럼 보이기도 한다. 그러나 핵심적인 것은 그 문제의 해결 과정이다. 석태의 다이아몬드는 원래 주인 양이뿐만 아니라 시실리라는 마을에 사는 전과자 출신의 마을 사람들도 노리는 상황이다. 마을 사람들은 석태를 산 채로 묻어서라도 다이아몬드를 차지하려 하고, 뒤쫓아 온 양이 일파는 마을 사람들을 위협, 윽박질러서라도 석태가 가지고 있는 자신들의 다이아몬드를 찾으려 한다.

석태의 휴대폰으로 전화를 하고, 위치 추적을 하여 시실리에 있다는 사실을 확인한 양이는 마을 사람들에게 석태가 있는 곳을 말하라고 하지만, 다이아몬드 때문에 자신들이 벽에 묻은 석태에 대해 모른척한다. 양이 일파는 석태를 찾는 과정에서 오히려 석태의 이마에 못을 박아 다시 거의 죽음 상태에 이르게 하고, 그날 밤 양이는 한밤 중 능엄경 소리가 가득한 중에 꿈인 듯 생시인 듯 폐교에 가게 된다. 그리고 그곳에서 칼로 찔러도 끄떡없는 여자 귀신(송이)를 만나 기절한다. 아무렇지도 않은 듯한 아침, 다시 그곳을 확인하러 간 양이 일파는 귀신을 만나 줄행랑을 치고, 그 사이 마을 사람들은 석태의 죽음을 확실히 하기 위해 아예 땅에 묻어버린다. 잘 숨겼다고 생각했지만, 끈질긴 추적으로 석태의 양말을 발견하고 마을 사람들이 석태를 숨겼다는 확신을 갖게 된 양이는 다시 윽박지르기 시작한다. 한편 석태는 드디어 다시 살아나 자신이 삼켰던 다이아몬드를 대변으로 손에 쥐며 기뻐하는데, 이 순간 어이없게도 다이아몬드를 손에 쥔 채 석태는 벼락을 맞아 죽는다.

　여기서부터 반전이 시작된다. 양이는 죽은 석태를 찾고, 다이아몬드를 찾는다. 이제까지 다이아몬드 하나에 집착하여 그토록 석태를 죽이려 했던 마을 사람들이 양이가 쥐어 든 한 주머니만큼의 다이아몬드에 충격을 받는다. 다음날 아침, 떠나려는 양이 일파는 마을 사람들의 죽일 듯한 공격에 도망하는 신세가 된다. 양이와 그 일파는 뿔뿔이 흩어져 도망치고, 그 과정에서 양이는 쥐덫에 걸려 다리도 절게 된다. 마침내 절벽에 몰리게 된 양이는 다이아몬드를 삼키고 뛰어 내린다. 물 속인가 싶었는데 신기하게도 양이는 폐교의 문 앞에 있다.[22] 귀신에 놀라 다시는 못들어올 것 같던 그곳에 전화가 있다는 기억에 양이는 용기를 내어 폐교에 온다. 그러나 어김없이 나타나는 귀신, 그리고 양이를 쫓아내기 위한

---

22) 이 부분은 영화 진행 과정에서는 잘 알아채지 못하지만, 이야기상으로는 양이가 죽어서 저승으로 가기 전의 시간이다. 다시 말해, 귀신의 존재로 있는 시간이다.

귀신의 위협. 제발 잠시만 있게 해달라는 양이와 착한 귀신 사이에 여기서부터 소통이 이루어지고, 양이는 다시 살게 되어 마을 사람들에게 붙잡힌다.

여기서부터 흥미로운 것은 양이를 죽여 다이아몬드를 찾으려는 마을 사람들을 방해하는 존재가 귀신이라는 것이다. 그 귀신은 사람의 실체를 얻기 위해 죽은 석태의 몸에 들어간다. 그리고 마을 사람들과 대결하는 과정에서 필요에 따라 여러 사람들 사이를 옮겨 다닌다. 결국, 양이와 그 일파는 콘크리트 속에 묻어 놓고 다이아몬드를 찾으러 가는 마을 사람들 중 한 명에 들어간 귀신이 교통사고를 내게 하여 마을 사람들을 처단한다. <시실리2km>는 <귀신이 산다>에 비해 서사진행상의 반전이 많아 전체 구성과 줄거리를 간단히 정리하기 어려운 측면이 있다. 원혼담의 구성 요소에 따라 <시실리2km>를 정리하면 다음과 같다.

[표 3] 원혼 이야기 서사구조와 〈시실리2km〉

1) 원혼의 출현	분위기와 배경	• 비일상적 상황에서 죽음을 피해 도망하는 절박한 순간 • 전체적 배경은 시실리, 원혼 출현은 폐교와 그 주변
	이유	• 귀신 자신의 삶을 영위하기 위해 인간이 자신의 세계에 침범하는 것을 막기 위함. 여기서는 원혼이 출현했다기보다 사람이 귀신을 보았다고 하는 것이 정확함.
	인간과의 관계	• 적대적→친근함.
	귀신 형상	• 길게 푼 머리, 검은 옷, 동자 없는 눈, 음산한 목소리
2) 원한 형성의 배경	원혼의 과거사	• 고아로 외롭게 자라 고아원 원장만 의지하고 사는 착한 아이였음에도 불구하고, 고아원을 뺏으려는 악당들에 의해 교통사고로 위장한 고의적 살인으로 죽음. 폐교에서 구천을 떠도는

		다른 원혼들과 함께 지냄.
	원혼의 성격	• 스스로 자신의 원한을 풀어야 한다는 자의식이 없음. 오로지 원혼으로서 거두어야 하는 다른 원혼들을 챙기며 살아가기만을 바람. 인간을 위협하는 존재가 아니라 인간을 무서워하는 원혼임.
3) 원한 해소-방법과 결과	해결 방식	• 귀신의 사연에 연민을 느끼게 된 주인공이 원한을 만든 사람들에 대한 복수를 갖고, 그것을 행동으로 옮기는 과정에서 주인공을 좋아하게 된 귀신이 주인공을 지켜내는 행동을 하고 그것이 바로 복수가 됨.
	해결자	• 상대역 양이, 원혼과 시체로 몸을 빌어준 석태
	신원의 결과	• 편안히 귀신 생활을 할 수 있는 무덤 환경 조성 • 상대역 양이의 문제 해결

<시실리2km>의 1) 원혼 출현 부분은 전통적 원혼담과 거의 동일하다. 귀신이 나올 것 같은 공간으로서의 폐교, 그리고 사람을 기절시킬 만큼 괴기스럽고 독특한 귀신의 형상, 사람을 무섭게 만드는 귀신다운 행동 등이 그러하다. 단 좀 세부적인 측면에서 본다면, 귀신의 형상이 전통적 귀신처럼 피를 흘리거나 소복을 입는 것으로 그려진 것이 아니라, 길게 풀었지만 단정히 정리된 머리, 소복이 아닌 검은 색 긴 원피스, 예쁜 얼굴이지만 검은 눈동자가 거의 없는 눈 등 현대적 세련됨이 있는 모습으로 나타난다는 것이 다르다.

2) 원한 형성의 배경에서는 마을 사람들의 욕심으로 억울하게 죽었다는 원혼의 과거사가 전통적인 원한 형성과 비슷함을 보인다. 그러나 원혼의 성격이나 정체성은 전통적 원한담에서와는 정반대로 나타난다.

표에 제시한 대로, <시실리2km>의 원혼은 자신의 원한을 풀어야 한다는 의식 자체가 없다. 그냥 귀신으로서 주어진 삶을 살아갈 뿐이다.[23]

오히려 귀신의 사연을 들은 양이가 복수를 하자고 하고, 귀신은 싫다고 한다. 귀신은 복수한다고 뭐가 달라지냐며 그냥 있겠다고 하고, 양이는 '너 귀신 맞냐'라며 귀신의 정체성에 문제를 제기한다. 그러면서 한이 없냐고 귀신한테는 한이라는 게 있어야 한다고, 한을 풀려면 분노가 있어야 하고, 그래야 하늘나라 올라간다고 양이는 흥분하여 말한다. 이러한 원혼의 성격은 마을 사람들과 귀신의 대화에서도 엿볼 수 있다. 양이를 돕기 위해 석태의 몸을 빌어 나타난 귀신에게 마을 사람들은 낮에는 나타나지 말라고 하지 않았냐고, 사람과 귀신은 서로 이야기하는 것이 아니라고 말한다. <시실리2km>의 원혼은 마을 사람들이 귀신을 쫓아내는 혹은 피하는 형국이라는 점에서 전통적 원혼담과 동일하지만, 원한을 만든 마을 사람들에게 원한이 있어야 하는 귀신이 별다른 악의를 갖고 있지 않다는 점에서는 다르다.

이러한 원혼의 성격은 원한으로 인해 복수심이나 신원 소망을 갖는 것이 아니라 주어진 대로 상황을 수용하는 착하고 유순한 사람의 마음을 연상하게 한다. 귀신으로 살고 있다는 점에서 편안히 저세상으로 가지 못한 원한이 있음은 분명한데, 그것을 풀어서 원귀에서 해방되고자 하는 욕망이나 복수하려는 마음은 가지지 않고 있다.

3) 원한 해소-방법과 결과에서는 귀신을 만난 양이가 제3의 인물로서 신원에 기여하는 바가 있고, 결과적으로 신원이 이루어지며, 모든 문제가 해결된다는 점에서 전통적 원혼담과 유사성을 갖고 있다. 그러나 제3의 인물로서 양이의 활약은 전통적 원혼담에 비해, 그리고 <귀신이 산다>에 비해서 미미하기만 하다. 양이는 귀신 송이보다 적극적으로 마을

---

23) 귀신의 대사 중 '난 지금 딸린 식구가 셋이여.'하며 살아가기 힘들다는 식의 말에서 알 수 있다.

사람들에 대한 분개와 복수심을 지니지만, 현실적으로는 자신을 죽이고
자 덤비는 마을 사람들에게 쫓겨 다니는 신세이고 급기야는 마을 사람
들에게 붙잡혀 산 채로 뱃속을 가르게 된 상황에 처한다. 이때 귀신은
자신의 복수 때문이 아니라, 양이를 돕기 위해 나선다. 원혼으로서의 정
체성이나 능력을 발휘하지 않던 귀신 송이는 양이를 돕는 과정에서 폭
력을 행사하고, 자유자재로 사람들을 우롱하는 힘을 보여준다. 그리고
양이를 도와준 결과가 결국은 자신의 원한을 푼 것이 된다.

　원한의 해소를 위해 실제적인 행동은 못한 양이가 결과적으로는 신원
을 가능하게 하였는데, 이렇게 신원이라는 결과를 두고 볼 때 <시실리
2km>는 전통적 원혼담의 양식을 보이고, 양이는 제3의 인물로 기능한
것이다. 그렇지만, 양이가 제3의 인물로서 한 역할은 귀신이 원한을 풀
려는 마음과 풀 수 있는 계기를 제공한 것이지 신원을 위해 실제로 어떤
행동을 한 것은 아니라는 점에 차이가 있다. 무엇보다 제3 인물로서의
양이는 자격미달이다. 왜냐하면, 제3 인물은 신원을 할 수 있을 만한 권
위나 능력이 있어야 하는데 양이는 자신의 목숨을 지킬 힘도 없는 상태
이기 때문이다. 양이는 죽지 않기 위해 도망해야 하는 절박한 위기 상황
에서 귀신을 돕기는커녕 도움을 받아야 하는 지경인 것이다.

　그리고 일반적으로 원혼담에서 원한의 해소를 위해 제3의 인물과 소통
하는 과정 역시 나타나는데, 소통의 내용이 전통적인 원혼담과는 정반대
로 이루어지고 있다는 것이 흥미롭다. 귀신과 양이의 소통을 통해 이루어
진 것은 원한 해결의 의지 형성이라든가 방법 모색이 아니라 귀신에 대한
양이의 연민, 귀신의 예쁜 모습에 대한 이끌림, 귀신의 양이에 대한 관심
과 좋아하는 감정 등이다. 이런 점에서 <시실리2km>는 원혼담이 아니라
<만복사저포기>나 <이생규장전>과 같은 환상적 사랑 이야기와 닮아 있

다. 전통적 원혼 이야기에서는 제3인물형의 권위를 빌어 원한을 해소하고
자 하는 양상을 보이지만, 여기에서는 권위보다는 소통을 통한 공감, 우
정, 사랑 등의 감성으로 원한을 해소하게 되는 양상을 보인다. 귀신 송이
와 사람 양이의 소통 결과 생긴 사랑의 감정은 귀신이 양이를 살려 보내
는 부분부터 발현되고, 양이가 죽기 직전에 나타나서 마을 사람들과 대결
할 수 있는 힘을 부여한다. 그리고 결과적으로 송이는 평안을 되찾고, 목
표로 한 일을 성취한 양이는 송이의 무덤가를 다듬고, 제사를 올리는 것
으로 영화는 마무리된다.

이렇게 <시실리2km>는 전반적으로 전통적 원혼담이 지닌 형식을 차
용하면서도 귀신과 제3의 인물이 갖는 기능을 뒤집기도 하여 귀신 자체
를 희화화시켜 우스꽝스럽게도 보이게 하고, 살아 있는 나쁜 사람들에
대한 경각심도 불러일으킨다. '사람이 더 무서워'라는 귀신 송이의 말처
럼 괴기스러울 것이라 여기는 귀신보다 무서운 사람들이 있는 세상을,
희화화시킨 귀신을 통해 고발하고 비판하고 있다.

3. 귀신 등장 이야기 전승의 문화적 의미

<귀신이 산다>와 <시실리2km>는 귀신 이야기에 대한 현대 문화적
재해석의 결과라고 할 수 있다. 어떤 문학작품 그리고 그러한 문학작품
향유에 대해 시도하는 문화적 접근은 문학작품에 대해 '삶'이라는 인간
문화와의 관련성을 탐색하는 것이고, 그래서 동일한 문학작품이 시대를
달리 하며 향유되는 과정에서 무엇이 어떻게 변화하였는지를 살피는 것
이다. 동시에 이러한 문학 향유가 시대적, 역사적 변화 속에서 보이는

텍스트 자체의 변화, 즉 여기서 다루고 있는 원혼담의 영화적 재생산이라는 매체 혹은 장르 변화까지를 다루는 것이라고 할 수 있다.

앞에서 볼 수 있었듯이, 영화로 재생산된 원혼 이야기 <귀신이 산다>와 <시실리2km>는 전통적 원한담과 비슷하기도 하고 다르기도 하다. 이러한 유사성과 차이를 이렇게 문화라는 관점에서 놓고 본다면 이글이 목적으로 하는 문학교육적 지향에 더 가까이 다가갈 수 있을 것이다. 그렇다면 무엇이 같고 다른가? 그리고 그것의 의미는 무엇인가?

1) 보편적 삶의 문제의 개별적 해결 지향

옛날이나 지금이나 원한을 가진 귀신이 등장하고, 그 원한을 푸는 이야기가 향유되는 문화 현상 속에는 죽음을 생각하고, 죽음 이후에도 집착할 정도로 심각한 삶의 문제가 시간이 흘러도 계속되는 인생살이의 보편성이 있다. 몇 백 년 전의 원혼담이 지금 이 시대에 영화로 제작된 귀신 이야기와 상통성을 지니고, 그 이야기에 공감하는 바가 있다는 것은 시대가 바뀌어도 변하지 않는 우리 삶의 보편성이 무엇인지를 말해준다.[24]

시간이 흐르고 세대가 거듭 바뀌면서도 여전히 사람이 살아가는 곳에는 죽어서도 잊지 못할 아픈 사연이 생긴다. 그리고 그 아픈 사연은 원한을 지니고 귀신이 된 이야기로 만들어지고, 사람들의 입에서 입으로

---

[24] 귀신이야기가 되풀이되면서도 공감을 주는 것은 우리 사회에 아직도 존재하고 있는 원혼발생의 기제 — 공식적으로 풀 수 없는 문제나 소외된 자들의 해결되지 못한 아픔 등 — 를 암시하는 것으로 볼 수 있다. 어느 시대이건 사람들이 모여 사는 사회 중에는 원귀가 만들어질 수밖에 없는 왜곡된 사회구조와 인간관계, 그리고 그로 인한 개인적 불건강성이 있는 것이다(강진옥, 앞의 논문).

전해지며, 다른 비슷한 사연과 묶여 또 다른 이야기로 만들어지기도 하고[25], 다른 형태를 지닌 문학작품으로 향유되기도 한다. 이러한 원귀가 될 정도로 심각하고 아픈 문제를 다루는 원혼 이야기는 당대 인간 삶의 핵심 문제를 소재로 한다고 할 수 있을 것이다. 그래서 앞에서 분석해 본 <귀신이 산다>와 <시실리2km>는 현대적 삶에서 문화적으로 겪게 되는 문제, 원한을 갖게 될 만한 문제를 교통사고 등에 의한 재난, 돈 등의 물질에 의한 살인자 그리고 희생자의 발생, 착한 사람이 가난하게 살 수밖에 없는 현실 구조에서 찾고 있다.

한편 <귀신이 산다>와 <시실리2km>를 통해 살펴 본 전통적 원혼담과 변용 양상에서 이렇게 되풀이 되는 원귀의 발생과 그것을 이야기로라도 해결해야 하는 삶의 문제는 보편적이지만, 그것을 해결하는 방식 혹은 현대에 가까이 올수록 변하는 문제의 성격은 개별적인 특성을 보임을 알 수 있다. 물론 원래 원혼담의 근본적인 성격이 귀신의 말하기를 통한 원한 문제의 공론화와 해결이기 때문에 공식화의 의미도 지니지만, 그 해결 방식과 결과를 보면 결국 그러한 원한을 갖게 된 사람과 가지게 한 사람을 중심으로 한 개별적인 해결이다. 특히 현대로 올수록 원혼이 될 만한 사연은 사회에 의한 개인의 희생이나 억압, 특정 개인에 의한 개인의 아픔으로 나타나는 경우가 많아 문제의 소재나 해결이 모두 개별화되는 성향을 지닌다고 할 수 있을 것이다.

이러한 원한을 갖게 된 사연은 그 아픔이 얼마나 큰지 죽어서도 저승길을 편히 못가고 귀신이 되어 구천을 떠돌 정도이다. 그래서 귀신이 등

---

25) 하은하는 이렇게 이야기 형성의 바탕으로서의 개인의 체험 혹은 향유층의 역사적 체험을 전제로 하고 재구하여, 그것이 이야기로 변형되는 과정에 개입되는 심리적 기제 파악함으로써 이야기를 통한 문학치료 방법론을 논의한 바 있다.

장하는 대목은 죽음과 같은 절박한 상황이라는 공통점을 지닌다. <귀신이 산다>의 경우에는 특별한 상황이 아니라 장소 문제를 중심으로 하였다는 점에서 다르지만, <시실리2km>는 쫓고 쫓기는 중 죽음을 거치는 과정에서 주인공 양이는 귀신과 대면하게 됨을 전형적으로 보여준다. 그리고 그 대면은 쫓기는 사람과 무서운 귀신 사이에서 사람보다 오히려 귀신을 선택한 황당한 결과이기도 하다. 그런 점에서 <시실리2km>는 귀신보다 잔악하고 무서운 사람들이 어떤 나쁜 짓을 하는지 확실히 보여준다. <귀신이 산다>에서도 이러한 사람들 그리고 사람들이 사는 사회가 지닌 귀신보다 무서운 악함을 볼 수 있다.26)

2) 인간과 귀신 존재의 관계 설정 모색

원한담의 전통적인 모습과 그 변화 양상을 영화에서 확인함으로써 볼 수 있었던 흥미로운 현상은 이러한 이야기의 재생산과 향유 과정에서 시대와 문화를 달리하기 때문에 겪는 변화가 귀신의 존재에 대한 관점으로 드러난다는 것이다. 그리고 그것과 연결되어 인간과 귀신의 관계가 계속 새로이 설정된다. 원래부터 있었던 귀신 이야기에서 인간과 귀신의 관계를 생각해 볼 때, 귀신이라는 존재는 인간이 피해야 하고, 두려워하는 그래서 귀신을 만나는 것만으로 공포스러움 때문에 죽을 수도 있는 무서운 존재이다. 그러다 보니, 어느 서사물에서든 귀신을 만났다고 하면 죽을 때가 되었나 자탄을 하기도 하고, 죽음에 임박한 사람으로서 무서움을 느끼는 것으로 제시된다.27) 혹은 죽을 정도로 긴박한 절대절명의

---

26) 필기와 귀신이 사는 집을 헐값에 매수하기 위해 밤에 몰래 잠입하여 불을 지르는 악덕 부동산업자의 모습이 그것이다.

순간 이야기 속의 인물들은 귀신을 만나 위로를 받기도 하고 미래에 대한 예시를 얻기도 한다.

특히 원한담에서는 귀신의 형상부터 무서움을 자극하는 경우가 많다. 그래서 귀신은 인간이 물리쳐야 할 대상 혹은 극복해야 할 대상이 되고, 귀신 문제를 해결함으로써 귀신이 사라지게 한 인물은 영웅이 된다. 이때 인간과 귀신의 관계는 서로 공생할 수 없는, 마주보고 살 수 없는 것이어서, 인간과 귀신의 대면에는 항상 갈등과 공포가 발생한다.

그런데 코믹 호러물에 와서는 이러한 관계 설정에 변화가 일어났음을 볼 수 있다. 그것은 인간과 귀신이 공존, 공생할 수도 있는 관계이며, 서로 정서적 교감을 나눌 수 있는 관계로의 변화이다. 그래서 원한을 갖게 된 사연에 대한 공감이 가능한 관계로 설정된 것이다.[28] 이는 근본적으로 귀신이라는 존재에 대해 인간 중심으로 수용한 관점을 전제로 한 것이다. 다시 말해, 귀신 이야기가 문화적 변화를 겪으면서 코믹 호러물에 나타난 귀신이라는 존재는 예전과 다른 관점으로 표현되고 있음을 알 수 있는데, 그 경향성을 한 마디로 정의하자면 인간 중심적이라는 것이다.

다른 공포 영화로까지 확대하지 않고 최소한 <귀신이 산다>와 <시실리2km>에서만 본다면 1) 귀신에 대해 괴기스럽거나 흉측하다는 관점

---

27) 귀신 이야기의 고전 소설 수용이 얼마나 대중적인지를 단적으로 알 수 있는 부분이 판소리계 소설 <심청전>이나 <춘향전>에도 나타나는 귀신 등장 대목이다. 이들 소설의 주된 서사 내용은 귀신 이야기와 거리가 멀지만, 주인공의 죽음에 임박한 상황 혹은 죽을지도 모르는 극한 상황에서 귀신은 어김없이 나타난다. 이러한 맥락에서 나타나는 귀신들은 보통 주인공을 위로하거나 주인공의 미래에 대해 예시하는 기능을 한다.

28) 물론 이것이 전통적 원혼담에서는 귀신과 인간의 공감이 불가능하다는 의미가 아니다. 단지 정서적 교감의 정도와 친밀도 측면에서 인간이 귀신을 바라보는 관점이 훨씬 부드러워졌다는 의미이다.

이 아니라 사람의 다른 종류, 혹은 사람과 대등하게 소통할 수 있는 존재, 그러면서도 사람과는 다르고 사람보다 초월적 능력은 있는 존재로 간주하고 있다, 2) 귀신도 사람처럼 먹고 살아야 하는 존재(<시실리2km>의 '난 지금 딸린 식구가 셋이여')이고 예쁘다는 말에 얼굴 붉히고 좋아할 줄도 아는 존재이다, 3) 연민이나 사랑의 정을 가질 수 있는 존재[29]이다, 4) 사람처럼 목욕하고 화장도 하지만 화나면 괴물처럼 변해서 날 죽음에 이르게 할 수도 있는 무서운 존재이다.

이러한 귀신에 대한 관점[30], 그리고 인간과 귀신의 관계 설정에 일어난 변화는 원혼담이 원래 갖고 있던 성격, 즉 원혼 이야기의 서술이 주로 문제 해결자인 생자(生者)의 관점에 있다는 것과 관련이 있어 보인다. 원혼담은 산 자에 의해 원혼의 존재가 탐색되고 밝혀지는 구성방식을 취하는 것이다.[31] 이러한 변화가 이야기 자체에서 구조화되어 나타나는 부분은 인간과 귀신의 소통이 이루어지는 대목이다. 즉 코믹 호러물에서는 예전의 전통적인 원혼담과는 좀 다른 방식의 소통이 이루어진다.

---

29) 이 부분은 전통적인 귀신 이야기 중에서도 욕망형에서 주로 볼 수 있는 귀신에 대한 관점이다. 귀신이 사랑을 할 수 있다는 것이다.

30) 이는 귀신을 초월적 존재로 보는가, 다른 세계의 존재로 보는가로도 구분하여 볼 수 있다. 귀신에 대해 보다 높은 존재라고 보는 것과 다른 세계에 존재하는 것으로 보는 것은 다르다. 힘의 문제, 권력의 문제와 관련되기 때문이다. 예를 들어 귀신을 불러 병을 치료하고자 하는 병자, 예컨대 무속 신앙의 경우라면 귀신에 대해 신적 존재로 여기는 것이다. 그래서 숭배하고 모시는 대상으로 여기게 된다. 반면 귀신을 희화화하고 대화하는 존재로 다루는 것은 초월적, 신적 존재가 아니라 동등한 혹은 하위의 존재로 여기는 태도이다.
현대의 귀신은 명백히 인격화되어 있다. 전통적인 이야기―설화든, 소설이든―에서 나타나는 전형적 귀신은 초월적인 존재이되, 인간과는 다른 태생을 지닌 존재이다. 그런데 현대에는 그것이 이계의 혹은 초월적인 존재이긴 하지만 원래는 인간이었던 존재였던 경우가 많다. 출발은 거기에 있다. 그런데 문제는 어떻게 귀신이 되었는가와 귀신이 된 사연을 어떻게 풀어내는가에 차이가 생기는 것이다.

31) 강진옥, 앞의 논문, 2001, 35면.

예전이나 지금이나 원혼과 인간(일반적으로는 제3의 인물)이 소통을 한다는 것에는 변함이 없지만, 그 정도와 영향력에 있어서 차이가 있다. 전통적 원혼담에서는 귀신이 인간에게 자신의 원하는 바를 전달하는 방식의 일방향성을 주로 보이는 반면, 현대적으로 변용된 이야기에서는 원한을 갖게 된 사연의 전달이나 자신의 소망을 이루어줄 것을 강하게 요구하는 형식보다는32) 인간과 귀신이 마음 깊은 곳에서 서로를 이해, 교감하여 행동이나 인격적 변화까지 가능하게 하는 방식의 적극적이고 쌍방향적인 특성을 보인다.

이러한 쌍방향적 소통의 강화는 <귀신이 산다>에서는 제3의 인물로 기능하는 필기가 귀신의 대리 수행자로, <시실리2km>에서는 제3의 인물인 양이가 대리 경험자로 나타나는 데어서 볼 수 있다. <귀신이 산다>에서 귀신은 집 밖으로는 나갈 수 없기 때문에, 귀신의 소원 풀이를 위해 필기는 귀신을 대신하여 귀신의 남편을 찾아다니고, 그 남편의 행방을 확인한 뒤 작업반장의 몸을 빌어 함께 나간다. <시실리2km>에서는 귀신이 원혼이 된 사연, 어떻게 살고 죽었는지를 알려 주는 과정에서 양이가 귀신의 눈으로 볼 수 있도록 귀신과 양이가 합체가 되는 장면이 있다. 이는 말로 설명하고 이해하는 것보다 더욱 강렬한 것으로, 양이는 귀신의 경험을 직접 체험할 수 있게 된다.

귀신에 대한 태도 역시 마찬가지 선상에서 생각해 볼 수 있다. 이 부분은 <귀신이 산다>와 <시실리2km>가 차이를 보이는데, <귀신이 산다>에서는 특정한 능력이 있는 사람만이 귀신을 보고, 의사소통할 수

---

32) 이는 <귀신이 산다>와 <시실리2km>에서 일방향적 소망 표출 등이 나타나지 않는다는 것이 아니다. 일부 있기는 하지만, 서사 진행상 핵심이 되는 소통 장면에서는 '교감' 혹은 '공감'이라고 할 만한 쌍방향적 소통 작용이 일어나고 있음을 알 수 있다.

있는 것으로 나타나는 반면, <시실리2km>에서는 모든 사람들이 귀신을 알아볼 수 있다.[33] 대낮에 간밤에 갔던 폐교를 다시 갔을 때, 양이와 그 부하들은 귀신을 보고 무서워 도망한다. 다시 말해, 양이만 귀신을 볼 수 있는 것이 아니라, 그 부하들도 볼 수 있었으며, 마을 사람들 역시 귀신이 된 송이를 알아보고, 이야기를 할 수 있었다.

이러한 인간과 귀신의 관계 설정은 귀신을 인간 중심의 관점에서 인격적 존재로 간주하고 있음을 보여준다. 그래서 귀신과 인간의 소통은 더욱 원활해지고, 이들 영화에서 인간이 귀신의 대리 수행자나 대리경험자로 기능하게 된다.

3) 귀신 등장 이야기에서 찾는 '웃음'의 미학

원혼 이야기의 현대적 변용으로서의 <귀신이 산다>와 <시실리2km>가 갖는 미학적 특성은 '웃기는' 공포물이라는 것이다. 귀신이 나오고, 죽음이 나오고, 원한이 맺히고 풀리는 과정이 나오는 과정에서 기본적으로 공포감을 갖게 하면서, 동시에 구조적 반전을 통해 혹은 장면 단위에서 나타나는 인물들의 행위에서 이 귀신 영화를 보는 사람으로 하여금 '웃음'을 짓게 한다. 어떻게 본다면 공포와 웃음이 조화롭게 한 작품 내에 있을 수 없을 듯한데, 코믹 호러물이라 불리는 이 두 영화에서는 공포와 웃음이 절묘한 조화를 이루고 있다.

그렇다면 우리는 원한 가진 귀신 이야기에 코믹함을 가미하게 되는 문화적 동인에 대해 생각해 볼 필요가 있다. '공포물'이라는 장르에 어

---

33) 그렇지만, 볼 수 있다고 하여 소통이 가능한 것은 아니다. 양이가 귀신과 소통할 수 있게 된 순간은 양이가 살아있던 시간이 아니라 죽은 시간이었다.

떻게 하여 '코믹'이라는 코드를 가미하게 된 것일까? 가장 우선적으로는 이런 시도를 요구하는 혹은 받아들이는 수용자의 입장에서 찾을 수 있을 것이다. '웃기는 공포'라는 시도는 기존의 무섭기만 한 공포물에 대한 식상함과 귀신에 대한 다른 관점과 해석의 필요성에 의한 것으로 볼 수 있다. 이는 앞서 살펴 본 귀신에 대한 관점의 변화와 인간 중심의 관계 설정과도 관련된다. 원혼을 가진 귀신이라고 해서 반드시 신원할 의지를 가지는 것은 아닐 수 있다는 관점(<시실리2km>)이나, 귀신이라고 하여 피흘리며 괴기스러운 몸짓을 가지는 것도 아니리라는 관점(<귀신이 산다>)이 그것이다.

다음으로 원한이 있는 귀신이 등장하는 공포물에 '웃음'이 불가능한 것은 아니라는 이야기 구성 자체의 논리를 생각해 볼 수 있다. <귀신이 산다>에서는 필기와 귀신의 대결 부분에, <시실리2km>에는 귀신과 양이의 만남, 소통 부분에서 주로 '웃음'을 유발하는 요소들이 나타난다. 이러한 장면들은 원래의 원혼담에서라면 극도의 공포감이 형성되어야할 부분이다. 그러나 <귀신이 산다>와 <시실리2km>에서는 귀신을 만난 인물이 놀라 황망해 하는 장면이 오히려 해학적으로 보이고, 원한을 해결하는 방식 역시 전통적 이야기와는 차이를 보이게 된다.

한편 귀신과 소통할 수 있게 되는 계기 역시 무거운 공포가 아니라 '벼락'이라는 초자연적이면서도 현실에서 일어나기 힘든 요소로 이루어진다. <귀신이 산다>에서는 귀신에 쫓겨 삶에의 의지마저 잃을 정도로 당황한 주인공이 귀신에게 시달려 더 이상 도망할 곳도 없는 지붕 위의 안테나에 매달려 우는 순간 벼락을 두 번이나 맞아 정신을 놓는 상태가 된다는 설정이 코믹하다. 그리고 정신을 회복하는 계기 역시 우연히 맞은 야구공이라는 설정이 유머러스하다. <시실리2km>에서는 석태가 여러 번 죽었다 다시 살아하는 것 자체가 웃기는 것이지만, 석태가 마침내 다이아몬드를 손에 쥐고 그 성취감에 빠져 호탕하게 웃는 순간 벼락을 맞아 죽는다는 설정이 황당하면서도 웃긴다.

이렇게 <귀신이 산다>와 <시실리2km>와 같은 코믹 호러물에서 전반적으로 나타나는 웃기는 공포감은 귀신 등장이라는 무서운 상황에서도 웃음을 잃지 않게 한다. <귀신이 산다>와 <시실리2km>에서 보이는 이러한 웃기는 공포는 귀신 이야기를, 귀신의 원한을 풀어 주는 이야기를 즐겁고 행복한 이야기로 향유하게 된 문화적 차이를 보여준다. 또한 <시실리2km>에서와 볼 수 있듯이 이러한 차이는 원한 있는 귀신이 원한을 풀 의지를 갖지 못할 수 있다고 보는 해석의 다양성을 허용하는 장르가 '코믹 호러물'임을 알 수 있게 해 주는 양상이다.

보다 인간적으로 변한 귀신의 모습과 등장인물과 귀신의 정서적 교감과 친밀함의 형성은 인격적 존재로서 귀신을 수용하고, 인간 삶의 연장으로서 원혼의 존재를 받아들이는 현대적 문화의 표상이다. 그래서 원혼 이야기에서 원한을 풀어야 할 귀신은 자신의 한을 신원하는 행복을 얻게 되고, 그 귀신을 도운 제3의 인물은 자신의 삶을 정상으로 회복하고, 인간성을 회복하는 행운과 인격적 변화를 겪게 되는 것이다. <귀신이 산다>에서 박필기가 귀신 쫓아내는 직업을 갖고 살게 된 결과나 <시실리2km>에서 양아치 대장 양이가 깡패가 아닌 인간에 대한 연민을 가지게 되고, 자신이 만난 귀신이 편안한 죽음 세계에 들어가도록 기원하는 행위는 새로운 인격의 주체로서 내면적 변화를 겪었다는 것을 보여준다.

4. 귀신 등장 이야기 향유의 문학교육적 효용

이제까지 살펴본 원혼담의 문화적 변화와 의미는 이러한 종류의 귀신 이야기가 가진 효용성을 확장할 수 있는 가능성을 지닌다. 그것은 문화 일반에서 향유됨으로써 가지는 귀신 이야기의 효용이 문학교육적으로 확대될 수 있음을 의미한다.

<귀신이 산다>나 <시실리2km>라는 영화는 어느 연령 이상이면 자유롭게 접할 수 있는 것이다. 그래서 문학교육이나 문학치료와 관련 없이도 향유될 수 있고, 향유자 자신이 알고 있던 전통적 원혼담과 연계되어 이러한 영화의 향유가 즐거울 수 있다.

그러나 이러한 제도 교육이나 특별한 목적 없이 이루어지는 문학 향유와 달리 문학교육이나 문학치료와 같이 어떤 목표를 가지고 구체적인 활동을 설계하여 원혼 이야기를 다룬다면 그 효용성이 최대한으로 기능하여 설정한 목적을 달성할 수 있도록 해야 할 것이다. 이런 측면에서 원혼 이야기가 지닌 확장 가능성을 고려한다면, 몇 가지 의미 있는 요소를 추출할 수 있다.

첫째는 동일한 원혼담이 문화적 변화 과정에서 어떠한 동일성과 차이점을 갖고 있는지를 비교하는 활동을 통해 우리의 설화와 고전 소설을 보다 친근한 영화와 함께 만날 수 있다. 이러한 활동이 가진 강점은 고전 텍스트만으로는 도달하기 어려운 깊이 있는 이해와 자기 경험으로의 환원을 보다 원활하게 할 수 있다는 것이다. 특히 여기서 다룬 원혼담이 가진 내용상의 가치는 우리가 살고 있는 사회와 다른 사람의 삶을 바라보는 내면적 시각을 다룰 수 있다는 것이다.

원혼담은 근본적으로 약자에 대한 관심을 내포하고 있다. 원혼담의 주인공이라 할 수 있는 원한을 가진 귀신은 대체로 사회적 약자이자 소외된 자 혹은 집단이다.[34] 그래서 이러한 이야기의 향유는 이야기 속의 주인공인 원혼에 대한 관점 정립을 가능하게 한다. 왜 그렇게 원혼이 되었고, 어떠한 해결을 필요로 하고 있는 존재인가, 그리고 그 존재에 대해 어떻게 생각해야 하는가는 이야기 자체에 대한 분석과 이해뿐만 아니라, 여기서 나아가 우리가 살고 있는 사회에서의 행복한 삶에 대한 성찰을 할 수 있는 계기가 된다. 그리고 이러한 원혼담을 통해 귀신보다 무서운 사람들, 그 사람들이 함께 공존하는 사회에 대한 비판적인 시각을 갖출 수 있다. 이 과정에서 나 자신의 삶뿐만 아니라 나와 함께 살고 있는 다른 사람의 삶에 대한 따뜻한 시선을 가질 수 있는 것이다.

둘째는 원혼담을 통해 소통의 중요성과 방식을 다룰 수 있다. 원혼담과 웃기는 공포물에 나오는 귀신과 인간의 소통에서 귀신의 말하기는 맺힌 것을 풀어내는 말하기이다. 말하는 귀신[35]이 지니는 서사적 기능은 상대 인물 혹은 주인공과의 소통, 교감 가능성을 지닌다는 것이다. 이는 관계 형성의 기능이고, 그 영향력이 어느 정도인가에 따라 상대 인물을 변화시키기도 하며, 귀신 자신이 변하기도 하는 여러 가지 양상을 보인다. 그래서 사람과 귀신의 소통 과정을 통해 어떤 말하기에 공감하고 들어주는 태도를 파악하고 체험할 수 있다. 그리고 귀신이 가진 원 혹은

---

34) 원혼설화의 주인공은 대체로 사회적으로는 상층보다는 하층, 성별로는 남성보다는 여성, 힘의 연합여부로는 집단보다는 개인으로 나타나 권력이나 기득권과는 거리가 먼 주변적 인물이라는 공통성을 갖는다. 이 같은 원혼주체의 사회적 위상은 원혼담론이 사회적 약자의 이야기임을 단적으로 보여주는 증거이다(강진옥, 앞의 논문, 2002).
35) 말하지 않는 귀신은 보통 공포 영화에 나타난다. 말을 하더라도, 그 말하는 것이 메시지의 내용에 강조점이 있는 것이 아니라, 말하는 분위기 즉 귀신이 등장하고 무서움이 지배하는 분위기에 강조점이 있는 경우에는 귀신이 말을 하더라도 여기서 다루는 말하는 귀신과는 다른 성격의 존재이다. 그러한 귀신은 인간에게 위협적이며 자신의 한풀이를 위해 나타나는 귀신이다.

한을 간접적으로라도 체험할 수 있다. 이는 소통의 힘을 기르는 과정이라 할 수 있으며, 이러한 과정에서 어떻게 억압과 같은 공포나 고통을 이야기로 풀어내는가 하는 방식을 알게 된다.

소통을 중심으로 귀신 이야기의 향유 문화 그리고 역사적 맥락을 본다면, 이러한 이야기 향유에 대한 문화적 의미뿐만 아니라, 문학사적 접근을 할 수 있는 가능성이 있다. 변하지 않는 귀신 이야기 향유의 전통이 지니는 의미를 알 수 있는 것이다. 무엇보다 현대로 올수록 강화되는 소통 정도가 보여주는 쌍방향적 소통에 대한 지향성이 문화적 변화를 나타낸다는 것을 알 수 있다. 나아가 자신이 향유하는 이야기에 대한 분석적 시각을 형성할 수 있으며 이와 함께 이야기의 즐거움도 누릴 수 있는 의의를 지닌다. 원혼담을 통해 이렇게 소통의 중요성을 알고 그 방식과 기능을 알 수 있는 가능성은 원혼 이야기가 해결되지 않은 문제의 공론화의 성격을 지니고 있기 때문이고, 그것은 옛날이나 지금이나 동일하기 때문이다.36)

원혼담에서 소통은 공감성을 강화하는 기제이다. 그래서 원혼담에서 귀신과 인간의 만남이 이루어지는 부분에는 반드시 공포와 소통을 위한 갈등 과정이 있다. 이것은 전통적인 원혼담이나 현대적인 것이나 마찬가지이다. 그리고 그러한 과정을 거쳐 이루어진 소통과 공감의 결과는 해원이고 행복이다.

셋째는 관계성의 문제를 다룰 수 있다. 원혼담에서 가장 중요한 문제는 사람과 사람 사이, 그리고 사람과 귀신 사이의 관계성이다. 원혼 이

---

36) 원혼 설화가 널리 향유되었다는 사실은 그 제기하는 바 문제의식이 민중적 공감대를 형성하고 있었음을 말해주는 것이다. 그것은 관습적으로 존재해 온 원혼관념에 기반함으로써 집단적 차원의 공감대를 확산시켜 사회적 문제의식으로 담론화할 수 있는 근거를 마련할 수 있었던 것이다(강진옥, 앞의 논문, 2002).

야기는 파괴된 관계성을 회복하는 과정을 다룬 것이라 할 수 있으며, 그래서 원혼 이야기를 인간 삶의 보편적인 국면으로 확장한다면, 그것은 제대로 된 인간으로서의 삶에 대한 문제에 대한 답을 찾는 과정이 될 수 있다. 왜 이런 방식으로 이야기가 향유되고, 현재까지도 계속해서 재생산될 수 있는지 그리고 원혼담의 주인공이 아닌 나 자신을 둘러싼 세계에서 만들어지고 있는 관계들에 대해 생각해 볼 수 있는 계기가 마련될 수 있는 것이다.

참고문헌

강진옥, 「원혼설화에 나타난 원혼의 형상성 연구」, 『口碑文學硏究』 12, 한국구비문학회, 2001, 1~45면.

강진옥, 「원혼설화의 담론적 성격 연구」, 『고전문학연구』 22, 한국고전문학회, 2002, 35~65면.

김성룡, 「비형 이야기에 나타난 귀신 이야기의 구성 원리」, 『선청어문』 24, 서울대학교 국어교육과, 1996, 377~410면.

김재용, 「귀신 이야기의 기호학」, 『한국학논집』 30, 계명대학교 한국학연구소, 2003, 61~74면.

서유경, 「<심청전>에 나타난 기도의 문학교육적 효용성 연구」, 『문학교육학』 15, 한국문학교육학회, 2004, 265~298면.

신원기, 「귀신담에 나타난 인귀의 관계 양상과 의미」, 『어문학교육』 21, 한국어문교육학회, 1999, 205~228면.

윤주필, 「귀신론과 귀신이야기의 관계 고찰을 위한 시론」, 『國文學論集』 15, 단국대학교 인문대학 국어국문학과, 1997, 147~174면.

윤주필, 「귀신이야기의 설화적 전통과 범주」, 『도솔어문』 13, 단국대학교 인문대학 국어국문학과, 1997, 11~37면.

정운채, 「<시교설 (詩敎說)> 의 문학치료학적 해석」, 『국어교육』 104, 한국어교육학회(구 한국국어교육연구학회), 2001, 347~371면.

정운채, 「고전문학 교육과 문학치료」, 『국어교육』 113, 한국어교육학회(구 한국국어교육연구학회), 2004, 103~126면.

정운채, 「고전시가론에 대한 문학치료학적 조명」, 『한국시가연구』 10, 한국시가학회, 2001, 331~352면.

조현설, 「조선 전기 귀신이야기에 나타난 신이(神異) 인식의 의미」, 『고전문학연구』 23, 한국고전문학회, 2003, 147~178면.

조희웅, 「귀신의 정체」, 『한국학논집』 30, 계명대학교 한국학연구소, 2003, 31~42면.

최원오, 「鬼神說話가 서사무가와 판소리에 수용된 양상 연구」, 서울대학교 석사학위논문, 1993.

하은하, 『귀신 이야기와 문학치료』, 문학과 치료, 2004.

제 9 장

'영화 대 영화' 형(型) 방송 프로그램에 대한 미디어 서사교육적 연구

—KBS의 〈배칠수의 종횡무진〉 분석을 중심으로—

김 근 호
순천대학교 국어교육과

1. 영화를 통한 미디어 서사교육의 가능성

오늘날 국어교육에서 미디어 교육은 중요한 위치를 차지하고 있다. 이에 따라 미디어의 비판적인 수용과 창의적인 미디어 문화 생산에 관한 국어교육적인 연구 역시 어느 정도 진척되어 있는 편이다.[1] 미디어 환경이 급격하게 변화하고 있고, 또 언어 활동에 미치는 영향력이 커져 가는 만큼, 국어교육에서 이를 본격적으로 다루는 것은 당연한 일이다. 하지만, 국어교육에서 미디어 교육은 아직도 보다 더 많은 연구 성과를 기다리고 있는 영역이기도 하다. 현재 대표적인 미디어인 신문이나 텔레비전을 대상으로 한 연구는 많이 있다. 하지만, 서사교육에 대한 논의를 볼 경우, 오늘날 미디어 문화의 많은 부분을 차지하고 있는 영화와 관련된 연구가 다소 부족한 편이다. 미디어의 정보적 속성 못지 않게 중요한 것은 미적 속성으로서 이를 잘 보여주는 영화를 국어교육적인 차원에서 본격적으로 다룰 필요가 있다.

영화는 오늘날 대표적인 서사물의 하나이다. 많은 사람들은 영화를 통해 예술과 인생, 사회, 인류를 이해한다. 사람들은 자신의 사적 영역을 원활하게 이끌어 가는 데에도 영화를 효과적인 수단으로 활용한다. 오늘날의 많은 연인들이 영화 관람을 하면서 데이트하는 경우를 상기해 보

---

1) 몇몇 논문을 포함해, 최근의 연구 성과를 대표하는 저서들을 참고할 수 있다.
   박인기 외, 『국어교육과 미디어 텍스트(제2판)』, 삼지원, 2003.
   우한용 외, 『신문의 언어문화와 미디어 교육』, 서울대출판부, 2003.
   김대행 외, 『방송의 언어문화와 미디어 교육』, 서울대출판부, 2004.
   정현선, 『다매체 시대의 국어교육과 문화교육』, 역락, 2004.

라. 사회 전반을 보더라도 영화는 중요한 미디어 문화를 형성하고 있다. 이제 영화는 현대인의 삶에 일상적이면서도 매우 중요한 미디어 환경으로 자리를 잡았다. 특히 요즈음은 영화와 관련된 미디어 담론, 예컨대 신문이나 잡지 혹은 지상파 방송 등에서 영화 관련 코너나 프로그램이 많이 보인다. 홍보성이 짙은 영화 소개 코너에서부터 영화 비평 코너, 그리고 영화를 소재로 한 스토리텔링(storytelling) 코너까지, 이들 영화 관련 미디어 담론은 대중 매체를 타고 활성화되어 있는 상황이다. 그런 점에서 영화는 그 자체로도 서사 연구의 대상이 되지만, 영화와 관련된 미디어 담론 역시 연구 대상이 될 수 있을 것이다. 이 연구는 방송에서 이루어지는 영화 관련 스토리텔링 코너에 주목한다. 미디어 형식이 메시지에 미치는 힘이 큰 만큼, 방송 매체가 오늘날 스토리텔링의 논리에 미친 영향력에 주목하는 것이다.

국어교육에 대한 논의 중 지금도 계속되는 것으로 서사교육의 내용을 모색하는 동향이 있다.[2] 현대 사회에서 서사의 위상을 재점검하면서, 소설을 포함한 문학의 위기를 서사 일반에 대한 교육적 논의로 승화시키고자 한 시도였다.[3] 그러나 아직도 서사교육에 대한 논의는 소설에 치중하고 있어서 원래의 의도가 활성화되지 못하고 있다. 오히려 다른 영역에서 서사에 대한 관심이 증폭하고 있는 실정이다. 사정이 이렇게 된 원인은 아무래도 '국어교육은 언어교육'이라는 명제를 좁게 해석해 시야를 넓히지 못했거나, 고전적 인문주의에 대한 미련을 떨쳐버리지 못했기 때문으로 판단된다. '지금 여기'라는 삶의 문맥에서 미디어 교육의 가치

---

2) 우한용 외, 『서사교육론』, 동아시아, 2001.
3) "소설의 위기는 서사의 변형과 새로운 형태의 서사가 발흥되어 나오도록 유도할 것이다. 서사교육에서 이러한 변화를 긍정적으로 수용해야 함은 물론이다."(우한용 외, 위의 책, 20면)

를 주장할 수 있고, 영화와 관련된 미디어 담론이 서사교육적 가치를 지
닌다면, 국어교육에서는 이를 중요하게 다루어야 할 것이다.

이러한 문제 의식에 따라 이 연구는 방송 매체가 영화 텍스트를 대상
으로 새로운 서사 문화를 생산하는 국면에 주목하고자 한다. 특히 영화
를 대상으로 한 스토리텔링에 초점을 맞추고자 하는데, 이러한 활동이
가장 흥미롭고 또한 진지하게 일어나는 장르가 이른바 '영화 대 영화'라
고 판단된다. MBC『출발 비디오 여행』(매주 일요일 12 : 00~13 : 00 방영)
에서 시작된 <영화 대 영화>(현재 개그맨 김경식 진행)라는 코너는 이미
영화 소개 프로그램의 전형적인 포맷(format)으로 자리잡았다. 다른 지상
파 방송 KBS, SBS 둘 다 영화 소개 프로그램이 있는데, 각각의 프로그
램 역시 영화 비교 코너를 비중 있게 다루고 있다. 우선 SBS는『접속무
비월드』(매주 일요일 12 : 10~13 : 00 방영)에서 개그맨 전창걸이 진행하는
<영화 공작소>를 선보이고 있다. 2005년 2월부터 진행자가 개그맨 안
상태로 바뀌긴 했지만 KBS는『토요 영화 탐험』(KBS 2TV, 매주 토요일 1
1 : 50~12 : 50 방영)에서 개그맨 배칠수가 진행하는 <배칠수의 종횡무
진>[4]을 선보였다. 이들 모두 MBC의 <영화 대 영화>를 모방한 것들이
다. 진행자만 다를 뿐이지 사실상 진행 방식이 판에 박은 듯 똑 같다. 이
미 MBC의 <영화 대 영화>라는 코너가 고정적인 인기를 누렸기 때문
에, 다른 방송국이 따라 하는 것으로 보인다.[5] 서로 관련되는 두 편의
영화를 대상으로 상호텍스트적인 요소를 찾아 해설자가 새롭게 이야기

---

4) 2005년 2월부터 개그맨 안상태로 진행자가 바뀌었다. 그리고 해당 코너의 제목 역시 바
  뀌었는데 <안상태의 영화 속, 빠져봅~시다!>이다. 하지만 진행자와 표면적인 제목만 바
  뀌었을 뿐, '영화 대 영화'의 기본 포맷은 그대로 지켜지고 있다.
5) 그래서 원조인 <영화 대 영화>를 존중해 이러한 유형의 영화 소개 코너를 일반명사화
  하여 '영화 대 영화'라고 부르기로 한다.

를 엮어가는 것은 새로운 서사를 생산하는 활동이다. 그러면서 기존의 영화를 영화 문법의 틀에서 다시금 이해하는 일이기도 하다. 이는 '영화 대 영화'가 서사와 비평의 창조적인 결합 형태라는 점을 말해주는 것으로서, 우선에는 서사교육적 의미를 지니면서도 문학교육, 나아가 활동 중심의 국어교육적 가치를 확보할 수 있음을 시사한다.

요컨대 이 연구는 이미 영화 관련 방송 프로그램에서 간판 코너로 자리잡은 '영화 대 영화'의 서사 구성 원리를 밝히고, 이를 토대로 '미디어 서사교육'6)의 틀을 모색하는 데 목표를 둔다고 할 수 있다.

2. '영화 대 영화'의 서사 구성 방식

이 장에서는 영화 비교 분석 프로그램의 서사 구성 방식을 실증적으로 살펴보고자 한다. 연구의 편의상 KBS『토요 영화 탐험』(2004년 11월 27일 방영)의 <배칠수의 종횡무진>을 연구 대상으로 할 것이다.7) 개그맨

---

6) 여기서 사용한 '미디어 서사교육'이란 말은 다소 낯선 용어이다. 미디어 교육이라는 기존의 용어와 서사교육이라는 용어를 결합시켜 만든 용어인데, 다소 임의적인 성격이 있다. 중요 개념은 뒤에 쓰인다는 통념으로 볼 때, 이 말이 서사교육의 개념을 중심으로 놓고 미디어를 수단과 방법으로 활용한다는 의도로 읽힐 수도 있을 듯하다. 하지만 오늘날의 서사 현상이 미디어에 의해 그 본질적 속성까지도 결정된다는 점에서 미디어를 단순한 수단이나 방법으로만 볼 수도 없는 것이 사실이다. "미디어는 메시지다."라는 마셜 맥루언의 말처럼 의사소통의 본질을 규정하는 것이 미디어 환경이다(M. McLuhan, *Understanding Media*, 마셜 맥루언, 김성기·이한우 역,『미디어의 이해』, 민음사, 2002, 35~55면 참조). 따라서 '미디어 서사교육'이라는 말은 어느 한편에 무게 중심을 두기보다는 국어교육이라는 큰 틀에서 '미디어'라는 개념과 '서사'라는 개념을 동일한 위상에서 응축한 것으로 보아야 할 것이다.

7) 이 연구가 <배칠수의 종횡무진>을 분석 대상으로 삼은 까닭은 이 코너가 '영화 대 영화'의 포맷을 가장 명확하게 보여준다는 판단 때문이다. 특히 <배칠수의 종횡무진>은 동일한 장르의 다른 두 코너와는 달리 이야기할 내용의 제목을 보여준 후 단계별로 이

배칠수가 헐리우드 영화 <스파이더맨2>[8]와 한국 영화 <아라한(阿羅漢) 장풍 대작전>[9]을 비교 분석한 사례를 대상으로 한다.

<배칠수의 종횡무진>에서 구연자[10]인 배칠수는 두 영화를 말 그대로 '종횡무진'하면서 시청자들에게 즐거움과 정보를 선사하고 있다. 이 '종횡무진'이라는 말에는 서로 다른 두 영화 텍스트의 대결 구도와 그 속을 가로지르는 상호텍스트성이 반영되어 있다. 또한 '배칠수'라는 행위 주체의 설정에는 영화에 대한 비평과 이야기 생산의 논리가 반영되어 있다.

야기를 진행해간다. 그리하여 보다 분명한 비평적 시선을 노출하는 효과를 거두고 있다. 바로 이러한 점에서 <배칠수의 종횡무진>을 가장 적절한 연구 자료로 삼게 되었다.

8) 샘 래이미(Sam Raimi) 감독의 영화 <스파이더맨2>(2004)는 <스파이더맨>(2002)의 후속작인데, 성공적인 속편으로 평가받는다. 유전자 조작 거미에 물려 스파이더맨이 된 피터 파커(토비 맥과이어 분)가 주인공이다. 그는 모두에겐 영웅이지만 정작 자신에겐 어려운 일 투성이다. 스파이더맨의 신분을 밝힐 수 없는 상황에서 사랑하는 메리 제인(커스틴 던스트 분)과의 약속은 어긋나기 일쑤고, 스파이더맨에 죽은 아버지의 복수심에 불타는 친구 해리의 모습 역시 모른 척할 수밖에 없다. 한편, 피터가 존경하는 핵물리학자 옥타비우스 교수는 실험중 사고로 기계촉수를 휘두르는 악의 화신 '닥터 옥토퍼스'가 된다. 이제 과학재단을 운영하는 해리가 닥터 오크에게 절실한 트리늄을 빌미로 거절못할 제안을 하면서 도시 전체가 걷잡을 수 없는 위험에 휘말린다. 스파이더맨은 악당이 된 닥터 옥토퍼스와 현란한 결투를 벌이며, 시련 끝에 악을 물리치고 사랑하는 여인의 마음도 사게 된다.

9) 류승완 감독의 영화 <아라한(阿羅漢) 장풍 대작전>(2003)은 평범한 순경(류승범 분)이 세상에 숨어살던 도인들을 만나 무예를 연마한다는 내용의 무협 액션물이다. 하는 행동마다 어설픈 순경이 어느 날 뛰어난 무공을 지닌 여자 주인공(윤소이 분)을 도심 한복판에서 만난다. 그녀가 날린 장풍을 잘못 맞고는 그 여자주인공 집으로 들어가게 된다. 그는 여주인공의 집에서 무술을 배우게 되고, 여주인공의 아버지가 무공의 전법을 전수하려 한다. 그리고 이를 노리는 악당이 등장하게 되자, 주인공은 이 악당과 대결을 벌인다. 물론 주인공은 천신만고 끝에 승리를 거두게 된다는 내용이다.

10) 이 연구에서는 '구연자(口演者 : storyteller, oral performer)'라는 용어를 쓰기로 한다. 배칠수 같은 개그맨이 구술성을 바탕으로 이야기를 연출, 혹은 연행하는 모습을 보이기 때문이다. 보기에 따라서는 '영화 대 영화'의 구연자가 판소리 창자와도 유사한 터라 현대판 소리꾼이라고도 할 수 있을 것이다.

1) 대결 구도와 게임(game)의 원리

'영화 대 영화'는 서로 다른 두 영화 텍스트를 비교하면서 대결시킨다. 단순 비교가 아니라 각 텍스트를 앞서거니 뒤서거니 하면서 대결시키는 것이다. 원래부터 독립된 두 영화는 배칠수 같은 재담꾼을 만나 낯선 영화와 서사적 승부를 겨뤄야 한다. 이 코너의 시작 부분을 보자.

> 진행자1 : 이 남자의 탁월한 안목! 뛰어난 비교 분석!
> 진행자2 : 종횡무진의 배칠수씨 모셨습니다.
>   (일제히 "안녕하세요!"를 하며 인사)
> 배 칠 수 : 안녕하세요. 배칠수입니다. 제가 오늘 준비한 영화는요, 물론 늘 괜찮은 영화를 준비합니다만은, 오늘 특별히 더욱더 괜찮은 영화들로 준비했습니다. 제가 조금만 더 수식어를 갖다 붙이자면요. 초특급, 울트라, 슈퍼~ 어후, 액션 블록버스터 SF 대작...
> 진행자1 : 아니, 뭐가 그리 길고 거창해요?
> 배 칠 수 : 오늘은 지구의 운명을 짊어질 슈퍼 히어로들에 대해서 분석의 돋보기를 들이대어 봤는데요. 악당과 맞서 싸울 정의의 불사조! 그들은 누구인가? 만나보시죠. <u>이리 뜯어보고 저리 핥켜보는 완벽한 비교 분석, 배칠수의 종횡무진!</u>
> (두 영화 화면의 시작)
> 첫 번째 영화는 거미에 물린 그 날부터 탄력 좋고 질긴 거미줄 쫙쫙 쏴대던 신기의 사나이. 불그래 죽죽하고 푸르딩딩한 쫄쫄이 스판텍스를 입은 날쌘돌이 사나이. 그 남자의 지구 방위 스토리! <u>그리고 이에 맞설 영화는</u> 바로, 장풍을 맞은 그 날부터 어머니 잔소리에도 아랑곳 아니하지 하고 수도 정진에 전념한 남자. 폭음과 물위를 안방 건너 듯하는 옹골차고 기운 센 남자. 그 남자의 인류 구원 대 작전! (밑줄 : 인용자)
>
> — <u>〈스파이더맨2〉, 그리고 〈아라한 장풍대작전〉</u>

인용한 대목에서 보듯이 구연자는 두 영화를 비교 분석하는 것임을 명시적으로 드러내고 있다. 그리고, 두 영화를 본격적으로 소개하기 앞서 간략한 내용을 압축해서 들려준다. 그러면서 두 영화를 맞세우는데, 이로써 배칠수는 자신이 펼쳐갈 서사의 기본 구도를 대결 양상으로 설정하고 있다. 이 대결 구도가 구연자의 입장에서나 시청자의 입장에서나 서사적 즐거움의 원천이 되고 있다. 즉, 게임의 원리가 반영되어 있는 것이다.

일반적으로 우리들은 대중 매체에서 정보만을 얻지 않고, 즐거움을 찾는 데 보다 많은 시간을 할애한다. 그 즐거움의 원천은 대결 구도에 따른 경쟁 관계에 있다. 즐거움이 가장 중요한 스포츠나 오락 프로그램은 대부분이 대결을 통한 경쟁 관계를 중심으로 구성된다. 스포츠(sports)는 대부분이 대결 구도이다. 혼자 하는 운동은 그냥 운동일 뿐이지만, 스포츠는 대결 구도를 통해 오락적 성격을 얻게 된다. 즉, 게임(game)이 되는 것이다. 야구나 농구, 축구 등의 대중적 스포츠를 보더라도 이는 쉽게 알 수 있는 일이다. 마찬가지로 순수 오락 프로그램에서도 유사한 원리가 발견된다. MC로 유명한 허참이 오랫동안 진행해 온 KBS <가족 오락관>을 보면, 여성팀 대 남성팀으로 게임이 진행된다. 마찬가지로 토요일 오후나 일요일에 방영되는 오락 프로그램의 대부분은 팀을 나눠 경쟁하는 구도로 되어 있다. 대결 구도는 프로그램을 진행하는 사람도 재미있게 하지만, 지켜보는 사람도 재미있게 한다. 그것은 게임의 원리 때문이다.

그런데, 게임이란 놀이(play)와 다르다. 노동(labor)과 놀이는 대비적 개념이다. 과업 지향의 노동은 해야 하는 일을 하는 것이지만, 놀이는 '재미를 얻기 위해 하는 것'이다. 이 둘은 상호 배제적이기보다는 상호 의

존적이라고 할 수 있다. 같은 일을 하더라도 취지에 따라 노동이 되기도 하고 놀이가 되기도 하기 때문이다. 문제는 게임이 놀이와는 또 다른 성격을 갖는다는 점이다. 사실 이 둘을 구분하기는 쉽지가 않다. 하지만, 게임은 놀이보다는 좀더 엄밀한 특성을 지니는데, 노동은 아니면서 그렇다고 그냥 노는 것과도 다르다. 게임은 놀이에 하나 이상의 구성 규칙을 덧붙인 것을 의미한다. 예컨대, 아이들이 모래 사장에서 모래성을 쌓고 노는 것은 놀이이지만, 쌓은 모래성의 크기나 아름다움을 비교하기 위해 모래성을 경쟁적으로 쌓는 것은 게임이 되는 것이다.[11] 이런 논리로 볼 때, '영화 대 영화'의 서사 구성 방식에는 분명히 게임의 원리가 반영되어 있음을 알 수 있다. 그 게임의 원리가 새롭게 생산되는 서사물를 매개로 생산자와 수용자를 연결짓는 것이다.

2) 상호텍스트성에 따른 해석적 담화 구성

인물 혹은 주제 등의 공통점을 바탕으로 기획되는 '영화 대 영화'는 두 텍스트의 대결 구도와 함께, 또 다른 방식의 서사 구성을 보이고 있다. 구연자가 두 텍스트 간의 유사성을 읽어내고 이를 하나의 이야기로 엮어 가는 것이다. <배칠수의 종횡무진>에는 본격적인 이야기를 전개하기 앞서 소제목이 쓰여진 화면을 제시한다.[12] 전개될 이야기의 내용을

---

11) 놀이에 관한 이론가로 알려진 로제 카이유와는 모든 놀이에는 규칙이 있다고 주장한다. 하지만, 이 전칭 판단에는 무리가 있어 보인다. 놀이 일반의 양상을 보다 구체적으로 살펴보면, 단순한 놀이와 구별되는 게임이 발견된다. 즐거운 활동이기도 하면서 특정 맥락과 목적에 맞게 수행되는 것이 게임(game)이기 때문이다. 따라서 단순한 놀이와 게임을 나누어 보아야 할 것이다(R. Caillois, *Les Jeux et Les Hommes*, 로제 카이와, 이상률 역, 『놀이와 인간』, 문예출판사, 1994, 13면 참고; P. O'Neill, *Fictions of Discourse*, 패트릭 오닐, 이호 역, 『담화의 허구』, 예림기획, 2004, 46~47면 참고).

하나로 정리해서 보여주는 셈인데, 이는 두 영화의 공통된 내용 혹은 주제를 파악하고 드러내는 방법으로 볼 수 있다. 그리고 난 후, 그 포맷에 따라 각 작품에 나타난 인물의 공통점을 살피고 있다. 각각의 내용을 영상과 함께 차례대로 진술하는 방식이다.

소제목 화면 : "(I) 실수 투성이어서 더 인간적인"

배 칠 수 : 먼저 <스파이더맨2>입니다. 지구를 위해 밤낮 없이 살신성인의 자세로 뛰어 다니는 우리의 주인공 피터! 그러나 누구도 알아주지 않는 서러움에 무료 봉사를 고수하다보니, 알바까지 뛰어야 겨우 입에 풀칠하는 경제적 어려움! 더구나 배달 시간에 쫓겨 거미줄타기를 하며 초고속 서비스에 전력을 기울였건만, 쓰러지는 대걸레 마냥 무너지는 자존심.(잠시 <스파이더맨2>의 주인공이 손님에게 배달 늦었다고 핀잔 듣는 장면) 손님에게 무시 당해, 주인에게 괄시 당해!

(…중략…)

진행자1 : 여기 주인공도 만만치 않게 모자라 보입니다.(모두 웃음)
배 칠 수 : 겉보기에도 허리멍텅 헐렝이! 하지만 감춰진 능력은 짱이라며 그의 경찰복을 잡고 늘어지는 이가 있었으니... (잠시 <아라한 장풍 대작전> 주인공(유승범 분)이 도사들을 만나 자신의 능력을 확인하게 되는 장면) 장풍까지 쏘며 자신들의 장사 밑천 죄 다 발라주는 도사 어르신들. 이들이 눈씻고 찾던 재목이 글쎄, 바로 요 포돌이라는 겁니다. 사탕발림 요리조리

---

12) 매 코너가 반드시 그런 것은 아니다. 소제목 화면을 제시하지 않고 진행되는 경우도 있다. 원조 격인 MBC의 <영화 대 영화>나 SBS의 <영화 공작소>는 대체로 소제목 화면이 없이 진행된다. 그러나 이들 코너가 공히 서로 다른 영화를 비교 분석하는 작업이기 때문에, 나름대로의 비교 분석의 코드가 있다. 따라서 소제목의 존재는 편의적인 선택 사항으로 봐야 한다. 말하자면, KBS의 <배칠수의 종횡무진>은 시청자들의 편의를 좀 더 배려한 것으로 볼 수 있다는 것이다.

> 구워삶긴 끝에 득도의 길에 접어든 우리의 주인공! <u>그는 스파이더맨의 피터처럼 실수 투성이입니다.</u> 하지만, 그래서 그에겐 더욱 정감이 가지요. <u>과장된 멋이나 쓸데없는 비장미, 이런 것들은 도리어 식상함을 부추기던 겉치레였음을 두 작품은 잘 알고 있습니다.</u> (밑줄 : 인용자)

인용된 자료에서 보듯이, 구연자는 두 영화 텍스트의 유사성을 인물에서 찾아내어 둘의 관계를 설정한다. 그리하여 텍스트에 나타난 유사성을 통해, 원래의 서사적 구조까지도 이해시켜주고 있다. 따라서 배칠수 같은 구연자는 원 텍스트에 대해 보다 면밀하게 검토를 해야 한다. 그 검토가 충분해야 새로운 이야기 흐름을 만들어 낼 수 있기 때문이다.

이처럼 아무 관련이 없을 듯하던 두 영화는 <배칠수의 종횡무진>이라는 코너에서 긴밀한 관련성을 지니게 된다. 둘 간의 유사성(similarity) 혹은 친근성(familiarity)이 밝혀지는 방식으로 진행되므로, 영화 텍스트 간의 상호 관계가 드러나게 된다. 그런 점에서, '영화 대 영화'는 상호텍스성13)을 기반으로 하여 새로운 해석적 담화를 생산하는 서사 활동이라 할 수 있다. 그것도 서술(narration)이 직접적이면서 실시간에 일어나는 활동이다. 여기에서 우리는 은유와 환유가 서로 뒤섞이며 서술의 형태가 갖추어짐을 확인할 수 있다. 두 텍스트 사이에 나타나는 유사성의 발견과 선택은 은유(metaphor)의 원리이다. 그런가 하면, 그렇게 발견된 유사

---

13) '상호텍스트성(intertextuality)'이란 크리스테바(J. Kristeva)의 용어로 둘 혹은 그 이상의 텍스트들 사이의 관계를 의미한다. 그 관계는 각 텍스트의 기호 체계가 서로 간에 깊이 있게 침투해 있는 경우를 가리킨다(S. Cohan, & L. M. Shires, *Telling Stories*, 스티븐 코핸·린다 샤이어스, 임병권·이호 역, 『이야기하기의 이론』, 한나래, 1997, 77~78면 참고). 한편, 바흐친(M. M. Bakhtin)은 이를 언어의 층위에서 일어나는 보편적인 '사회적 현상'으로 본다. 그리하여 그는 상호텍스트성을 의사소통 과정에서 생산되는 사회적 상호작용의 과정, 즉 '대화'의 문제로 파악한다(이득재, 『바흐찐 읽기—바흐찐의 사상·언어·문학』, 문화과학사, 2003 참고).

성을 이야기로 맥락화된 서술 속에 녹여내는 것은 환유(metonymy)의 원리이다.14) 말하자면, 환유가 은유를 흡수하여 새로운 서사가 탄생하는 형국이다. 그런 의미에서, 이러한 서사 구성 방식을 '계열축(paradigmatic)과 통합축(syntagmatic)의 결합'이라고 지칭할 수 있을 것이다. 이처럼 '영화 대 영화'는 상호텍스트성에 기반한 은유와 환유의 원리가 동시에 발현되며, 이야기의 흥미를 배가시키고 있다. 이는 생산 과정에서도 일어나는 일이지만, 시청자들의 수용 과정에도 그대로 영향을 미친다.

3) 말하기(telling)와 보여주기(showing)의 동시성

'영화 대 영화'의 서사 진행은 말하기와 보여주기가 동시적으로 진행된다. 즉, 비선조적인 서술 방식인 것이다. 이것이 가능한 까닭은 매체의 발달 때문으로 판단된다. 문자 매체 서사는 문자의 선조적 특징 때문에 서사의 진행 역시 선조적이다. 하지만, 영상 매체에서는 영상과 서술자의 말이 동시에 제시될 수 있다. 이 둘은 누가 먼저랄 것도 없이 함께 제시되어 정보 제시의 이중성을 띠게 된다. 따라서 소설과 같은 문자 텍

---

14) 로만 야콥슨(R, Jakobson)이 정리한 일반 언어 기능에서 은유와 환유의 이분법은 다음과 같다. 물론 이러한 대비는 상대적인 것임을 지적해둔다(R. Jakobson, *Language in Literature*, 로만 야콥슨, 신문수 역, 『문학 속의 언어학』, 문학과지성사, 1989; 김욱동, 『은유와 환유』, 민음사, 1999, 261~262면 참고).

은 유	환 유
계열체	통합체
유사성	인접성
의미론	통사론
치 환	맥 락
선 택	결 합
운 문	산 문

스트의 경우와는 차원이 다른 것이 된다.

　방송 프로그램인 '영화 대 영화'의 형식이 인기 있었기 때문인지, 『스크린』이란 영화 웹진에 같은 제목의 '영화 대 영화'라는 비평 코너가 있었다. 이창동 감독이 만든 두 작품 <박하사탕>(2000)과 <초록 물고기>(1997)를 비교 분석하는 글이었다.[15] 최근에는 인터넷 신문인 『오마이뉴스』에도 같은 제목의 '영화 대 영화' 코너가 있다. 신문 매체가 영상 매체를 흉내내는 것이다. 여기에는 두 영화의 비교 분석을 통해 최신작을 소개하려는 목적도 있고, 영화를 깊이 있게 이해시키려는 목적도 있어 보인다. 아무튼 이를 보면, 문자 매체의 선조적 특징을 쉽게 확인할 수 있다. 다음은 『오마이뉴스』에 실린 '영화 대 영화'의 일부이다.

> 　19일 개봉한 영화 「여선생 vs 여제자」는 「선생 김봉두」의 중소도시 버전이자, 속편이라 할 수 있다. 장규성 감독은 「여선생 vs 여제자」를 통해 「선생 김봉두」의 성공을 다시 한 번 재연하려 한다.
>
> (…중략…)
>
> 　두 영화는 선생의 거듭나기라는 공통된 문제를 던지지만 그 해결방식에서는 차이점을 보이고 있다. 「선생 김봉두」는 문제 선생이 순수한 아이들을 보면서 자신의 순수함을 되찾는 '자각의 영화'라면, 「여선생 vs 여제자」는 문제 선생과 문제 아이가 치고 받는 과정을 통해 서로의 문제점을 고쳐나가는 '교감의 영화'라 할 수 있다.
>
> 　두 영화의 제목에서도 알 수 있듯, 선생에게만 맞춰져 있던 영화의 비중이 선생과 제자에게 비슷하게 나눠졌다. 또한 웃음을 자아내는 소재도 달라졌다. 「선생 김봉두」는 순박한 아이들의 엉뚱함이 도시생활에 익숙한 관객들을 웃게 만들었다면 「여선생 vs 여제자」는 도시 아이들이 갖는 발칙함이 웃음의 코드로 작용하고 있다.[16]

---

15) 「[영화 대 영화] 박하사탕 vs 초록 물고기」, 『스크린』, 2001년 1월호.
16) 문동섭, 「'자각의 영화' vs '교감의 영화'」, 『오마이 뉴스』, 2004년 11월 17일.

　이렇게 진행되는 서술은 서사(narrative)라기보다는 비평(criticism)에 가깝다. 내용과 구조를 토대로 설명하고 논증하는 형식이기 때문이다. 그리고 해당 장면의 사진은 내용을 진술하면서 간간이 실려 있다. 특히 글이 주를 이루기 때문에, 사진은 부수적인 역할에 그친다. 말하기(telling)와 보여주기(showing)가 선조적으로 진행되거나, 아니면 보여주기가 부수적으로 처리되고 있는 것이다.

　하지만 '구술 연행(oral performance)'[17]으로 이루어지는 방송의 '영화 대 영화'는 말하기와 보여주기가 동시에 일어난다. 물론 매체적 특징 때문인데, 이 때문에 서사 구성이 이중성을 띠게 된다. 물론 그것이 이야기 행위의 환유적 원리로 인해 하나의 축으로 진행된다. 그러면, 다시금 이 연구의 대상인 <배칠수의 종횡무진>을 보자.

작품 주인공(류승범 분) : 그럼요, 제가 믿을 수가 없으니까요. 한번만 보여주시면 안 되요? 공중부양 같은 거라든가, 뭐 그런 거 하실 줄 아세요?

17) 임경순, 「디지털 시대, 서사의 생산성과 과제」, 『내러티브』 9, 한국서사학회, 2004, 63면.

(바로 이어서)

배칠수 : 못 믿겠다는 소리에 친히 엉덩짝을 들어 주시고(웃음), 그것도
모자라.

주인공 : 벽도 타세요?

(동시에)

배칠수 : 벽도 즈려 밟아주시고…

여기서 보듯이 구연자는 영상의 진행 과정과 동시에 작품을 해설한다. 일반적으로 소설에서 말하기와 보여주기가 엄밀하게 구분되는 것과는 달리, '영화 대 영화'에서는 말하기와 보여주기가 하나로 응축되고 있는 것이다. 그런 점에서, 시각과 청각이 동시에 작동한다고 할 수 있다. 이는 시청자뿐만 아니라 구연자도 마찬가지이다. 이야기를 생산하고 있는 구연자 배칠수의 입장에서는 복합적인 감각을 바탕으로 서사를 구성해 가게 된다. 이는 문자 중심의 선조성, 나아가 이성의 논리가 해체되는 상황이다. 오히려 공감각적 차원에서 새로운 소통의 논리가 마련되는 상황이라 할 수 있다.[18]

영상 매체의 '영화 대 영화'에 나타나는 감각의 우위를 앞서 살핀 신문 자료와 비교해 보면, 흥미로운 점이 발견된다. 누가 보더라도 앞의 신문 자료에서는 예술성을 느끼기 힘들다. 말하자면, 정보적 가치는 지배적인데 반해, 즐거움의 요소는 미미한 편이다. 그 까닭은 시각 위주의 문자 텍스트이기 때문이다. 읽는 독자들도 지각 위주의 인식 경험을 하

---

[18] 그런 점에서 볼 때, '영화 대 영화'는 하이퍼텍스트적 속성을 생생하게 보여주는 장르라고 할 수 있다. 기존의 서사를 수용하면서 곧장 새로운 서사를 생산하는 '생비자(prosumer)'의 개념이 중요해진 다매체 시대에 전통적인 선형적 서사 진행 방식은 비선형적 서사 형태로 탈바꿈되고 있는 것이다. 이처럼 오늘날 미디어 서사에서 확인되는 하이퍼텍스트적 속성은 보다 활발해진 텍스트 간의 상호 작용성을 잘 드러낸다. 아울러 이는 인간에게 다중적인 감각 작용의 확장을 요구하는 것이라 할 수 있다.

게 될 것이다. 하지만, 영상 매체의 '영화 대 영화'는 재미가 있다. 구연하는 사람도 재미있지만, 보고 듣는 사람도 재미있다. 정보성과 함께 심미적 요소가 어울려 있기 때문이다. 결국, 두 가지의 감각이 동시적으로 작용하면서 서사 구성이 복합적으로 얽히는 '영화 대 영화'는 공감각적 서사 미학으로 그 특징을 규정할 수 있을 것이다.

4) 서사(narrative)와 비평(criticism)의 결합

'영화 대 영화'라는 장르는 스토리 내지 담화의 유사성에 대한 비교 분석에서 출발한다. 특히 <배칠수의 종횡무진>은 작은 소제목이 쓰여진 화면을 직접적으로 제시한 후 비교 분석에 들어간다. 그 소제목을 보이면 다음과 같다.

    (Ⅰ) 실수 투성이여서 더 인간적인
    (Ⅱ) 선(善)에서 악(惡)으로 돌아선 악당
    (Ⅲ) 액션도 닮은 꼴, 감독도 닮은 꼴

이들 소제목을 보면, 이 코너의 담화 질서를 확인할 수 있다. 즉, 세 가지 주제로 이야기 구성 단위를 나누고, 그 각각에서 두 영화 텍스트를 비교 검토하는 방식으로 진행하고 있는 것이다. 첫 번째 이야기 단위는 스토리(story)적 차원이라 할 수 있다. 두 번째 이야기 단위는 담화(discourse)적 차원이라고 할 수 있다.19) 플롯과 관계되기 때문이다. 하지

---

19) 여기서 사용한 스토리와 담화는 채트먼의 개념이다. 스토리(story)는 서사체 속의 '무엇'에 해당하는 것으로 일종의 '원 이야기'이다. 반면에 담화(discourse)는 '어떻게'에 해당하는 서사 구성 방식의 측면이다. 이항 대립적으로 본다면 내용과 형식의 관계라고 할

만 이는 텍스트의 표면만을 다룰 뿐이다. 그런 점에서 세 번째 이야기 단위는 흥미로운 부분이다. 여기서는 두 영화 감독의 특징과 의도를 살 피면서 작품 전반에 대한 가치 평가를 하고 있다. 일종의 작가론(作家論) 같은 '비평적 이야기'가 전개되는 것이다. 좀더 자세한 이해를 위해 다 음을 보자.

소제목 화면 "(Ⅲ) 액션도 닮은 꼴, 감독도 닮은 꼴"

배 칠 수 : 자! 그럼 이제 다시 <스파이더맨2>로 넘어옵니다. 애기부터 하자고 해놓고는 보자마자 쌈박질에 돌입하는 쫄쫄이 스파이 더맨과 문어발 바바리맨! 이 영화의 매력은 뭐니뭐니 해도 중 력의 법칙으로부터 자유로운 빠르고 현란한 액션입니다.(스파 이더맨의 스펙터컬한 화면 계속 진행) (…중략…) 그러나 이 속도 무제한의 액션을 조명함에 있어 감독 샘 래이미의 공로 를 빼놓을 수 없습니다. 스물 셋의 나이에 <이블 데드>로 새 로운 공포 영화의 비전을 제시하며 남다른 상상력을 인정 받 았던 그! 만약 그가 없었더라면, 제임스 카메룬마저도 포기한 이 영화가 세상의 빛을 보기는 아마 힘들었을 걸요. (…중 략…)
그럼 이제 <아라한 장풍 대작전>에 대한 비교 진단 내려보 겠습니다. 득도와 무달의 경지에 오른 두 남자의 사생 결단! 그들 역시 물 위를 걷고 허공을 가르며 싸움박질에 한창인 데요.
진행자1 : 여기도 만만치 않아요.
배 칠 수 : '한판 뜨자'는 말 끝나기 무섭게 무중력 우주인 마냥 방방 떠

수 있다. 이 연구는 서사 행위에 초점을 두기 때문에 '무엇'보다는 '어떻게'에 주목한다
(S. Chatman, *Story and Discourse*, 시모어 채트먼, 김경수 역, 『영화와 소설의 서사구조』,
민음사, 1989, 21면 참고).

> 다니는 주인공과 악당 녀석! 이 영화와 스파이더맨은 앞서 열
> 거했던 몇 가지도 그러하거니와 액션을 그리는 기법까지도 참
> 으로 많이 닮아 있습니다.
> 진행자1 : 아, 그러게요. 하지만 와이어 액션이나 컴퓨터 그래픽은 다른
> 영화에서도 많이 쓰잖아요.
> 배 칠 수 : 그뿐이 아니죠. 심각한 상황에서 실소를 자아내는 이 장면만
> 봐도 알 수 있듯이, 코미디와 액션 사이를 자유자재로 오가며
> 간간히 유머를 양념으로 뿌리는 감독의 재기가 닮았다는 거
> 죠. 20대에 인정을 받은 액션 활극 마니아 류승완 감독, 역시
> 나 20대에 재기를 뽐냈던 스파이더맨의 샘 래이미 감독, 이들
> 두 사람은 과장된 액션에 유머를 섞는 방법으로 눈요기를 선
> 사하는 동시에, 비난의 화살을 피해가는 비상함을 선보입니
> 다. (후략) (밑줄 : 인용자)

인용된 것처럼 구연자는 두 영화 감독의 특징을 비교 분석한다. 샘 래이미 감독과 류승완 감독의 영화 제작 코드를 언급하면서, 둘의 유사성을 짚어낸다. 그런 후, 각 영화에 반영된 코드를 읽어내고 이를 평가하고 있다. 그 코드의 핵심은 "과장된 액션에 유머를 섞는 방법"이다. 구연자는 이것이 각각의 영화에 제대로 반영되었다면서 칭찬 섞인 평가를 하고 있다. 비평 활동이 일어나고 있는 것이다.

비평(criticism)은 예술 작품을 포함한 텍스트 일반을 해석하고 가치 평가하는 언어적 행위이다. 여기서 특히 중요한 것은 가치 평가이다. 가치 평가는 작품에 대한 의미 부여이기 때문에, 주관과 객관이 매개되는 활동이라 할 수 있다.[20] 이것이 비평의 본질이다. 위의 인용처럼 작품과

---

20) 비평의 기본 원리인 취미론(趣味論)은 칸트의 『판단력 비판』에서 비롯된다. 칸트는 인
   간이 어떤 대상을 아름답다고 판단하는 경우, 그 판단은 보편성을 지향한다고 주장한
   다. 그 판단은 주관적 만족만에 머물지 않기 때문에, 대상에 대한 반성과 관조가 선행

감독에 대해 평가하는 것은 비평을 실천하는 구체적 장면인 것이다.

그리고, 비평에는 '정보(information)', '행동(action)', '쾌락(pleasure)'의 세 요소가 복합적으로 작용한다.21) 이는 비평을 소통 동기의 차원으로 따져본 것이다. '영화 대 영화'의 구연자는 두 편의 영화에 나타난 정보를 확인하고(정보), 이를 비교 분석하는 이야기를 하면서(행동) 즐거움을 맛본다(쾌락). 지켜보는 프로그램 진행자나 시청자 역시 같은 맥락을 공유한다. 앞서 살폈던 게임의 규칙 속으로 모두가 편입되기 때문이다. 이 코너를 함께 하는 모두가 서사적 세계와 비평의 세계 속에 함께 놓임으로써 원래의 영화 텍스트와 그것에 대한 비교를 함께 즐기게 된다.

이처럼 '영화 대 영화'는 서사와 비평이 결합된 형태로 연행된다. 각 텍스트의 공통 분모를 찾아내기도 하면서 이야기를 전개하기 때문에, 상호텍스트성이 메타텍스트로 구현된다고도 볼 수 있다. 상호텍스트성이 메타텍스트로 구체화되는 과정이 바로 서사와 비평이 응축되는 지점이다. 따라서 배칠수 같은 구연자는 마치 소설에서의 전지적 작가(서술자)와도 같고, 예술 텍스트를 해석하고 평가하는 비평가와도 같다. 물론 살펴본 대로 감독의 특징을 살피고 의의를 부여했다고 해서, 그것만이 서사와 비평의 결합이라고 볼 수는 없을 것이다. 이미 두 작품의 스토리 내용과 담화 구성의 측면을 따져보는 것도 비평이기 때문이다. 따라서, 이는 '영화 대 영화' 장르 전반에 걸쳐 실현되는 서사 구성의 원리로 봐야 할 것이다.

되어야 한다는 것이다. 그런 점에서, 비평이란 주관과 객관을 매개하는 활동이라 할 수 있다(I. Kant, *Kritik der Urteilskraft*, 임마누엘 칸트, 이석윤 역, 『판단력 비판』, 박영사, 1974, 162~168면 참고).
21) M. L. Ryan, 최상규 역, 「비평·쾌락·진리 : 비평적 진술의 유형론」, 『비평이란 무엇인가(*What is Criticism?*)』(ed. by Paul Hernadi), 예림기획, 1998, 79~82면 참고.

3. '영화 대 영화'를 활용한 미디어 서사교육

오래 전 발터 벤야민은 「기술복제시대의 예술 작품」에서 영화와 관련된 언급을 한 적이 있다. 벤야민은 그 글에서 기술복제 시대의 예술작품에 일어난 결정적 변화를 '아우라(Aura)의 붕괴'라고 설명하였다.[22] 아우라는 예술작품의 원본이 지니는 시간과 공간에서의 유일한 현존성이 있어야 한다. 그러므로 사진이나 영화처럼 현존성이 결여된 복제품은 아우라가 없다는 것이다.

이처럼 영화는 그 복제성 때문에 고전적 의미에서 지고지선한 예술성은 낮은 것으로 평가되었다. 하지만, 그러한 만큼 누구나 손쉽게 접할 수 있는 문화 텍스트가 되었다. 언어 환경이 미디어라는 사실을 두고보더라도, 국어교육은 이 점을 간과할 수 없을 것이다. 그런 점에서, 영화를 통해 국어교육을 즐겁고 보람되게 할 수 있는 방법을 모색하는 일은 필요하다. 이미 영화는 그들만의 문제가 아니라, 이미 우리 모두의 삶의 문법이 되어있기 때문이다.

최근 미디어 교육에 대한 일반적인 논의의 경향은 미디어 텍스트를 읽는 차원을 넘어 미디어 텍스트를 '쓰는' 교육 혹은 '제작'하는 교육으로까지 나아가 있다.[23] 아울러 국어교육의 차원에서 미디어 교육을 다루는 경우에도 마찬가지의 상황을 볼 수 있다.[24] 국어교육이라는 대의적

---

22) W. Benjamin, 발터 벤야민, 반성완 역, 「기술복제시대의 예술작품」, 『발터 벤야민의 문예이론』, 민음사, 1983.

23) D. Buckingham, *Media Education*, 데이비드 버킹엄, 기선정·김아미 역, 『미디어 교육』, jNBook, 2004, 213~224면; 문혜성, 『미디어 교육학』, 한국방송영상산업진흥원, 2004, 191~205면 참고.

24) 정현선, 『다매체 시대의 국어교육과 문화교육』, 역락, 2004, 154면.

틀에서 본다면, 미디어 제작 활동이 갖는 언어적 의미에 주목하여 논의의 폭을 확장할 필요가 있을 것이다. 물론 이러한 논의는 미디어 문식성(media literacy)이란 것으로 수렴되고, 이를 위한 구체적인 방법론이 설계되어야 한다. 이 연구에 다루고 있는 '영화 대 영화'를 활용한 미디어 서사교육의 내용도 바로 그러한 맥락에서 짚어볼 수 있다. 그런데 이 논의를 하기 앞서 살펴보아야 할 것이 있다.

1) 교육 활동을 위한 전제

'영화 대 영화'를 활용한 미디어 서사교육의 실천적 국면을 고려할 때, 문제는 그리 간단치 않다. 교사의 입장과 학습자의 입장에서 보면, 그 내용이 다를 수 있기 때문이다. 우선 교사의 입장에서는 교육 활동 전반에 대한 밑그림을 미리 짜놓아야 할 것이다. 마치 한편의 서사적 플롯을 짜는 것과 같다. 하지만, 이 활동의 성격이 학습자 중심인 것은 자명하기 때문에, 교사의 관여 범위를 어디까지로 볼 것인가 하는 문제가 선결되어야 한다.

학습자 중심의 교육 활동에서 교사는 매개자의 역할을 수행한다고 볼 수 있다. 특히 '영화 대 영화'를 활용한 미디어 서사교육의 경우는 학습자들이 능동적으로 제작 활동에 참여해야 하는 것이기에, 교사는 학습자들에게 전반적인 원리를 설명한 후, 그 활동을 촉진하는 역할을 수행하게 된다. 반면에 학습자는 자료를 충분히 찾고, 해당 텍스트의 유사성을 찾아 서사 활동의 계획을 세운 다음, 이를 구체적인 활동으로 수행하게 될 것이다. 물론 이를 가장 능동적이고 창조적으로 수행하는 학습자들이 좋은 평가를 받게 될 것이다.

또한 이 교육의 의미를 국어교육의 네 가지 활동 영역, 즉 '말하기-듣기-읽기-쓰기' 중 어디에 위치지울 것인가 하는 점도 선결되어야 할 것이다. 앞서 확인한 '영화 대 영화'의 서사 구성 방식에 보듯이, 이 활동은 우선 말하기 영역, 즉 화법교육으로 잡아 볼 수 있다.[25] 그런데 아직도 화법교육에 대한 기본적인 설계는 효율성에 기반한 의사소통이라는 관점을 벗어나지 못하고 있다. 가령, 「제7차 국어과 교육과정」에 제시된 화법교육의 내용체계를 보면, '화법의 실제'를 ① 대화, ② 연설, ③ 토의, ④ 토론, ⑤ 면담으로만 설정해놓고 있다. '화법의 본질'과 '화법의 원리', '화법의 태도'를 보아도, 말하기 활동의 창의적이고 미적인 국면을 찾아보기 어렵다.[26] 이 문제는 도구적 이성에 치우친 학문 담론의 결과라고 판단되는데, 앞으로 해결되어야 할 사항이라 본다. 한ㅊ편, 이 활동이 그 성격 상 많은 노력이 필요하다는 점에서, 반드시 말하기 영역에만 국한되라는 법은 없다. 오히려 콘티(conti)와 같은 대본을 미리 만들어야 원활한 활동이 가능하므로, '쓰기'가 전제되어야 할 것이다. 따라서 이 활동은 쓰기와 말하기의 통합적 논리에 초점이 모아진다.

마지막으로 이 활동이 갖는 교육적 목표에 대해 살펴보자. 언어의 본질을 의사소통이라는 관점에서 보면, 서사 현상의 핵심은 서사를 생산하고 수용하는 메커니즘에 놓이게 될 것이다. 그런 점에서, '영화 대 영화'를 활용한 미디어 서사교육은 학습자가 미디어를 통해 서사의 생산과 수용 전반을 비판적이고 창의적으로 터득하게 하는 데 교육적 목표를

---

25) 물론 이 활동은 비교 검토의 대상이 되는 영화 텍스트에 대한 검토가 선결되어야 가능하기 때문에, 읽기(이해)의 문제도 배제할 수는 없다. 그러나 이 경우에는 영화에 대한 이해 교육으로 볼 수 있으므로, 영화 읽기는 언어적인 표현 활동을 위한 수단으로서만 간주해야 할 것이다. 앞으로 이 문제는 영상 서사와 관련하여 지속적인 논의가 필요한 부분이다.

26) 교육인적자원부, 「제7차 국어과 교육과정」, 1997, 123~129면.

둘 수 있다. 특히, 미디어 제작과 생산의 과정에 서사와 비평의 논리가 관여하고 있기 때문에, 언어 능력이 중요하게 부각된다. 두 편의 영화 텍스트를 면밀하게 분석하여 각각의 서사적 문법을 이해하고, 상호 텍스트성을 찾아 연결짓는 지적 작용은 서사에 대한 이해를 넘어 새로운 서사의 생산으로 연결될 것이다. 아울러 그러한 과정에 작용하는 비평적 원리는 비판적 문식성의 신장에도 기여할 수 있을 것이다. 따라서 이러한 방법으로 운용되는 미디어 교육은 생산적 활동이 될 수 있다. 국어교육에서 '영화 대 영화'의 원리를 활용한 미디어 서사교육은 다매체 시대에 요구되는 미디어 문식성을 기르는 데 일정 부분 기여할 수 있을 것이다.

2) 미디어 서사 활동의 내용

'영화 대 영화'의 원리를 바탕으로 학습자에게 필요한 미디어 서사 활동의 내용을 모색한다면, 다음과 같이 설정해볼 수 있겠다.[27] 첫째, '스토리간의 관련성 검토', 둘째 '서사 텍스트의 구조적 특성 비교', 셋째, '해석과 평가를 결합한 이야기 전개' 등이다. 물론 이 활동에 전제되는 것은 선정된 두 영화가 어느 정도의 관계성을 지녀야 한다는 점이다. 차이성 혹은 유사성, 아니면 둘 다이든 간에, 관계지어볼 수 있는 틀이 선결되어야 하는 것이다.

---

27) 물론 이 내용은 교사가 미리 설명해주어야 할 것이다.

(1) 스토리 간의 관련성 검토

이 연구의 앞 장에서 고찰한 내용을 볼 때, 두 서사물의 스토리를 비교 검토하는 일이 한 가지 방법으로 설정될 수 있다. 스토리적 차원에서 각 텍스트를 관계짓는 작업은 일차적으로 내용을 검토하는 것이다. 이를 테면, 다음과 같은 방법이 가능할 것이다.

- 인물(주인공) 간의 특징적 요소를 연결짓기
- 사건의 유사성에 바탕한 관계짓기
- 주제의 유사성에 바탕한 관계짓기

이런 식으로 원 이야기 덩어리인 스토리를 비교 검토할 수 있을 것이다. 그런데, 이는 기본적인 방법이기는 하지만, 보다 높은 차원의 텍스트 이해 과정은 일어나기 힘들다. 따라서 담화 차원의 비교 검토가 필요하다. 즉, 이야기를 짜는 방식에 대한 비교 검토가 필요하다는 것이다. 서사교육이란 시각에서 볼 때, 보다 중요한 것은 다음에서 살펴볼 서사의 구조에 대한 비교 활동이다.

(2) 서사 텍스트의 구조적 특성 비교

서사의 재현 방식, 즉 담화적 특성을 비교하는 활동은 서사의 본질을 이해하는 것과도 맞물린 작업이다. 하나의 이야기 덩어리가 서사가 되기 위해서는 이야기를 가공하는 과정을 거치게 된다. 스토리는 반드시 서사적 생산 이전의 단계에 있는 원 이야기이기 때문에, 서사 텍스트의 질료가 된다. 하지만, 그것은 반드시 담화를 통해 드러나는 것이므로, 하나의 추상적 개념의 형태일 뿐이다. '무엇'은 반드시 '어떻게'를 통해 드러나기 때문이다.[28] 따라서 무엇이 가공되는 방식, 즉 담화의 논리를 따져보는 일은 서사 생산의 과정을 이해하는 일이 된다. 이 이해 과정은 해당 서사물의 심층으로 들어가서 따져보아야 하는 일이므로, 보다 수준 높은 차원에 속한다고 할 수 있다.

학습자들은 교사의 도움을 받아 각 영화 텍스트의 담화적 특성을 파악한 후, 이를 하나의 이야기로 엮어 가는 활동을 수행해야 할 것이다. 그러한 활동의 구체적 방법으로는 다음과 같은 것을 상정해볼 수 있다.

- 플롯의 공식성을 바탕으로 관계짓기
- 작가의 의도가 서사로 실현되는 방식 관계짓기
- 내포 작가의 존재와 그 의미 연결짓기
- 시점과 서술의 목소리를 찾아 관련짓기

물론, 이러한 서사 구성 방법은 교육의 현실적 맥락에 맞춰 이루어져야 할 것이다. 하지만, 크게 보아 기본적인 방법적 원리로는 설정될 수 있을 것이다.

(3) 해석과 평가를 결합한 이야기 전개

해석과 평가는 비평의 기본적인 과제이다. 비평 자체가 이미 자기 수행적 행위이기도 하거니와 서사성을 띨 경우는 더욱더 밀도 있는 수행성을 지니게 된다. 따라서 각 텍스트를 비교 검토하는 과정도 해석과 평가가 전제되고, 이를 토대로 새 이야기를 만들어 가는 과정도 해석과 평가가 개입되는 것이다. 그러면, 이러한 원리에 따라 해볼 수 있는 구체

---

28) S. Chatman, *Story and Discourse*, 시모어 채트먼, 김경수 역, 『영화와 소설의 서사구조』, 민음사, 1989, 21면.

적 방법의 예를 들어 보이면 다음과 같다.

- 유사성을 바탕으로 '시퀀스'[29] 만들기
- 구조적 특성에 대한 해석 및 평가
- 텍스트 내·외적 가치에 대한 해석 및 평가

여기서 언급한 방법들은 앞서 살핀 수행 방법이 전제된 후 실행해 볼 수 있는 것들이다. 이 활동에는 비판과 창의가 하나로 결합되어 나타나며, 비평의 원리가 서사의 질서 속으로 수렴된다. 특히 학습 공동체 속에서 해보는 활동이기 때문에, 경합의 성격도 가질 수 있다. 즉, 활동으로 구체화되는 장면에서는 개별 서사 활동이 학습 공동체의 맥락에서 재조명되며, 그리하여 학습자들은 각 활동에 대한 분석과 비평의 종합적 안목을 키울 수 있을 것이다. 이 서사 활동의 보다 구체적인 교육적 가치는 다음에서 살펴본다.

3) 미디어 서사교육적 가치

(1) 비판과 창조의 동시적 언어 활동

'영화 대 영화'를 미디어 서사교육으로 활용한다면, 비판과 창조적 문식성을 동시에 신장시킬 수 있다. 앞서 KBS의 <배칠수의 종횡무진>을 분석하면서 밝혔듯이, '영화 대 영화'는 서사와 비평의 동시적 수행이다.

---

29) '시퀀스'는 연극의 막이나 소설의 장에 해당하는 것으로, 영화나 드라마에서는 하나의 논리적인 의미가 전달될 수 있는 장면의 연결 단위를 말한다. 가령 오프닝 시퀀스는 소설의 도입부에 해당하는, 영화나 드라마가 시작할 때 시청자가 앞으로의 내용을 짐작할 수 있을 정도의 분량으로 장면이 연결된 것을 말한다(데이비드 버킹엄, 기선정·김아미 역, 앞의 책, 145면 참고).

그것도 공감각적인 방식으로 이루어지는 활동이기 때문에, 미적 가치 또한 높다고 할 수 있다. 더구나 앞으로 하이퍼텍스트적인 미디어 환경 속에 살아갈 미래의 학습자에게는 의미 있는 활동이 아닐 수 없다.

이 교육 활동이 추구하는 한 편인 창의적 문식성에는 서사성이 기여할 수 있을 것이다. 이야기를 만들어 가는 언어 활동 자체가 이미 창조적이기 때문이다. 또 다른 한 편인 비평적 원리는 비판적 문식성을 신장시키는 데 도움을 줄 것이다. 즉, 학습자는 미디어 환경에 놓인 서사 텍스트의 구조적 특징을 분석적이고 성찰적으로 이해할 수 있을 것이다. 학습자는 그 구조적 특징에 관여하는 내·외적 요인을 검토함으로써 언어가 운용되는 원리를 포괄적 시선으로 조망할 수 있게 될 것이다. 그리하여 서사 텍스트에 대해 보다 수준 높은 차원의 비판과 성찰을 해볼 수 있을 것이다. 비판적이고 창의적 문식성은 디지털 시대를 맞이하여 필수적인 것이다. 다매체 시대에서는 미디어에 대한 비판적 수용뿐만 아니라 창의적 생산 능력 역시 중요하기 때문이다.[30] 오늘날 개인 미니 홈페이지가 전성기를 누리는 상황을 보더라도 미디어 운용 능력은 점점 필수적인 존재론적 조건이 되고 있다.

(2) 생산적인 서사 문화의 현동화

오늘날 국어교육에 대한 논의는 텍스트의 꼼꼼한 수용을 넘어 새로운 언어 문화를 창조하는 것으로까지 확장되고 있다. 창조라는 것은 이미 능동적인 수용을 전제한 것이기에, 사실상 수용과 창조는 동전의 양면이다. 미디어 교육에 대한 일반적인 논의가 제작의 수준에까지 나아간 것

---

30) 데이비스 버킹엄, 기선정·김아미 역, 앞의 책, 198·288면 참고.

도 이러한 맥락과 관련이 있다. 제7차 교육과정에서도 언어 문화에 대한 창조적 생산의 논리를 확인할 수 있다.[31]

'영화 대 영화'를 응용한 미디어 서사교육은 학습자들의 실질적인 참여가 가능한 활동이다. 그리고 영화라는 장르를 통해 학습에 대한 흥미를 높일 수 있는 방법이기도 하다. 이로써 교사와 학생, 그리고 학습자들 간의 상호작용을 높일 수 있다. 혼자 힘으로 하기 어렵기 때문에, 모둠 활동을 할 수도 있다. 그리고 구연하는 상황을 다 함께 공유하기 때문에 학습 공동체 내에서의 상호작용성을 높일 수 있다. 상호작용이 극대화된 교육의 공간이야말로, 가장 이상적인 모습이다. 문화라는 것은 개인적 차원으로 그치는 것이 아니라, 다양한 주체들 간의 상호작용을 거쳐 현동화된다는 점에서, 이 미디어 서사교육은 가치 있는 교육적 기획이 될 수 있을 것이다.

결국, 이 연구에서 제안하는 미디어 서사교육은 표현의 다중성이 발달된 미디어의 힘을 빌리는 것이라 할 수 있다. 이 활동은 인터넷 개인 홈페이지 개설이 점점 활발해지는 젊은 'N-세대'에게 그리 힘든 과업은 아닐 것이다. 오히려 매스 미디어가 조장하는 맹목성을 뛰어넘을 수 있는 교육적 기획이 될 수 있을 것이다. 요컨대, 이 교육 활동은 다매체 시대에 생산적인 서사 문화를 일구는 한 가지 방법이 될 수 있을 것이다.

---

31) 교육인적자원부, 「제7차 국어과 교육과정」, 1997, 29면.

4. 비판과 창의의 통합적인 문식성을 위하여

국어교육이란 언어 현상을 대상으로 하여, 교육적 당위성에 따라 조치하는 사회적 기획이라 할 수 있다. 그런 점에서, 변화하는 동시대의 언어 현상을 그 자체로 주목하고, 이를 교육적 관점에서 이론화하는 일은 국어교육학이 지향해야 하는 일이 된다. 언어 현상의 개별적 특수성을 존중하면서 이들이 서로 교섭하여 새로운 영역이 창조되어 가는 국면을 고려하지 못하면, 정작 교육의 대상인 학습자들의 삶과는 유리될 것이다. 이런 의미에서, 오늘날 효과적인 의사소통의 방식으로 주목을 받고 있는 서사를 매체 환경과 접목시켜 문화적 의미를 밝히는 일은 중요하다고 하겠다.

서사를 국어교육의 틀에서 이해하기에 앞서 우선 검토해야 할 사항은 무엇인가? 활동으로서 서사 활동에 대한 연구는 중요하다. 하지만, 그 활동의 방향이 매체의 도움을 얻을 수 있다면, 보다 진전된 교육적 기획이 가능할 것이다. 요즈음 미디어 문화에는 다양하고 의미 있게 발전하는 사례가 많이 확인된다. 이 연구는 그 중 특히 서사와 비평이 생산적으로 결합하는 사례에 주목해, 그 서사 구성의 논리를 밝히고 교육적 구도를 그려보았다. 하지만, 교육적 설계는 현장에 대한 보다 깊은 이해를 바탕으로 이루어져야 할 것이다. 특히 미디어 수용자 측면에 대한 면밀한 고려가 필요하다. 그 점에 대해서는 앞으로의 과제로 여기며 논의를 마무리하고자 한다.

참고문헌

배칠수, <배칠수의 종횡무진>, KBS『토요 영화 탐험』, 2004년 11월 27일.

김경식, <영화 대 영화>, MBC『출발 비디오 여행』, 2004년 11월 28일.

전창걸, <영화 공작소>, SBS『접속 무비 월드』, 2004년 11월 28일.

「[영화 대 영화] 박하사탕 vs 초록 물고기」, 『스크린』, 2001년 1월호.

문동섭, 「'자각의 영화' vs '교감의 영화'」, 『오마이 뉴스』, 2004년 11월 17일.

김대행 외, 『방송의 언어 문화와 미디어 교육』, 서울대출판부, 2004.

김상환, 『예술가를 위한 형이상학』, 민음사, 1999.

김성곤, 『문화연구와 인문학의 미래』, 서울대출판부, 2003.

김욱동, 『은유와 환유』, 민음사, 1999.

문혜성, 『미디어 교육학』, 한국방송영상산업진흥원, 2004.

박인기, 「문화적 문식성의 국어교육적 재개념화」, 『국어교육학연구』 15, 국어교육학회, 2002, 23~54면.

서정남, 『영화 서사학』, 생각의나무, 2003.

신광현, 『문화사회와 문화정치』, 문화과학사, 2003.

이득재, 『바흐찐 읽기―바흐찐의 사상·언어·문학』, 문화과학사, 2003.

이종수, 『TV 리얼리티―다큐멘터리, 뉴스, 리얼리티 쇼의 현실 구성』, 한나래, 2004.

임경순, 「디지털 시대, 서사의 생산성과 과제」, 『내러티브』 9, 한국서사학회, 2004.

우한용 외, 『서사교육론』, 동아시아, 2001.

우한용 외, 『신문의 언어 문화와 미디어 교육』, 서울대출판부, 2003.

우한용, 「서사 능력의 구조와 기능, 그리고 그 교육에 대한 이론적 탐구」, 『문학교육학』 13, 2004, 129~169면.

정현선, 『다매체 시대의 국어교육과 문화교육』, 역락, 2004.

최혜실 편, 『디지털 시대의 문화 예술』, 문학과지성사, 1999.

Benjamin, W., 발터 벤야민, 반성완 역, 「기술복제시대의 예술작품」, 『발터 벤야민의 문예이론』, 민음사, 1983.

Buckingham, D., *Media Education*, 데이비드 버킹엄, 기선정·김아미 역, 『미디어 교

육』, jNBook, 2004.

Caillois, R., *Les Jeux et Les Hommes*, 로제 카이와, 이상률 역, 『놀이와 인간』, 문예출판
　　사, 1994.

Chatman, S., *Story and Discourse*, 시모어 채트먼, 김경수 역, 『영화와 소설의 서사구
　　조』, 민음사, 1989.

Cohan, S. & Shires, L. M., *Telling Stories*, 스티븐 코핸 · 린다 샤이어스, 임병권 · 이호
　　역, 『이야기하기의 이론』, 한나래, 1997.

Crawford, D. W., *Kant's Aesthetic Theory*, 크로포드, 김문환 역, 『칸트 미학 이론』, 서
　　광사, 1995.

Gaudreault, A. & Jost, F., *Le Récit Cinématographique*, 앙드레 고드로 · 프랑수아 조스
　　트, 송지연 역, 『영화서술학』, 동문선, 2001.

Giroux, H. A., *Teachers as Intellectuals*, 헨리 지루, 이경숙 역, 『교사는 지성인이다』,
　　아침이슬, 2001.

Jakobson, R., *Language in Literature*, 로만 야콥슨, 신문수 역, 『문학 속의 언어학』, 문
　　학과지성사, 1989.

Kant, I., *Kritik der Urteilskraft*, 임마누엘 칸트, 이석윤 역, 『판단력 비판』, 박영사,
　　1974.

McLuhan, M., *Understanding Media*, 마셜 맥루언, 김성기 · 이한우 역, 『미디어의 이
　　해』, 민음사, 2002.

O'Neill, P., *Fictions of Discourse*, 패트릭 오닐, 이호 역, 『담화의 허구』, 예림기획,
　　2004.

Postman, N., *The End of Education*, 닐 포스트먼, 차동춘 역, 『교육의 종말 : 무너지는
　　교육 이대로 둘 것인가』, 문예출판사, 1999.

Ricoeur, P., *Interpretation Theory*, 폴 리쾨르, 김윤성 · 조현범 역, 『해석 이론』, 서광사,
　　1996.

Ryan, M. L., 최상규 역, 「비평 · 쾌락 · 진리 : 비평적 진술의 유형론」, 『비평이란 무엇
　　인가(*What is Criticism?*)』(ed. by Paul Hernadi), 예림기획, 1998.

Silverblatt, A. et al, *Approaches to Media Literacy*, New York : M. E. Sharpe, 1999.

제3부
인터넷 문학교실의 현장

제 10 장

인터넷 활용 아동문학 창작교육

유 정 아
연세대학교 교육개발지원센터

1. 서론

인터넷을 교육에 활용하고자 하는 움직임은 여러 분야에서 나타나고 있는데, 문학교육의 분야도 예외는 아니다. 전자매체에 익숙한 아동들은 활자로 인쇄된 인쇄물을 읽는 것보다 모니터 화면에 전개되는 전자문학 작품을 읽는 일에 익숙하다. 이런 전자문학의 영향력은 문학 읽기뿐 아니라 문학창작도 마찬가지이다. 아동들은 종이로 된 편지지에 펜으로 글을 써서 편지를 보내는 것보다는 전자메일이나 멀티미디어적인 요소가 가미된 화려한 영상의 전자 엽서 보내는 것을 선호한다. 또한, 이들은 일기장에 연필이나 펜으로 일기를 쓰는 것보다는 전자 일기장이나 자신의 홈페이지에 그날의 기록을 남겨두는 것에 매력을 느낀다.

아동들이 인쇄매체보다는 전자매체를 선호하고 빈번히 이용하는 이유는 전자매체의 특성이 아동들의 관심을 자극하고, 요구를 잘 들어주기 때문이다. 전자매체는 멀티미디어의 특성과 함께 상호작용성을 갖는다. 전자매체의 이 두 가지 특성은 아동들이 매체에 접근하는데 편리하게 해주고, 다양한 활용 및 적용의 가능성을 확대해주며 아동으로 하여금 전자매체의 세계에 더욱 빠져들게 한다.

전자매체가 갖고 있는 멀티미디어적인 특성은 아동들을 전자매체로 끌어들이기도 하고, 문학적 요소가 들어있는 문학작품을 창작하도록 유도한다. 즉, 자신이 전달하려는 메시지를 단순한 글이 아닌 멀티미디어적인 요소를 갖춘 전자문학의 형태로 창작하도록 하는 것이다. 이런 창작 과정에 참여하는 아동들은 창작의 즐거움을 만끽하고, 더 나아가 새로운 형태의 창작문화를 만들게 된다.

인터넷의 상호작용 가능성은 가상 학습공동체를 만들며, 시·공간적으로 함께 할 수 없는 사람들을 끌어들이게 된다. 그들 각 자는 자신에게 적절한 시간과 공간에서 편안한 상태로 문학 경험을 하게 된다. 특히, 문학창작과 같은 개인적인 활동도 공동체의 일원으로 참여하여 공동의 공간에서 의견을 나누면서 개별적인 글쓰기로까지 이어지게 된다. 이렇게 자발적이고 자율적인 분위기에서의 창작 경험은 강압적이고 일방적인 글쓰기에 참여하여 창작활동을 경험하는 것에 비해 보다 더 실제적인 문학창작 지식과 기술을 습득하게 된다. 그리고 이런 지식과 기술은 실제적인 참 지식으로 내면화되고, 자기 고유의 글쓰기 활동에 더 쉽게 적용될 수 있다.

문학창작 영역은 다수 집단을 교수해야 하는 현재 교육 상황에서 개별적으로 전개하기에 난점을 갖고 있는 영역 중의 하나이다. 일대 다의 교수 상황에서 교사 1인이 다수의 학생들에게 같은 장소에서 동시에 피드백을 주면서 창작과정을 전개시키는 일은 매우 어렵다. 그러므로 대부분의 창작 수업은 가정에서 해오는 과제물로 대치하게 된다. 그러나 창작을 배우는 과정에 있는 아동들에게 의사소통이 단절된 상황은 위험하다. 창작을 배우는 학생들은 창작을 위한 준비단계가 필요하고, 창작하는 과정에서 시기적절한 교사의 지도가 요구된다. 또한, 함께 창작을 배우는 아동들끼리 아이디어를 교환하고 자신이 생각하는 바를 토론하고 협의하는 것이 필요하다.

과정중심의 창작교육이나 아동 중심의 문학교육에서 추구하는 바는 아동들의 자율적인 참여와 자발적인 창작, 그리고 학습자 동료로 구성된 집단의 상호작용적 피드백이다. 아동들은 창작을 배우는 과정에 있으므로 서로가 서로에게 좋은 모델이 될 수 있다. 협의를 하면서 하나의 작품을 완성하게 되면, 아동들은 다양한 표현방식과 전달 방식에 대해 흥미롭게 배우게 된다.

그러나 이런 협의 과정은 충분한 시간과 방해받지 않는 공간을 필요로 한다. 면대면 환경에서 충분한 시간을 할애하거나 방해받지 않는 공간을 찾기는 쉽지 않다. 면대면 환경에서 토의를 활용한 문학창작 수업을 전개하기는 교실 당 인원을 고려해 볼 때 불가능하기 쉽다. 시간과 공간의 제약으로 인해 학생들의 토론은 형식적이 되기 쉽고, 토론의 결과를 자신의 창작과정에 적용시키기에도 역부족이 된다. 인터넷을 활용한 가상 학습공동체는 이런 면대면 환경의 단점을 보완해주기에 충분하다.

학습 환경의 변화와 아동의 특성을 고려한 교육 방법에 대한 탐구가 필요한 요즈음 인터넷을 활용한 아동문학 창작교육에 대한 관심이 높아지고 있으나 실제적인 연구는 많지 않다. 쓰기 교육의 일환으로 실시된 연구와 컴퓨터의 워드프로세서 등을 활용한 쓰기 교육에 대한 효과 연구만 있을 뿐 구체적인 방향과 지침을 제시하는 인터넷 활용 아동문학 창작교육에 대한 연구를 찾기 어렵다. 그러나 몇 몇의 선행 연구에 의하면 인터넷을 활용한 아동문학 창작교육에 대해 매우 긍정적인 결과를 발표하고 있고,[1] 구체적인 방안을 찾도록 제언하고 있다.[2] 변화하는 교

---

1) 유정아, 「인터넷 활용 문학교육에 대한 초등학교 교사 및 학습자들의 인식 분석」, 『문학교육학』 11, 한국문학교육학회, 2003, 433~466면.
2) 김민경·고원재·이성은·조미헌·현은자, 「아동의 문학 능력 신장을 위한 웹기반 아동문학교육활동 프로그램의 개발 및 효과 검증」, 『교육공학연구』 19(1), 한국교육공학회, 2003, 1~27면. 김민경 등은 이 연구에서 인터넷을 통한 온라인 아동문학교육에 참여한 학습자들은 면대면 환경의 독서교육 보다 많은 관심을 갖고 참여하였고, 문학수용능력이나 평가능력에 비해서 문학창작능력이 높게 신장되었다고 보고하고 있다. 이런 결과

육환경에 적용하기 위해 인터넷을 활용한 아동문학 창작교육의 효과를 분석하고 그것의 구체적인 방안 및 지침을 찾는 일은 필요하다.

그러므로 이 연구에서는 인터넷을 활용한 아동문학 창작교육 프로그램을 개발하여 현장에 적용하고, 이의 효과를 다양한 각도에서 분석하여 보다 적합한 인터넷 활용 아동문학 창작교육의 방향을 제시하고자 한다.

2. 이론적 배경

1) 컴퓨터를 활용한 아동문학 창작교육

문학창작 활동이란 창의적 사고력을 필요로 하는 영역이다. 사고력을 연구하는 연구자들은 창의적 사고력도 길러질 수 있다고 주장한다. 창의력을 발달시키는 일반적인 방법은 문학작품을 읽고, 문학을 창작하는 활동이다. 창의력을 평가하는 많은 방법 중에 자주 사용되는 방법은 어떤 현상에 대한 짧은 글을 창작하도록 하여 그 글에 등장하는 어휘, 표현 방법의 독특함, 개성 등을 분석하는 것이다.

문학 창작력도 발달될 수 있다고 주장됨에 따라 문학창작을 위한 전략이 다양하게 제시되고 있다. 문학 창작의 과정을 중요하게 생각한 '과정중심 글쓰기', 창작과정에서 교사의 대화를 중시하는 '대화적 담화(대화식 저널 쓰기)', 학습자 작가의 개인 쓰기 활동을 중시한 '쓰기 노트 이용하기', 학습자 작가와 교사와의 의사소통과 창작물의 공유를 중시한

는 인터넷을 활용한 아동문학교육의 효과는 문학창작활동에서 더 높은 효과를 기대할 수 있다는 가설을 세울 수 있다.

'번갈아 가며 글쓰기' 등이 일반적으로 적용할 수 있는 방법이다.

컴퓨터를 쓰기 도구로 활용한 전략으로는 쓰는 기술의 어려움을 컴퓨터의 워드프로세서를 활용하여 극복하도록 유도하는 '워드프로세서 글쓰기' 등의 전략이 있다.[3] 특히, 워드프로세서를 활용한 글쓰기는 글쓰기 능력이 하위 수준인 아동에게 적합하여 글쓰기의 두려움을 덜어주고, 글쓰기와 관계된 문법의 어려움을 극복하도록 해준다고 보고 되고 있다. 그리고 '동료와 번갈아 가며 쓰기' 전략은 효과적인 협동 쓰기 학습을 이루었다는 연구들이 보고되고 있다.[4]

문학창작교육을 위한 위와 같은 전략들 대부분은 교사와 학습자와의 상호작용, 학습자와 학습자간의 상호작용을 쓰기 과정에 첨가하여 활동을 전개하는 특징이 있다. 특히, '과정중심 글쓰기' 전략의 주요한 관점은 글쓰기 과정에서 반복되는 동료들과의 '협의'이다. 이는 글을 쓰는 중간 중간의 지점에서 동료들의 형성평가와 자기 평가가 함께 이루어질 수 있는 토론 활동이 포함된다는 것을 의미한다. 과정 중심 전략을 적용한 문학창작 과정에 참여한 학습자는 여러 토론의견을 참고하여 자신의 글을 다듬어 가면서 글을 정리할 수 있게 된다.

인터넷을 활용한 '게시판 문학'을 문학적 요소가 갖추어진 하나의 문학 형태로 보는데[5] 그 이유는 참여의 자율성과 창작의 자유로움으로 인한 다양한 작품이 나온다는 데 있다. 인터넷은 문학창작의 기회를 충분히 줄 수 있는 요건을 갖추고 있다. 문학창작의 다양성 및 적극성, 시·

---

3) A. C. MacArthur, "The impact of computers on the writing process", *Exceptional Children* 54, 1998, pp.536~542.

4) A. C. MacArthur & S. Graham, "Integrating stratege instruction and word processing into a process approach to writing instruction", *School psychology Review* 22(4), 1993, pp.671~681.

5) 최지현, 「인터넷에서의 청소년 문학 생활화 방안」, 『문학교육학』 9, 한국문학교육학회, 2002, 77~100면.

공간의 제약 극복으로 인한 창작의 자율성, 가상 공동체 형성을 통한 문학창작물에 대한 다양한 독자들의 피드백 가능성은 면대면 환경과는 다른 형태의 문학창작 수업을 전개할 수 있고, 문학창작의 새로운 패러다임을 열 수 있다.

아동문학교육의 새로운 패러다임에서 추구하는 교육 방법은 독자(학습자)중심, 반응(상호작용) 중심, 활동(행위) 중심, 학습자 기대지평 고려, 단계적 수용 고려, 학습자의 작품 선택권 고려 등으로 요약될 수 있다. 인터넷 환경의 특징은 멀티미디어, 상호작용성, 시·공간 제약의 극복, 가상공간, 방대한 데이터베이스, 자율 저작 및 출판 등으로 정리될 수 있다. 이런 요소들을 종합할 때 인터넷을 활용한 아동문학 창작활동은 공동체 기반의 학습으로 전개하는 것을 필요로 한다. 이런 인터넷 공동체 형성의 특징은 자율적이고 자발적인 협력적인 쓰기를 가능하게 한다.[6]

특히 인터넷 환경에서 학습자의 학습 중도 포기율이 높은 것을 고려할 때, 꾸준한 동기 유발과 상호작용을 높여주는 문학창작 환경의 조성이 요구된다.[7] 인터넷을 활용한 가상 공동체의 형성은 무한한 창작의 세계를 만들어 낼 수 있으며, 특히 하위 학습자들의 지속적인 참여를 증대시킬 수 있다. 그러므로 인터넷을 활용한 아동문학 창작활동은 가상 학습공동체를 형성하여 지속적인 상호작용을 유도하도록 하는 것이 중요하다.

---

6) S. Kirkley & T. M. Duffy, "Designing a web-based electronic performance support system (EPSS): A case study of literacy online", In Khan, B. H.(Eds.), *Web-based instruction*, (NJ: Educational Technology Publications, 1997), pp.139~148.
7) 이명근·김민규, 「웹 기반 작문교육 프로그램의 효과 연구」, 『교육공학연구』 17(2), 한국교육공학회, 2001, 91~112면.

2) 가상 학습공동체에서의 문학 창작

가상 학습공동체의 구성은 인터넷 활용 아동문학 창작교육을 하기 위한 매우 중요한 요소이다. 아동문학교육 활동이란 정답을 찾는 활동이 아닌, 같이 생각하고 의견을 나누는 활동이다. 아동문학교육의 목표는 누가 문학작품을 정확히 이해했느냐가 아닌, 문학작품을 읽고, 어떻게 느끼고, 어떻게 생각하고, 자신의 생각을 어떻게 표현해 내느냐에 있다.

그러므로 인터넷 활용 아동문학교육에 참여하는 학습자들은 평가받는 느낌이 아닌 같이 참여하여 이야기를 풀어나간다는 아늑한 분위기가 필요하다. 대부분 면대면 활동에서 진행되는 창작 활동들은 과도한 경쟁의식이 생겨나서 자유로운 발상을 저해하는 경우가 많다. 그러나 인터넷으로 만나는 가상공동체는 불필요한 경쟁이 필요 없다. 아동들은 가상 공동체를 형성하여 자신이 생산해 나가는 작품을 타인과 나누고 자신의 느낌이나 사고를 긴장하지 않고 풀어나가면 된다.

인터넷을 통한 가상 학습공동체는 학습에 참여하는 학습자들의 불안함을 덜어주고, 공동체 의식을 갖게 하며 학습을 보다 효과적으로 진행하도록 한다. 특히 문학창작에 참여하는 아동들은 자신의 글이 누군가에 의해 평가받는다는 느낌보다는 함께 이루어 간다는 느낌을 더 받게 된다. 이런 정서적 상태는 작품을 창작하는 데 긍정적인 요소로 작용한다. 그러므로 인터넷을 활용한 문학창작 활동을 위해서는 경쟁적인 상태의 집단보다는 온화하고 협력적인 상태의 공동체 구성이 중요한 요인으로 작용한다.

인터넷을 활용한 가상 학습공동체는 온라인 공간에서 아동들 간의 사회적 상호작용에 의해 형성되는 것으로 개인이 느끼는 심리적 공간을 다수가 느끼는 공동의 사회적 공간으로 확장하여 온라인 공간에서의 학습 활동을 보다 상호적 학습활동(mutual learning)으로 만들어 주는 것을 말한다. 즉, 인터넷상에 혼자라는 느낌을 갖게 하기보다는 공동으로 참여한다는 정서적인 안정을 주어 학습을 보다 효과적으로 수행하도록 하는 것을 말한다. 이런 형태의 공동체는 정서적인 안정을 요하는 문학창작교육을 위하여 필요하며, 특히 협동적인 글쓰기를 위한 환경으로 더욱 중요하다.

인터넷 환경은 면대면의 환경에서보다 독자들에게 수용텍스트를 생산하고 표현할 기회를 제공하기 쉽다. 웹의 시공간의 자율성과 접속의 용이성, 다양한 형태의 상호작용 가능성은 학습자들이 스스로 형성하는 문학교육 활동을 전개하기에 수월하다. 저작 활동의 용이성 역시 인터넷의 큰 장점이라 할 수 있다. 인터넷에서 쉽게 구현할 수 있는 게시판의 기능은 독자들의 수용텍스트를 형성하기에 용이하고, 기하급수적으로 늘어날 수용텍스트의 형성은 독자들의 다양한 기대지평을 보다 넓고 깊게 해 줄 것이다.

3. 연구 절차

1) 연구 설계

본 연구의 목적은 인터넷을 활용한 아동문학 창작교육의 방향과 지침을 마련하는데 있다. 이를 위하여 인터넷 창작 활동에 적합한 도서를 선정하고, 프로그램을 구조화하였다. 인터넷 창작 활동은 면대면 활동에 비해서 가상 학습공동체를 활용하는 것이므로 보다 시각적이고 공유할 수 있는 제재를 선택하였다. 또한, 현재 살아있는 인물에 대한 전기를 선택하여 인터넷 홈페이지에서 그 사이트를 방문하여 실제로 이야기를 나누어 볼 수 있도록 하였고, 활동에 참여하는 아동 각 자가 모두 하나씩의 홈페이지를 만들도록 하여 문학창작 활동뿐 아니라 자신의 취향에 맞는 활동(예를 들면 음악을 모으거나, 그림 및 좋은 시를 모으는 것, 다양한 인터넷 기능을 배우는 것, 영화를 보는 것 등)을 할 수 있도록 하였다. 가상 학습공동체에서 아동들이 편하게 활동할 수 있도록 전체적인 배경은 아늑하게 하였으며, 교사가 의도적으로 아동들이 참여하도록 유도하였다. 연구의 방법 및 절차를 도식화하여 표현하면 [그림 1]과 같다.

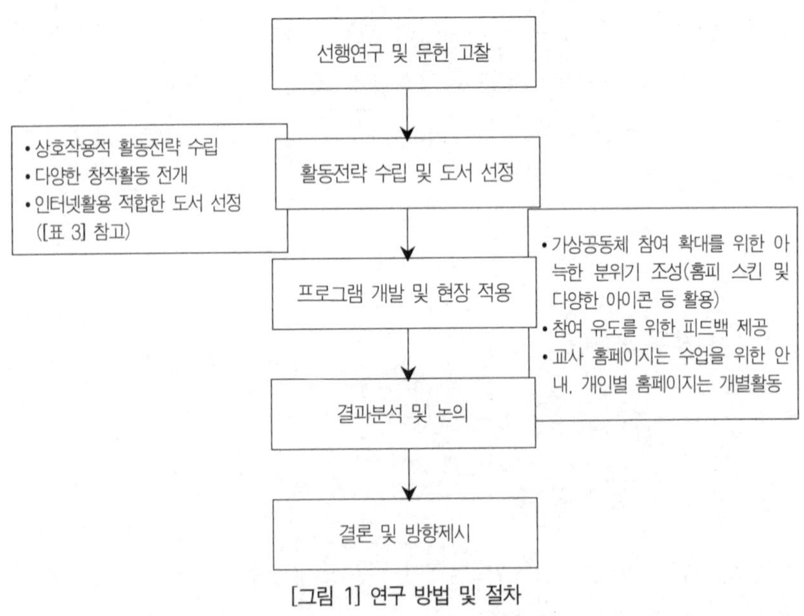

[그림 1] 연구 방법 및 절차

2) 연구 방법

(1) 선행 연구 및 문헌 고찰

인터넷 활용 수업 및 아동문학 창작교육에 대한 선행 연구 및 문헌 고찰을 통하여 인터넷 활용 아동문학 창작 교육의 전략을 세웠다. 창작 전략은 교사와의 정서적 관계를 강조하는 '담화적 글쓰기'를 바탕으로 개별적 교수를 강조하는 '쓰기노트 활용하기', 협의를 강조하는 '과정중심 쓰기', '번갈아가며 쓰기'를 적용한 8개의 세부 활동으로 구성하였다. 이 활동들은 각 각 문학적 표현, 문학적 요소, 창의성을 발달시키는 영역에 포함된다. 구체적인 내용은 [표 1]과 같다.

[표 1] 문학 창작 전략

창작전략		창작 활동	활동 설명	영역
담화적 글쓰기	쓰기노트	① 뒷이야기 이어쓰기	작품의 후속 이야기를 만드는 활동	창의성
	과정중심	② 새로운 결과 창작하기	결말을 바꾸어 보는 활동	창의성
	쓰기노트	③ 사물을 의인화하여 창작하기	물건을 살아있는 인간처럼 표현하는 활동	문학적표현 (은유)
	과정중심	④ 다른 인물의 입장에서 창작하기	사건을 다른 등장인물의 관점에서 시각을 바꾸어 기술하는 활동	문학적요소 (인물)
	과정중심	⑤ 새로운 에피소드 창작하기	새로운 사건을 만들어서 사건들 사이에 끼워 넣는 활동	창의성, 사건
	쓰기노트	⑥ 다른 문학 형태로 변형하여 창작하기	다른 문학 장르로 표현하는 활동	문학적 요소 (장르)
	과정중심	⑦ 다양한 표현 활용하여 창작하기(어휘, 은유)	대화체, 새로운 어휘, 은유법 등을 넣어 표현하는 활동	문학적 표현 (은유)
	번갈아	⑧ 동료와 함께 창작하기	협동하여 이야기 만드는 활동	종합(협동, 표현, 창의성)

프로그램에 사용된 창작 전략들은 문학 창작을 위한 다양한 사고를

가능하도록 하면서 창의성을 확장시켜준다. '① 뒷이야기 이어쓰기', '②
새로운 결과 창작하기', '⑤ 새로운 에피소드 창작하기'는 아동들의 참
신한 창의성에 기반을 둔 활동전략이다. '③ 사물을 의인화 하여 창작하
기', '⑦ 다양한 표현 활용하여 창작하기(언어적 표현, 어휘, 은유)'는 문학
적 표현에 바탕을 둔 활동전략이다. '④ 다른 인물의 입장에서 창작하기
(시각 바꾸기)', '⑤ 새로운 에피소드 창작하기', '⑥ 다른 문학 형태로 변
형하여 창작하기'는 문학적 요소(인물, 사건, 장르)를 고려한 창작 전략으
로 표현 형태에 따라 다양한 표현 기법을 알 수 있도록 하는 전략이다.

'⑧ 동료와 함께 창작하기'는 종합적인 전략으로 아동들이 자신의 글
을 표현하는데 타인과 협동하여 표현해 봄으로서 자신의 오류를 동료들
간의 피드백으로 점검하고 다듬어 하나의 작품을 완성시키기 위한 전략
으로 사용하였다. 이와 함께 인터넷 매체를 활용한 교수 전략은 [표 2]
와 같다.

[표 2] 인터넷 전략

인터넷 전략	설 명
① '쪽지 보내기', '댓글'	학생 개개인에게 개별적으로 메시지를 전달하는 것으로 '쪽지 보내기'는 보완된 정보를 주는 것이고, '댓글'은 공개된 정보를 주는 것이다.
② '답글', '메신저'	'답글'과 '메신저'는 교사와 학생들 간에 피드백을 주기위해 사용한다.
③ '게시판', '블로그'	'게시판'은 수용활동을 진행하는 도구로 사용되고, '블로그'는 학생들의 릴레이식 이야기 쓰기 활동에 사용된다.
④ '아이템'	매일 개인이 편리한 시간에 활동 할 수 있도록 권장함으로서 시간과 공간을 효과적으로 활용하는데, 성실한 학생에게는 자신의 홈피를 꾸밀 수 있는 도구를 준다. '아이템'에는 여러 가지 장식 도구가 포함된다.
⑤ 문서 및 그림편집기	문서편집기나 그림 편집기를 사용하여 다양한 형태의 글을 표현하도록 한다. 글자의 크기나 색 등을 조절할 수 있고, 원하는 그림을 넣을 수도 있다.

이 프로그램은 개별화 교수를 위하여 인터넷의 '쪽지 보내기' 기능과 '답글' 달기 기능, '메신저' 기능을 활용하였다. 교사는 학생 개인의 홈페이지를 방문하여 진행상황을 점검하였고, 개인별 쪽지 보내기 등의 도구를 사용하여 개별화 교수를 하였다. 그리고 학생이 작성한 게시글에 교사가 개인적으로 모두 '댓글'을 달아주었고, 동료들 간에도 다양한 의견을 공유하기 위하여 '댓글' 기능을 활용하도록 권장하였다.

인터넷 공동체 의식을 갖도록 하기 위하여 '쪽지 보내기', '댓글' 달기, '메신저' 등의 기능을 활용하였고, 협동심을 발휘할 수 있도록 하기 위하여 '게시판' 기능을 이용하여 팀별 '이야기 이어쓰기'활동을 전개하였다. 각 팀은 각자의 팀을 견제하면서 보다 더 창의적인 이야기를 창작하기 위하여 서로 간에 다양한 의견을 공유하였다.

시공간의 효과적인 활용을 위하여 매일 자신이 원하는 시간에 접속하여 활동을 하도록 권장하였고, 컴퓨터의 다양한 기능(문서 편집기, 그림 편집기)을 활용하도록 하였다.

(2) 인터넷 활용 아동문학 창작교육 프로그램 개발

가상 공동체 및 아동문학 창작교육의 다양한 전략을 활용한 홈페이지를 활용하였다. 이 연구에서 활용한 홈페이지는 인터넷 포털 사이트 회사에서 제공하는 홈페이지로 기본적인 커뮤니케이션 기능이 갖추어져 연구에 활용하기에 적합한 도구였다. 프로그램을 실시하기 위한 다양한 콘텐츠를 개발하였는데, 먼저 프로그램을 위한 도서를 선정하였다. 선정된 도서목록은 다음과 같다.

① <이야기 이야기>/ 게일 헤일리 글, 그림/ 보림 / 칼뎃콧 상 수상작(사

전검사)

② <나그네의 선물>/ 크리스 반 알스버그 글, 그림 / 풀빛 / 칼데콧 상
수상작가

③ <백악관을 기도실로 만든 대통령 링컨>/ 전광 글, 임금선 그림/ 생명
의 말씀사/ 어린이 도서 연구회 추천

④ <아씨방 일곱동무>/ 이영경 글, 그림/ 비룡소/ 어린이 도서 연구회 추천

⑤ <늑대가 들려주는 아기돼지 삼형제>/ 존 셰스카 글, 레인 스미스 그
림/ 보림/ 칼데콧 상 수상작

⑥ <진짜 도둑>/ 윌리엄 스타이그 글, 그림/ 베틀북 / 뉴베리 상 수상작가

⑦ <크리스마스 벽걸이>/ 패트리샤 폴라코 글, 그림/ 행복한 아이들/
IBBY 청소년부분 수상작가

⑧ <천로역정>/ 존 번연 글, 김천정 그림/ 성서원/ 어린이 도서 연구회 추천

⑨ <레나 마리아>/ 스가야 아쯔오 글, 아베 사요리 그림/ 토기장이/ 어
린이 도서 연구회 추천

⑩ <물의 아이들>/ 찰스 킹즐리 글, 권형영 그림/ 숲속나라/ 어린이 도
서 연구회 추천

⑪ <개구리 왕자 그 뒷 이야기>/ 존 셰스카 글, 그림/ 보림/ 칼데콧 상
수상작

⑫ <루이 브라이>/ 마거릿 데이비슨 글, 자넷 컴페어 그림/ 다산 기획/
어린이도서 연구회 추천

⑬ <사자, 마녀 그리고 옷장>/ C. S. 루이스 글, 폴린 베인즈 그림/시공
주니어/ 카네기 상, 케이트 그린어웨이 상 수상

⑭ <눈사람 아저씨>/ 레이먼드 브릭스 글, 그림/ 마루벌 / 어린이 도서
연구회 추천(사후검사)

도서는 작품성을 인정받는 유명한 아동문학상(칼데콧 상, 뉴베리 상, 카네
기 상, 케이트 그린어웨이 상 등) 수상한 작품과 도서 연구회 추천 도서를 중
심으로 하였으며, 인터넷 활동을 진행하기 적합한 도서를 중심으로 구조
화 하였다([표 3] 참고).

[표 3] 선정 도서 및 활동 전략

도서명	인터넷 활용	활동전개
〈나그네의 선물〉	다양한 의인화 예를 가상공동체에서 공유	③ 사물을 의인화하여 창작하기
〈백악관을 기도실 만든 대통령 링컨〉	전기문에 대한 다양한 활동을 공유	⑦ 다양한 표현 활용하여 창작하기 (언어적 표현, 어휘, 은유)
〈아씨방 일곱동무〉	규중칠우쟁론기에 대한 정보검색을 통해 의인화된 그림을 탐색	③ 사물을 의인화하여 창작하기
〈늑대가 들려주는 아기돼지 삼형제〉	다양한 시각에 대한 상호작용적 반응	④ 다른 인물의 입장에서 창작하기 (시각 바꾸기)
〈진짜 도둑〉	문학적 표현에 대한 개별적 탐색	⑦ 다양한 표현 활용하여 창작하기 (언어적 표현, 어휘, 은유) ④ 다른 인물의 입장에서 창작하기 (시각 바꾸기)
〈크리스마스 벽걸이〉	자신의 홈페이지에 일기문형태로 기술하면서 반응을 적용	② 새로운 결과 창작하기
〈천로역정〉	다양한 멀티미디어 요소 가미 (사진, 그림, 삽화 등) 활동전개	③ 사물을 의인화 하여 창작하기 ⑤ 새로운 에피소드 창작하기 ⑥ 다른 문학 형태로 변형하여 창작하기 ⑦ 다양한 표현 활용하여 창작하기 (언어적 표현, 어휘, 은유)
〈레나 마리아〉	장애인 저자의 홈페이지를 방문하여 방명록에 기록하고, 그의 기록 탐색한 후, 다양한 자원 활용하여 창작	⑥ 다른 문학 형태로 변형하여 창작하기
〈물의 아이들〉	사진, 그림 등을 이용한 뒷이야기 새로 꾸미기	① 뒷이야기 이어쓰기 ⑤ 새로운 에피소드 창작하기 ⑦ 다양한 표현 활용하여 창작하기 (언어적 표현, 어휘, 은유)
〈개구리왕자 그 뒷이야기〉	새로운 시각에 대한 다른 아동의 글 읽고, 자신의 글에 반영	① 뒷이야기 이어쓰기 ② 새로운 결과 창작하기 ⑤ 새로운 에피소드 창작하기
〈루이 브라이〉	브라이 점자에 대한 정보검색 및 장애인들에 대한 이해	④ 다른 인물의 입장에서 창작하기 (시각 바꾸기)
〈사자, 마녀 그리고 옷장〉	환상적 이야기로 멀티미디어적 활용 가능	⑦ 다양한 표현 활용하여 창작하기 (언어적 표현, 어휘, 은유) ⑧ 동료와 함께 창작하기

(3) 문학창작 프로그램의 전개

① 도서 읽기의 권장

[그림 6] 책 소개

이 프로그램의 최종 목표는 아동들이 자율적으로 창작활동에 참여하고, 자신의 창작활동에 흥미를 가지며 인터넷을 활용하여 자율적으로 창작물을 게시하는 것을 목표로 한다. 이를 위해서 우선 아동들에게 책에 대한 흥미를 높이고, 다양한 책을 알도록 하였다.

'좋은 책 소개' 메뉴를 통해서 매주 새로운 책을 소개하고, 그 책의 재미있는 점과 작가 소개 등을 함으로서 아동들에게 책에 대한 흥미를 높이도록 하였다.

② e-book 형태의 도서 안내

도서에 대한 흥미 유발의 연장으로 e-book을 소개하였다. 인쇄물로 출판된 책 중에서 e-book으로 제작된 책을 중심으로 소개하였다. 출판사에서 자체 제작한 e-book, flash 동화로 다시 제작된 책, PDF 형태로 제작된 책 등 다양한 책을 소개하였다. 이렇게 소개된 책에 아동들은 많은 흥미를 보였으며, 특히 e-book과 인쇄물이 함께 있는 책에 더욱 흥미를 나타내었다.

③ 문학 수용활동의 전개

문학창작 활동을 전개하기에 앞서 문학 수용활동을 전개하였는데, 이는 책에 대한 이해와 감상이 창작의 동기를 높여줄 수 있기 때문이다. 문학 수용활동은 게시판 형태의 질문으로 제시되었는데, 정확한 답을 한 아동들에게는 홈페이지를 꾸밀 수 있는 여러 가지 아이템을 보상으로 주었다. 아동들을 보상을 받는 것을 목표로 하였기는 하지만, 자신의 의견이 인터넷을 통해 게시된다는 데 더욱 관심을 보였다.

④ 아동 개인 홈페이지의 활용

수용활동이 교사의 홈페이지에서 이루어졌다면, 개별 창작 활동은 아동의 홈페이지를 활용하였다. 각 자 자신의 쓰기노트를 완성해가는 느낌을 갖도록 하기 위해서 다양한 형태의 글쓰기를 시도하였다.

⑤ 블로그 형태의 릴레이 창작 활동

창작 활동 중 '동료와 함께 창작하기'는 교사의 홈페이지를 활용하도록 하였다. 블로그 형태로 전개되는 릴레이 이야기 쓰기를 시도하였는데, 2~3명씩 팀을 이루어 활동하도록 하였다. 이 활동은 아동들이 참여한 활동 중에서 가장 흥미를 보인 활동으로 나타났다.

(4) 현장 적용 및 평가 분석

2004년 10월부터 2005년 4월까지 초등학교 4학년 학생을 대상으로 프로그램을 적용하였다. 문학창작 능력에 대한 사전 사후 검사 결과를 기초로 프로그램의 효과를 분석하였고, 학생들의 활동 결과 포트폴리오 분석 및 흥미도 검사를 실시하여 학생들의 창작 능력 및 흥미도의 변화를 분석하였다.

3) 연구 도구

(1) 인터넷 활용 아동문학 창작 도구

본 연구는 인터넷을 활용한 아동문학 창작교육의 방향과 지침을 마련하는데 있고, 이를 위하여 아동문학 창작 교육을 위한 다양한 문학창작 학습전략을 적용한 도구를 사용하였다.

① 초기화면

초기화면에서는 교사는 어떤 학생에게 메일이나 쪽지가 왔는지를 검토할 수 있고, 어떤 학생들이 새로운 글을 작성했는지를 확인할 수 있다. 아동들은 교사의 초기화면 페이지에 들어와서 참여자들에게 간단한 인사말을 할 수 있고, 다른 학생들의 활동 동향을 살펴볼 수 있다.

② 인터넷 '쪽지 보내기'

아동들은 교사에게 자신의 학습 진행 상황을 쪽지 보내기 기능을 통하여 알릴 수 있다. 교사는 아동이 보낸 쪽지를 확인하고 아동과 개별적인 상호작용을 할 수 있고, 진도 검토도 할 수 있다. 자신이 한 숙제를 교사에게 알리고 있으며, 거기에 대한 보상을 바라는 마음을 개별적으로 전하고 있다.

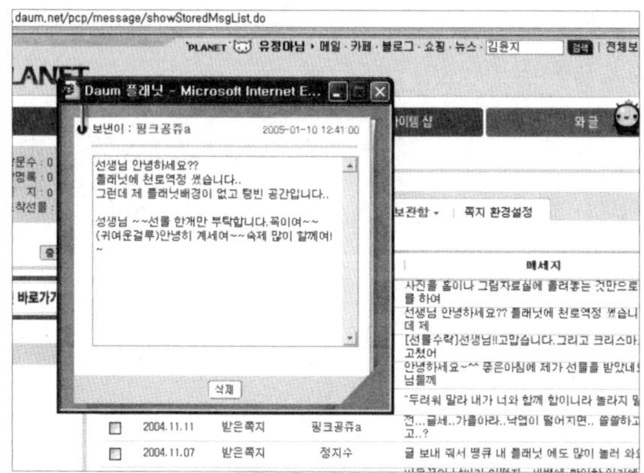

[그림 3] 쪽지 보내기

③ '댓글' 달기

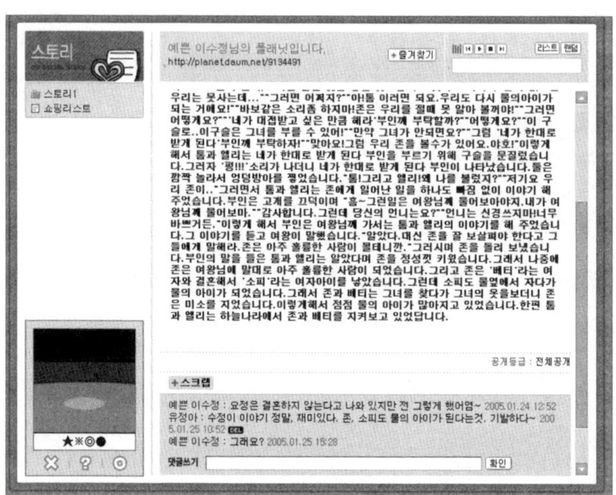

[그림 4] 댓글 달기

　　'댓글'이란 게시물에 대한 의견을 간단하게 표현하는 기능으로 한 눈에 어떤 반응이 있는지 알 수 있다. '답글'과 다른 점은 게시물을 보면서 동시에 의견을 볼 수 있다는 것이다. 그러므로 사용자가 의견을 보기 위해 화면을 여러 번 클릭하는 번거로움을 덜어준다.

　　교사나 다른 아동들의 반응이 동시에 보이므로 게시물을 작성한 아동은 그 반응을 보고 거기에 대한 의견을 다시 댓글로 달수 있게 된다. [그림 3]은 활동 참여자가 쓴 글에 대한 교사의 댓글과 다른 아동의 댓글이 동시에 보이는 것으로 글을 작성한 아동은 이런 반응을 참고로 다음 글을 작성하거나 자신이 작성한 글을 수정할 수 있다.

　　④ '블로그' 쓰기

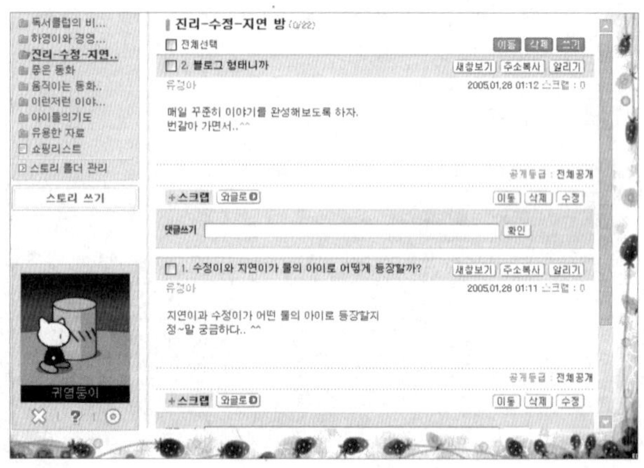

[그림 5] 블로그

　　'블로그'란 게시판 형태의 글이 한 화면에서 계속 보여지는 것으로 여러 번 클릭해서 게시물을 확인하는 것이 아니라 마우스의 볼을 이용하여 스크롤하면서 글을 읽는 형태를 말한다([그림 4] 참고). 이 기능의 장점은 여러 명의 글을 연결해서 하나의 이야기를 만들 때, 앞에 쓴 글을 확인하기가 용이하다는 것이다.

블로그 기능은 '릴레이 이야기 쓰기'에 활용하였으며 아동들은 2~3명씩 팀을 이루어 '릴레이 이야기 쓰기'를 진행하였다. 이 활동을 통해 아동들은 이야기 만들기 공동체 의식을 갖게 되었으며, 협동적인 이야기를 만들게 되었다.

⑤ 문서, 그림, 사진, 음악 등의 편집

[그림 6] 그림 편집

다양한 매체를 활용할 수 있는 '편집기' 기능은 컴퓨터의 막강한 기능이다. 아동들은 자신의 글에 그림, 사진, 음악 등을 추가하여 편집할 수 있다.

[그림 5]는 본 활동에 참여한 아동이 자신의 글에 등장하는 인물 그림을 추가하여 글을 작성한 형태이다. 이 아동은 자신의 글에 등장하는 인물 중 하나를 원하는 그림을 넣어서 편집하였다. 이런 형태의 글은 다른 아동들에게도 다양한 글을 창작하도록 하는 동기를 부여한다.

(2) 문학창작 능력 검사지

문학창작 능력을 검사하기 위한 검사지 및 평가준거는 NAEP(1998),[8] 황경희(1994),[9] 심선희(2001),[10] 김민경(2003)[11]의 연구를 참고로 수정 보완하여 사용하였으며, 쓰기의 평가요소 및 평가 기준 및 척도는 [표 4]와 같다. 문학의 구성요소에 따라 내용 영역의 평가 기준에는 주제 및 제재, 등장인물 등의 하위요소가 포함되었다. 조직에는 순서적 짜임새, 문단의 조직 및 사건의 개연성이 하위 요소로 포함되었다. 표현에는 문장의 독창성, 독특한 문장 구성, 다양한 어휘의 사용, 표기법 및 문법이 하위요소로 포함되었다.

[표 4] 평가 기준 및 척도

	영역		상(5점)	중(3점)	하(1점)
내용	1	주제 및 제재와 내용의 일치	주제와 내용이 잘 일치	주제와 내용이 일치하지 않는 부분이 있음.	전반적으로 일치하지 않음.
	2	풍부한 내용 및 정서 표현	주제와 제재에 관련한 풍부한 내용 및 정서 표현	주제와 제재에 관련한 내용이 비교적 풍부한 단순한 정서 표현	설명 중심의 단순한 표현
	3	등장인물의 설정	다양한 등장인물이 적절히 나타남.	다양한 등장인물이 나타나 적절치 않음.	등장인물이 단순함.

---

8) NAEP, *Writing framework and specifications for the 1998 national assessment of educational progress,* Washington DC : CRESST, 1998.
9) 황경희, 「아동의 제재 흥미와 생활문 짓기 능력과의 관계」, 이화여자대학교 박사학위논문, 1994.
10) 심선희, 「동료 협의를 통한 과정 중심 쓰기가 쓰기 능력 및 쓰기 태도에 미치는 효과─생활문 쓰기를 중심으로」, 이화여자대학교 석사학위논문, 2001.
11) 김민경, 앞의 논문, 1~27면.

조직	4	순서적 짜임새	전체적인 글의 흐름이 자연스러움(시간, 사건의 순서에 따라 글이 진행됨).	전체적인 글의 흐름이 부자연스러움(사건의 진행이 바뀌고 혼란스러움).	전체적으로 산만함(사건의 진행이 전혀 없고, 시간적 배열도 지키지 못함).
	5	문단의 조직	문단이 적절하게 조직됨.	일부 문단이 잘못 나뉘었음.	문단이 하나로 되어있거나 문장마다 나누어짐.
	6	사건의 개연성	다양한 사건의 진행이 인과관계가 적절함.	다양한 사건이 진행되나 인과관계가 미흡함.	단일사건이 진행되거나 전혀 인과성이 없음.
표현	7	독창성	내용이 독창적임.	내용이 일부 독창적임.	독창적인 면 부족
	8	독특한 문장 구성	글을 독특한 표현방법으로 진행시킴.	글을 일상적인 표현방법으로 진행시킴.	평범하거나 모방된 글로 진행됨.
표현	9	어휘	다양한 어휘가 적절히 사용됨.	다양한 어휘가 사용되나 적절하지 못함.	적은 어휘가 사용되고, 적절치 못함.
	10	표기법(맞춤법, 띄어쓰기)	맞춤법과 띄어쓰기가 양호함.	맞춤법과 띄어쓰기가 일부 혼란	맞춤법과 띄어쓰기가 심각하게 문제됨.
	11	문법(어순, 어법)	어순과 어법이 비교적 정확함.	어순과 어법이 다소 어색한 부분이 있음.	어순과 어법이 심각한 문제
인터넷 활용	12	상호작용성	가상공동체에서 빈번한 상호작용을 통해 글을 수정함.	가상공동체의 참여하기는 하나, 글의 수정에 반영되지 않음.	가상공동체 참여가 보이지 않음.
	13	멀티미디어 구성	다양한 멀티미디어적 요소를 자신의 글에 창의적으로 반영함.	멀티미디어적 요소를 다소 반영함.	멀티미디어적 요소를 반영하지 않음.

(3) 문학활동 흥미도 검사지

문학활동에 대한 흥미도를 조사하기 위하여 유정아(2003)[12] 및 김민경 (2003)[13]이 사용한 검사지를 수정 보완하여 사용하였다. 문학활동 흥미도 검사지는 프로그램을 적용한 후에 실시하기 위하여 제작되었다. 사후에 조사한 문학활동 흥미도는 평가적 차원에서 실시하였다. 포함된 영역은 '프로그램 활동 후 독서생활에 대한 평가', '인터넷 활용 문학 창작 활동

---

12) 유정아, 앞의 논문, 433~466면.
13) 김민경, 앞의 논문, 1~27면.

에 대한 평가', '가상 공동체 활동에 대한 만족감 및 평가', '창작 태도에 대한 평가'이다. 흥미도 검사 영역은 [표 5]와 같다.

[표 5] 문학 흥미도 검사 영역 및 질문

평가 영역	내 용
프로그램	프로그램 활동 후 독서습관, 독서태도
인터넷 창작	인터넷 글쓰기에 대한 흥미, 습관, 장점
가상 학습공동체	가상 공동체의 장점, 영향력
태도 변화	창작에 대한 태도, 인터넷 창작에 대한 태도

4. 연구 결과

아동의 문학창작 능력을 향상시키기 위하여 시도된 이 연구는 2004년 10월부터 2005년 4월까지 약 7개월간에 걸쳐 진행되었다. 이 중 2004년 10월부터 2005년 2월까지는 면대면 활동과 온라인 활동이 병행되었고, 2005년 3월부터 2005년 4월까지는 온라인 활동만으로 진행되었다. 이 연구에 참여한 학생들은 초등학교 4학년 10명이었고, 5명씩 두 개의 팀을 이루어 시작되었다.

5명씩을 한 팀으로 구성한 이유는 독서교육의 특성상 대규모로 진행될 경우 개별적인 의견을 나누기가 어려워지고, 학생들 간에도 진지한 토론으로 이끌기가 곤란하기 때문이다. 소규모로 진행될 경우, 참여한 아동들이 공동체 의식을 갖기에 수월하고 책을 읽은 후 나누는 토론도 깊이 있게 진행될 수 있다.

본 연구를 시작하기 전에 학부모로부터 동의를 얻었고, 면대면 활동과 인터넷 활동이 혼합되어 이루어졌으며, 문학 창작 활동을 제외한 수용 활동과 비평 활동은 면대면 활동으로 진행되었다. 평가는 문학창작 능력 평가와 문학활동 흥미도에 대한 평가로 이루어졌다. 각 검사는 사전사후 검사로 실시하였고, 활동 중 학생들의 활동결과를 누적하여 평가하는 포트폴리오 평가를 실시하였다.

1) 문학창작 능력

(1) 사전 사후 검사 결과

프로그램을 적용하기 전후에 실시된 아동의 문학 창작 능력 평가 결과는 [표 6]과 같다. 창작 영역 중 '내용' 요소와 '조직' 요소는 사전 사후 검사 결과 평균값의 차이는 3점 정도(내용 : 3. 2, 조직 : 3. 6)로 나타났고, $p < .01$ 수준에서 유의한 차이를 보였다. 가장 두드러지게 차이가 나는 요소는 '표현'요소와 '인터넷 활용'요소였는데, '표현'요소의 경우, 사전 사후 검사 결과 평균값의 차이는 무려 10점 이상(10. 8)으로 나타났고, 통계적으로도 $p < .001$ 수준에서 유의한 차이가 있는 것으로 나타났다.

이는 인터넷을 활용한 문학창작 교육은 학생들의 내용 구성력이나 조직력의 향상 보다는 창의적 사고력의 향상에 더욱 효과적이라고 볼 수 있다. 특히, '독창성'이나 '언어적 유창성'면에서 눈에 띄는 향상을 보였다는 것은 이 프로그램이 아동들에게 보다 창의적인 생각을 하도록 유도했으며, 그것을 잘 표현하도록 했다고 볼 수 있다.

[표 6] 문학창작능력

요소	사전검사		사후검사		D	t	Sig.
	M	SD	M	SD			
내용(15)	11.4	.89	14.6	.89	3.2	−6.532**	.003
조직(15)	10.2	1.1	13.8	1.1	3.6	−4.811**	.009
표현(25)	9.8	1.1	20.6	1.67	10.8	−10.590***	.000
인터넷활용(10)	5.1	1.2	8.2	.92	3.8	−5.287***	.000

− ( ) 안의 숫자는 요소별 만점 **p<.01 ***p<.001

이런 결과를 나타낸 원인을 분석해 보면 다음과 같다. 먼저, 이번 프로그램은 문학작품 전체를 텍스트로 했다는 점이다. 기존의 창작 교육은 일정한 패턴의 본문을 예시로 제시하거나 좋은 쓰기 모델을 보여주면서 쓰기에 들어갈 적절한 요소를 확인하는 과정으로 진행한다. 그러나 이 프로그램은 문학작품 전체를 읽고, 그것에 대한 수용적 반응과 평가적 반응[14]을 서로 나눈 후에, 창작활동을 도입하였다. 그러므로 창작 활동에 들어간 아동들은 문학작품 전체를 통하여 느낀 다양한 생각들을 자신만의 특별한 표현방식으로 자유롭게 구사하였다고 볼 수 있다.

둘째, 인터넷 가상 학습공동체를 통한 활동을 전개한 것이 이 프로그램에 참여한 아동들의 창의적인 욕구를 자극했다고 해석될 수 있다. 가상 학습공동체의 구성은 아동들이 자신의 작품뿐 아니라 타인의 작품을 자유롭게 읽어볼 수 있는 기회를 제공한다. 면대면 창작 교육의 가장 큰 난점은 동료의 작품을 읽어볼 수 있는 기회가 한정되어 있다는 점이다. 어떤 주제에 대해서 글을 쓴다는 것은 긴장되는 과정이다. 그러나 같은 주제에 대한 타인의 글을 읽는 것은 즐거운 경험이 될 수 있다. 특히, 이

---

14) 이성은, 「Web기반 아동문학교육활동의 유형 탐색」, 『한국교육』 2, 한국교육개발원, 2001, 183~204면.

번 프로그램에서는 '릴레이 작품 쓰기'활동을 전개하면서 아동들 간의 협동적인 글쓰기를 장려하였다. 팀으로 이루어진 이 활동은 아동들에게 큰 흥미거리로 작용한 것으로 보인다. 그 결과 아동들은 즐겁게 창작 활동에 임하게 되었으며, 자신의 생각을 글로 독특하게 표현하는 즐거움을 만끽한 것으로 보인다.

셋째, 교사와 일대일 대화 기회의 확대를 들 수 있다. 면대면 창작 교육에서는 교사와 일대일로 대화를 할 수 있는 기회를 얻기가 매우 어렵다. 특히, 쓰기 과제의 경우 즉각적인 교사의 조언을 얻기는 더욱 어렵다. 이번 프로그램은 인터넷으로 진행되어 즉각적이고 지속적인 상호작용이 유지될 수 있었다. 아동들은 인터넷에서 글쓰기가 종이에 글을 쓰는 것에 비해 쉬웠고, 교사를 만날 수 있다는 기대감에 더욱 창작 활동에 몰입할 수 있었던 것으로 풀이된다.

넷째, 인터넷 매체의 멀티미디어적 요소와 상호작용적 요소가 아동들의 창의 동기를 확장시킨 것으로 분석된다. 초기에는 컴퓨터를 잘 다루는 몇 몇의 아동들만이 인터넷 활동에 적극적인 반응을 보였으나, 멀티미디어적인 요소를 가미한 다른 아동들의 작품을 보면서 자신들의 작품에도 다양한 멀티미디어적인 요소를 가미하는 반응을 보이기 시작하였다. 또한, 초기에는 비교적 잘하는 아동들의 작품을 모방하는 것 같았으나, 자신만의 독특한 창작력을 발휘하여 다양한 이야기를 만들기 시작하였다. 이런 현상은 자신만의 독특한 '표현'방식으로 나타났다.

한편, 표현 요소에 비해 내용 요소와 조직 요소가 덜 향상된 것은 참여한 아동들이 4학년에서 5학년으로 진급되는 시기에 있었다는 점에서 원인을 찾아볼 수 있다. 이 시기의 아동들은 올바른 글짓기에 대한 기본 능력은 갖추어져 있다고 볼 수 있다. 즉, 이 시기의 아동들은 내용 구성이나 내용의 조직에서 어느 정도의 능력이 있는 것으로 보인다. 사전 점수를 살펴보면 이미 15점 만점에 10점 이상의 높은 평균점수를 나타내고 있다. 이는 이미 아동들이 정규 국어 시간(쓰기)시간에 글의 내용과 조직에 대한 충분한 훈련을 받은 결과라고 분석된다. 그러므로 올바른 글쓰기 및 조직적인 글쓰기에는 익숙해져 있었을 것으로 풀이된다. 그러므로 이번 문학 창작 프로그램에 참여한 아동들은 글의 구성과 조직보다는 다양한 사고의 표현 방법에 더 높은 성취를 이룬 것으로 보인다.

(2) 포트폴리오 결과

8회에 걸쳐 실시된 활동의 포트폴리오 결과를 점수화하여 그래프로 나타내면 [그림 7]과 같다.

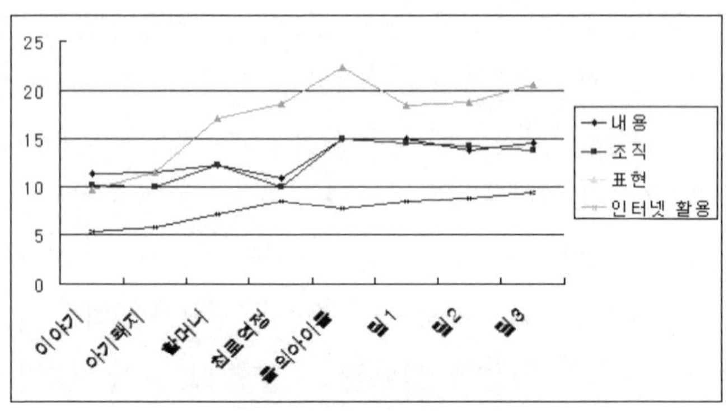

[그림 7] 포트폴리오 기록 결과

사전 사후 검사 결과와 같이 '표현'과 '인터넷 활용' 요소가 '내용'과 '조직'에 비해서 높은 향상을 나타내고 있다. 처음 활동인 '이야기' 활동에서는 '내용'이나 '조직' 요소에 비해서 낮은 성취결과를 나타내었지만,

세 번째 활동인 '할머니' 활동에서부터는 다른 활동에 비해 높은 성취결과를 보이고 있다. 특히 다섯 번째 활동인 '물의 아이들' 활동에서는 '내용', '조직', '표현' 요소에서 모두 높은 성취결과를 보이고 있는데 이 활동은 환상동화의 뒷이야기를 이어가는 활동으로 아동들에게 높은 창작의욕을 불러일으킨 것으로 보인다. '인터넷 활용'요소는 매 회에 걸쳐서 꾸준한 향상을 보이고 있는데, 이는 아동들이 서로에게서 자극을 받아 더욱 발전된 것으로 풀이된다.

특히, 이 활동에서는 여러 아동들이 사진이나 그림을 이야기에 삽입하여 다양한 이야기를 전개하였는데, 몇몇 아동들의 이런 경향이 다른 아동들에게까지 확산되는 경향을 일으켰다. 이는 가상 학습공동체의 긍정적인 효과로 보이며, 아동들이 적극적으로 참여할 때 그의 성취수준도 높게 나타난다는 것을 다시 확인하게 해준다.

2) 문학활동 흥미

문학활동 흥미도는 프로그램, 인터넷 창작 활동, 가상 학습공동체, 태도 변화 등을 평가하는 18개의 문항으로 조사되었다. 18개의 문항은 대부분 $p<.001$, $p<.01$ 수준에서 유의미한 결과로 나타났다[표 7] 참고). 특히, 실시된 '프로그램 후 독서 생활 변화'에 대한 평가(3, 4, 5번 항목)는 평균 4.5 이상의 좋은 결과를 나타내었다.

[표 7] 흥미도 검사 결과

영역	번호	항 목	M	SD	t
프로그램	1	프로그램을 통해 책을 많이 읽게 되었다.	4.2	.44	21.0***
	2	프로그램에서 책을 읽는 방법에 대한 지식을 얻게 되었다.	4.4	.89	11.0***
	3	프로그램은 나에게 유익하였다.	4.9*	.12	17.9***
	4	프로그램은 재미있었다.	4.9*	.11	11.5***
	5	프로그램을 통해 친구를 사귀게 되었다.	4.9*	.13	8.5***
	6	인터넷 독서활동은 나의 독서생활에 도움이 되었다.	4.4	.54	24.0***
인터넷창작활동	7	인터넷 글쓰기가 종이에 쓰는 것에 비해 더 쉽다.	4.6*	.89	18.7***
	8	인터넷 글쓰기가 종이에 쓰는 것 보다 더 생각을 많이 하도록 한다.	4.2	1.09	8.5**
	9	인터넷 글쓰기가 종이에 쓰는 것 보다 더 재미있다.	4.8*	.44	10.1***
가상학습공동체	10	인터넷 글쓰기 활동을 통해 친구들의 작품을 읽을 수 있었다.	4.6*	.54	18.7***
	11	인터넷에 있는 친구의 작품을 읽는 것이 재미있다.	4.2	1.09	8.5**
	12	인터넷에 있는 친구의 작품을 읽는 것은 나의 글쓰기에 도움이 된다.	3.8	.83	10.1**
가상학습공동체	13	인터넷에서 선생님을 만나는 것은 나의 글쓰기에 도움이 된다.	4.6*	.54	18.7***
	14	나의 인터넷 글쓰기 작품을 다른 사람(친구, 선생님)이 읽는 것이 좋다.	4.4	.89	11.0***
	15	나의 인터넷 글쓰기 작품에 다른 사람(친구, 선생님)이 의견을 달아주는 것이 좋다.	4.8*	.44	24.0***
	16	나의 인터넷 글쓰기 작품에 대한 다른 사람의 의견은 다음에 쓸 나의 글에 영향을 준다.	4.6*	.54	18.7***
태도변화	17	인터넷 글쓰기 활동을 통해 글쓰기에 흥미를 느끼게 되었다.	4.4	.89	11.0***
	18	직접 만나는 활동을 하지 않아도 인터넷 글쓰기 활동을 계속하고 싶다.	4.4	.89	11.0***

— **p<.01 ***p<.001

또한, '인터넷 창작 활동'에 대한 평가도 매우 긍정적인 것으로 나타났다. 특히, '(7번) 인터넷 글쓰기가 종이에 쓰는 것에 비해 더 쉽다(4. 6점)', '(9번) 인터넷 글쓰기가 종이에 쓰는 것 보다 더 재미있다(4. 6점)'에 매우 긍정적인 반응을 한 것으로 보아, 인터넷을 활용한 문학창작 방법은 아동들에게 매우 흥미로우면서도 쉽게 접근할 수 있는 방법으로 분석되었다.

가상 학습공동체에 대한 의견은 다소 상이하게 나타났는데, 우선 13번, 15번, 16번 항목은 평균 4. 5점 이상의 높은 긍정적인 반응을 보였다. 그러나 12번 항목 '인터넷에 있는 친구의 작품을 읽는 것은 나의 글쓰기에 도움이 된다'는 부분에서는 다른 항목에 비해 상대적으로 적극적인 반응을 보이지 않는 것(평균 3. 8점)으로 나타났다. 이런 반응은 다음과 같이 해석할 수 있다. 인터넷에서 선생님이나 친구들의 의견을 받는 것이 좋고, 자신의 글쓰기에 매우 도움이 된다고 생각하지만, 친구들이 쓴 글을 읽는 것 자체만으로는 자신의 글쓰기에 도움이 되지 않는다는 것이다. 즉, 친구들의 글을 읽는 것은 즐겁지만, 그 글을 그대로 모방하지는 않는다는 것이며, 그 보다는 선생님이나 친구들이 자신의 글에 의견을 달아주는 것에 더 도움을 받는다고 여기는 것으로 볼 수 있다.

이런 아동들의 반응은 가상 학습공동체의 지향 방향에 대해서 논의해 볼 수 있다. 아동들은 게시된 여러 사람의 글을 읽는 것은 즐거워하지만, 학습에 도움이 된다고 느끼지는 못한다. 그 보다는 적극적인 피드백과 의견을 요구하는 것이다. 즉, 가상 학습공동체를 이루는 구성원들 간의 적극적인 상호작용을 더 요구하는 것이다. 그러므로 적극적인 상호작용은 공동체를 이루는 핵심적인 요소로 강조될 수 있다.

5. 결론 및 제언

1) 결론

인터넷은 다양한 형태의 수업진행을 가능하게 하고(일대일, 일대다, 다대다 등), 면대면 활동에서 부족한 부분을 보충해주고, 사용자의 편의에 따라 진행될 수 있는 장점을 갖고 있다. 또한, 인터넷은 컴퓨터를 기반으로 하기 때문에 다양한 형태의 멀티미디어 정보를 활용할 수 있다.

인터넷이 아동문학창작 활동에서 활용될 때는 다양한 형태의 창작 유형을 만들게 된다. 자신의 이야기를 게시판에 올려놓은 형태는 가장 일반적인 창작 활동이다. 이렇게 올려진 글을 읽을 때 다른 아동들은 창작에 대한 새로운 흥미와 도전을 갖게 된다. 이 연구에 참여한 아동들은 공동체의 일원으로 참여하면서 창작 능력과 흥미를 향상시켰다. 그리고 창작 의욕이 전혀 없던 아동들도 컴퓨터에서 글을 쓰는 것에 큰 흥미를 보였다.

이와 같은 형태의 동기부여는 인터넷 매체의 다대다 통신성에서 야기된다. 자신과 비슷한 연령의 아동들이 쓴 작품은 아동들에게 자신의 글을 비교하고 검토할 수 있는 시금석이자 동기부여물이 된다. 이런 동기부여물은 교사가 부여할 수 있는 외적 동기 유발물에 비해 그 효과가 더 크고, 오래 지속된다. 특히 다양한 형태의 정보원(그림, 사진 등)을 활용하여 만든 창작물은 더욱 효과적인 동기부여를 가져온다. Bailey[15]나 Graves[16]는 컴퓨터 매체의 다양한 시각 제시물(워드프로세서 및 파워포인트

---

15) M, Bailey, *Presentation Software in the Classroom*. Presented to the 1995 Illinois AECT Conference, Chicago, 1995.

16) D. H. Graves, *Writing: Teachers and Children at Work*. Exeter, NH: Heinemann

등)은 초등학교 아동의 쓰기 동기 유발은 물론 쓰기 능력의 향상을 가져온다고 보고하고 있는데, 이 연구의 결과 역시 다양한 시각 제시물(텍스트, 그림, 사진 등)은 아동의 창작 흥미는 물론 창작 능력에도 영향을 준 것으로 나타났다.

그리고 특징적인 면은 협동과 경쟁을 통해 창작 흥미가 더욱 강화되고, 창작 능력이 발달된다는 것이다. 이 연구에서는 '릴레이 이야기 쓰기'활동을 진행하였다. 이 활동의 전개를 통해 창작 동기가 결여되었던 아동들이 급속도로 창작활동에 참여하는 결과를 나타내었다. 그들은 다른 팀들의 활동을 살펴보면서 자신들만의 독특한 글을 창작하기 시작하였다. 다른 팀과 비슷한 형태가 아닌, 자신들만의 독특한 글을 창작하기 시작했다는 것은 특이한 결과이다. 이것은 인터넷의 개방성에 기인하는 것으로 분석될 수 있고, 차후 인터넷 활용 창작 수업에서 크게 고려해야 할 점이다.

이 연구 결과의 또 하나 특이한 점은 아동들에게 다른 아동들의 글은 단순한 모방의 예시물이 아니라는 점이다. 다른 아동들의 글이 예시물이 되고, 글을 창작하도록 강화하는 동기부여물이 되는 것은 사실이지만, 그 글을 그대로 모방하지는 않는다는 것이다. 이것은 인터넷의 공개성에 기인한다. 면대면 창작 수업의 경우, 친한 친구나 짝의 글을 모방하여 제출하는 경우가 종종 있다. 그럴 경우 진품이 무엇인지 구별하기는 쉽지 않다. 그러나 인터넷은 작성된 글의 시간이 공개된 형태로 제시되므로 글을 작성한 사람은 자신의 글에 대해 책임을 갖게 된다. 자신의 이름이 들어간 글을 교사는 물론 많은 다른 아동이 읽게 되기 때문이다.

Educational Books, 1983.

그러므로 이번에 실시된 프로그램에서는 다른 아동의 글을 모방하는 형태의 글은 단 하나도 찾아볼 수 없었다. 같은 소재를 갖고 있더라도 자신만의 독특한 글을 창작하였다.

또 하나의 특징적인 면은 아동들은 자신의 글에 적힌 여러 사람들의 반응에 큰 관심을 보이고 있다는 점이다. 아동들은 그 반응 하나하나를 자신을 평가하는 것으로 느끼고 있었다. 그러나 그 느낌은 부정적이기보다는 기대하는 느낌이며, 자신을 발전시키는 동력으로 사용한다는 것이다. 이런 현상은 가상공동체의 이상적인 방향이며, 이 연구는 가상공동체를 통해 얻을 수 있는 효과를 충분히 얻었다고 볼 수 있다. 이 연구 결과의 여러 특징들을 종합하여 인터넷을 활용한 창작 교육의 의의를 찾는다면 다음과 같이 정리될 수 있다.

첫째, 상호작용성을 활용한 개별화 교수의 가능성이다. 인터넷 통신기능의 동시성과 비동시성, 공개성 및 비공개성, 일대일 및 일대다의 상호작용성은 시기적절한 교사와 아동간의 상호작용을 만들어준다. 이는 교사와 아동간의 개별적인 교수를 가능하게 해준다. 인터넷을 통해 교사와 개별적으로 만나는 시간을 갖는 것은 아동의 창작 의욕을 높여줌은 물론, 개인적인 쓰기 기능의 교정도 가능하게 해준다.

둘째, 인터넷 개방성을 활용한 창작물에 대한 책임성 증가이다. 아동은 자신의 창작물이 지속적으로 게시되고 있다는 것을 의식한다. 그것이 공개적으로 다른 아동뿐 아니라 학부모에게도 공개되고 있다는 점은 창작에 대한 부담을 주기도 하지만, 부정적인 면보다는 긍정적인 작용을 한다는 것을 알 수 있다. 아동들은 자신의 창작을 발표하고 싶어하고, 그것에 대한 여러 가지의 반응을 듣고 싶어한다. 인터넷은 이런 아동의 욕구를 충분히 만족시켜 준다.

셋째, 경쟁과 협동을 활용한 창작 의욕의 증가이다. 이 연구에서 적용된 '릴레이 이어쓰기'는 아동들의 창작 의욕을 강화시키는데 매우 효과적이었다. 이는 팀 내의 협동과 팀간의 경쟁을 유도하기 때문이다. 각 팀에 속한 구성원들은 다른 팀의 작품을 계속 지켜보면서 더욱 독특한 아이디어를 창출하였고, 더 긴 이야기를 쓰도록 장려하였다. 서로간의 이런 격려는 다른 어떤 강화물보다 높은 효과를 나타내었다.

넷째, 멀티미디어 정보를 융합한 발산적인 창작 욕구의 충족이다. 아동들은 자신의 창작물에 적합한 그림이나 사진을 첨부하여 게시하는 경향을 보였다. 그리고 그런 글에 대한 다른 아동들의 관심은 더욱 높았다. 멀티미디어 정보를 게시하는 방법에 대해서 서로 조언하고 충고하면서 프로그램에 적극 참여하였다. 그러므로 멀티미디어 정보의 다양한 활용 방법에 대한 안내는 아동들의 창작 의욕을 더욱 고취시킬 것으로 보인다.

다섯째, 적극적인 피드백을 통한 창작 능력의 신장이다. 본 연구에 참여한 교사 및 아동들은 다른 참여 아동의 글에 적극적인 관심을 보여주었다. 이런 관심은 시너지 효과를 일으켜서 다른 아동들의 창작 능력의 신장을 가져다주었다. 정서적으로 안정되고, 화목한 분위기의 공동체 학습은 아동들의 참여율을 높여줄 뿐 아니라, 창작 능력과 흥미의 신장을 가져다준다.

2) 제언

아동의 사고력 증진과 관련하여 아동문학교육에 대한 관심은 교사 및 학부모를 비롯한 여러 교육 기관에서 고조되고 있다. 특히 인터넷을 활용한 창작교육은 그 동안 난제로 여겨졌던 글쓰기 교육에 새로운 방향을 제시하고 있다.

단순한 쓰기 활동에만 머물렀던 기존의 '창작교육'은 여러 면에서 그 한계를 갖고 있다. '창작교육'을 위한 환경뿐 아니라 '창작교육'을 위한 자료도 그러하다. 천편 일률적으로 진행되는 '글짓기 대회'나 '독서감상문 쓰기' 등으로 대표되는 '창작교육'은 다양하게 전개될 수 있는 아동들의 창의성과 논리성을 감당하기에는 역부족이다. 교사 1인이 수 십 명을 교수해야 하는 교육 여건도 이상적인 '창작 교육'을 방해하는 것은 말할 나위 없다.

이런 다양한 문제점을 해결하고 새로운 '창작교육'의 방향을 제시하기 위해서 도입되는 매체는 인터넷이다. 인터넷의 '상호작용성', '시공간 한계의 극복', '가상 학습공동체의 구성', 다양한 '멀티미디어'의 사용은 면대면 '창작교육'에서 한계로만 남아있던 다양한 형태의 글쓰기를 가능하게 하였다.

인터넷을 통한 아동문학 창작교육은 면대면 환경의 제약을 극복하여 보다 개별적이고 효과적인 창작교육의 새로운 패러다임을 열어줄 기대되는 형태이다. 면대면 환경에서 시간과 공간의 제약으로 인해 개별적으로 실시할 수 없는 창작교육을 인터넷을 통해 온라인 상에서 구현해 보는 것이 이 연구의 궁극적인 목표였고, 그 결과는 매우 긍정적으로 나타났다. 문학창작능력의 향상과 함께 문학에 대한 흥미도 매우 고취된 것으로 나타났다. 매우 긍정적인 효과를 나타낸 이 연구의 결과를 기초로 추후 연구에 대한 제언을 하면 다음과 같다.

첫째, 온라인과 면대면 교육의 공존적 존재의 필요성이다. 이 연구는 2004년 10월부터 2005년 4월까지 실시되었다. 이중 2004년 10월에서

2005년 2월까지는 면대면 수업과 온라인 수업을 병행하는 형태로 진행하였고, 2005년 3월부터 4월까지는 온라인만으로 프로그램을 진행하였다. 2005년 3월에는 참여자 대다수가 병행하여 진행하던 시기와 비슷하게 참여하였지만, 2005년 4월에 이르자 아동의 참여율은 현저히 떨어지기 시작하였다. 많은 아동들이 언제 만날 수 있는가에 대해서 궁금해 했으며, 만날 수 있는 기회가 없어지자 활동에 참여하는 것을 포기하기 시작하였다.

이는 인터넷을 활용한 온라인 창작 교육은 면대면 활동과 병행할 때 그 효과가 크게 나타난다고 설명할 수 있다. 온라인 활동을 면대면 활동과 함께 진행할 때는 학습자들이 갖고 있는 학습공동체 의식을 지속시키는 좋은 매체로 인터넷이 활용된다고 볼 수 있다. 아동들은 면대면 활동에서 다 하지 못한 자신들의 이야기를 온라인을 통해 충족시킨다. 그러나 면대면 활동이 중단된 경우에는 심리적으로 생성된 공동체 의식이 점차로 엷어지고, 창작의 동기도 동시에 사라지며, 활동에 참여하고자 하는 욕구도 줄어든다고 볼 수 있다. 그러므로 인터넷을 활용한 문학창작교육의 효과를 높이기 위해서는 면대면 활동을 병행하는 것이 반드시 필요하다.

둘째, 협동과 경쟁을 유발시키는 창작전략의 필요성이다. 아동들이 적극적으로 참여한 활동은 '릴레이 이어쓰기' 활동이었다. 이 활동은 참가자들을 2~3명씩의 팀으로 나누어서 이야기를 창작하는 활동이었다. 같은 소재를 갖고 있고, 공개되는 상황이므로 아동들은 충분히 다른 팀들의 글을 읽어보고 좋은 모티브를 모방할 수 있었다. 그러나 아동들은 다른 팀들의 글을 전혀 모방하지 않고, 각자 독특한 형태의 글을 창작하였다. 팀원들끼리는 댓글과 쪽지를 이용하여 긴밀한 상호작용을 하였으며,

자신들의 글의 전개가 어떻게 되어야 할지 협의까지 하였다. 이렇게 해서 여러 명이 참여하는 글이었지만, 일관성을 갖고 진행되었다.

셋째, 적극적인 피드백과 상호작용을 통한 가상공동체의 견실한 유지가 필요하다. 이 연구의 결과에서 아동들은 자신의 글에 대한 반응은 자신의 창작 능력을 향상시키는 것으로 느끼고 있었다. 이는 단순히 게시되어 있는 글들을 읽는 것은 창작능력의 향상과 무관할 수 있다는 해석을 가능하게 한다. 그러므로 인터넷을 활용하여 아동들의 창작능력과 흥미를 높이기 위해서는 좋을 글들을 예로 제시하는 것 외에, 다양하고 적극적인 피드백을 제시해야 한다.

넷째, 좋은 문학작품을 활용한 창작교육의 진행이 필요하다. 이 연구는 종전의 글쓰기 교육과 달리 문학작품 전체를 텍스트로 사용하였다. 이는 문학작품 전체를 읽고, 그것을 충분히 수용하는 것이 문학의 시작이라고 보았기 때문이다. 아동들은 좋은 문학작품을 읽고, 그 느낌을 공유하면서 다양한 창작 활동에 참여하였다. 그 결과 아동들은 좋은 작가의 작품 구성과 진행을 실제로 체험한 듯한 반응을 보였다. 다양한 수사법의 구사, 독특한 표현, 기발한 전개 등 아동들은 우수한 작가의 작품 구성방식을 그대로 전수한 듯했다. 이는 좋은 문학작품만큼 좋은 창작교육의 제재가 없다는 것을 다시 한 번 증명하는 결과라고 보인다.

참고문헌

김민경·고원재·이성은·조미헌·현은자, 「아동의 문학 능력 신장을 위한 웹기반 아동문학 교육활동 프로그램의 개발 및 효과 검증」, 『교육공학연구』 19(1), 한국교육공학회, 2003, 1~27면.

서유경, 「인터넷 매체를 활용한 통합적 문학교육 연구」, 『문학교육학』 10, 한국문학교육학회, 2002, 241~264면.

신헌재, 「학교문학교육의 위상과 지향점, 학교 문학교육의 새로운 방향」, 『한국문학교육학회 제 28회 학술대회 자료집』, 한국문학교육학회, 2002.

심선희, 「동료 협의를 통한 과정 중심 쓰기가 쓰기 능력 및 쓰기 태도에 미치는 효과 -생활문 쓰기를 중심으로」, 이화여자대학교 석사학위논문, 2001.

유정아, 「인터넷 활용 문학교육에 대한 초등학교 교사 및 학습자들의 인식 분석」, 『문학교육학』 11, 한국문학교육학회, 2003, 433~466면.

이명근·김민규, 「웹 기반 작문교육 프로그램의 효과 연구」, 『교육공학연구』 17(2), 한국교육공학회, 2001, 91~112면.

이성은, 「Web기반 아동문학 교육활동의 유형 탐색」, 『한국교육』 2, 한국교육개발원, 2001, 183~204면.

최지현, 「인터넷에서의 청소년 문학 생활화 방안」, 『문학교육학』 9, 한국문학교육학회, 2002, 77~100면.

황경희, 「아동의 제재 흥미와 생활문 짓기 능력과의 관계」, 이화여자대학교 박사학위논문, 1994.

Bailey, M., *Presentation Software in the Classroom.* Presented to the 1995 Illinois AECT Conference, Chicago, 1995.

Caswell, B., "Writing on the Information Super-Highway-The Impact of the Net on Children's Literature: A Point of View", in *Children's Literature and the Internet-* Proceedings of the ITEC Virtual Conference: A Meeting of the Minds, 1996, pp.53~56.

Freeman, A., "Potential Uses of the Net for Children's Literature in Schools", in *Children's Literature and the Internet-* Proceedings of the ITEC Virtual

Conference: A Meeting of the Minds, 1996, pp.45~47.

Graves, D. H., *Writing: Teachers and Children at Work.* Exeter, NH: Heinemann Educational Books, 1983.

Kirkley, S. & Duffy, T. M., "Designing a web-based electronic performance support system(EPSS): A case study of literacy online", In Khan, B. H.(Eds.), *Web-based instruction*, (NJ: Educational Technology Publications), 1997, pp.139~148.

MacArthur, A. C., "The impact of computers on the writing process", *Exceptional Children* 54, 1998, pp.536~542.

MacArthur, A. C. & Graham, S., "Integrating stratege instruction and word processing into a process approach to writing instruction", *School psychology Review* 22(4), 1993, pp.671~681.

Moran, A. K., *Literature Online-Reading & Internet Activities for Libraries & Schools*, Wisconsin: Alleyside Press, 1999.

NAEP, *Writing framework and specifications for the 1998 national assessment of educational progress*, Washington DC : CRESST, 1998.

제 11 장

'사이버-청소년문학'의 문학교육적 의미 연구

― 문학교육적 비평의 정립을 위한 시론―

남 민 우
한국교육과정평가원

1. 사이버-청소년문학과 문학교육적 비평의 필요성

1990년대 이후 사이버공간(cyberspace)의 출현에 의해 문학적 활동의 패러다임은 급격한 변화를 겪고 있다. 문학교육 역시 이러한 변화로부터 심대한 영향을 받고 있다. 사이버공간에서 생산·소통되는 문학텍스트가 문학교육의 제재로 활용되기도 하며, 사이버공간 자체가 문학교실을 확장하거나 대체하는 역할을 하기도 한다.

본고는 이러한 변화 중에서도 사이버공간의 출현에 의해 새로운 문학 생산 주체로 떠오른 청소년들의 문학텍스트들[1]에 주목하고자 한다. 문학교육이 언제나 학습주체를 고려한 문학적 교육적 활동이라면, 사이버공간에 참여하는 청소년들의 문학적 활동에 주목하지 않을 수 없다. 그럼에도 불구하고 문학교육 논의에서 이들에 대한 성찰이 심화되지 못하고 있는 형국이다. 그간 주목할 만한 논의들[2]이 없었던 것은 아니지만, 이들의 이론적 추상적 차원을 보완하는 담론이 확대되지 않고 있다.

---

1) 본고는 이들 문학텍스트들의 생산공간인 '사이버공간'과 생산주체인 '청소년'을 강조한다는 취의에서 '사이버-청소년문학(텍스트)'이란 용어를 사용하고자 한다. 굳이 '작품'으로 명명하지 않는 것은, 이들이 많은 결함을 지니고 있다는 기존 연구들에 동의하기 때문이다. 다만, 본고는 '그 결함을 지적하고 논의를 종결짓는 접근법'에 대해서는 거리를 두고자 한다.

2) 박인기 외, 『국어교육과 미디어텍스트』, 삼지원, 2000; '사이버공간의 문학교육'을 특집으로 다루었던 문학과교육연구회, 『문학과교육』 15, 2001; '청소년을 위한 문학생활화의 방법'을 특집으로 다루었던 한국문학교육학회, 『문학교육학』 9, 한국문학교육학회, 2002; 최병우 외, 『다매체 문화와 사이버소설』, 푸른사상, 2002; 김외곤, 「사이버문학과 국어교육」, 『국어교육학연구』 17, 국어교육학회, 2003; 최지현, 「사이버언어공동체와 국어교육」, 『국어교육학연구』 18, 국어교육학회, 2003; 정현선, 『다매체 시대의 국어교육과 문화교육』, 역락, 2004.

특히, 사이버-청소년문학텍스트에 대한 꼼꼼한 분석과 비평이 개진되지 않고 있다. 박인기(2001)는 "사이버 문학 자체의 성공, 또는 사이버 문학을 문학교육의 교실로 만들어 나가는 일이 성공하자면, 사이버 문학을 위한 비평이 제자리를 잡아야 한다."[3]라고 지적했다. 이것은 문학교육 실천가들에게 선언적 명제로만 수용되어서는 안 되는 지적이라 하겠다. 즉, 일반적 비평과 구분되는 그 무엇, 잠정적으로 말해 문학교육적 비평(文學敎育的 批評, practical criticism for literary education)의 정립을 지적하는 명제라 하겠다. 문학교육은 '성인의 완성된 문학'의 교육만이 아니라, '청소년의 진행형의 문학'에 대한 비평적 개입을 시도함으로써 '바람직한 문학의 창조'에 기여해야 하는 활동이기 때문이다. 학습자들에게 문학창작 활동을 권장하고, 새로운 문학적 주체를 형성하고자 하는 것이 문학교육의 목적 중 하나라면, 사이버-청소년문학과 같은 청소년문학에 대한 실천적 비평이 활발해질 필요가 있는 것이다.

본고는 이와 같은 관점에서, 소위 '귀여니류'[4]로 통칭되는 '사이버-청소년서사텍스트들'을 대상으로 하여 실천적 비평을 전개하면서, '문학교육적 비평'의 방향을 찾고자 한다. 이것은 사이버공간(사이버-청소년문학)과 문학교실(문학교육)을 발전적으로 융합시킬 수 있는 방법의 탐구뿐만 아니라, '문학교육적 비평'의 정립에 기여할 수 있을 것이다. 이를 위해 ① 사이버-청소년문학에 대한 실천적 비평의 방법 탐색 ② 사이버-청소년문학의 위상을 교육적으로 정립하기 위한 반성적 검토 ③ '귀여니류'

---

3) 박인기, 「사이버 문학과 문학교육」, 『문학과교육』 15, 문학과교육연구회, 2001, 22~23면.
4) 강영번, 「왜 '귀여니 현상'에 주목하나」, 문화일보, 2003. 4. 30. 1985년생 청소년(학생)작가인 귀여니(이윤세)가 2001~2002년 Daum 카페 humonara에 연재한 <그놈은 멋있었다>나 <늑대의 유혹>이 폭발적 인기를 모으면서 이와 유사한 사이버서사텍스트들이 양산되었는데 '귀여니류'란 용어는 이들을 통칭하는 신조어이다.

의 사이버-청소년서사텍스트의 기능체계와 가치구조 등을 규명하고자
한다.

2. 사이버-청소년문학에 대한 실천적 비평의 방법

사이버-청소년문학텍스트들에 대한 실천적 비평의 방법을 탐구하기 위
해 본고는 사회기호학(social semiotics)[5]에 주목하고자 한다. 사회기호학은 '텍
스트의 사회문화적 구조(물질적 토대와 문화맥락) — 텍스트의 생산·수용 주체
(speaking subjects) — 텍스트' 간의 상호 역학 관계에 주목하며, 텍스트 생산과
정을 '꿈의 생산과정'과 유사하다고 보는 정신분석학적 특성을 지닌 기호
학이다. 이러한 관점은 사이버-청소년문학에 대해 전통적인 문학이론의 관
점과 다른 접근법을 가능케 한다. 전통적 관점은 사이버-청소년문학텍스트
를 미숙한 습작물 또는 감각적인 유행물로 치부하는 경향이 강한데, 문학
교육의 관점에서 볼 때 이것은 풍부한 교육적 논의를 불가능하게 할 수 있
다. 미숙하다는 판단보다 더 중요한 것은, '사이버-청소년문학텍스트가 왜
그러한가'에 대한 이해이다. 그러해야만 문학생산 주체인 청소년의 정체성
을 심도 있게 파악할 수 있고, 특히 문학창작 교육이 성인문학의 완성된 형
식을 모방하게 하는 전범(典範) 중심의 틀에서 벗어나게 할 수 있다. 문학창
작 교육은 반드시 모방만을 강조할 필요는 없다. 청소년 스스로의 방식으
로 그들 자신의 삶을 문학적으로 형상화하게 할 수 있는 방법 역시 강조하

---

5) 사회기호학의 정립과 문학(문화)텍스트에 대한 적용은 R. Hodge & G. Kress, *Social
Semiotics*, Cornell UP, 1988; R. Hodge, *Literature as Discourse*, Polity Press, 1990; N.
Fairclough, *Discourse and Social Change*, Polity Press, 1992; C. Barker & D. Galasiński,
Cultural Studies and Discourse Analysis, SAGE Publications, 2001; 남민우, 「텍스트 가치평가
활동을 위한 시교육 연구」, 서울대학교 박사학위논문, 2006, 28~35면.

는 '균형적 시각'이 요구되기 때문이다.

할러데이의 '체계-기능주의 언어이론(또는 비판적 언어이론)'6)을 근간으로 형성된 사회기호학은 '의미와 현실reality을 언어적으로 구성하고 소통하기 위한 사회적 행위물' 즉 텍스트와, 그것의 물질적 문화적 토대인 사회문화적 구조가 내재적 변증법적 관계를 지닌다고 본다. 텍스트 생산의 근본적 구성 원리는 '가치중립적 선험적 문법(文法)'이 아니라, '사회문화적 구조와 텍스트 생산자 간의 역학이 낳는 특수한 문법'이기 때문이다. 따라서 텍스트에 대한 분석과 기술은, 특정한 형식과 내용을 선택하게 만든 역학적 문법(力學的 文法)을 밝히는 데 초점을 둘 필요가 있다. 이것은 사회기호학이 모든 텍스트에 내재되어 있다고 보는 다음과 같은 세 가지 기능체계에 대한 분석을 통해 가능하다.7)

첫째, 텍스트는 현실 세계에 대한 정보와 인식을 제공하는 관념적 기능체계(the ideational)를 지니고 있다. 관념적 기능체계는 텍스트 자신을 생산하는 사회적 행위의 구체적인 종류를 나타내는 경험적 기능체계(the experiential)와 일련의 사회적 행위들 간의 다양한 관계(인과관계, 시간적 선후관계, 공간적 인접관계 등)를 나타내는 논리적 기능체계(the logical)로 하위 구분된다. 텍스트는 이러한 관념적 기능체계를 통해 '지식과 신념의 형성'을 가능케 한다. 물론, 아주 단순한 정보에서부터 총체적인 세계관까

6) 무한한 선택항들로 구성되어 있는 언어체계에서 특정한 선택항을 선택하도록 하는 사회문화적 구조와 주체간의 역학작용을 강조하는 할러데이의 언어이론에 관해서는 M. A. K. Halliday, *Language as Social Semiotic*, Edward Arnold, 1978; M. A. K. Halliday & R. Hasan, *Language, Context, and Text*, Oxford UP, 1985; M. A. K. Halliday, *An Introduction to Functional Grammar*(2nd edition), Edward Arnold, 1994.

7) M. A. K. Halliday(1978), *op. cit.*, pp.108~150. 할러데이는 '사회문화적 구조'를 '문화 맥락'과 '상황 맥락'으로 구체화하여 텍스트 분석에 활용한다. 상황 맥락이 좀 더 직접적으로 텍스트 생산에 영향을 주는 것이라면, 문화 맥락은 거시적 장기적 차원의 장르적 관습과 연관된다. 할러데이는 상황 맥락을 '영역(field), 참여자(tenor), 언어양식(mode)'의 세 가지 개념들로 구성되어 있다고 보며, 또한 각각이 관념적·대인적·텍스트적 기능체계의 선택과 배제에 영향을 미친다고 본다.

지 그 지식과 신념의 질적 양적 편폭은 다양하다. 명사, 동사, 접속사, 조사 등과 같은 언어학적 단위들이 관념적 기능체계를 구성하는 기능소들이다.

둘째, 텍스트는 그것이 생산되는 상황에 참여하는 사람들의 사회적 관계와 역할, 태도 등을 드러내는 대인적 기능체계(the interpersonal)를 지니고 있다. 관념적 기능소가 현실 세계에 대한 정보와 판단을 제공함으로써 지식과 신념을 형성케 한다면, 대인적 기능체계는 '정체성 형성'과 '사회적 관계 형성'을 가능케 한다. 양태와 서법, 어미, 높임법, 인칭대명사, 어조 등의 언어학적 문학적 단위들이 대인적 기능체계를 구성하는 기능소들이다.

셋째, 텍스트는 텍스트가 생산되는 상황이 요구하는 사회적 기능을 수행할 수 있도록 자신을 특정한 유형의 텍스트로 구성하는 텍스트적 기능체계(the textual)를 지니고 있다. 이는 '상징적 조직화의 체계(the symbolic organization)'로서, 어순(語順)의 관습적 패턴과 스타일, 수사적 기법이나 문법, 장르 규범 등 일종의 약호체계(code)가 텍스트적 기능체계를 구성하는 기능소들이다. 앞서의 두 가지 기능체계는 텍스트적 기능체계에 의해 그 기능이 현실화되는바, 텍스트적 기능체계는 '바탕'적 기능체계이다.

구 분		기능소	사회적 기능
관념적 기능체계 (the ideational)	경험적 기능체계 (the experiential)	명사(시간, 장소, 사물), 동사 등	• 정보제공 기능 • 지식과 신념의 형성 기능 • 세계관 형성 기능
	논리적 기능체계 (the logical)	접속사, 조사 등	
대인적 기능체계(the interpersonal)		서법, 양태, 인칭대명사 (인물관계), 어조 등	• 정체성 형성 기능 • 사회적 관계 형성 기능
텍스트적 기능체계(the textual)		어순, 수사법, 문법, 장 르 규범 등	• 타기능의 바탕 기능 • 약호체계 형성 기능

사회기호학적 텍스트 이론은 기존의 문학이론, 특히 구조주의 언어
학에 기반한 문학이론과 비교할 때, 사이버-청소년문학텍스트 비평 방
법으로서 몇 가지 장점을 지니고 있다. 첫째, '텍스트의 형식'에 대한
정태적 분석틀을 벗어나, '텍스트가 왜 그러한가, 그러한 텍스트는 사
회변화에 어떠한 영향을 미치는가'에 대한 논의를 가능케 한다. 주지하
듯, 소쉬르는 언어를 '소리(물질적 차원)-의미(정신적 차원)'의 이원적 체
계로 보았으며, 또한 사용주체나 맥락으로부터 '떼어내서' 연구할 수
있다고 보았다.[8] 그러나 할러데이는 '소리-문법-의미'라는 삼원적
체계로 본다. 여기서, 문법이란 텍스트 생산자의 개인적 성향 또는 선
재(先在)하는 장르관습, 그렇다고 先驗的인 문법(langue)과 동일시될 수는
없는 것이다. 그것은 사회문화적 구조와 주체 간의 역학적 작용태이기
때문이다. 이 역학적 문법이 텍스트의 물질적 차원과 정신적 차원의
선택과 결합을 좌우하는바, 텍스트에 대한 분석은 '물질적 차원-역학
적 차원-정신적 차원'의 삼원적 체계로 살펴야 한다.

둘째, 텍스트를 분석할 때 그것의 생산·수용 주체들을 배제하지 않
음으로써 텍스트의 소통구조를 온전히 이해하게 해준다. 그것은 사회
기호학이 '대인적 기능체계'의 선택과 배제 과정에 주목하기 때문이다.
일반적인 글쓰기 이론에서 주장하듯 텍스트의 형식과 내용은 상황(목적
과 기능 그리고 예상독자의 성격)에 따라 달라질 수 있다. 때문에 논문과 연
설문에서 사용되는 인칭대명사, 어조 등의 대인적 기능체계는 각각 다
르게 선택된다. 이 점에서 알 수 있듯이, 텍스트 분석에서 '대인적 기
능체계'의 선택과 배제 과정은 텍스트와 사회문화적 구조 간의 역학과
밀접한 연관이 있다. 문학텍스트에 대한 분석에 있어서도 이러한 관점

---

8) F. Saussure, *Cours de Linguistique Générale*, 페르드낭 드 소쉬르, 최승언 역, 『일반언어학
　강의』, 민음사, 1990, 19~28면.

을 취할 때, 문학텍스트의 소통구조에 대한 온전한 이해가 가능해진다는 점을 사회기호학은 말해준다.

셋째, 텍스트와 텍스트 생산·수용의 물질적 공간 간의 관계에 주목하게 함으로써, 사이버문학텍스트의 형식과 내용의 '선택 동기'를 설명해 줄 수 있다. 사이버문학과 기존의 문학이 다른 이유는 그것의 생산주체가 다르다는 점뿐만 아니라 그것이 생산되는 물질적 공간의 차이 때문이기도 하다. 따라서 '사이버문학이 왜 그러한가'를 이해하기 위해서는 필연적으로 그것의 물질적 토대를 살피지 않을 수 없다. 이런 점에서 사회기호학은, 텍스트를 탈맥락화하는 구조주의적 접근법 또는 내재적 비평과 외재적 비평의 구분을 가정하는 어떠한 접근법도 부적절하다는 점을 강조한다.

또한 사회기호학은 텍스트 생산과정이 꿈-텍스트 생산과정과 유사하다고 본다. 텍스트 생산과정은 생산주체가 잠재적 선택항들로부터 특정한 항목을 선택함으로써 시작되지만, 그 과정은 사회문화적 구조의 역학작용에 의해 변형(transformation)되기 때문이다. '꿈의 근본적 사고들'이 의식의 검열을 통과하기 위해 응축(condensation)과 전치(displacement)의 원리9)에 의해 변형되어 '꿈의 명시적 내용'이 되듯이, 지배적 가치구조에 모순적인 또는 일탈적인 가치구조를 표현하려는 텍스트들은 변형의 과정을 거친다. 응축이란 두 개 이상의 경험이나 사건(을 표상하는 기호)들이 하나의 기호로 압축되어 꿈 텍스트에 등장하는 현상을 말하며, 전치란 원형적 꿈 사고에서의 원래의 기호를 다른 기호가 대체하면서 꿈 텍스

---

9) S. Freud, *Die Traumdeutung*, 지그문트 프로이트, 김인순 역, 『꿈의 해석(상)』(프로이트전집 5), 열린책들, 1997, 365~402면 ; A. Easthope, *The Unconscious*, 앤서니 이스톱, 이미선 역, 『무의식』, 한나래, 2000.

트에 등장하는 현상을 말한다. 때문에 꿈은 '흩트러진 모자이크 조각들'처럼 일정한 '분열성'을 지니고 있다.

이러한 변형은 텍스트 생산 주체의 '의식적이고도 자발적인 변형'만을 의미하지는 않는다. 의식에 의한 무의식의 억압은 꿈에서만 나타나는 것이 아니라 농담, 실수 행위, (의도적인 망각뿐만 아니라) 왜곡된 기억 등에서도 나타나기 때문이다. 이 중에서 실수 행위가 암시하듯이, 의식적인 텍스트를 구성하는 과정에서 생산 주체도 의식하지 못한 채 이루어지는 변형이 존재한다. 따라서 텍스트 생산 주체가 의식하지 못하면서도 텍스트 속에 무의식적으로 남겨버린 흔적들이 존재한다. 프로이트는 이와 관련하여 "의식적 텍스트에도 빈틈이 많다."고 하였다.10) 텍스트의 빈틈들 '사이에' 또는 응축과 전치를 통해 변형된 단어나 문장들이 가리키는 '저편에' 또 다른 텍스트(사장(死藏)된 텍스트the buried text)가 존재하는바, 이것을 밝혀내는 것(excavation)이 필요한 것이다.11)

본고가 다루고자 하는 사이버-청소년서사텍스트는 특히 정신분석학적 관점이 더욱 요청된다. 그것은 청소년이라는 생산주체의 정체성12)에서 비롯한다. 이들은 문화적 규범에 대한 의식적 무의식적 또는 의도적 비의도적 일탈 욕구를 지니고 있다고 볼 수 있는데, 이 점은 사이버-청소년서사텍스트에서도 여실히 드러난다. 따라서 그와 같은 욕구가 어떻게 '변형'되어 텍스트의 형식과 내용 속에 나타나는지 해명할 필요가 있으며, 정신분석학적 관점을 수용하고 있는 사회기호학적 텍스트 이론은 많

---

10) A. Lemaire, *Jacques Lacan*, 아니카 르메르, 이미선 역, 『자크 라깡』, 문예출판사, 1994, 271면.
11) R. Hodge, *Literature as Discourse : Textual Strategies in English and History*, Polity Press, 1990, 116~127면.
12) 특히 사이버문화와 청소년의 정체성 간의 관계에 대해서는 허혜경·김혜수 공저, 『청년발달심리학』, 학지사, 2002, 제10장.

은 시사점을 준다.

3. 사이버–청소년문학의 위상과 문학적 가치구조

앞서와 같은 비평 방법의 모색과 아울러, 사이버–청소년문학에 대한 적절한 실천적 비평을 전개하기 위해서는 청소년문학 또는 대중문학이, 근대사회 이후 정립된 문학적 가치구조[13] 내에서 차지하고 있는 위상을 반성적으로 검토할 필요가 있다. 이를 위해서는 먼저, 문학텍스트 생산·소통의 물질적 토대의 변화가 갖는 의미를 주목해야 한다.[14]

사이버공간(cyberspace)은 인터넷과 웹으로 구축된 '컴퓨터와 정보기억 장치들의 전지구적 상호연결에 의해 펼쳐지는 개방된 커뮤니케이션 공간'으로 정의된다.[15] 사이버공간은 새로운 문학·예술, 그리고 정치적 흐름이 형성되는 개인적 일상적 공간으로 정위되고 있다. P. 레비에 의하면 사이버문화는 '획일적 전체성 없는 보편성'을 본질로 지닌다. 사이버공간은 '중심의 의미가 부재하는 보편성, 무질서의 시스템, 미로와 같은 투명성'과 같은 역설적 특성을 지닌 공간으로서, 사회적 관계와 미학적 형태, 그리고 지식에 대한 근대적 문화와 다른 가치구조를 형성시키고 있다.

문학 역시 사이버공간에 접속함으로써 문학적 가치구조에 변화가 발

---

13) A. Easthope, *Literary into Cultural Studies*, 앤서니 이스톱, 임상훈 역, 『문학에서 문화연구로』, 현대미학사, 1994, 제1장.
14) 배식한, 『인터넷, 하이퍼텍스트 그리고 책의 종말』, 책세상, 2000, 29~41면; 유현주, 『하이퍼텍스트 : 디지털미학의 키워드』, 연세대출판부, 2003, 61~83면.
15) P. Lévy, *Cyberculture*, 피에르 레비, 김동윤·조준형 역, 『사이버문화』, 문예출판사, 2000.

생하고 있다.[16] 그런데 사이버문학론에서 발견할 수 있는 주목할 만한 현상 중 하나는 사이버-청소년문학에 대한 무관심이다. 근대문학의 담론 공간에서 여성문학과 대중문학 그리고 아동문학과 청소년문학은 늘 주변부에 머물러 왔었는데,[17] 사이버문학론에서도 이런 현상은 지속되고 있는 것이다. '성인'의 사이버문학은 문학적 범주 판단의 심각한 대상으로 논의하면서도 '청소년'의 사이버문학은 논외로 치부하고 있는바, 이것은 문학에 대한 성인중심주의적 가치체계가 작용한 결과[18]라 할 수 있다.

사이버-청소년서사텍스트도 예외는 아니다. 사이버-청소년서사텍스트는 인터넷판 대중연애소설, 10대 청소년들의 고민과 감성을 표현한 텍스트로 규정된다. 대중문학 일반처럼 말초적인 감각에만 치중하여 문학성이 떨어지고, 맞춤법조차 제대로 지키지 못한다는 강한 비판을 받는다. 긍정적인 평가라고 해야 '비록 서투른 글이지만 10대의 감수성과 공감대를 형성하고 있다' 정도이다.[19] 하지만 이런 평가는 근대적인 문학적 가치구조의 관점을 그대로 답습한 평가행위이다. 구체적으로 말하면, 서사문학 전반에 대한 '(리얼리즘 중심의) 소설 중심적' 관점에 해당한다.[20] 이

---

16) 김재국, 『사이버리즘과 사이버소설』, 국학자료원, 2001; 김재국, 『디지털시대의 대중소설론』, 예림기획, 2002; 김종회·최혜실 공편, 『사이버문학의 이해』, 집문당, 2001; 김종회 편, 『사이버 문화, 하이퍼텍스트 문학』, 국학자료원, 2005.

17) 문학과교육연구회, 『문학과교육』 17, 2001, 7면.

18) 사이버문학(판타지소설)에 대한 정과리의 논의가 대표적이라 할 수 있다. 그는 판타지 소설을 즐기는 '이 아이들을 어찌할 것인가?'라고 개탄하고 있는데, 실제로 '이 아이들'이라 지칭된 대상들은 2~30대이다. 연령적으로는 성인에 속하는 그들의 텍스트를 마치 아이들이 생산한 것처럼 규정하는 관점은 아이들의 문학적 주권을 은연중 부정하는 태도라 할 수 있다. 정과리, 「이 아이들을 어찌할 것인가?─판타지 소설 붐을 중심으로」, 『문학교육학』 7, 한국문학교육학회, 2001, 107~113면.

19) 조채린, 「인터넷 연애소설의 현황과 전망」, 김종회 편, 앞의 책, 341~352면.

20) R. Scholes & R. Kellog, *Nature of Narrative*, 로버트 숄즈·로버트 켈로그, 임병권 역, 『서사의 본질』, 예림기획, 1966(2001), 11~28면.

러한 관점이 역사적 우연성을 지닌 것임에 대해 반성하기 위해서는 두 가지 문제점에 대한 검토가 요청된다.

첫째, 서사문학 전반에서 소설의 위상에 대한 문제점이다. R. 숄즈 등(1966)에 의하면, 소설이 지난 2세기 동안 서사문학의 지배적 형식으로 군림하면서 서사(narrative)의 다양한 형태들(신화, 민담, 서사시, 로망스, 전설, 알레고리, 고백록, 풍자)들이 관심의 대상에서 제외되어 왔다.[21] 특히 리얼리즘적 소설을 전범으로 내세우는 태도는 20세기 모더니즘 서사문학에 의해 결별되었음에도 불구하고 여전히 영향력을 발휘하여, 서사문학에 대한 특정한 전통을 수립하는 데 기여함으로써 문학관의 경직화를 가져왔다는 것이다.

더욱 중요한 점은 소설을 서사문학의 정화(精華)로 인정하는 관점이 근대의 세계관인 '진화론적 유추'에 근거하고 있다는 점이다. 즉, 서사문학의 역사는 신화로부터 소설로 단지 변화(變化)하여 온 것이 아니라 '완벽을 향해 나아가는 하나의 투쟁'으로서의 진화(進化)의 과정을 밟아 온 것으로 기술하는 관점이다. 리얼리즘 소설이론의 성립에 중요한 기여를 한 G. 루카치의 소설관이 아마도 가장 대표적인 예가 될 것이다. 그에 의하면 소설은 '성숙한 남성의 형식'이다. 서사시가 규범적인 어린아이의 형식인데 반해 소설은 어른, 특히 남성의 문학이다. 또한 오락적 읽을거리로서의 대중소설은 소설의 외면적 특징을 모두 지니지만 본질적으로는 소설과 전혀 무관하다. 소설은 내면성이 지니는 고유한 가치를 알아보려는 모험의 형식인바, 대중소설처럼 이미 완성되고 성취된 인격체를 주인공으로 하지 않는다. 그것은 반(反)사실적이기 때문

---

21) 우한용, 「서사의 위상과 서사교육의 지향」, 『서사교육론』, 동아시아, 2001, 13면.

이다. 소설의 주인공은 마치 자신의 왕국에 도달하지 못한 신처럼 마성적 존재로서의 문제적 개인이며, 존재와 당위 간의 괴리를 완전히 지양하지는 못하더라도 최대한 좁히기 위해 고투하는 성숙하고 모험적이며 진지한 인격체이다.[22] 이러한 소설관이 '소설=어른 / 대중문학 · 과거의 서사=어린아이'와 같은 비유적 등식을 확대하였다고 하겠다.

그러나 소설의 특성에 관한 루카치의 기술이 타당하다 할지라도 그것은 인식론적 타당성만을 지닐 뿐, 소설이 여타 서사보다 무조건적으로 우월하다는 가치론적 판단의 타당성까지 보장한다고 볼 수 없다. 서사적 행위의 동기나 목표는 반드시 리얼리즘 소설이 내세우는 '세계의 총체성 인식'으로 단일화될 수 없다. 더욱이 세계를 합리적 이성적으로 설명하기 어렵다는 인식론적 전환이 발생하면서, 거대서사가 지녔던 통일성과 정합성보다는 분편화된 이미지의 세계를 그리려는 경향이 서사문학에 확대되고 있다. 이런 변화는 서사문학에서 소설에 과도하게 부여되었던 위상을 재정립하도록 하고 있다.[23] '소설은 다양한 서사의 세계에서 중심이 아닌 하위 장르의 하나다'라고 바라보는 것이 서사문학에 대한 정당한 이해라는 관점이 자리잡아가고 있는 것이다. R. 숄즈 등이 강조하였듯이, 기록서사문학만 하여도 다음과 같은 유형과 충동으로 구성된 복합적 언어활동의 체계이기 때문이다.[24]

---

22) G. Lukács, *Die Theorie des Romans*, 게오르그 루카치, 반성완 역, 『소설의 이론』, 심설당, 1998, 75~101면.
23) 우한용, 앞의 글, 18~22면.
24) 로버트 숄즈 · 로버트 켈로그, 임병권 역, 앞의 책, 22~26면. 기록서사문학뿐만 아니라 구비서사문학의 복합적 양상까지 고려한다면 서사문학 전반은 매우 복합적인 기준에 의해 그 가치를 평가해야 한다는 논리가 성립한다.

유 형	충동(동기)	특징 및 하위 장르
경험적 서사	역사적 충동	• 경험적 서사는 사실성(reality)에 대한 충성심을 동기로 함. 신화와는 다른 진실을 추구 • 역사적 충동은 초자연적 인과관계 대신에 인간과 자연의 힘에 의한 인과관계를 그리려 함. 전기(傳記)가 이에 해당
	모방적 충동	• 모방적 충동은 어떤 인물의 성격의 원인을 그의 감각과 환경의 진실에서 찾으려 함. 자서전(自敍傳)이 이에 해당
허구적 서사	낭만적 충동	• 허구적 서사는 이상적인 것에 대한 충성심을 동기로 함. 또 다른 진실을 추구하는 경험적 서사와 달리 허구적 서사는 청중을 즐겁게 하고 교훈을 줄 수 있는 미와 선을 목표로 함. • 낭만적 충동은 수사적 형식을 통해서 생각을 제시. 미학적 충동. 로망스가 이에 해당
	교훈적 충동	• 교훈적 충동은 지적이고 도덕적인 충동. 서사적 간결성을 추구. 우화(寓話)가 이에 해당

위와 같이 복합적 유형과 충동으로 구성되어 있는 서사문학에 대해 리얼리즘적 기준을 보편적으로 적용하는 것은 타당하다고 할 수 없다. 리얼리즘 소설은 경험적 서사 중에서도 특히 역사적 충동이 지배적인 서사 유형이다. 기타의 유형들은 각기 다른 서사행위의 목적과 동기를 지니고 있는바, 리얼리즘적 기준이 서사 행위의 궁극적 목표나 상태를 규정하는 유일한 가치 기준이 될 수는 없다.

둘째, 사이버-청소년문학에서 곧잘 나타나는 맞춤법 일탈 현상에 대한 부정적 관점의 기원을 살펴보자. 문학은 기본적으로 쓰기와 인쇄기술을 물질적 기반으로 한다. 이러한 물질적 기반은 자연스럽게 인쇄과정상의 통일을 요구하였다. 인쇄기계는 작가와 독자의 쌍방향적 의사소통까지 실현시켜 줄 수는 없었기에, 작가와 독자가 보편적인 맞춤법을 어느 정도 공유하고 있어야 했고, 서로 다른 글쇄판을 지닌 인쇄기계를 만들어낸다는 것 자체가 대량생산체제로서의 근대문명에 어울리지 않기 때문이다. 이런 까닭에 작가들 자신이 나서서 국어학자들에게 맞춤법의 통일을 요구하는 일이 근대문학사에서 발생했던 것인 바,25) 어문일치 운동은 무엇보다도 근대문학의 물질적 기반에서 비롯한 현상이었다. 여기에 자국어에 대한 연구가 민족주의 이념과 결합하면서 언어의 통일과 독립은 민족 국가 수립의 필수적 전제로까지 격상되었기 때문에, 이에 대한 거부나 회피는 문명의 발전에 역행하는 것으로 여겨졌다.26) 따라서 맞춤법의 통일은 언어생활의 규범이나 가치 이상의 근대적 민족적 가치로 정립되었던 것이다.

그런데 이런 어문일치, 정확히는 '독립적(민족주의) 통일적 문자(인쇄기계)에 의한 언어생활'의 요구는 구비문학에서는 필수적 요건이라 할 수가 없다. 구어적 의사소통 상황에서 맞춤법에 신경을 쓴다는 일은 불필요하고 또 있을 수도 없다. 사이버공간에서의 글쓰기 역시 구어적 의사소통 상황과 매우 유사하다. 비록 문자를 활용하여 의사를 전달하고 있지만, 실시간적 쌍방향적이기 때문에 맞춤법의 오류는 즉각적인 상호확인을 통해 의미 전달력을 회복할 수 있다. 중요한 점은, 언어규범의 일탈이 물질적 토대인 사이버공간의 붕괴나 기계적 비효율성을 초래하지 않는다는 사실이다. 이런 기계적 유연성은 인쇄기계에 의한 근대문학의 공간에서는 찾을 수 없었던 특징들이다. 따라서 사이버문학텍스트의 언

---

25) 이태준(임형택 해제), 『문장강화』, 창작과비평사, 1988, 155~157면 및 229~232면. 작가들은 잡지사·신문사별로 다른 맞춤법의 불규칙 무정돈 때문에 불편을 겪었는데 이런 '물질적 이유 때문에도' 조선어학회가 '한글 통일안'을 발표하자 쌍수 들어 환영하였다. 심지어 그 통일안의 이론적 정합성을 논하는 것은 '배부른 자들의 현학 취미'라 비판하고 있다. 또한 이태준은 이미 이때부터 느낌표나 물음표를 마구 활용한 '글쇄판적 조어법'에 대해 거부감을 표현하고 있다. 이런 사례들이 문자세대의 물질적 규범의식을 증거하는 것으로 볼 수 있다.
26) 김윤식, 『한국근대문학사와의 대화』, 새미, 2002, 267~289면. 민족주의와 언어통일의 관계에 대해서는 B. Anderson, *Imagined communities : reflections on the origin and spread of nationa*, 베네딕트 앤더슨, 윤형숙 역, 『상상의 공동체 : 민족주의의 기원과 전파』, 나남, 2002.

어규범 일탈 현상에 대한 부정적 평가는 문어중심, 정확히는 인쇄기계적 세계 중심의 가치관에 해당한다.[27)]

이처럼, 지금까지의 논의는 근대적인 문학적 가치구조의 역사적 물질적 우연성을 부각시킨다. 따라서 사이버-청소년문학에 대한 객관적인 분석과 평가를 위해서는 근대적인 문학적 가치구조를 벗어나 청소년문학 개념의 재규정 작업[28)]이 좀 더 정교화될 필요가 있다. 청소년문학을 성인문학의 축소판 또는 과도기적 단계로 설정하는 진화론적 관점이라든지, 근대적인 문학을 '문학사의 끝'으로 보는 관점에서 벗어날 필요가 있는 것이다. 그런 관점에 설 경우, 언제나 청소년문학은 미완성품으로 여겨질 수 있다. 오히려, 청소년문학의 독자적 단계성을 인정하면서 문화인류학적 관점에 설 필요가 있다. 즉, 그들의 텍스트는 왜 그러한 형식과 내용을 지니는가, 그것이 내포하고 있는 청소년의 고유한 가치구조는 무엇인가, 그리고 사이버공간의 어떠한 물질적 특성이 사이버-청소년문학의 형식과 내용에 영향을 미치고 있는가 등을 해명할 필요가 있다. 이것이 선결되어야만 문학교육적 비평은, '청소년문학은 상대적으로 미숙하다'는 판단이 가져오는 담론의 비생산성을 극복할 수 있기 때문이다.

---

27) 사이버문학론에서 이러한 언어규범 일탈 행위에 대해 양가적 반응이 공존한다는 점은 일반적이다. 최병우 외, 앞의 책, 190면. "일탈적인 맞춤법과 조어법은 디지털적 사고의 한 가지 표현 방식이다. 이 방식은 전위적이고 참신하며 긴박감을 더해 주는 반면에 대중 독자들의 작품 이해에 방해가 될 수도 있다."
28) 김중신, 「청소년문학의 재개념화를 위한 고찰」, 『문학교육학』 9, 한국문학교육학회, 2002, 24~34면.

4. 사이버-청소년서사텍스트의 기능체계와 가치구조

이후에서는 앞서의 논의들에 입각하여, 사이버공간의 대표적인 청소년작가들인 '귀여니, 앙마천사, 야.내.꺼.자.까, 러브리걸, 하얀여우' 등이 생산한 서사텍스트들29)의 기능체계와 가치구조를 규명하고자 한다. 다만, 세 가지 기능체계 중 텍스트적 기능체계는 다른 두 기능체계의 '바탕'이란 점에 주목하여, '관념적 기능체계와 텍스트적 기능체계' 그리고 '대인적 기능체계와 텍스트적 기능체계'로 묶어서 논의하기로 한다.

1) 관념적 / 텍스트적 기능체계와 환상(phantasy) 중심의 가치구조

사이버-청소년서사텍스트의 관념적 기능체계(the ideational)는 청소년들의 사랑을 핵심적 소재로 하고 있다. <그 놈은 멋있었다>에서는 한예원(여학생)·지은성·김한성 간의 사랑이, <늑대의 유혹>에서는 정한경(여학생)·정태성·반예원 간의 사랑이, <천사의 향기>에서는 류다이(여학생)·천린우·이래인 간의 사랑이 핵심이다. '사랑에 미쳤다'고 하기에 충분할 만큼 사랑 이외의 모든 (학교)생활은 철저히 무시되고 있어서 마치 비행청소년들의 일탈적 세계를 형상화한 것처럼 보인다.30)

---

29) 이들은 2002년 Daum에서 실시한 투표에 의해 인터넷 대표작가로 선정되었는데, 이들의 서사텍스트들 중에서 본고는 귀여니의 『그 놈은 멋있었다』(2001년 8월 인터넷 연재, 황매출판사에 의해 2002년 출판)와 『늑대의 유혹』(2002년 1월 인터넷 연재, 황매출판사에 의해 2002년 출판), 이들 다섯 명이 공동창작한 『천사의 향기』(2002년 5~9월 인터넷 연재, 반디출판사에 의해 2003년 출판)를 대상으로 한다.

30) 사이버-청소년서사텍스트들은 사랑을 통한 '정신적 갈등의 극복담'으로서의 성격을 지닌다. 또한, 이를 통해 문화의 새로운 가능성을 탐색하는 비판적 의식을, '그들 자신도 모르게' 형성한다. 본고의 목적 중 하나는 '그들 자신도 분명히 의식하지 못하는' 이러한 점들을 드러내는 데 있다.

　　바로 이 점 때문에 사이버-청소년서사텍스트에 대한 오해와 불신이 반복된다. 하지만 이것은 ① 사랑과 성의식이 청소년의 정신구조 및 문화의 형성에서 차지하는 역할에 대한 오해[31] ② 성인의 연애소설과 청소년의 연애소설이 지니는 차이점에 대한 인식 부족에서 비롯한다. 이것을 넘어서기 위해서는 ① 왜 사이버-청소년서사텍스트의 텍스트적 기능 체계(the textual)가 '농담'과 '환상적 삼각구조'를 특징으로 하는지 ② 그것이 사이버공간의 물질적 특성과 어떠한 연관이 있는지 인식할 필요가 있다. 궁극적으로 이러한 문제들은 대인적 기능체계(the interpersonal)와의 연관 속에서 더욱 구체적으로 해명될 수 있는데 대인적 기능체계에 대한 고찰은 다음 항에서 전개하기로 한다.

(1) 사랑과 성의식(sexuality)의 정신적 기능

　　사실, 이제 막 형성되기 시작한 사이버-청소년문학의 의미와 가치구조를 정당하게 평가하지 못하고 있는 것은 이들을 정신분석학적으로 해명하려는 노력이 없었기 때문이다. 마치 옛이야기의 의미와 가치가 정신분석학적 연구에 의해 정당하게 평가될 수 있었던 것[32]과 같이, 사이버-청소년서사텍스트에 대한 비평에서도 정신분석학이 요구된다. 즉 사이버-청소년서사텍스트는 옛이야기처럼, '이성의 힘만을 발달시키는 것이 아니라 무의식을 이해하고 그것에 천천히 익숙해지면서 환상의 형태로

---

31) 화이어스톤은 사랑이 '사생활'로 추방되고 문화 자체에서 주변적 대상으로 치부됨으로써 사랑에 대한 논리적 분석이 이루어진 적이 없다고 지적한다. 소설이나 형이상학에서 사랑의 묘사만이 이루어졌을 뿐 과학적 분석이 부재함으로써 기존 (남성)문화의 근본적 한계가 드러나지 못했다고 비판한다. S. Firestone, *The Dialectic of Sex*, 슐라미스 화이어스톤, 김예숙 역, 『성의 변증법』, 풀빛, 1983, 131~150면.

32) B. Bettelheim, *The Uses of Enchantment*, 브루노 베텔하임, 김옥순·주옥 역, 『옛이야기의 매력1·2』, 시공주니어, 1998.

해소해가는 심리극(心理劇)'를 보여준다. 따라서, 이성의 잣대로 이들을 평가하는 행위는, '길이를 저울로 측정하려는 행위'처럼 부적절하다.

사이버-청소년서사텍스트들이 사랑을 관념적 기능체계로 선택하도록 하는 동기는 2차 성징기에 접어든 청소년기33)의 특수한 정신적 에너지라 볼 수 있다. 프로이트가 밝혔듯이, 인간의 성의식(sexuality)은 유아기(대략 6세 전)에 매우 활동적이었다가 아동기(6~12세 전후)의 잠복기를 거쳐 청소년기(대략 12세 이후)에 급격히 재등장한다.34) 이 성의식은 정신구조35)의 형성과 발달에 결정적인 역할을 한다. 그런데, 유아기의 성의식은 자가성애(auto-erotism)적이다. 따라서 각종의 신체 기관을 통해 무한한 쾌락을 추구 하는 성적 표현들을 하는바, 구강기·항문기·생식기로 구분된다. 여기서 문제가 되는 성의식은 생식기(生殖期)의 성의식이다. 생식기는 무관심의 대상이 될 수도 없지만 지나친 관심의 대상이 될 수도 없다. 무관심은 인간의 종족 유지를 불가능하게 할 수 있고, 반대로 지나친 관심은 문화의 파괴를 가져올 수도 있기 때문이다. 정신분석학

---

33) '성장하다·성숙에 이른다'를 뜻하는 adolescere에서 유래한 청소년기(adolesence)의 개념은 시대와 사회, 문화에 따라 다양하게 정의된다. 특히 시작과 종결 시기는 문화권마다 다르다. 청소년기는 일종의 사회적 나이(social age)이기 때문이다. 최지현, 앞의 논문; 허혜경·김혜수 공저, 앞의 책.

34) S. Freud, *Sigmund Freud Gesammelte Werke*, 지그문트 프로이트, 김정일 역, 『성욕에 관한 세 편의 에세이』(프로이트전집9), 열린책들, 1996, 225~382면 ; 앤서니 이스톱, 이미선 역, 앞의 책, 119~174면.

35) 프로이트는 정신구조를 지형학적으로 설명하는데 있어서, 초기에는 무의식·전의식·의식 모형으로, 후기에는 이드·자아·초자아 모형으로 설명한다. S. Freud, *Sigmund Freud Gesammelte Werke*, 지그문트 프로이트, 윤희기·박찬부 역, 『정신분석학의 근본 개념』(프로이트전집11), 열린책들, 2003. 본고에서는 후기 모형보다는 전기 모형에 입각한다. 인간의 정신구조는 삼원적이긴 하지만 '처음부터' 삼원적인 것이 아니다. 의식(초자아)과 무의식(이드) 간의 역학적 산물로서 자아가 산출되는 것이지 '자아'가 정신구조의 한 구성요소로서 애초부터 존재한다고 해석할 수 없다. '자아'는 무의식과 의식간의 변형과 창조에 의한 생산물이다. '애초부터' 삼원적 구조라고 생각하면서 정신구조를 바라보면 무의식이 '자아'의 생산과정에서 차지하는 중요성이 배제될 위험성이 있다.

이 단순한 심리학에 머물지 않고 '문화(문명)의 과학'이 되는 지점이 바로 여기다. 이러한 딜레마를 해소하기 위해, 정신이 개발한 것이 억압(repression)이다.

프로이트에 의하면 인간의 역사는 억압의 역사이다.36) 그런데 억압은 결코 '본능으로부터의 도피'도 그것의 '완전한 거부'도 아니다. 억압은 도피와 거부의 중간에 있는, 거부의 예비 단계이다. 억압의 본질은 '어떤 것을 의식으로 진입하지 못하게 하여 의식과 거리를 두게 하는 데 있다.' 이런 과제를 효과적으로 수행하기 위해 억압은, 본능의 욕구를 직접적으로 만족시키는 방식 대신에 대체물을 통해 만족 — 이로써 자가성애적 단계를 벗어나 이성을 추구하려는 정신작용이 발생 — 하도록 하거나, '미래적 약속'을 제시함으로써 안달복달하는 본능의 심리를 유예시킨다. 이러한 약속의 체계가, 정신세계의 새로운 원칙인 현실원칙이다. 따라서 현실원칙은 결코 쾌락원칙과 대립하는 것이 아니다. 현실원칙은 '유예된 쾌락원칙'일 뿐이다. 그래서 '억압된 모든 것은 반드시 (의식에) 되돌아온다.' 오이디푸스 콤플렉스와 거세 공포로 설명되는, 생식기에 집중된 정신적 에너지의 승화 과정이 이에 해당한다.37) 유아는 오이디푸스 단계 이전에 지녔던 어머니와의 상상적 융합 관계(이중적 관계)을 통해 무한한 만족을 추구하면서 아버지에 대한 대립의식(갈등적 삼각관계)을 지니게 되는데 이러한 본능적 갈등은 거세 공포에 의해 억압되고 성의식의 잠복기 동안 의식에 나타나지 않는다.

이런 관점에서 볼 때, 사이버-청소년서사텍스트의 사랑이란 억압된

---

36) S. Freud, *Sigmund Freud Gesammelte Werke*, 지그문트 프로이트, 김석희 역, 『문명 속의 불만』(프로이트전집15), 열린책들, 1997; H. Marcuse, *Eros and Civilization : A Philosophical Inquiry into Freud*, 허버트 마르쿠제, 김인환 역, 『에로스와 문명』, 나남, 1989.
37) 지그문트 프로이트, 김정일 역, 「오이디푸스 콤플렉스의 해소」, 앞의 책, 45~53면.

성적 본능의 귀환에 의해 발생하는 현상이다. 그렇기 때문에 사이버-청소년서사텍스트에서의 사랑은 의식의 층위로 다시 귀환하여 정신에게 말을 거는 '무의식과의 대화'를 기록한 것이며, 또한 그렇기 때문에 '갈등적 삼각구조'를 흔적으로 지닌 채 대화를 벌인다. 중요한 점은, 여기서 작동하는 무의식은 청소년기 이전의 무의식과 구별되는 '말하는 무의식'이란 점이다. 유아기의 무의식은 육체적 표현에 그치거나 내면적 정신세계에 갇힌 채 언어화되지 못했지만, 청소년기의 무의식은 언어적 표현 속에 자신을 은밀히 드러낸다. 무의식은 청소년기에 접어들어 '말할 수 있게 된다.' 때문에 오이디푸스 콤플렉스 단계에서와는 질적으로 다르게 성의식의 역동적 현상이 발생한다.

이 '반쯤은 영악한 정신'의 성의식 표출 방식이 사이버-청소년서사텍스트의 텍스트적 기능체계(the textual)의 특징을 결정한다. 즉 '농담의 기술'과 특수한 '환상적 삼각구조'를 근간으로, 은밀히 텍스트에 성의식이라는 정신적 에너지를 방류(放流)하는 텍스트적 기능체계를 취한다. 이제 구체적으로 사이버-청소년서사텍스트들의 텍스트적 기능체계의 특징을 분석함으로써 이러한 정신적 역학 과정을 살펴보자. 다음은 사이버-청소년서사텍스트에 압도적으로 나타나는 '농담의 기술'이 사용된 한 사례다.

(2) '농담의 기술'과 텍스트적 기능체계

"미안해. ㅜ_ㅜ 고의가 아니여써. ㅜ_ㅜ"
"책임져! -_-"
"응? ㅠ.,ㅠ"
"내 입술에 입술 비빈 논은 니가 첨이야. -_-∧ 책.임.져."
(a) "ㅋㅋㅋ 그 말을 믿으라구 하는 소리냐. 겔겔겔. >_<"

　(b) <u>그놈이 키스를 한번도 안 해봤다니 차라리 울 엄마가 저녁 설거지를 한다면 믿을까</u>(맨날 나 시킨다 - -).

　"은성이 결혼할 애 아니면 손두 안 잡어. -_-∧"

　누가 말한 것일까? 그렇다 빌어먹을 촐랑이었다. 결혼할 애 아니면 손 두 안 잡는다고? 저 얼굴에? 저 성격에? 지은성은 아까 넘어진 그 폼 그대로 나를 응시하고 있었다. -_-∧ 응시한다기보단 찢어죽일 듯 노려보고 있었다.[38] (밑줄은 인용자)

　이 장면은 <그 놈은 멋있었다>의 두 남녀 주인공 한예원과 지은성의 세 번째 만남을 이야기한 것이다. 이때부터 이들의 관계는 '운명적' 연인 관계로 탈바꿈하는데, 세 번의 만남 모두 우연적이면서 희극적이다. 첫 번째는 한예원이 다니는 여학교의 '다모임' 게시판에서 이루어졌다. 상고의 4대천왕(네 명의 킹카) 중 하나인 지은성은, 한예원이 다니는 도일 여고생들을 상대로 장난스런 비난글을 올리는데 이에 격분한 한예원이 겨우 '비굴한' 리플을 달면서('용감한' 리플에서 스스로 '비굴한' 리플로 선택하는 과정이 희극적)이다. 이 때문에 한예원은 혹시 지은성이 자신을 찾아내 복수할까 두려워한다. 이것이 계기가 되어 두 번째 우연적 만남이 이루어진다. 한예원이 개학을 맞이하여 미용실에 갔을 때이다. '하필' 파머용 비닐 모자를 쓰고 있어서 꼼짝달싹 못할 상황에서 지은성과 그 친구들이 등장하여, 한예원이 바로 그 '겁없이' 리플 단 여학생임을 확인하고 혼내주려 한다. 간신히 '우연'의 도움으로 도망칠 수 있었지만 한예원은 개학 첫날부터 혹시 그들이 학교까지 쫓아올까봐 두려워한다. 그 두려움에 평소처럼 학교를 도망치기 위해 정문을 뛰어넘다가 지은성과 부딪혀 키스하게 되는데, 인용한 장면이 바로 그 장면이다.

---

38) 귀여니, 『그 놈은 멋있었다』, 황매, 2002, 28면.

유치한 듯한 이 장면을 재현하고 있는 언어들은 온통 웃음을 유발하
(려)는 농담에 의해 구성되어 있다고 해도 과언이 아니다.39) 특히 서술
자의 목소리와 여주인공 한예원의 목소리가 겹쳐진 발화들(밑줄 친 발화
들)은 대체로 웃음을 유발한다. 왜 이처럼 농담이 자주 활용되는 것일
까? 첫째, 사이버공간의 물리적 특성에서 연유한다고 볼 수 있다.40) 웃
음을 유발하는 농담은 서사구조에 독자를 몰입시킨다는 점에서, 특히
사이버서사텍스트의 효과적인 기제 중 하나이다. '사이버공간에서의
독서'란 몰입이 전제되지 않으면 쉽사리 중단될 수 있는 한계를 지닌
다. '시시하고 재미가 없으면' 독자가 접속을 끊고 독서를 중단할 수
있다. 때문에 농담이든 다른 서사기제이든 독자의 몰입을 가능케 할
수 있는 통속적 대중적 도식이 필요하다.

그러나 농담은 단순히 사이버공간의 물리적 한계를 극복하기 위한
서사기제로서 선택된 것만이 아니다. 농담은 무의식적 욕망을 안전하
게 표출하는 기제이기에 사랑과 성의식을 형상화하는 사이버-청소년
서사텍스트에서 곧잘 선택되고 있는 것이다. 농담들은 독자에게 웃음
을 유발시켜, '검열적 기능'을 지닌 의식의 작용을 중지토록 함으로써
숨겨진 서술자·발화자의 무의식적 욕망을 보호해 준다. 독자는 독음
(讀音)하면서 서술자·발화자로서의 '나'41)가 되기에, 독자 역시 '의식

---

39) 분명 이 표현들에 대해 모든 독자가 웃는다고 할 수 없다. 심지어 10대들 사이에서도
　　'귀여니 류'에 대해 강한 거부반응을 보이는 학생들도 상당수이며 어른들은 말할 것도
　　없다. 오히려 언론이 귀여니 현상을 증폭시킨다고 불만을 토로하기도 한다. 배가락, 「귀
　　여니 열풍, 왜 우리는 이것에 주목하는가」, 오마이뉴스, 2003. 5. 22.
40) 사이버공간에서의 유머의 지배적 경향과 한계에 대해서는 최병우 외, 앞의 책, 191~
　　195면.
41) 서사텍스트에서 '나'라는 인칭 대명사에는 네 가지 목소리가 중첩된다고 볼 수 있다.
　　'나'가 포함된 문장의 주어인 인물의 목소리, '나'라는 주어를 서술하는 서술자의 목소
　　리, 그리고 실제 작가의 목소리가 그것이다. 여기에 독자의 수용에 의해 텍스트가 실제

하지 못한 채’ 자신의 무의식적 욕망을 잠시 느낌으로써 쾌감에 빠져드는 것이다. 이런 특성은 특히 외설적 농담이나 풍자적 농담보다 ‘순수한 농담’에서 더욱 뚜렷하게 드러난다.[42] 앞서 인용한 부분에 등장하는 농담들은 이런 유형에 속한다. 혹여, (b)를 풍자적 의도를 내포한 것이라 볼 수도 있지만 그런 판단은 탈맥락화할 때에만 타당하다. 그것은 그저 웃음을 유발하기 위해 공식구처럼 활용된 표현일 뿐이다. 그렇다면 앞서 인용한 부분에는 어떤 욕망이 어디에 숨겨져 있는가? 이 점은 농담의 기술을 이해할 때 용이하게 발견된다.

농담 기술의 핵심은 꿈처럼 사고의 내용을 압축하는 데 있다. 압축은 ‘정신적 절약 행위’이다. 즉 다층의 사고 내용 모두를 언어화하는 것이 아니라, 하나의 언어 또는 축약된 언어로 표현하려는 경향이다. 합성어를 만들거나 언어에 변형을 가하거나 동일어를 반복하거나 이중의미어를 사용하는 방식이 모두 이에 해당한다. 인용된 부분에 사용되는 이모티콘(emoticon)들과 의성어 의태어들이 그런 예이다.

그러나 농담을 표현할 때 반드시 언어에 변형이나 명시적 압축이 발생하는 것은 아니다. 언어는 온전한 형태를 취하고 있지만 그럼에도 그 배면에는 압축된 사고 내용이 존재한다. 따라서 온전한 형태를 취한 듯한 언어들(a) 사이사이에서도 압축된 사고 내용들의 흔적

적으로 존재한다는 점을 고려한다면 ‘나’는 네 가지 목소리를 실현시킨다. S. Rimmon-Kenan, *Narrative Fiction*, 리몬-케넌, 최상규 역, 『소설의 시학』, 문학과지성사, 1985, 129~156면.

42) S. Freud, *Sigmund Freud Gesammelte Werke*, 지그문트 프로이트, 임인주 역, 『농담과 무의식의 관계』(프로이트전집8), 열린책들, 1997, 122면. 프로이트는 농담을 ‘무의미 속의 즐거움’, ‘재담’, ‘순수하거나 비의도적인 농담’, ‘의도적인 농담’으로 구분한다. 비판적 이성이 개입된 ‘의도적인 농담’은 성인의 농담의 주류로서 풍자가 대표적이다. 다른 유형들은 아동이나 청소년들의 유치한 농담에서 더 잘 나타난다. 그런데 이런 유형들이 무의식과 농담의 연관성을 더 잘 보여준다고 프로이트는 지적한다.

을 찾을 수 있다.

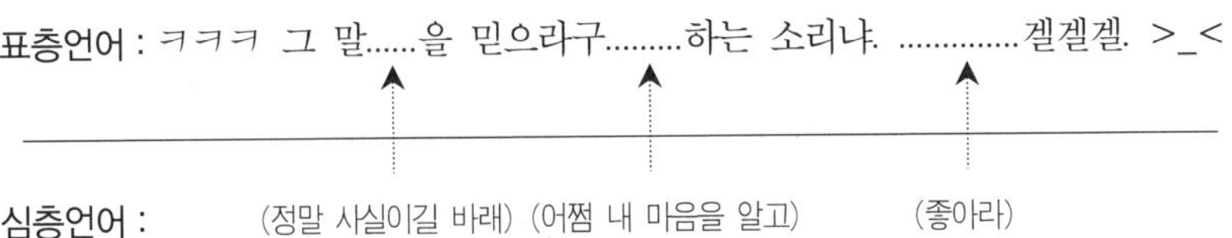

한예원의 발화는 무의식적 사고 내용이 압축되어 있다. 서사구조상 4대천왕 꽃미남 지은성은 한예원 뿐만 아니라 (여성) 인물 및 독자 모두에게 지극한 욕망의 대상으로 설정된 의도적 구안물이다. 그러한 인물로부터 결혼을 요구 받음은 천복(天福)이다. 하지만 그런 천복에 여성화자가 즉각적인 응답을 할 수 없는 것이 현실43)이다. 그래서 한예원은 당황한 척한다. 하지만 당황하며 내뱉은 이 언어들은 무의식적 욕망을 감추면서도 암시하기 위해 농담적 표현을 취하고 있다. 이를 통해 욕망이 안전하게 방출될 수 있게 하기 위해서 말이다.

이처럼 웃음은 서술자(생산자)의 욕망을 감추면서도 언어들 사이에 흐르게 만든다. 이런 예들은 너무나도 많아서, 농담의 기술을 이해하고 사이버-청소년서사텍스트를 읽게 되면 얼굴이 붉어질 수밖에 없다. 바로 그것이, 성인들이 사이버-청소년서사텍스트를 평가절하 하는 이유이기도 하다. 프로이트의 견해로 보면 성인들은 이미 무의식적 욕망을 '억압'하는 단계를 넘어서, 견고한 이성적 판단을 기초로 '거부'하는 주체들이

---

43) 성역할 고정관념에 의하면 여성은 사랑에 있어서 수동적이고 남성은 능동적이라고 한다. 이런 편견은 여성에게 '내숭'이라는 방어기제를, 남성에게는 지은성처럼 '책.임.져.'라고 힘주어 말하는 특성을 부여하고 있다. 이 장면에서 이렇게 남성 화자와 여성 화자의 언어 방식이 차이난다는 것은 이 서사텍스트의 생산주체가 그만큼 우리의 관습적 성정체성을 효과적으로 활용하는 주체란 사실을 말해 준다. 성역할 고정관념에 대해서는 방희정, 「성 고정관념」, 홍순정 외, 『여성심리학』, 교육과학사, 1998, 84~86면.

기 때문이다. 사이버-청소년서사텍스트의 문학성을 평가절하 하는 '판단'은 이 거부의 주체들의 불쾌감에 기초하고 있는 것이다. 그러한 거부의 주체가 독자일 수도 있기에 농담은 필수적으로 요구된다.

(3) '환상적 삼각구조'와 텍스트적 기능체계

한편, '말하는 무의식'과의 대화는 또다른 특징적인 텍스트적 기능체계를 지닌다. 그것은 '환상적 삼각구조'이다. 주지하듯, 오이디푸스 콤플렉스는 인간 경험에 내재하는 원형적 삼각구조이다. 그러한 삼각구조의 갈등을 극복해야만 인간은 자연으로부터 문화의 영역으로 넘어올 수 있다. 하지만 그러한 이행은 '거부'가 아니라 언제나 '억압'에 의해 이루어지기 때문에 완전한 극복일 수가 없다. 지속되는 삶의 과정에서 끊임없이 삼각구조의 갈등을 경험할 수밖에 없다. 이것은 성인들의 연애소설에서 곧잘 삼각구조가 차용된다는 사실에서도 드러난다. 그런데 사이버-청소년서사텍스트의 삼각구조와 성인들의 연애소설의 그것과는 중요한 차이가 존재한다. 이를 이해하기 위해 성인들의 연애소설의 특징을 살펴보자.

연애소설은 탐정소설과 함께 대중들에게 널리 읽히고 폭넓은 사랑을 받는 통속소설이자 대표적인 서사 유형의 하나이다. 연애소설은 과거의 애정소설과 달리 신여성을 주인공으로 한다. 1920년대 이후 모든 장편소설은 통속소설이거나 연애소설이었다. 그것은 소설이 연재되는 신문, 잡지의 경영상의 이유 때문이었다. 작가는 이러한 물질적 이유 때문에 연애소설을 쓰지 않을 수 없었다.[44] 그럼에도 항상 연애소설은 문학적

---

44) 조동일, 「통속 연애소설의 기본형」, 『한국문학통사5(제3판)』, 지식산업사, 1994, 347~348면. 연애소설이 소설의 물질적 기반으로서의 신문, 잡지와 연관된다는 사실은 사이버공간에서 연애소설이 지배적인 이유를 암시해 준다. 사이버공간은 상업적 이유는 아

가치구조에서 주변적 대상으로 머물러 왔기 때문에 그 개념이나 특징이 제대로 밝혀지지 못하고 있다.[45] 김창식(1998)에 의하면 연애소설은 '① 사랑 또는 연애의 과정이 전면적으로 나타나야 한다 ② 연애 과정 자체를 이야기 전개의 중심축으로 만들기 위해 그 사랑을 방해하는 요소나 인물들이 반드시 나타나야 한다 ③ 소설 속의 사랑이 인간 간의 깊은 이해나 화합을 목표로 해야 한다 ④ 사랑에 관한 작가의 생각이 분명하고 진지하게 표명되어야 한다'는 요건을 갖추고 있어야 한다.

여기서 두 번째 요건은, 이야기의 장편화·흥미 제고를 위해, 연애소설이 로망스나 멜로드라마의 도식들(formulae)을 적극적으로 활용[46]하는 양상을 의미한다. 로망스는 모험이나 미스테리 요소들을 활용하여 두 연인간의 사랑을 공고히 하는 하부 서사구조를 지니며 또한 도덕적 당위를 통해 계급 차이 등의 사회적·심리적 장애를 극복하는 하부 서사구조를 지닌다. 이에 비해 멜로드라마는 로망스의 특성을 포함하고 있으면서도 도덕적 당위에 주된 관심을 둔다는 점에서 차이가 난다. 그를 통해서 도덕적 당위가 가능한 '이 세계'가 정당한 세계임을 입증하는 이데올로기적 기능을 수행한다. 사회적 편견을 극복하고 남녀 간의 사랑을 성취하는 서사구조를 지닌 TV 드라마가 '공중파'라는 국가적 물질을 통해 전달되는 이유도 이 때문이다.

그렇다면 사이버-청소년서사텍스트들은 성인 연애소설과 어떤 차이를 지니는가? 성인의 연애소설에서는 타락한 사랑의 유형으로서 육욕적 사랑의 방식이 부정적 선택항으로 곧잘 제시된다. 예를 들어, 박계주의 <순애보>에는 두 가지 사랑의 유형이 제시된다. 주인공인 최문선과 윤

널지라도 그만큼 통속적 관심을 유발할 때 그 지속성이 유지된다는 점 때문이다.
45) 김창식, 「연애소설의 개념」, 대중문학연구회 편, 『연애소설이란 무엇인가?』, 국학자료원, 1998, 9~27면.
46) 최미진, 「1930년대 후반 한국 연애소설의 가능성과 한계—박계주의 『순애보』를 중심으로」, 대중문학연구회 편, 앞의 책, 116~117면.

명희 간의 아가페적 사랑이 있는가 하면 이철진과 신옥련 간의 그리고 신옥련과 이명석 간의 육욕적 사랑의 유형이 제시된다. 이렇게 정상적 도덕적 사랑의 유형과 비도덕적 비정상적 사랑의 유형을 동시에 제시함으로써, 독자로 하여금 정상적인 사랑의 유형을 선택하도록 요구하는 서사구조를 취한다. 90년대 대표적인 연애소설인 양귀자의 <천년의 사랑>에도 오인희와 김진우의 사랑은 통속적 세속적인 반면, 오인희에 대한 성하상의 사랑은 영원한 사랑의 모형에 해당한다.[47] 심지어 사이버공간에서 생산된 대표적인 성인 연애소설들인 <러브 스토리>(곽동훈), <정열>(송경아), <나는 타히티로 간다>(심재철) 등도 모두 대립적 유형의 사랑 중 하나를 선택하도록 요구하는 구조를 지닌다.[48] 이 선택은 타락한 사랑의 부정과 숭고한 사랑의 강화라는 효과를 거둔다.

이와 달리, 사이버-청소년서사텍스트는 대립적 선택 구조를 취하지 않는다. 갈등적 삼각구조가 나타나지만 결코 부정적이고 타락한 사랑의 유형은 없다. 다만 사랑의 실현(사랑)과 중단(우정·우애 등)으로의 '분화'만이 이루어질 뿐이다. 이러한 분화는 '발견으로서의 분화' 유형과 '확인으로서의 분화' 유형으로 구분될 수 있는데, 먼저 '발견으로서의 분화' 유형은 <그 놈은 멋있었다>가 대표적이다.

<그 놈은 멋있었다>에는 지은성-한예원-김한성 간의 중심적 삼각구조와 한예원-지은성-김효빈 등 다수의 부수적 삼각구조가 나온다. 그러나 중심적이든 부수적이든 어떠한 삼각구조도 도덕적으로 타락한 유형이라 말할 수 없다. 다만 사랑을 실현하기 위해 이런저런 질투와 갈등이 있을 뿐이고, 이런 과정을 거쳐 핵심적인 인물들의 소망

---

47) 이은자, 「양귀자의 『천년의 사랑』론」, 대중문화연구회 편, 앞의 책, 186면.
48) 김재국, 「가상공간의 사랑법과 연애소설」, 『디지털시대의 대중소설론』, 예림기획, 2002, 39~55면.

을 실현한 한 개의 사랑만이 성취된다. 그럼에도 갈등과 질투의 과정에서 대립했던 인물들과의 관계가 단절되지는 않는다. 예를 들어 지은성-한예원-김한성 간의 삼각구조에서 지은성-한예원 간의 관계만이 사랑으로 실현되지만, 김한성이 완전히 배제되지 않는다. 오히려 김한성은 사랑의 삼각형을 구성하는 우정의 한 축으로 유지된다. 이렇게 삼각구조는 사랑의 축을 발견함으로써 다른 것을 우정의 축으로 분화하면서도 서로가 공존할 수 있도록 한다. 분화와 포괄은 가장 현실적이면서도 가장 화해로운 관계의 원리로 떠오르는 것이다.

<늑대의 유혹>은 '확인으로서의 분화' 유형을 취하고 있다. 정태성-정한경-반해원의 중심적 삼각구조를 비롯하여 정한경-반해원-김혜정 등의 삼각구조가 나타나지만 결국에는 사랑과 남매애로 분화된다. 이런 분화는 정한경과 정태성이 이복남매란 사실이 모든 인물들 사이에서 '확인'되면서 이루어진다. 이성적 사랑은 남매간에 불가능하다는 문화적 규범을 받아들이고 확인시켜 정태성과 정한경 간의 관계를 분화시키는 것이다. 이런 서사구조는 정태성이 가족이라는 사실이 확인됨과 동시에 죽음을 맞이함으로써 삼각구조를 해체하는 것처럼 보인다. 하지만 정태성이 지극한 남매애를 바탕으로 반해원에게 누이를 부탁하는 것으로 설정함으로써, 죽음을 넘어선 상상적 삼각구조는 지속된다. 중요한 점은 이것이 실패한 정태성-정한경의 사랑을 버리지 않기 위해 도입된 의도적 설정으로 해석할 수 있다는 점이다. 이처럼 '확인으로서의 분화' 유형도, 실패한 사랑까지 긍정적 가치의 관계로 변용함으로써 삼각구조의 한 축으로 포괄한다.

두 유형에서처럼 사이버-청소년서사텍스트에서 남녀관계는 운명적 대상을 발견하거나 사랑이 가능한 범위의 확인이 이루어짐으로써 분화 구

조를 취한다. 그러한 분화는 언제나 인물들의 내재적 선택에 의해 이루어진다. 그러면서도 결코 삼각구조의 다른 축이 무가치·무의미하다고 규정하지 않는다. 다른 축은 안정적인 삼각형 형태를 유지하기 위한 하나의 정신적 에너지로 포용된다. 이런 점에서 도덕적 선택을 통해 한 축을 부정하고 거부할 것을 요구하는 성인 연애소설과 큰 차이점을 보여준다. 이러한 차이를 도식화하면 아래와 같다.

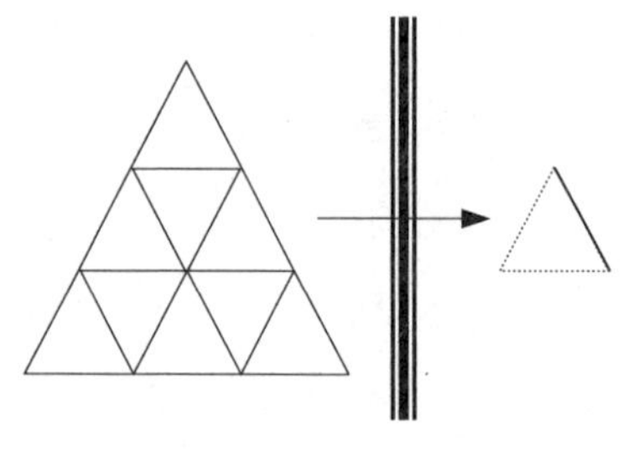

도덕적 규범
시작(타락 / 순수) → 결말(순수)
[성인 연애소설의 삼각구조와 서사구조]

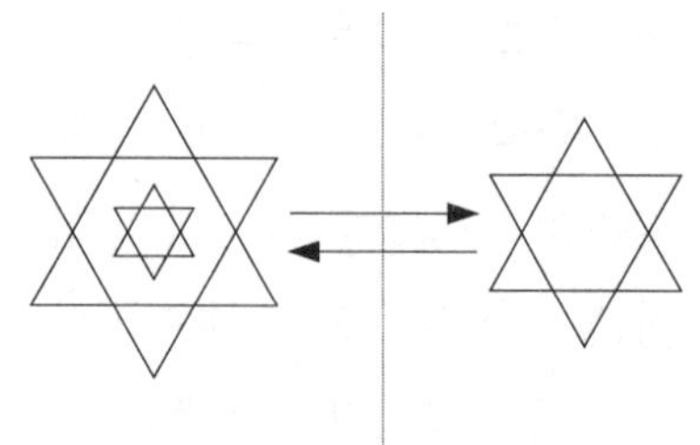

내재적 선택
시작(사랑들) ↔ 결말(사랑…우정)
[청소년 연애소설의 삼각구조와 서사구조]

그림에서처럼, 성인 연애소설의 삼각구조는 결말에 가서 도덕적 규범이 용납하는 단 하나의 축만이 허용되는 '붕괴된 삼각형'으로 변용된다. 하지만 사이버-청소년서사텍스트의 삼각구조는 '분화'될 뿐 결코 삼각구조가 파괴되지 않는다. 분화와 동시에 포괄의 기제를 지니고 있기 때문이다. 그리고 그런 삼각구조는 한 두 개가 아니다. 여러 인물들 사이의 삼각구조가 모두 이런 식으로 유지된다. 여러 개의 삼각구조들이 겹쳐지면서 마치 '별이 텍스트 속에서 빛나는 듯'하다. 때문에 시작과 결말은 유사성을 지닌다. 분화하면서도 버리지 않는 삼각구조이기 때문에 시작과 결말은 분화되면서도 서로 결별하지 않는다. 한마디로, 사이버-청소년서사텍스트에는 성의식과 문화가 그리고 시작과 끝이 화해하는 구조를 지니고 있는 것이다.

(4) 유토피아(의식)에 대한 환상(무의식)의 비판적 기능

그렇다면 사이버-청소년서사텍스트에서 나타나는 이러한 삼각구조가 지니는 사회문화적 의미는 무엇인가? 이런 현상을, 비도덕적 사랑을 모르는 '순수의 시대'로 규정하는 것은 사이버-청소년서사텍스트의 가치구조가 지니는 사회문화적 기능을 간과하는 오류다. 사이버-청소년서사텍스트는 도덕에 무지한 것이 아니다. 오히려 도덕과 현실원칙의 한계를 비판하는, 결코 단순하지 않은 경향성을 지닌다. 그것은 '분화시키면서도 버리지 않는' 삼각구조의 정신적 에너지의 특성에서 연유한다. 이 정신적 에너지는 정신구조의 지배적 원칙이 쾌락원칙에서 현실원칙으로 대체되는 과정 중에서도, 결코 현실원칙을 따르지 않는 정신활동의 보존과 밀접한 연관이 있다. 그것이 바로 환상(phantasy)[49]을 만들어내는 상상력이다. 그리고 이것은 현실원칙이 정신구조의 지배적 권좌를 차지하면서 제시한 유토피아(utopia)적 가치구조와 환상적 가치구조 간의 차이[50]를 고려할 것을 요구한다.

---

49) 환상은 '등치적 리얼리티로부터의 일탈, 즉 대상의 변형'으로 정의된다. K. Hume, *Fantasy and Mimesis*, 캐서린 흄, 한창엽 역, 『환상과 미메시스』, 푸른나무, 2000, 55~62면. 흄도 지적하듯이 환상은 미메시스와 함께 모든 문학의 양대 충동이었으나, 기존 문학이론에서 그것은 미메시스(리얼리티)에 비해 열등한 것으로 치부되어 왔다. 환상이 가장 빈번하게 나타나는 로망스가 리얼리즘의 대두와 함께 열등한 문학으로 평가된 것도 리얼리즘의 승리 때문이다. 하지만 환상은 결코 주변문학일 수가 없다.

50) 허버트 마르쿠제, 김인환 역, 앞의 책, 제7장; K. Mannheim, *Ideologie und Utopie*, 만하임, 임석진 역, 『이데올로기와 유토피아』, 청아출판사, 1991, 제4장.

　　본능은 그 자체 만족을 목적으로 하는 내적 욕동이다.51) 본능은 크게 성적 본능과 자기보존 본능으로 대별된다. 본능이 지배하는 유아의 정신구조는 따라서 쾌락원칙이 지배하는 세계이다. 그런데 성적 본능은 모순적이다. 그것은 쾌락의 감정만을 낳는 것이 아니라 신체적 정신적 긴장의 감정도 유발한다. 그 자체로도 쾌락원칙에 위배된다.52) 또한 성적 본능은 외적 세계와 부딪힐 때 자신의 목적을 성취할 수 없음을 깨닫는다. 오이디푸스 콤플렉스와 같은 사례가 대표적이다. 따라서 이 좌절의 경험은 정신구조에 새로운 원칙을 도입할 것을 요구하는바 그것이 억압을 기초로 한 현실원칙이다. 현실원칙은 본능을 억압하여 무의식에 보호하면서 정신구조를 '생각하는 주체'로 변용한다. '생각하는 주체'는 현실원칙에 따라 즉각적 만족의 추구에서 만족의 유예를 인내한다. 그러한 인내를 합리화하기 위해 현실원칙이 제시한 유토피아의 논리를 따른다.

　　그러나 유토피아란 참다운 만족의 가능성을 '인간 없는 대지'로 추방하고 유예하는 것에 불과하다. 유토피아는 억압을 요구하는 문화와 문명의 가장 효과적인 합리화 전략이다.53) 그것은 결코 진정한 만족을 주지 않고 끝없이 유예할 뿐이다. 현실원칙은 '억압적 개인'을 형성할 뿐만 아니라 '억압적 문명'을 형성하며, 또한 '개인의 문명에의 예속'을 합리화한다. 더욱 중요한 점은 모든 억압을 합리화함으로써 '과잉 억압'과 '기본 억압' 간의 분별을 불가능하게 할 수도 있다는 점이다. 분명, 문명은 본능의 억압을 필요로 한다. 그것은 어쩔 수 없다. 하지만 어디까지의 억압이 기본적으로 정당화될 수 있는지 반성적 검열이 필요하다. 무의식만이 검열되

---

51) 지그문트 프로이트, 윤희기·박찬부 역, 「본능과 그 변화」, 앞의 책, 106~107면.
52) S. Freud, *Sigmund Freud Gesammelte Werke*, 지그문트 프로이트, 박찬부 역, 『쾌락원칙을 넘어서』(프로이트전집14), 열린책들, 1997, 9~15면.
53) 허버트 마르쿠제, 김인환 역, 앞의 책, 130~135면.

어야 하는 것이 아니라 의식 또한 검열 받아야 한다. 그런데 유토피아는 문명에 필요한 기본 억압과 '특정한 지배체계의 과잉억압'을 분별하지 못하게 함으로써 의식도 검열이 필요하다는 사실을 은폐시킬 수 있다. 물론 유토피아도 과잉억압에 대한 비판적 기능을 수행할 수도 있다. 하지만 유토피아에 의한 비판이 합리적 이성에 기초한 비판의 형식이라면, 유토피아마저 비판의 대상으로 하는 환상은 더욱 근본적인 비판이라 할 수 있다. 이런 점은 유토피아를 내건 비판적 이데올로기들이 하나의 지배적 이데올로기로 변질되는 역사적 선례에서도 충분히 입증된다. 조지 오웰의 『동물농장』과 같은 환상적 서사구조가 대표적인 예이다. 오로지 완전한 비판은 환상에 의거한 비판이다.

이처럼 완전한 비판의 가능성을 제시하는 것이 바로 환상이다. 전체적 정신구조 안에서 결정적인 기능을 하는 환상은, 무의식의 가장 깊은 층과 의식의 가장 높은 생산물(예술)을 연결시키고 꿈과 현실을 연결시키기 때문이다. 환상은 집합적이고 개인적인 기억의, 영구적이지만 억압되어 있는 이상(理想), 금기된 자유의 이미지와 같은 인류의 원형을 보존한다. 그런데 환상은 비현실적이란 이유로 이성이나 의식에 의해 항상 비판되고 무시 받아 왔다. 이성은 불쾌하지만 유용하고 정확한 반면 환상은 유쾌하지만 쓸모없고, 진실되지 못한, 단순한 놀이와 백일몽에 지나지 않는다는 식으로 말이다. 이러한 이성으로 무장한 현실원칙은 '생각하는 주체'이자 '자아'를 통해 유용하고 유용하지 않은 것, 좋고 나쁜 것을 결정하는 역할을 하면서 억압을 합리화한다. 그리고 이것을 통해, 마치 성인 연애소설의 서사구조처럼 나쁜 것을 '의도적'으로 설정하고 그것을 버리도록 요구한다.

그러나 상상력에 의한 환상은 잃어버린 조화를 다시 회복시킨다. '억압된 자들의 귀환'을 허락하면서 환상은, 이성에 의해 유토피아에 추방된 개인·욕망·쾌락을 전체·현실·이성과 조화시킴으로써, 그러한 조화를 파괴하는 이성에 대해 비판하고 '유토피아의 현재화'를 요구한다. 바로 이러한 환상의 기능성을 활용하고 있는 것이 사이버-청소년서사텍스트의 '분리하면서도 버리지 않는' 삼각구조의 서사들이다.

　이런 특성이 가장 뚜렷하게 나타나는 사이버-청소년서사텍스트가 『천사의 향기』인데, 기이하게도 이 서사텍스트는 사이버공간에서 가장 인기 있는 청소년 작가들로 선정된 5명이 공동 창작한 것이란 점이다. 공동 창작은 사이버공간과 기존의 문학적 생산공간과의 차별을 뚜렷하게 드러내는 사례 중 하나54)라고 많은 논자들이 지적하고 있다. 그런데 사이버공간적 특성을 지닌 공동 작업의 문학적 글쓰기가 환상의 서사구조를 취하고 있다는 점은 특기할 만하다. 이런 사실은 환상이 인간의 원형적 사고와 연결된다는 마르쿠제의 해석을 더욱 강하게 뒷받침해 주기 때문이다.

　<천사의 향기>는 천린우라는 학생이 전학 온 이후 천린우－이래인－유다이(여학생)를 중심으로 벌어지는 사건을 내용으로 하고 있다. 천린우의 등장은 이래인－유다이 간의 안정적이던 이자적(二者的) 관계의 파괴를 가져온다. 안정적이며 과거에 속하던 이자적 관계는 불안정적이며 현재적이며 미래로 이어지는 삼각구조로 변환된다. 이런 二者的 관계가 삼각구조로 변화하는 데 있어서 이래인의 죽음은 결정적 계기로 작용한다.

---

54) 『디지털 구보 2001』을 비롯하여 사이버공간에서는 현실공간에 잘 이루어지지 않았던 집단적 공동창작 방식이 실험적으로 시도되었다. 이런 실험들은 저자 개념에 지배받던 현실공간의 문화를 의도적으로 파괴하면서 공존과 상호작용을 강조하는 가상공동체를 대안문화로 격상시키는 효과를 발휘한다. 이것 자체도 일종의 '버리지 않고 공존하기'의 한 표상이라 하겠다. 사이버공간에서의 공동창작의 현황과 의미에 관해서는 유현주, 앞의 책, 91~95면.

이래인은 천린우에 대한 집단폭행을 막으려다 천린우를 대신하여 죽게 되는데, 기이하게도 이 죽음으로 생긴 부재는 거꾸로 사랑의 삼각구조를 형성하면서, 유다이에게 '천린우냐 이래인이냐' 하는 삼각구조적 고민을 낳는다. 이래인이 죽기 전까지 유다이는 결코 천린우에 호감조차 보이지 않았다. 하지만 죽으면서까지 천린우를 감싸던 이래인의 죽음과, 자신을 대신해 죽게 된 이래인에 대한 지극한 사랑을 보여주는 천린우 때문에 유다이는 흔들린다. 이로써 안정적이던 이자 관계는 불안정적인 삼각구조로 전환된다. 그런데 이들 간의 삼각구조에서는 결코 갈등이 나타나지 않는다. 죽은 이래인과 천린우가 싸울 수가 없기 때문이다. 더욱이 영혼으로 떠도는 이래인은 천린우와 유다이를 맺어주기 위해 수많은 꾀를 낸다. 죽은 이래인이 사라지지 않고 서사의 전개 과정 내내 핵심적인 존재로 재등장하여 행복한 결말을 도출하려 적극적 관여를 한다. 이처럼 이 서사텍스트는 현실 세계와 비현실 세계의 소통과 화해를 추구한다는 점에서 환상적이다.

여기서 이러한 환상적 삼각구조는 실패 또는 중단된 사랑을 현재의 사랑 속에 포괄하고 미래를 정당화하기 위해 도입된 서사기제란 점이 중요하다. <늑대의 유혹>에서도 중요하게 작용했던 죽음이, 실패한 사랑을 남매애로 승화시키는 작용을 하듯이 <천사의 향기>에서 이래인의 죽임은 유다이-이래인의 과거의 사랑을 미화하면서도 천린우-유다이 간의 현재의 사랑을 강화시키는 작용을 하는 것이다. 이런 서사구조는 과거와 현재를 화해시키고 죽음과 삶, 비현실과 현실을 화해시킨다. 또한 동시에 다른 삼각구조들도 안정적인 삼각구조로 변용시키는 작용을 한다. 천린우-유다이-이래인의 삼각구조가 분화와 포괄의 삼각구조로 정립하자 이에 영향 받아 이래인-천린우-한채은의 삼각구조도 분화와 포괄의 삼각구조로 변용되기 때문이다.

이처럼 환상은 사이버-청소년서사텍스트에서 '모든 것들 사이의 화해'를 실현하는 데 있어서 핵심적인 서사기제로 활용되고 있다. 그런데 이러한 환상은 무의식으로부터 기원한다는 점, '획일적 전체성이 없는 보편성'이라는 사이버공간의 물질적 특성과 유사하다는 점에서, 지배적 가치구조와 대비되는 특수성을 지닌다.

첫째, 의식만이 조화롭고 무의식은 무질서하다는 생각은 편견임을 부각시킨다. 그것은 의식이 지배권을 행사하기 위해 만들어낸 편견에 불과하다. 무의식은 독특한 조직 원리로 구성된 정신세계이다. 무의식에는 부정(否定)도 없고 의심도 없으며 또 확신도 없다.55) 본능으로 가득 찬 무의식의 세계는 서로 대등한 관계를 유지하면서 병존하고 서로 간에 아무런 갈등이나 충돌도 내보이지 않는다. 목적이 서로 양립할 수 없는 듯 보이는 두 개의 본능이 동시에 발생하더라도 그 두 충동적 본능은 상대방을 지우거나 그 힘을 약화시키지 않은 채, 함께 협력하여 서로가 공유하는 공통 목표를 찾아 타협한다. 마치 사이버-청소년서사텍스트에서 사랑 이외의 관계를 문화적 가치가 있는 것으로 변용하여 포괄하는 것과 유사하다.

이것은 부정(否定)하고 의심하며 자기 확신에 사로잡힌 의식의 세계에서는 찾아볼 수 없다. 의식이 추구하는 화해는 가짜 화해이다. 그것은 유토피아가 근본적인 사회 비판력이 없듯이, 근본적인 화해의 상을 보여주는 것이 아니다. 마치 성인 연애소설에 나오듯이, 의식이 긍정하지 못하는 것은 부도덕한 것으로 추악화하고 버릴 것을 요구하기 때문이다. 의식은 본능을 부도덕한 것으로 동일시할 뿐 그것을 문화와 화해시킬

---

55) 지그문트 프로이트, 윤희기·박찬부 역, 「무의식에 관하여」, 앞의 책, 189~194면.

승화의 능력을 결여한 채, 그 결여를 감추기 위해 억압하려만 한다. 따라서 의식은 무의식으로부터 본능을 승화시키고 문화와 화해시키는 능력을 배워야 한다. 그럼에도 의식은 무의식을 무질서와 심지어는 부도덕한 본능의 세계로만 폄시할 뿐이다. 무의식은 본능으로 가득 차 있지만 그것에 좌우되지 않고 그것을 승화시킬 수 있는 조직 원리를 지닌 세계이다. 무의식의 세계는 본능들이라는 위험한 요소들을 화해시킬 수 있는 더욱 고차원적인 조직 원리를 지닌 세계란 점에서 의식의 세계보다 더 가치 있다.

둘째, 모든 것을 화해시키는 환상의 텍스트적 기능체계를 지닌 사이버-청소년서사텍스트는 '획일적 전체성이 없는 보편'의 세계인 사이버공간[56]의 문화적 가능성을 구체화한다. 이를 통해 전체주의적 획일성을 전제하는 문자문화의 한계를 비판한다. 문자문화의 대표인 책은 위계적 억압적인바, 선조적 원리에 의해 사고의 다양성과 폭넓은 연상의 세계를 지운다.[57] 이와 대비되는 하이퍼텍스트는 비선조적이며 무한한 사고의 형상을 최대한 반영하고자 한다. 모든 생각들을 받아들이고 연결시키고 시작과 끝의 특정한 지점을 지움으로써 끝없는 뫼비우스의 띠처럼 연결시킨다. 모든 것을 화해시키려는 가치구조를 지닌 사이버-청소년서사텍스트는, 자신이 하이퍼텍스트로 나아가는 과도기적 글쓰기의 성격을 지닌다는 점을 보여주면서, 텍스트의 물질성의 가장 바람직한 상태를 책에서 하이퍼텍스트로 전환시키고 있다. 중요한 점은, 하이퍼텍스트성을 지향하면서도 문자문화의 물리적 특성을 버리지 않고 사이버공간의 물리적 특성과 화해시키려 한다는 점이다. 획일적 언어규범만을 강조하는 것도 아니고

---

56) 피에르 레비, 김동윤 외 역, 앞의 책, 158~172면.
57) 배식한, 앞의 책, 32~35면.

그렇다고 일탈적 언어에 완전히 경사되지 않는 특성을 보여주기 때문이다. 이러한 기능체계를 적극적으로 활용함으로써 사이버-청소년서사텍스트는, 자신들을 문화적 문학적 가치구조의 주변으로 한정하려는 문자문화의 한계를 비판하고 역사화하는 것이다.

2) 대인적 / 텍스트적 기능체계와 친밀성(intimacy) 중심의 가치구조

지금까지의 분석은 사이버-청소년서사텍스트의 관념적 기능체계와 텍스트적 기능체계에 한정되어 있었다. 이제는 대인적 기능체계(the interpersonal)를 분석함으로써 사이버-청소년서사텍스트의 기능체계와 가치구조 전체를 좀 더 입체적으로 드러내고자 한다.

(1) 사이버공간의 서사문화와 대인적 기능체계

사이버공간은 현실세계의 사회적 관계를 그대로 반영하지 않는다. 그럴 수도 없다. 그것은 사이버공간이 가상성과 익명성에 기초한 공간이기 때문이다. 사이버공간에 접속하여 상호작용적 활동을 펼칠 때 개인들은 자신을 직접적으로 드러낼 수가 없다. 자신을 대리하는 기호들인 ID나 아바타(Avatar)만이 진입할 수 있기 때문이다. 그런데 이러한 기호들은 실제 행위자를 완전히 재현할 수가 없다. 가상성과 익명성은 이름을 숨기기 때문에 발생하는 것이 아니라, 신체를 디지털화하면서도 그것을 완전히 재현할 수 없는 ID와 아바타만을 허용하는 사이버공간의 물리적 특성 때문에 발생하는 것이다. 물론 기술적 진보가 더욱 극단화된 상태, 즉 화상 통신이 더욱 쉽사리 이루어지는 상태를 가정해 볼 수도 있다. 하지만 그런 상태가 도래하면 사이버공간은 사라진다는 역설을 지닌

다.58)

언어에서 대인적 기능체계는 다른 요소들보다도 텍스트 참여자들 사이의 사회적 관계를 가장 직접적으로 반영한다. 때문에 가상성과 익명성이 사회적 관계를 변화시킬 수 있다면 언어의 대인적 기능체계에도 자연스럽게 변화가 발생한다. 이런 변화는 특히 언어 규범과 언어 윤리의 차원과 관련하여 사이버공간에서의 글쓰기의 문제점을 비판한 언어학적 고찰들에 의해 지적되어 왔다.59) 익명성은 자신의 생각을 솔직하게 표현할 수 있게 해 주는 생산성이 있지만 격하(flaming) 현상을 유발함으로써 상대방을 격하할 뿐만 아니라 '언어'와 '사용자' 그 자체도 격하되는 문제점을 유발한다. 네티켓(netiquette) 또는 인터넷 실명제 논의가 생긴 것도 부정적 방향에서의 대인적 기능체계의 변화를 지양하려는 모색의 소산들이다.

사이버서사텍스트 역시 이러한 부정적인 양상들을 지니고 있다. 하지만 그런 특징들은 언어생활의 실제상을 가감 없이 재현한다는 점에서, 기존 문학텍스트가 지녔던 비사실성·규범 지향성을 폭로하는 기능도 한다. 예를 들어, 여성이 고운 말만 하는 것처럼 형상화하는 경향은 기존

---

58) 화상통신은 '신체의 가상화'의 가능성, 즉 한 개인이 자신의 단일적 신체성의 한계를 극복하고 '동시에 여기저기' 출현할 수 있는 가능성과 대립한다. 이런 점에서 화상통신은 가상공간의 가능성과 오히려 대립하는 측면이 있다. 이에 대해서는 P. Lévy, *Qu'est-ce que le Virtuel?*, 피에르 레비, 전재연 역, 『디지털 시대의 가상현실』, 궁리, 2002, 37~47면.

59) 김정자, 「전자게시판 글쓰기에 대한 연구」, 『국어교육연구』 11, 서울대국어교육연구소, 2003; 한성일, 「컴퓨터 대화방의 표현 양상과 국어교육적 방안」, 같은 책. 김정자는 전자게시판 글쓰기의 문제점을 언어 규범과 윤리 차원, 텍스트 차원(제목과 본문이 부조화한 경우 등), 상호작용 차원(감정적 경사), 정보 윤리 차원(펌질 등)에서의 문제점을 지적하고 있고 한성일은 익명성이 가져오는 격하 현상·대화격률의 일탈 현상·입말과 글말의 혼합·통신언어의 언어규범 일탈성·일상언어적 특성의 강화 등을 지적하고 있다.

문학텍스트에 지배적이다. 이에 비해 사이버서사텍스트는 그것을 가식에 불과하다고 폭로한다. 사이버-청소년서사텍스트는 좀 더 노골적이기까지 한데, 서슴없이 욕설을 내뱉고 남성 인물에 대해 공격적인 태도를 보여 주는 여학생들을 그대로 보여준다. 이들을 텍스트 속에서 마주칠 때 독자들은 거부감을 보이기 십상이다. 그 때문에 사이버-청소년서사텍스트가 또 하나의 오해와 불신을 받으며 저평가되는 것이다. 그러나 이 문제는 그리 단순한 문제가 아니라, 사이버-청소년서사텍스트의 근본적인 생산 동기와 직결되는 매우 중요한 문제로서 주의 깊은 분석이 요청된다.

서사텍스트는 기본적으로 서술자에 의해 중개되는 허구적 서사물이다. 다른 텍스트와 서사텍스트를 구별해 주는 특징들 중 하나는 그것의 필수적 원천인 서술자와 관련되어 있다. 그런데 독자는 서사물을 읽으면서 그 서사물이 재현하고 있는 허구적 세계의 전모를 알 수가 없다. 서술자가 중개해 주는 것만 알 수 있을 뿐이다. 이런 점에서 서술자는 서사텍스트의 가치를 결정하는 매우 중요한 서사적 기능소이다.[60] 때문에 서술자들은 전형적으로 그들의 청자(독자)에게 신뢰를 받고자 노력하는 모습을 보여 왔다. 이것이 기존의 서사텍스트에서 서술자와 실제 독자 간의 관계의 핵심이었다.

문학적 가치와 권위는 실상, 어떤 실제 작가의 고매한 인격에서 나온다고 볼 수 없다. 그러한 가치와 권위의 근본적 기원은 서술자에게서 유발되는 것이다. 아무리 고매한 인격의 실제 작가라 할지라도 그가 생산

---

60) 물론 서사론에서 서사를 중개해 주는 서사적 기능소는 '내포 작가' '화자' '초점화자' 등으로 세분될 수 있고 그들이 동일하다고 여겨지지도 않는다. 다만 여기서는 중개자의 역할을 수행하는 모든 서사적 기능소를 포괄하여 '서술자'로 통칭하고자 한다. 이에 대해서는 리몬-케넌, 최상규 역, 앞의 책, 5·6장; M. Bal, *Narratology: Introduction to the Theory of Narrative*, 미케 발, 한용환·강덕화 역, 『서사란 무엇인가』, 문예출판사, 1990.

한 텍스트의 서술자가 복합적 능력이 부재하다면 문학적 가치와 권위는 발생할 수가 없다. 따라서 서술자들은 배우는 자 또는 소비자의 역할을 부여 받은 청자들과의 관계 속에서 '말할 수 있는 권위, 즉 알고 있는 자 또는 즐거움을 주는 자, 생산해 내는 자의 역할을 맡을 권위를 요구' 할 뿐만 아니라 독자에게 '요구되어' 왔다.[61]

이러한 서사 문화는, 서술자는 독자를 능가할 수 있는 인격과 능력을 지닌 존재여야 한다고 규정했으며, 마치 어른이 아이에게 말을 해주는 듯한 관계를 창조하여 왔다. 예를 들어, 한국 근대서사문학의 비조라 할 수 있는 이광수의 <무정> 이후 형성된 (굳이 교훈적 계몽주의적이 아니더라도) 서사 문화만 살펴도 이런 특징을 쉽게 알아낼 수 있다. 이런 서사 문화에서 서사텍스트 속의 서술자는 늘 다른 인물들에 비해 지적인 면에서나 도덕적인 표준에서 훨씬 더 우위에 있었다.[62]

사이버-청소년서사텍스트는 이와 구별되는 서사문화를 구성한다. 기존 서사문화가 작가에게 권위와 함께 책임을 요구했다면 사이버공간은 그러한 위계적 도덕적 관계를 지향하지 않는다. 그것은 사이버-청소년 서사텍스트의 역사 그 자체로부터 연원한다.[63] 사이버공간에서 청소년은 판타지나 팬픽(Fanfiction) 등으로 대표되는 웹노블(web-novel)과 게임 시나리오, 게시판 문학 등을 창작하고 감상하는 서사문화를 발전시켜 왔

---

61) M. J. Toolan, *Narrative*, 마이클 J. 툴란, 김병욱·오연희 역, 『서사론』, 형설출판사, 1995, 21~22면. 툴란의 서사론은 특히 할러데이의 언어이론을 서사론에 적용한 논의란 점에서 주목할 만하다.
62) 리몬-케넌, 최상규 역, 앞의 책, 130면. 심지어 인격적 불완전성이나 변절이 실제 작가에게는 허용될 수 있다 할지라도 그러한 실제 작가보다 서술자는 항상 고매해야 한다고 여겨졌다.
63) 최지현, 「인터넷에서의 청소년 문학 생활화 방안」, 『문학교육학』 9, 한국문학교육학회, 2002, 85~93면.

다. 청소년에 의해 주도되고 독립성까지 지니는 이러한 서사문화는 '재미를 추구하는' 언어문화 행위의 특성을 뚜렷하게 지녔다. 그렇다고 대중문학과 완전히 동일시할 수도 없다. 기존의 대중문학은 평등권과 소비 능력을 지닌 대중들의 기호에 부응하기 위해 생산된 문화 상품의 성격을 강하게 지녔다. 따라서 작품의 예술성을 따지기보다는 소비자로서의 독자의 기호를 우선 고려했고 그들의 풍부해진 여가를 채울 수 있는 내용과 형식으로 자신을 재구성했다.64) 대중문학에서 '진정한 생산자'는 소비자였고 생산자는 그저 '위임 받은, 문학적 재능을 지닌 존재'에 불과했다.

하지만 사이버-청소년서사텍스트는 상품으로서의 성격을 지녔다고 볼 수가 없다. 사이버공동체에서의 상호작용을 위해서 서사텍스트를 생산하고 있을 뿐, 상품으로서의 가치를 고려하여 생산하고 있는 것은 아니다.65) 때문에 대중문학에서처럼 독자와 생산자 사이의 역전적인 위계적 관계도 성립될 수가 없다. 물론 독자의 영향을 받지 않는 것은 아니다. 독자가 재미없다고 외면해 버리면 그런 서사텍스트는 사이버공간에서 존재 가치를 상실하기 때문이다. 그러나 사이버공간에서 작가와 독자의 역할은 쉽사리 바뀐다. 비난하고 외면하던 독자는 어느새 작가의 위치에 서게 되며 이런 과정은 연쇄적으로 이루어진다. 이런 이유로 사이버공간에서 진정한 생산자는 작독자(wreader)적 존재라 할 수 있다.66) 특히 게시판 문학의 릴레이소

---

64) 임성래, 「대중문학을 어떻게 이해할 것인가」, 대중문학연구회 편, 『대중문학이란 무엇인가?』, 평민사, 1995 참고.

65) 물론 귀여니 류의 서사텍스트가 7~80년대의 '하이틴문학'의 운명처럼 상품화되어 전달되고 있는 것을 근거로, 사이버공간에서의 문학이 사행심으로 얼룩져 있다고 볼 수도 있다. 한마디로 온라인에서의 주목을 바탕으로 오프라인에서 '떠보려는' 심리가 작용하고 있다고 평가할 수도 있다. 하지만 그것은 지나친 과장이다. 근본적으로는 청소년에게 문학텍스트 생산권을 주지 않으려는 반발심리가 은연중 깔려 있다고 판단된다.

설이나 유머서사는 대표적인 사례이다. 이러한 사이버공간의 특수성에서 연원하는 사이버 서사문화는, '말할 수 있는 권위'를 얻기 위해 고매한 인격체적 기능을 수행하던 서술자의 역할을 무효화한다. 이와 달리 사이버–청소년서사텍스트는 작독자(作讀者)로서 사이버공간의 상호작용을 활성화할 수 있는 서술자만을 요청한다.

이처럼 상호작용성을 극대화할 수 있는 서사적 실천만을 요구하는 사이버공간의 물질성은 무엇보다도 평등한 대인적 기능체계의 발달을 가져왔다. 동시에, 평등한 대인적 기능체계가 자연스럽게 선택될 수 있는 소통공간을 강하게 형성하는바 첫째, 평등한 대인적 기능체계에 대해 규범적 시각에서 개입할 수 있는 어떠한 인격적 존재도 거부하는 경향을 보여주며, 둘째 평등한 관계의 소통 참여자들 사이의 공감대를 쉽게 얻을 수 있는 사건들을 주요한 서사대상으로 부각시킨다.

이런 경향성은 그들의 '버릇없지만 일상적인' 대인적 기능체계 사용방식을 그대로 재현하기 위해, '어른 없는 세계'를 주요한 서사대상으로 선택한다. 여기서 사이버–청소년서사텍스트의 대인적 기능체계와 관련한 매우 중요한 문제가 떠오른다. 즉 '어른의 추방'을 의미하는 '깨진 거울'[67)의 상징적 기능이 그것이다.

---

66) 유현주, 앞의 책, 30~31면.
67) 이 용어는 S. Frued, *Sigmund Freud Gesammelte Werke*, 지그문트 프로이트, 김정일 역, 「가족로맨스」, 『성욕에 관한 세 편의 에세에』, 열린책들, 1909(1996)와 J. Lacan, 자크 라캉, 민승기·이미선·권택영 역, 「정신분석 경험에서 드러난 주체기능 형성모형으로서의 거울단계」, 『욕망 이론』, 문예출판사, 1966(1994)을 결합하여 재구성한 것이다. '깨진 거울'은 주체 성장에 있어서 기본적으로 동일시되어야 할 거울과 같은 존재로서의 아버지의 파탄을 의미한다. 이것은 사이버–청소년서사텍스트의 대인적 기능체계의 핵심에 해당한다.

(2) '깨진 거울'과 가족로맨스

구 분	주요 인물	부모 부재의 원인
〈그 놈은 멋있었다〉	지은성	• 아버지(지성한) 부재—에이즈로 죽음. 가정에 소홀. 이혼. 복잡한 여자 관계. 에이즈로 죽은 아버지 때문에 지은성은 유치원 시절부터 따돌림을 당함. 아버지를 증오.
〈늑대의 유혹〉	정한경 정태성 (반해원)	• 아버지(정태훈) 부재—조부모의 반대로 아버지는 민가연(정태성의 친어머니)와 이별하고 김신경(정한경의 친어머니)와 계약결혼하게 됨. 한경이가 7살 되던 해 부모 이혼. 그 사이 정태성은 친어머니가 사망하고 외할머니와 홀로 삶. 정한경은 고3 전까지 혼자 지내다 재혼한 부모에게 감. 둘 다 아버지를 몹시 그리워 함. 반해원의 가족에 대한 정보는 전무.
〈천사의 향기〉	천린우	• 친부모 모두 부재—아버지가 러시아 유학중 사귄 러시아여인과 결혼. 한국에서 생활 중 어머니가 강도강간범에게 유린됨. 그 사건 후 아버지는 어머니를 상습적으로 폭행함. 견디다 못해 어머니는 천린우 앞에서 자살함. 천린우는 할머니와 외롭게 혼자 삶. 어머니의 자살 장면으로 인한 정신적 외상(trauma) 때문에 여성 혐오. 학교 부적응. 외톨이.

이런 설정 자체는 대단히 통속적이면서도 선정적이다. 특히 <그 놈은 멋있었다>에서 아버지가 에이즈에 걸려 죽었다든지, <천사의 향기>에서처럼 외국인 어머니와 한국인 아버지를 부모로 설정하는 방식 자체는 대중소설에서 흔히 나타나는 '저널리즘적 기민성'과 유사하다. 이러한 특성은 사이버공간에서의 흥미 제고를 위한 표면적 서사기제란 점에서 사이버공간의 물질적 속성에서 연원한 것이라 볼 수 있다. 하지만 '부모 부재'를 공통적으로 지니고 있다는 사실은, 사이버-청소년서사텍스트가 단순히 연애소설만이 아니라 성장소설로서의 특징도 지닌다는 점을 시사한다.

그런데 과연 누가 성장하는가? 남성 주체의 성장인가 여성 주체의 성장인가? 또한 성장한 주체는 기존의 가치구조에 대해 어떠한 관계를 지니는가? 대립적인가 아니면 대안적 가치구조를 제시하는가? 그리고 기존의 성장소설과 사이버-청소년서사텍스트의 공통점과 차이점은 무엇인가? 결국 이 문제는 사이버-청소년서사텍스트의 또 다른 가치구조를 규명하는 중요한 문제로 부각된다.

프로이트에 의하면 개인 및 사회의 발전은 양세대 간의 반목(독립을 위한 반복)을 통해 이루어지며, 이 과정에서 독립이 제대로 이루어지지 못했을 때 노이로제 상태가 된다.[68] 여기서 성장의 전제가 부모와의 갈등이란 점이 주목을 요한다. 갈등이란 일면적으로 대립만을 의미하는 정신적 과정이 결코 아니다. 부모와의 갈등 심리 뒤에는 부모와의 강한 동일시가 전제되어 있다. 갈등은 동일시가 전제되지 않으면 발생될 수가 없다. 그 동일시는 바로 오이디푸스 콤플렉스의 결과로 유발되는 정신적 현상이다.[69] 이 과정에서 아버지는 자기가 '되고' 싶어하는 대상으로 설정되는 동시에 자기가 '갖고' 싶어하는 대상이 된다.

이것은 부모가 성장할 주체의 미래적 '위치'이면서 동시에 그런 성장을 위한 자료로서의 '사물'로도 여겨진다는 의미이다. 특히 '사물로서 여겨진다'는 점은 어린아이에게 무한한 상상력을 자극하는 심리적 동인이 된다. 어린아이가 사물(장난감)을 '가지고 놀며' 성장하듯이, 사물과 동일시된 부모를 가지고 노는 상상 놀이를 통해 성장한다는 것, 이것이 '가족로맨스'라는 '환상적 심리극'으로서의 성장 서사의 근원적 모형의 결정적인 바탕이 된다. 가족로맨스 속에서 어린아이는 사물로서의 부모를 자기 뜻대로

---

68) 지그문트 프로이트, 김정일 역, 「가족로맨스」, 앞의 책, 57면. 프로이트가 어린아이의 심리적 과정을 가족 '로맨스'라고 정의한 점은 문학적 관점에서 볼 때 이 과정이 환상에 의해 지배되는 로맨스와 유사성이 강하다는 점을 말해준다. 따라서 사이버-청소년서사텍스트 역시 리얼리즘적 관점이 아니라 '옛이야기'나 '로맨스' 같은 환상문학적 관점에서 이해되고 평가되어야 한다는 점을 강하게 뒷받침해준다.
69) S. Frued, *(Das)Unbehagen in der Kultur. 2., durchgeseheme Aufl. 13.-27. Tausend*, 지그문트 프로이트, 김석희 역, 「집단심리학과 자아 분석」, 『문명 속의 불만』, 열린책들, 1921(1997), 120~127면.

상상하기 시작한다. 이 상상은 몹시도 변덕스럽기까지 해서, 어떤 때는 부모를 巨物로 상상하기도 하고 때로는 심지어 不貞한 존재로 상상하기도 한다. 이런 과정은 여자 아이에게도 똑같이 일어난다. 누구나 겪었을 이 상상 놀이는 그러나 의식에 기억되지 않기 때문에 성인이 된 후에는 그것을 '모른다'.70)

이와 같은 정신분석학적 견해를 고려하면, 사이버-청소년서사텍스트에서 '부모 부재'의 서사적 상황 설정은 '환상적 성장소설의 기제'라고 할 수 있다. 사이버-청소년서사텍스트의 연애소설적 측면을 논할 때 드러났던 환상성이 여기서도 나타나는 것이다. 그것은 가족 해체의 사회적 실재를 반영하는 특성이기도 하지만, 가족로맨스의 어린아이가 '사물'로서의 부모에 대해 가한 다양한 상상적 변용이라고도 볼 수 있다. 그렇다면 왜 이러한 상상적 변용이 나타난 것이며 그것이 함축하고 있는 사회문화적 의미는 무엇인가?

(3) '환상적 성장소설'과 '친밀성(intimacy)'의 민주주의적 함의

이러한 '환상적 성장소설'을 통해 사이버-청소년서사텍스트는 친밀성(intimacy) 중심의 가치구조를 대안적 가치구조로 내세우고 있다. 친밀성이란 바로 규범적·제도적·경제적 원리에 의한 사회적 관계와 대립되는 '순수한 관계'와 사랑의 동력71)이다. 이런 친밀성은 가족 특히 여성

---

70) 심지어 어린아이는 아버지 살해의 끔찍한 상상도 한다는 사실을 프로이트는 인류학적 자료에 대한 정신분석학적 고찰을 통해 규명해내기도 했다. 그 대표적인 예가 친부 살해(親父 殺害)와 신격화(神格化)에 관한 신화적 종교적 제의들이다. 원시사회에서 가부장의 독점적 지위를 파괴하기 위해 아버지를 살해했지만 그것에 대한 죄의식으로 아버지를 신격화함으로써 유일신으로 옹립하는 것이 그 예이다. 그리고 이 과정은 多神論(모권제의 종교적 상상력)과 一神論(부권제의 종교적 상상력)의 구분 기준이 되기도 한다는 점에서 중요하다. 이에 대해서는 허버트 마르쿠제, 김인환 역, 앞의 책, 64~70면.

71) A. Giddens, *Transformation of Intimacy : Sexuality, Love, and Eroticism in Modern*, 앤서니 기든스, 황정미·배은경 역, 『현대사회의 성·사랑·에로티시즘-친밀성의 구조변동』, 새

에 의해 발전되어 온 조형적(plastic) 특성의 인간성이다. 그러나 이것은
반드시 여성에게만 나타나는 특성이 아니다. 친밀성이 나타날 수 있는
'그런 위치'에 인간이 놓이면 성차를 초월하여 나타날 수 있는 특성이다.
근대사회는 공적 영역과 사적 영역의 분리를 심화시켰을 뿐만 아니라
공적 영역에 의한 사적 영역의 식민화를 가져왔다.72) 이는 곧 친밀성의
억압을 가져왔으며 바로 이 지점에서 근대문화 및 민주주의의 한계이자
모순이 폭로된다. 친밀성은 진정한 민주주의의 새로운 가치구조로 내세
워지는바 이런 가치구조가 사이버-청소년서사텍스트에 나타난다는 점은
주목을 요한다. 이런 점들을 이해하기 위해서는 우선 사이버-청소년서
사텍스트가 지니는 기존의 성장소설과의 차이점을 주목할 필요가 있다.

　기존의 성장소설 개념은 주인공의 변화 양상이 미숙에서 성숙으로, 불
완전에서 완전으로, 결핍에서 충족으로 변화하는 과정을 담고 있는 서사
유형으로 규정된다. 이러한 규정은 무엇보다도 서구적 근대성으로부터
비롯되었다.73) 성장소설이 서구의 근대화 과정 속에서 자아의 정체성을
정립하려는 근대적 주체의 욕망으로부터 비롯한 것이기 때문이다.

　근대적 주체는 주체의 정의, 주체의 훈육, 주체의 동일화라는 세 가지
생산 양식의 성분에 의해 생산된다.74) 첫째, 주체 내지 인간에 관한 적
절한 정의의 생산, 즉 타자화를 통한 경계구획 및 이를 통해 근대가 허
용하는 질서의 공간을 구획하는 생산 과정이 필요하다. 둘째, 정의된 주
체의 범위 안에서 통제 가능한 신체의 생산, 즉 적절하게 정의된 이성과

물결, 1995, 제4장.

72) J. Habermas, Thomas McCarty trans., *The Theory of Communicative Action 2*, Polity Press,
　　1987, 제6장; 김재현, 「하버마스의 공론영역의 양면성」, 이진우 엮음, 『하버마스의 비판
　　적 사회이론』, 문예출판사, 1996.
73) 최현주, 『한국 현대 성장소설의 세계』, 박이정, 2002, 제2장.
74) 이진경, 『맑스주의와 근대성 : 주체 생산의 역사 이론을 위하여』, 문화과학사, 1997,
　　150~172면.

도덕의 경계 안에서 사람들의 일상적인 활동을 통제하고 이용하는 신체적 형식을 확보하고 개개인을 그러한 형식에 따라 '스스로' 실천하는 주체들로 생산하는 과정이 필요하다. 이 신체적 형식의 확보와 통제는 그 어느 역사적 시기보다도 매우 치밀하게 이루어졌고 중대하게 처리되었다.[75] 셋째, 규정되고 훈육된 주체성이나 인간성을 자기화하는 과정으로서의 주체의 동일화가 필요하다. 이런 생산 양식은 소위 내면화를 통해 '자율적' 주체인양 생각하게 함으로써, 주체로 정립된 개개인이 강제적 통제를 받고 있다는 느낌의 소멸을 낳는다. 이와 같은 세 가지 생산 기제들에 의해 근대적 주체가 성립되었던바, 주인공이 근대적 시민사회의 구성원으로 진입하기 위한 문화적 교양과 주체 정립의 시련을 겪는 과정으로 규정되는 성장소설은 근대적 주체의 문화적 기제이기도 하다. 또는 근대적 주체가 형성되는 과정의 내면적 과정을 스스로 고백하는 고백담이자, 스스로 결행한 듯한 주체화 욕망의 발전담이기도 하다. 교양·형성·입사·발전소설 등 성장소설의 다양한 별칭들이 존재하는 까닭도 '성장'이라는 과정 자체가 지니는 의미론적 다양성에서 비롯한다.

한국의 성장소설 역시 이러한 주체의 정립 과정, 근대적 주체로서의 교양과 가치의 내면화 과정을 보여준다. 그러나 반드시 이러한 개념으로 설명될 수 없는 특수성을 지닌다. 서구적 성장소설은 특히 독일적 근대

---

75) 순종하는 신체를 만들어내는 근대적 훈육 기술은 ① 분할하고자 하는 신체에 대응하여 공간을 개별적으로 감시 및 통제 가능한 단위(학교, 공장 등)로 분할하는 기술, ② 보편적 (학교, 공장 등) 시간표와 같은 기제를 통해 이루어지는 시간의 분할과 이에 의한 활동의 통제, ③ 공간적 배치와 시간적 통제에 의해 일련의 발달 단계(교육에서의 위계화 학교급화 등)를 연속적 계열로 제시할 수 있는 발달의 조직화, ④ 앞서의 세 가지 기제를 통해 자연스럽게 형성되는 영역적 힘들의 조립 기술(근대적 명령체계 등)에 의해 구성된다. M. Foucault, *Surveiller et Punir*, 미쉘 푸코, 오생근 역, 『감시와 처벌』, 나남, 1994, 203~253면.

공간이라는 특수 공간에서 비롯한 것이기 때문에 한국의 근대화 과정을 설명할 수가 없다.[76] 한국의 성장소설의 기반인 한국적 근대화 과정은 물질적 특수성을 지니고 있기 때문이다. 그것은 한국소설사에 있어서 지배적 모티브로 작용해 온 부권 부재(父權 不在)의 상황이 한국의 성장소설의 출발점으로 반복적으로 나타난다는 점이다.[77] 한국 서사문학에서 부권 부재는 신화 및 고소설에서부터 나타나는데, 여기서 부권 부재 상황은 아버지 죽이기와 아버지 찾기가 중첩되는 양상으로 드러난다. 실상 아버지 찾기가 대부분이라 할 수 있다. 성장할 주체의 자기정체성 확립을 위해 자기 동일시의 대상으로서 아버지에 대한 존경과 부정의 양가감정이 병치되지만, 궁극적으로는 아버지와의 갈등을 넘어선 화해의 과정이 그려지고 있는 것이다.

근대소설에서 김남천의 <무자리>로부터 김원일의 <어둠의 혼>, 김소진의 <자전거 도둑>, <개흘레꾼> 등이 이에 속한다. 이와 같은 유형이 나타날 수밖에 없는 것은 한국의 근대화 과정에서 외재적 요인에 의한 '아버지 타살'이 역사적으로 이루어져 왔기 때문이다. 국가의 상실이라는 식민지적 상황은 그 자체로 부권 부재를 유발했으며 좌우 대립과 독재에 대한 저항의 과정에서 아버지는 무력한 존재나 모멸적 존재— 아마도 가장 극단적인 모멸과 화해의 과정은 김소진의 <개흘레꾼>이라 볼 수 있다— 로 여겨졌지만 끝내는 아들에 의해 화해되고 용서되는 과정, 즉 아버지 찾기로 귀결된다. 그렇지 않으면 성장은 불가능하기 때문

---

76) 김병익, 「성장소설의 문화적 의미」, 『세계의문학』, 1981 여름호.
　　김윤식, 「교양소설의 본질—루카치의 소설론 비판」, 『한국현대소설비판』, 일지사, 1981.
　　김윤식, 「부성원리의 형식」, 『운명과 형식』, 솔, 1992.
　　황국명, 「한국 현대 성장소설의 정치적 환상 연구」, 『한국문학논총』 25, 한국문학회, 1999.
77) 최현주, 앞의 책, 70~72면.

이다. 성장이란 기본적으로 아버지와 갈등하더라도 그 자리에 가야만 종결된다는 점에서, 부재하는 아버지와의 화해는 필연적으로 요구되는 서사구조라 하겠다. 이런 점에서 한국의 성장소설은 '외재적' 요인에 의해 타살된 아버지를 찾음으로써 성장의 과정이 종결되는 특수성을 지닌다.

기존 성장소설에 대한 이와 같은 논의를 요약하자면 첫째, 한국 성장소설에 있어서 아버지는 외재적 요인에 의해 타살됨으로써 주체 성장의 동일시 과정을 특수하게 규정하였다는 점 둘째, 성장소설 일반은 근대적 가치구조를 내면화함으로써 주체로 정립하는 과정이자 성인으로서의 지위를 획득하는 과정을 형상화한 서사 유형이란 점이다.

그런데 성장소설적 특성을 지닌 사이버-청소년서사텍스트는 이러한 특성을 지니지 않고 있다. 첫째, 아버지 부재는 이와 다른 원인을 지니고 있으며 또한 그 성장의 핵심 과정인 아버지와의 화해도 나타나지 않는다. 기존 성장소설에서는 치욕적 직업을 가진 '개흘레꾼' 아버지에 대해서도 화해하지만, 사이버-청소년서사텍스트에서 아버지는 철저하게 잊혀지는 극단적 유형이 나타나기도 한다. 둘째, 서사의 종결은 사랑의 완성과 함께 독자적인 가정의 구성원으로서의 지위를 획득하는 과정으로 끝난다. 그러나 아버지(부모)와의 화해가 뚜렷하지 않기 때문에 그들의 역할을 대신한다는 의식은 나타나지 않는다. 끝까지 기존 부모와의 관계는 불분명한 채로 처리된다.

이 두 가지 특징은 <그 놈은 멋있었다>의 지은성에게서 뚜렷이 나타난다. 그는 자신의 삶을 유치원 시절부터 왜곡시켜 왔던 근원인, 부도덕한 아버지와의 대결 의식이 전혀 없다. 철저하게 그를 부정하고 비밀로 감추려 할 뿐이다. 아버지가 에이즈에 걸렸다는 사실은 유치원에서 치러진 일곱 살째 생일파티를 비극으로 끝나게 한다. 이후 어떠한 친구도 그에게 접촉하려 하지 않는다. 아버지는 치욕적 존재로 여겨지며 그런 아버지는 다른 사람들과의 관계를 지속적으로 단절시키는 원인으로 작용한다. 오히려 아버지는 지은성으로 하여금 엉뚱한 결심을 하게 만들었을 뿐이다. 즉, 누가 되었든 자신을 처음으로 만진 여자와 결혼한다는 결심이 그것이다. 한예원이 바로 그 여자로 나타난다. 그런데 한예원과의 관계가 순탄하게 진행되지 못하는 원인이 또다시 아버지로부터 발생한다. 지은성을 차지하려던 김효빈은 술에 만취한 지은성을 희롱함으로써 자신의 남자로 만들려 하는데, 이 과정에서 지은성은 '자기가 에이즈에 걸렸다. 아버지가 에이즈로 죽었다'는 사실을 폭로하면서 위기를 모면한다. 결정적 정보를 알게 된 김효빈은 그것을 빌미로 지은성을 협박하면서 한예원과의 관계를 끝내라고 요구한다. 이로 인해 한예원과의 관계가 위기를 맞이한다. 이처럼 지은성에게 있어서 아버지는 철저하게 자신의 삶을 왜곡시키고 가로막는 부정적 존재로 형상화된다. 돌이킬 수 없는 운명처럼 그를 옥죄는 아버지를, 그는 잊으려만 할 뿐이다. 그리고 자신뿐만 아니라 어느 누구도 아버지와 자신의 관계를 알지 않기를 바란다. 이런 심리적 혼돈 속에서 유일한 구원의 손길로 등장한 존재가 한예원이며 그녀에 의해 그는 정상적인 삶을 회복한다.

셋째, 사랑의 짝인 여성의 역할은 절대적인 구원의 존재로 격상된다. 그리고 이 구원자의 자리는 반드시 여성이어야만 한다. 이 점은 매우 결정적이어서 두 가지 유형의 죽음을 제시한다. 첫째 유형은 구원자로서의 여성과의 사랑을 실현하지 못한 자가 맞이하는 죽임이고, 둘째 유형은 구원자로서의 여성의 '자리'를 대신하려던 남성이 맞이하는 죽임이다. 전자의 유형의 죽음은 <늑대의 유혹>에서의 정태성의 죽음이다. 삼각 구조를 논하면서 언급했듯이, 그와 그의 이복누이인 정한경은 가족이라는 사실의 '확인'에 의해 사랑을 실현할 수 없게 된다. 정태성은 그 자리를 반해원에게 양보한다. 그러한 후, 정태성은 다시 찾은 가족, 즉 자기를 낳아준 친어머니와 아버지의 결혼을 허락하지 않았던 할머니에게 돌아간다. 그 귀가(歸家)는 정한경과의 관계가 사랑으로 발전하지 않도록 하기 위해 정태성 스스로가 결행한 것인데, 그런 귀가 후에 주어진 운명은 죽음이었다. 이것은 '구원자'로서의 여성과의 사랑만이 구원이 될 수 있음을 의미한다.

두 번째 유형은 <천사의 향기>의 이래인의 죽음이다. 천린우는 어머니의 비극적인 죽음과 그것의 한 원인이 된 아버지의 몰인정하고 무자비한 폭력으로 인해 여성혐오증, 대인기피증을 지닌 존재였다. 천린우가 학교에 등장하자 이래인은 특별한 부탁(담임교사로부터 천린우를 잘 보살펴 달라는 부탁)을 제안 받고 그에게 다가간다. 그런데 이래인은 여성적 특성이 강한 남학생이었다. 여학생들의 인기도 독차지하지만 남학생들도 모두 귀여워하는 존재인데, 그럴 수 있었던 것이 그의 여자보다도 더 하얀 피부와 곱상한 외모, 따뜻한 마음 때문이었다. 이런 양성적 특성은 오히려 그에게 비극적 운명을 가져다준다. 류다이의 구애를 '남자답게' 받아주지 못하는 소심함으로 인해 죽기 전까지 류다이에게 '사랑한다'는 말을 하지 못한다. 그저 '친구'로서의 관계만을 유지한다. 또한 양성적 특성은 천린우의 혼돈스런 삶을 완전히 구원하는 역할을 끝까지 수행하지 못하게 만든다. 천린우를 보살피려는 그의 작전이 성공하여 천린우가 그에게 '연정'으로까지 비약된 신뢰를 품으며 다가오는 순간, 죽음을 맞이하기 때문이다. 그가 죽는 장면은, 마치 연인처럼 천린우의 집에 함께 가서 음식을 해주려는 장면에서, 천린우에 앙심을 품고 있던 폭력학생들이 나타나 그를 폭행하던 과정에서 벌어진다. 이렇게 죽게 된 이래인은

'여성의 목소리'를 지닌 천사가 되어 끝까지 천린우를 구원하고자 하며, 현실적 공간에서의 구원자로서 류다이가 서도록 노력한다. 이와 같은 죽음은 류다이―이래인의 관계에서는 '실패한 사랑의 미화'라는 의미를 지니지만 천린우―이래인 간의 관계에서는, 이래인이 여성이 아니면서도 그를 구원하려 했기 때문에 발생되었다고 해석될 수 있다.

이런 두 가지 유형의 죽음에 의해서도 확인되듯이 사이버-청소년서사텍스트에서 여성의 구원자로서의 역할은 절대적이다. 결국 이성적 사랑의 대상을 남성 주인공이 발견함으로써 구원이 이루어지는 이러한 구조는 성장소설로서의 사이버-청소년서사텍스트의 특수성을 규정해준다. 기존의 한국 성장소설들이 남성 주체의 성장소설이었다[78]는 점, 그리고 그것은 오로지 아버지와의 관계라는 동성(同性) 간의 관계 회복을 통한 주체의 성장 과정을 그려내면서 여성과의 관계 또는 여성의 역할을 배제하고 있다[79]는 점을 부각시켜 준다. 사이버-청소년서사텍스트는 남성

---

78) 여성 성장소설과 사이버-청소년서사텍스트의 비교는 여기서 상론하지 않는다. 대개 여성 성장소설은 여성의 성장을 억압하는 가부장적 자본주의 구조의 모순을 비판하는 리얼리즘적 경향이 강하기 때문이다. 그리고 성인기 이전의 남성 주체의 성장과정을 형상화하고 있는 남성 성장소설과 달리, 여성 성장소설은 성인기 이후의 여성 주체들을 주로 다루고 있는데, 성장 과정 중인 남성에 대한, 역시 성장 과정 중인 여성의 역할을 형상화하지 못하고 있기 때문이다. 대개 모성적 보호자로서의 어머니가 부재하는 아버지를 대신하여 그 자리를 계승하도록 '아들'을 독려하는 역할에 한정되고 있고 또 그 과정에서 오히려 여성(딸)의 성장의 방해자로 기능하는 모습을 보여준다. 이런 점들은 기존의 여성 성장소설의 '여성적이면서도 反여성적'인 한계를 노정한다. 여성 성장소설의 개념에 대한 논의는 R. Felski, *Beyond Feminist Aesthics*, Harvard UP, 1989, pp.122~153. 한국 여성 성장소설에 대해서는 김미현, 『한국여성소설과 페미니즘』, 신구문화사, 1996, 제4~5장.

79) 여성문학연구자들이 주장하듯이, 성장소설이 아니더라도 남성서사문학의 대표작들에서 여성의 역할은 매우 소극적이고 왜곡된 역할을 부여받아 왔다. 최인훈의 『광장』은 물론이고 다른 많은 걸작들이 이런 양상을 보여 왔다. 이 점에 대해서는 이상경, 『한국근대여성문학사』, 소명, 2002, 305~361면 참고. 그리고 성장소설에서도 '어머니'의 아들에 대한 역할은 매우 소극적이었다. 예를 들어, 김원일의 「어둠의 혼」에서도 나타나듯이 어머니는 정신적 성장을 가능케 하는 존재라기보다는 가난의 비극을 절실하게 대변

의 성장 과정을 형상화하고 있지만 그것의 핵심 계기가 아버지가 아니라 여성이란 점을 말해주는 것이다.

이것은 부성(父性)이 표상하는 가치체계의 부정을 의미한다고 할 수 있다. J. 라깡이 언급했듯이 아버지와 부성이란 언어이며 법이며 금지의 상징계를 의미한다.80) 그러한 상징계는 법이기에 엄격하다. 그리고 그 법이 지탱하는 것은 공적 영역이다. 따라서 남성의 성장소설이란 사실, 공적 영역으로의 진입을 위한 입사담에 해당하고 이 과정에서 사적 영역을 대표하는 여성과의 관계는 자연스럽게 배제되어 왔다고 하겠다. 달리 말해 남성의 성장은 육체적으로는 여성의 영역인 사적 영역에서 이루어지지만, 정신적으로는 결코 사적 영역에서의 가치에 의해서 이루어질 수 없다는, 사적 영역을 부정하는 논리에 해당한다.

그런데 바로 그 사적 영역에서 강조되는 사회적 관계의 가치가 바로 친밀성(intimacy)이다.81) '평등한 두 사람 사이에 지속적인 협상을 통해 형성되는 인격적 관계'로서의 친밀성은 여성이 공적 영역에의 진입을 금지당하고 사적 영역에 갇힘으로써 오히려 발전시킨 인간적 특성이다. 그러한 친밀성이 낳는 관계는 '순수한 관계'로서, 경제적 만족의 극대화가 아니라 정서적 만족을 추구하는 세상을 지향한다. 역사적으로 보면 친밀성은 낭만적 사랑의 개념과 밀접한 연관이 있다. 그러나 낭만적 사랑은

하는 수동적 위치에 불과한 것으로 설정되고는 했다. 이런 점에서 남성 성장소설은 도식적 상상력을 지니고 있다. 이에 대해서는 최현주, 앞의 책 참조.

80) D. Evans, *An Introductory Dictionary of Lacanian Psychoanalysis*, 김종주 외 역, 『라깡 정신분석 사전』, 인간사랑, 1998.

81) 앤소니 기든스, 황정미·배은경 역, 앞의 책, 27~30면 및 167~172면. 사랑할 그 누군가를 발견하는 데 사로잡힌 '중독적 관계'와 달리 '친밀한 관계'는 '자아의 발전을 최우선으로 함·단계적으로 발전하는 관계·관계 내에서 균형과 상호성·솔직함·타협과 협상·항상 변화하는 관계·편안함과 만족의 순환' 등을 지닌다고 규정한다.

열정적 사랑의 투사적 동일시에 해당하고 그것은 친밀성에 의존해서 지속되는 관계의 발전을 방해하는 것이기도 하다. 극단적으로 보면 낭만적 사랑은 인간관계를 운명화하기에 파괴한다. 그러므로 자기 자신을 타자에게 열어 보이기, 즉 A. 기든스가 말하는 '합류적 사랑(confluent love)'[82]으로 변환될 필요가 있는 사랑이다. 합류적 사랑은 능동적이고 우발적인 사랑이며, 그래서 낭만적 사랑이 가진 '영원한', '하나뿐이며 유일한' 특성과 구별되는, 친밀성에 가장 가까운 관계를 내포한다.

사이버-청소년서사텍스트에서의 사랑이란 바로 합류적 사랑이라 할 수 있다. 두 사람의 만남이 우발적이며 여성의 역할이 능동적이기 때문이다. 그리고 이들 간의 관계 유지는 지속적인 협상과 타협(질투가 계속적으로 개입하므로), 상호 배려 및 중독적이지 않는 타자에 대한 관계·사랑에 빠진 듯하면서도 초연함 등의 특성을 지니고 있기 때문이다. 예를 들어 지은성은 황폐한 삶에서 자신을 구원한 한예원에 대해 완전한 낭만적 맹목성을 보이지 않으며 한예원 역시 지은성에 대해 그런 모습을 보인다. 다른 인물들도 마찬가지이며 천린우와 류다이 역시 그렇다. 이러한 모습들은 낭만적(순수한) 사랑과 계약적(비순수한) 사랑 — 예를 들어, 정태성의 비극의 원인이 된 친어머니와 아버지의 관계 — 간의 대립 구도를 해체하고 합류적 사랑의 새로운 모형을 제시한다.

그런데 이러한 친밀성이 단순히 사적인 관계의 재구성 원리로 끝나지 않는다는 점이다. 기든스가 말했듯이, 친밀성의 가능성은 바로 민주주의의 약속을 의미하기 때문이다.[83] 기존의 정치적 민주주의는, 정치적 권리와 의무가 전통이나 재산상의 특권에 연결되지 않고 자율적 개인들

---

82) 앤소니 기든스, 황정미·배은경 역, 앞의 책, 115~119면.
83) 앤소니 기든스, 황정미·배은경 역, 앞의 책, 291~305면.

간의 암묵적 계약에 의해 구성되고 유지되어야 한다는 의미를 지닌다. 핵심적 원칙으로서의 이러한 자율성을 뒷받침하는 조건은 첫째, 의사결정에 관한 동등한 영향력으로서의 평등 둘째, 그러한 의사결정을 위한 공개적인 논쟁의 장의 성립과 유지 셋째, 공(개)적인 설명가능성에 의해 형성되는 신뢰 등이다. 하지만 이러한 민주주의적 이상은 언제나 사적 영역의 비민주성을 방치하여 왔다고 비판할 수 있다. 사적 영역의 비민주성이란 바로 여성과 아이에 대한 성인-남성의 우월성을 의미한다. 이처럼 사적 영역의 비민주성을 방치한 채, 오로지 정치적 공적 영역의 민주주의만을 민주주의의 가능성의 전부로 여길 때는 사회적 발전이 지체된다는 점이 중요하다. 더욱이 현재의 사회적 변동의 핵심은 사적 영역까지의 완전한 민주주의를 요구한다는 사실이다. 이런 거대하면서도 일상적 영역에서 근본적으로 이루어지는 변동에 대한 지각생이 바로 남성이라고 기든스는 지적한다.

사이버-청소년서사텍스트에 등장하는 아버지 부재의 남성 인물들은 그 '마지막 지각생'이라고 할 수 있다. 그들이 표상하는 남성성은 아버지로부터 물려받은 치욕적 유산(천린우와 지은성) 또는 비극적 운명(정태성의 경우) 때문에 불완전하고 폭력적인 삶에서 헤맨다. 이들 세 인물은 모두 학교에서 첫째가는 싸움꾼들이다. 물론 이것은 청소년문학에서 빈번히 나타나는 폭력 지향성의 영향 때문이기도 하지만, 이것이 마냥 찬양되지는 않고 항상 심리적 불완전성을 지닌 남성의 표상으로 등장한다는 점이다. 그것은 구원자로서의 여성에 의해 순치되어야 할 미숙성으로 묘사된다. 여성에 의해 구원된 남성들은 모두가 친숙성을 지닌 인간으로 변모된다. 그들은 그것을 아버지와의 가족로맨스로부터 또는 학교로부터 성취해 낸 것이 아니라, 여성과의 사랑의 경험을 통해 또는 여성의 손길에 의해, 즉 사적 영역에서의 경험을 통해 성취해 낸다. 이 과정에서 오히려 남성 주인공들은 수동적이면서 조형적(plastic)인 내면성을 보여준다. 즉 수동적이기에 변화될 수 있는 가능성을 지닌 존재로 형상화되지, 능동적이기에 자기 확신 속에 빠진 불변적 내면성을 지닌 존재로 형상화되지 않는다. 한마디로 그들은 일상에 대한 폭력적 중독자로부터 일상에서의 민주주의적 존재로 변모하게 되고 그 가능성을 여성 주인공으로부터 수혈 받는바, 친밀성의 가능성을 확대하는 기능을 한다.

지금까지 분석한 사이버-청소년서사텍스트의 대인적 기능체계는, '깨진 거울'로서의 특성을 보여주면서 그것을 극복하고 성장하는 데 있어서 사적 영역으로부터 기원하는 친밀성의 가치구조를 강조하고 있다. 이것은 아버지에 대한 갈등과 화해 중심의 부성의 원리에 기초한 기존 성장소설과 변별되는 특성을 보여준다. 부성의 원리 중심의 성장소설은 공적 영역과 사적 영역의 구분을 낳은 근대적 민주주의의 한계, 즉 사적 영역의 비민주성을 외면한 채 이루어지는 공적 영역의 민주주의를, 민주주의의 전부인양 강조하는 한계를 지니고 있다. 하지만, 사적 영역에서의 인간관계의 중요한 원리인 친밀성을, 남성 주체의 성장 과정의 핵심적인 자원으로 강조하는 사이버-청소년서사텍스트는 민주주의의 가능성을 좀 더 확대한다는 점에서 중요한 사회적 가치를 지닌다.

5. 문학교육적 비평의 정립을 위하여

지금까지 본고는 사회기호학적 방법론에 입각하여, 사이버-청소년서사텍스트에 대한 문학교육적 비평을 전개하였다. 특히, '사이버-청소년서사텍스트는 왜 그러한가'에 대한 이해 및 '사이버-청소년서사텍스트의 가치구조가 지니는 잠재적 가능성'에 대한 긍정적 논의에 집중하였다. 물론, 전통적인 문학이론과 비평의 관점에서 볼 때 사이버-청소년서사텍스트는 '문학적 결함'을 지니고 있다. 그러나 문학교육에서 중요한 것은 그 결함을 발견하고 지적하는 데 있지 않다. 새로운 문학창작 주체를 형성하고자 하는 문학교육에서는 학습자의 문학적 가능성에 더욱 주목해야 하기 때문이다.

공식적 문학교육뿐만 아니라 사이버공간과 같은 자율적 글쓰기 공간을 통해 청소년문학텍스트들은 더욱 증가할 것이다. 이와 같은 실제적 토대의 변화는 문학교육적 비평의 담론을 요구하고 있다. 그것은 기존의 문학비평 담론과 동일한 성격과 기능을 지닐 수가 없다. 앞서의 논의에서 드러나듯, 청소년문학텍스트들은 '문학'이기에 앞서 '문학이려는 텍스트'이기 때문이다. 문학교육적 비평은 '문학이려는 텍스트'에 대해, 기존의 비평 담론들처럼 그것의 문학성만을 평가하는 데서 그칠 수가 없다. 청소년의 정체성에 대한 인류학적 이해가 요구되며 그에 바탕하여 문학창작의 의지와 능력을 북돋아야 하기 때문이다.

다분히 시론적(試論的) 성격을 지닌 본고를 마무리하면서, 문학교육적 비평 담론의 질서에 대해 다음과 같은 몇 가지를 언급하고자 한다.

첫째, 문학교육적 비평은 '청소년의 자발적인' 문학텍스트들을 주요한 대상으로 삼을 필요가 있다. 김중신[84]이 논의하였듯이, '백일장용 문학텍스트'와 '사이버-청소년문학텍스트'는 그 자발성에서 구분될 수 있다. 또한 '성인에 의한' 청소년문학과 '청소년 자신의' 청소년문학 역시 구

---

[84] 김중신, 「청소년문학의 재개념화를 위한 고찰」, 『문학교육학』 9, 한국문학교육학회, 2002, 24~34면.

분될 필요가 있다. 이 중에서 문학교육적 비평은 '청소년의 자발적인' 문학텍스트에 주목할 필요가 있으며, 사이버공간은 그러한 대상을 생산하는 가장 중요한 물질적 토대란 점에서 중요성을 지닌다. 어쩌면 21세기 문학은 바로 이 점, 즉 문학생산 주체로서의 청소년의 자율적 등장에 의해 과거의 문학과 구분될 수 있을 것이다.

둘째, 문학교육적 비평은 '완성된 문학'이라는 관점을 지양할 필요가 있다. R. 숄즈 등[85]이 지적하였듯이, 과거의 문학 중에서 일부를 모델로 하여 특정한 '문학적 전통'을 수립하는 방식은 문학의 가능성을 확대하지 못할 수 있다. 문학은 '문자시대의 전유물'이 아니다. 따라서 문학은 그 생산·소통의 물질적 토대와 사회문화적 가치구조의 변화에 따라 달라질 수 있다. 청소년들은 그러한 변화에 좀더 쉽게 다가가는 존재들이라 하겠다. 때문에 그들의 자발적 문학텍스트들은 '문학적 영역'을 확대하는 것으로 여겨질 필요가 있다. '수립된 문학적 전통'을 기준으로 '미숙하다'는 평가보다는, '왜 그러한가 그리고 그것의 가능성은 무엇인가'를 해석하고 논의하는 기능을 문학교육적 비평은 지녀야 한다.

셋째, 문학교육적 비평은 근대적인 '문학적 가치구조'에 대해 그것의 역사적 우연성을 주목할 필요가 있다. 문학을 정의하고 범주화하는 데 있어서, 근대문학만을 대상으로 삼을 필요가 없는 것이다. 오히려 '아직 존재하지 않는 문학'에 대한 상상을 강조해야 하며, 그러한 상상의 책임감과 권한을 학습자들에게 강하게 요구하고 부여해야 한다. '이렇게 쓰는 것이 문학창작의 바른 길이다'라는 관점이 아니라, '새로운 문학을 창작해야 하는 것은 너희들(학습자들)의 사회적 책무다, 그런데 우리(교사

---

85) 로버트 숄즈·로버트 켈로그, 임병권 역, 앞의 책, 12~28면.

들)는 그 새로운 문학에 대해 알지 못한다, 하지만 문학은 필연적으로 요구되는 활동이다'라는 관점, '문학적 책임의 이양모형'에 입각한 문학교육적 공간을 확장해야 한다고 판단된다.

참고문헌

귀여니, 『그 놈은 멋있었다』(2001년 8월 인터넷 연재) 황매출판사, 2002.

귀여니, 『늑대의 유혹』(2002년 1월 인터넷 연재), 황매출판사, 2002.

귀여니 외, 『천사의 향기』(2002년 5~9월 인터넷 연재), 반디출판사, 2003.

기타 관련 신문기사는 본문의 각주 참고.

김미현, 『한국여성소설과 페미니즘』, 신구문화사, 1996.

김병익, 「성장소설의 문화적 의미」, 『세계의문학』(여름호), 1981.

김외곤, 「사이버문학과 국어교육」, 『국어교육학연구』 17, 국어교육학회, 2003, 219~
241면.

김윤식, 「교양소설의 본질―루카치의 소설론 비판」, 『한국현대소설비판』, 일지사,
1981.

김윤식, 「부성원리의 형식」, 『운명과 형식』, 솔, 1992.

김윤식, 『한국근대문학사와의 대화』, 새미, 2002.

김재국, 『디지털시대의 대중소설론』, 예림기획, 2002.

김재국, 『사이버리즘과 사이버소설』, 국학자료원, 2001.

김종회 편, 『사이버 문화, 하이퍼텍스트 문학』, 국학자료원, 2005.

김종회·최혜실 공편, 『사이버문학의 이해』, 집문당, 2001.

김중신, 「청소년문학의 재개념화를 위한 고찰」, 『문학교육학』 9, 한국문학교육학회,
2002, 11~36면.

김창식 외, 『연애소설이란 무엇인가?』, 국학자료원, 1998.

남민우, 「텍스트 가치평가 활동을 위한 시교육 연구」, 서울대학교 박사학위논문, 2006.

박인기 외, 『국어교육과 미디어텍스트』, 삼지원, 2000.

박인기 외, 『문학과교육』 15, 문학과교육연구회, 2001.

방희정, 「성 고정관념」, 홍순정 외, 『여성심리학』, 교육과학사, 1998.

배식한, 『인터넷, 하이퍼텍스트 그리고 책의 종말』, 책세상, 2000.

우한용, 「서사의 위상과 서사교육의 지향」, 『서사교육론』, 동아시아, 2001.

유현주, 『하이퍼텍스트 : 디지털미학의 키워드』, 연세대출판부, 2003.

이상경, 『한국근대여성문학사』, 소명, 2002.

이진경, 『맑스주의와 근대성』, 문화과학사, 1997.

이진우 엮음, 『하버마스의 비판적 사회이론』, 문예출판사, 1996.

이태준, 임형택 해제, 『문장강화』, 창작과비평사, 1947(1988).

정과리, 「이 아이들을 어찌할 것인가?」, 『문학교육학』 7, 한국문학교육학회, 2001, 107~114면.

정현선, 『다매체 시대의 국어교육과 문화교육』, 역락, 2004.

조동일, 「통속 연애소설의 기본형」, 『한국문학통사5(제3판)』, 지식산업사, 1994.

최병우 외, 『다매체 문화와 사이버소설』, 푸른사상, 2002.

최지현, 「사이버언어공동체와 국어교육」, 『국어교육학연구』 18, 국어교육학회, 2003, 500~522면.

최지현, 「인터넷에서의 청소년 문학 생활화 방안」, 『문학교육학』 9, 한국문학교육학회, 2002, 77~99면.

최현주, 『한국 현대 성장소설의 세계』, 박이정, 2002.

허혜경・김혜수 공저, 『청년발달심리학』, 학지사, 2002.

황국명, 「한국 현대 성장소설의 정치적 환상 연구」, 『한국문학논총』 25, 한국문학회, 1999, 333~383면.

Anderson, B., *Imagined Communities*, 베네딕트 앤더슨, 윤형숙 역, 『상상의 공동체』, 나남, 2002.

Bal, M., *Theorie van Vertellen en Verhalen*, 미케 발, 한용환・강덕화 역, 『서사란 무엇인가』, 문예출판사, 1990.

Barker, C. & Galasiński, D., *Cultural Studies and Discourse Analysis*, SAGE Publications, 2001.

Bettelheim, B., *(The)Uses of Enchantment*, 브루노 베텔하임, 김옥순・주옥 역, 『옛이야기의 매력1・2』, 시공주니어, 1998.

Easthope, A., *Literary into Cultural Studie*s, 안토니 이스트호프, 임상훈 역, 『문학에서 문화연구로』, 1994.

Easthope, A., *(The)Unconscious*, 안토니 이스트호프, 이미선 역, 『무의식』, 한나래, 2000.

Evans, D., *(An)Introductory Dictionary of Lacanian Psychoanalysis*, 딜런 에반스, 김종주 외 역, 『라깡 정신분석 사전』, 인간사랑, 1998.

Fairclough, N., *Discourse and Social Change*, Polity Press, 1992.

Saussure, F., *Cours de Linguistique Générale*, 페르드낭 드 소쉬르, 최승언 역, 『일반언어학강의』, 민음사, 1990.

Felski, R., *Beyond Feminist Aesthics*, Harvard UP, 1989.

Firestone, S., *The Dialectic of Sex*, 슐라미스 화이어스톤, 김예숙 역, 『성의 변증법』, 풀빛, 1983.

Foucault, M, *Surveiller et punir*, 미쉘 푸코, 오생근 역, 『감시와 처벌』, 1994.

Freud, S., *(Die)Traumdeutung*, 지그문트 프로이트, 김인순 역, 『꿈의 해석(상)』, 열린책들, 1997.

Freud, S., *(Der)Witz und seine Beziehung zum Unbewussten*, 지그문트 프로이트, 임인주 역, 『농담과 무의식의 관계』, 1997.

Freud, S., *Sigmund Freud Gesammelte Werke*, 지그문트 프로이트, 김정일 역, 『성욕에 관한 세 편의 에세이』, 열린책들, 1996.

Freud, S., *Jenseits des Lustprinzips*, 지그문트 프로이트, 박찬부 역, 『쾌락원칙을 넘어서』, 열린책들, 1997.

Frued, S., *Sigmund Freud Gesammelte Werke*, 지그문트 프로이트, 윤희기 · 박찬부 역, 『정신분석학의 근본 개념』, 열린책들, 2003.

Freud, S., *(Das)Unbehagen in der Kultur. 2., durchgeseheme Aufl. 13.-27. Tausend*, 지그문트 프로이트, 김석희 역, 『문명 속의 불만』, 열린책들, 1997.

Giddens, A., *Transformation of Intimacy*, 앤소니 기든스, 황정미 · 배은경 역, 『현대사회의 성 · 사랑 · 에로티시즘』, 새물결, 1995.

Habermas, J., Thomas McCarty trans., *The Theory of Communicative Action 2*, Polity Press, 1987.

Halliday, M. A. K., *Language as Social Semiotic*, Edward Arnold, 1978.

Halliday, M. A. K. & Hasan, R., *Language, Context, and Text*, Oxford UP, 1985.

Halliday, M. A. K., *An Introduction to Functional Grammar*(2nd edition), Edward Arnold, 1994.

Hodge, R. & Kress, G., *Social Semiotics*, Cornell UP, 1988.

Hodge. R., *Literature as Discourse : Textual Strategies in English and History*, Polity Press, 1990.

Hume, K., *Fantasy and Mimesis*, 캐서린 흄, 한창엽 역, 『환상과 미메시스』, 푸른나무, 2000.

Lacan, J., 자크 라캉, 민승기 · 이미선 · 권택영 역, 『욕망 이론』, 문예출판사, 1994.

Lemaire, A., *Jacques Lacan*, 아니카 르메르, 이미선 역, 『자크 라캉』, 문예출판사, 1994.

Lévy, P., *Qu'est-ce que le Virtuel?*, 피에르 레비, 전재연 역, 『디지털 시대의 가상현실』, 궁리, 2002.

Lévy, P., *Cyberculture*, 피에르 레비, 김동윤·조준형 역, 『사이버문화』, 문예출판사, 2000.

Lukács, G., *Die Theorie des Romans*, 게오르그 루카치, 반성완 역,『소설의 이론』, 심설당, 1998.

Mannheim, K., *Ideologie und Utopie*, 만하임, 임석진 역,『이데올로기와 유토피아』, 청아출판사, 1991.

Marcuse, H., *Eros and Civilization*, 허버트 마르쿠제, 김인환 역,『에로스와 문명』, 나남, 1989.

Rimmon-Kenan, S., *Narrative Fiction*, 리몬-케넌, 최상규 역,『소설의 시학』, 문학과지성사, 1985.

Scholes, R. & Kellog, R., *Nature of Narrative*, 로버트 숄즈·로버트 켈로그, 임병권 역, 『서사의 본질』, 예림기획, 2001.

Toolan, M. J., *Narrative*, 마이클 J. 툴란, 김병욱·오연희 역, 『서사론』, 형설출판사, 1995.

Wellek, R. & Warren, A., *La Théorie Littéraire,* 김병철 역,『문학이론(제3판)』, 을유문화사, 1982.

제 12 장

저작도구를 활용한 전자말 문학교육 현장 연구

김 대 진
진주 동명중학교

1. 들머리

　인간의 '말'이 새로운 연기(緣起)의 끈을 맺고 있다. 말의 몸을 매체(media)라고 할 때 최근의 말은 세 번째 몸을 가지게 되었다. 목소리를 몸으로 삼는 입말과 글자를 몸으로 삼는 글말에서, 전자를 몸으로 삼는 전자말의 탄생으로 삼형제가 공존하게 된 것이다. 전자말(electric language)은 전자기술에 의해 구현되는 기계의 말이다.[1] 기계 속 전자의 움직임이 사람이 인식할 수 있는 입말이나 글말처럼 소리 에너지나 영상 에너지로 변환된 것이다. 전자는 라디오나 텔레비전같이 아날로그 방식으로 처리되다가 근래에는 컴퓨터처럼 디지털 방식으로 처리됨으로써 전자말의 모습과 그 영역은 가늠하기 어려울 정도로 확대되었다.[2] 그러므로 전자말은 '전자를 부려서 입말과 글말과 영상까지 싸잡아 주고받는 말'이라고 그 뜻매김을 내릴 수 있다.

　후기산업사회와 포스트모더니즘으로 대표되는 오늘날, 전자말 세계에서는 차이의 조화와 평등을 추구하는 동시성이 잘 구현되고 있다. 인터넷 속의 수많은 지식들은 빠르게 겹쳐지고 교차된다. 그곳에서의 지식은 결코 봉합되지 않으며 언제나 새로운 지식과 연결되는 여백을 가진다.

---

[1] 매체란 '어떤 작용을 한쪽에서 다른 쪽으로 전달하는 것'이라고 뜻매김 내릴 때, '말'도 하나의 매체이다. 전자말은 말의 몸인 매체가 '목소리'와 '글자'에 이어 전자 기계를 작동시키는 '전자'로 진화되었음을 강조하기 위해 끌어온 용어이다. 기존에 사용되고 있는 '통신 언어'보다는 단순한 '통신' 이상의 의미를 지닌 상위의 개념이며, '매체 언어'보다는 구현 원리면에서 그 색깔을 분명히 한 용어이다. 하지만 용어 사용상 공통된 합의가 필요하다고 본다. 김수업, 『배달말 가르치기』, 나라말, 2006, 39~48면.
[2] 김수업, 「새로운 말꽃 교육의 틀 잡기」, 『국어교육연구』 42, 국어교육학회, 2008, 1면.

하나의 지식은 그와 흡사한 다른 지식들을 파생시키는 중간지점[3]으로 작용되고, 또 다른 중간지점과 끊임없이 연결됨으로써 시작도 끝도 없는 광대한 다양체의 모습을 형성한다. 이처럼 관계 맺는 수많은 지식의 조각들은 서로의 차이를 인정하는 긍정의 조각들로서 결국에는 새로운 지식의 탄생이라는 시너지 효과를 낳는다. 입말·글말살이에서는 상상조차 할 수 없는 이런 일들이 전자말 세계에서 일어나고 있는 것이다.

이러한 전자말이 오늘날 학교 교육에서 적극적으로 수용되지 못하고 있다. 제도권 교육은 여전히 구조주의와 행동주의의 터널 속에 머무르고 있어, 학생들의 전자말 문화 경험이나 내적 동기에는 무관심하고 획일적인 조건과 자극의 제공에만 초점을 맞추고 있다. 타자와의 관계 속에서 의미를 찾기보다는 제공하는 지식의 더미들을 무조건 수용하도록 요구한다. 하지만 학생들은 기성세대의 생각대로 살지 않는다. 이제 학생들은 다양성과 관계성, 다중정체성, 그리고 동시성의 사유를 하는 전자말 세대로 바뀌었다. 학교 안보다는 밖에서 삶에 대한 지식을 얻고, 전자말 문학의 소재로 쓰일 수 있는 다양한 경험을 쌓는다. 그들은 다양성 그 자체이므로 하나의 진리만을 강요하는 현 교육의 체제로서는 더 이상 그들을 수용하기가 어렵다. 이러한 시대의 흐름은 전자말을 적극적으로 수용하도록 국어교육의 변화를 요구한다.

연구자는 교육 현장에서 전자말 문학교육의 가능성을 마련하기 위해 학생들을 대상으로 전자말 문학 수업을 실시하였다. 본 연구는 기존에 마련된 '전자말 문학 학습 원리'[4]를 수정하여 제시하고, 그것을 실제 수

---

3) 질 들뢰즈와 가타리는 『천개의 고원』에서 이러한 중간 지점을 '고원'이라 하였다.

4) 연구자는 안동준 교수님과 공동 연구로 「전자말 문학교육의 현장학습원리 개발」이라는 글을 2007년 『중등교육연구』 제19집에 발표한 바 있다. 그 논문에서는 전자말 문학교육의 목표와 학습 원리에 대해 소개하고 있는데, 본 연구는 기존의 학습 원리를 대폭 수정

업에 적용하여 적합성을 확인하는 데 목적이 있다. 아울러 학생들의 반응을 분석하여 학습 원리뿐만 아니라 전자말 문학 수업에서 고려해야 될 점들을 알아보고자 한다.

2. 전자말과 저작도구

전자말은 동시성(同時性)을 지닌 말이다. 동시성을 한자어대로 풀이하면 '동일 시간성'5)이라 할 수 있으나, 본뜻은 인과율과 맞서는 '무인과적 연결 원리'6)이다. 과학문명의 발전으로 태어난 전자말은 원리 면에서 '0' 또는 '1', '예' 또는 '아니오'라는 이원성으로 작동되지만, 전자말이 사는 모습을 보면 단순히 인과적으로만 재현되지 않는다. 동시성은 대립과 모순의 논리로 서로를 지우려 하기보다, 서로가 있음으로서 자신의 가치를 찾게 되는 연기(緣起)의 논리를 가진다. 그 대표적인 예가 하이퍼텍스트와 같은 전자말이야기이다. 선택 사항으로 갈려진 여러 조각글들 중, 선택 받은 것만이 의미를 부여받고 그렇지 못한 것은 모순된 것으로서 무의미하게 사라지는 것이 아니다. 그것은 다시 읽혀질 수 있는 잠재성을 지니며, 선택 받은 조각글과 동등한 연기의 끈을 지니는, 언제나 유의미한 이야기의 조각이다. 따라서 전자말이야기 속의 모든 조각글들은 비인

한 것이다. 가장 큰 변화는 수업의 단계가 선형적으로 흐르지 않고 비선형적이면서 동시적으로 흐르도록 구현했다는 점이다.

5) C. G. Jung, *Archetyp und Unbewusstes*, C. G. 융, 융 저작 번역위원회 역, 『원형과 무의식』, 솔, 2006, 368면.

6) C. G. Jung, & W. Pauli, *Naturerklärung und Psyche*, C. G. 융·W. 파울리, 이창일·이승일 역, 『자연의 해석과 정신』, 청계, 2002, 47~48면.

과성의 논리로 이어지며, 택일론의 차원에서 벗어나 동시적으로 재현될 수 있는 연기(緣起)의 끈으로 이어져 있다.

택일적 사고는 국소적인 시야를 가짐에 비해, 동시적 사고는 전체로서 모든 것을 조망하는 방식이다.[7] 이 사유는 엄밀히 무의식의 흐름이며 단선적으로 흐르지 않는다. 이것은 들뢰즈의 '리좀'[8]처럼 끊임없이 모습을 바꿔가며 화엄의 인드라망처럼 펼쳐지는 사유이다. 그래서 선형성을 지닌 글말 이야기는 읽는 이 모두에게 똑같은 줄거리를 갖게 하지만, 동시성을 지닌 전자말이야기는 읽는 사람에 따라 다른 줄거리를 맛보게 한다. 선형성은 하나의 이야기만을 담을 수밖에 없지만, 비선형적인 동시성은 풍부한 형태를 잠재적으로 품고 있어 많은 이야기들을 담을 수 있다. 그래서 선형성을 지닌 전체는 부분의 합과 같지만, 동시성을 지닌 전체는 부분의 합과 다를 수 있다.[9]

전자말은 해석학의 이론처럼 의미의 소통보다는 개인 사이에서 경험의 소통을 중요시 한다. 롤랑 바르트가 『S/Z』에서 말한 다섯 가지 코드 중 문화적 코드(맥락)의 소통이 일어나야만 그 경험은 비로소 자신의 것으로 '전유(appropriate)'[10]된다. 전자말은 입말과 글말에 비해 빠르고 폭넓은 소통과 전유의 가능성을 가진다. 그런데 이러한 가능성을 더욱 높혀

---

7) 전형적인 중국인의 사유인 도가적 관점은 전체에서 보는 어떤 사유이다. 이런 전체성 속에는 그 의미 있음이 전적으로 자의적으로 나타나는 어떤 일치에 의해, 즉 '우연에 의해서'만 서로 연결되어 있는 것처럼 보이는 사물들이 포함되어 있다. C. G. 융 외, 앞의 책, 144면.

8) 들뢰즈와 가타리는 '리좀'이란 사본이 아니라 지도이며, 지도는 분해될 수 있고 뒤집을 수 있으며, 끝없이 변형될 수 있다고 하였다. G. Deleuze & F. Guattari, *Mille Plateaux*, 질 들뢰즈·펠릭스 가타리, 김재인 역, 『천개의 고원』, 새물결, 2003, 30면.

9) S. H. Strogatz, *Sync*, 스티븐 스트로가츠, 조현욱 역, 『동시성의 과학, 싱크』, 김영사, 2005, 73면.

10) 전유한다는 것은 '낯설었던' 것을 '자기 것'으로 만드는 것이다. P. Ricoeur, *Interpretation Theory*, 폴 리쾨르, 김윤성·조현범 역, 『해석 이론』, 서광사, 2006, 83면.

주는 것이 바로 '저작도구'이다.

저작도구는 코드를 변화시키는 도구다. 전자말 저작도구는 전자말의 성격을 그대로 담아내면서 입말이나 글말을 전자말의 코드로 변환시키며, 이미지나 동영상, 음성과 같은 다양한 종류의 코드들을 하나의 전자말 작품 속에 담는다. 전자말이 없던 중세 후기에 필경사라는 존재가 있었는데, 그들은 살아있는 저작도구였다. 그들은 워드프로세서의 복사 기능처럼 글말을 글말로 복사하거나, 입말 문학을 글말 문학으로 변환시키는 역할을 했다. 전자말이 자신보다 먼저 태어난 입말과 글말의 문화권을 필요로 하듯이, 그 당시의 사람들은 문화의 진보를 위해 입말의 문화권이 필요했고 그것과 소통하기 위해 필경사의 힘을 빌린 것이다. 그들은 다른 사람의 낭독을 들으며 글말로 옮겨 적었고 자신도 소리를 내며 글을 썼다. 그 후 문자가 대중적으로 보급되면서 저자에게 입말과는 상관없이 자신의 저서를 직접 쓰겠다는 소망이 생겨나면서, 소리 없는 글쓰기가 발전하였다. 특히 인쇄기라는 저작도구의 발달로 소리 없는 글쓰기는 더욱 확대되었다.11)

인쇄기는 소리 없이 쓰인 글말을 만들고 나아가 소리 없는 읽기를 이끌었다. 무언의 쓰기와 묵독이 소통하는 가운데, 입말이 글말로부터 떨어져 나간 빈자리에 이번에는 '보기'라는 요소가 들어서게 되었다. '보기'는 최근 전자말의 언어활동에 관한 연구에서 이해의 측면으로 간주하는, 귀로 듣고 눈으로 읽는 이중적 언어행위이다.12) 전자말이 입말과

---

11) 이 시기가 글말이 비로소 입말과의 동거를 끝내고 독자적인 글말의 영역을 가진 때이다. 그 전의 글말은 늘 입말을 따라다녔으므로 글말은 글말로써 자립성을 지니지 않았다. R. Chartier, & G. Cavallo, *Storia della Lettura nel Mondo Occidentale*, 로제 샤르티에 · 굴리엘모 카발로, 이종삼 역, 『읽는다는 것의 역사』, 한국출판마케팅연구소, 2006, 201~235면.

12) 김수업, 앞의 책, 258면; 안동준, 「배달말교육 현장연구의 방향과 과제」, 『배달말 교육』

글말의 특징을 모두 감싸 안고 있지만, 전자말만의 고유 특징은 보이지 않는 인간의 무의식을 기계의 힘을 빌려 의식의 차원으로 '보여준다'는 것이다.13) 이처럼 저작도구는 단순한 말의 재현 도구가 아니라 말의 역사와 함께 해 왔으며 입말과 글말 및 전자말의 문화를 소통시키는 역할을 한다.

본 연구에서는 저작도구로서 'Storyspace'를 채택하였다. 'Storyspace'는 전자말이야기를 만드는 대표적인 저작도구이다. 현재 영문 버전으로 출시되어 메뉴는 영어로 되어 있으나, 한글 윈도우에서 설치 및 작동이 가능하므로 조각글(writing space)의 본문은 한글로 구현된다.14)

'Storyspace'의 가장 큰 장점은 수많은 조각글들 사이의 연결이 간편하면서도 시각적으로 이루어진다는 것이다. 연구자는 영문으로 된 사용 설명서를 참고하여 사용법을 먼저 익힌 후, 수업시간에 학생들에게 전자말이야기 만들기에 필요한 기능들을 시연하였다. 예를 들어 조각글들 생성시키는 법, 생성된 조각글들을 연결시키는 법, 편집 도구메뉴를 보이게 하거나 사라지게 하는 법, 링크가 걸린 단어들을 확인하는 방법 등을 가르쳐주었다.

28, 배달말교육학회, 2007, 103면.

13) 과거 11세기 유럽에서는 '보다(videre)'라는 동사가 매우 일찍부터 '읽다'의 의미로 사용되었고, 중국말에서도 '책을 읽다'를 독서(讀書)라고 표기하지 않고 '보다'라는 의미를 지닌 '간(看)'을 써서 간서(看書)라고 한다.

14) 연구자는 'Storyspace' 제작사인 Eastgate Systems를 총괄 관리하는 Mark Bernstein에게 한글버전의 'Storyspace' 개발에 관해 문의하였고 다음과 같이 국제버전인 'Storyspace 3'를 출시 예정이라는 답변을 받았다. "A new, internationalizable found- ation is planned for Storyspace 3", "Storyspace 3 should appear in the wake of Tinderbox for Windows. The latter should, we hope, be largely in place by summer; Storyspace 3 might take an additional 9-15 months"

3. 전자말 문학 학습 원리

아무리 좋은 문학이라도 교육 현장에서 가르칠 수 있는 방법이 마련되지 못하면 소용이 없다. 그 방법이 곧 학습 원리이다. 학습 원리는 교육과정을 구성하고 전자말 문학 교재를 구안하거나 수업의 계획을 세우는 데에 필요하다. 전자말 문학 학습 원리는 전자말의 성격을 반영하고 이론적 기반으로 삼을 교육철학을 요구한다. 연구자는 교육철학으로서 구성주의에 주목하고자 한다.

구성주의는 지식의 맥락적 구성과 학생 개개인의 경험들을 중요시 여기는 교육철학이다.[15] 구성주의에서는 우리가 어떤 개념을 이해하거나 새로운 지식을 만들기 위해서 우리가 선험적으로 가진 지식에 의존할 수밖에 없으며, 그러한 지식들이 교차하고 집약되는 전체적인 양상에 의해서 새로운 지식을 만들 수 있다고 한다. 그래서 '관련성 있게 한다'는 생각은 구성주의 교육의 일반화된 원칙이다.[16] 또한 학습자는 다른 사람이나 사회적 환경과의 관계 속에서 자신의 경험적 지식을 재구성하기 때문에 '관계'는 구성주의적 교육에서 핵심에 해당한다.[17] 그러한 양상은 비선형적인 전자말이야기를 경험하는 과정과 흡사하다.[18] 그리고 근본적으로 우리의 사고도 전자말이야기처럼 기존에 가지고 있는 지식을 가지고 그물망처럼 동시적으로 관계 지으며 이루어진다. 이러한 인지적 관점은

---

15) 조용기, 『교육의 쓸모』, 교육과학사, 2005, 110면.

16) J. G. Brooks & M. G. Brooks, *In Search of Understanding*, 재클린 브룩스·마틴 브룩스, 추병완·최근순 역, 『구성주의 교수·학습론』, 백의, 2005, 65면.

17) D. J. Clandinin & F. M. Connelly, *Narrative Inquiry*, 진 클랜디닌·콘넬리, 소경희 외 역, 『내러티브 탐구』, 교육과학사, 2007. 95, 330면.

18) J. Route et al., "An Introduction to Hypertext and Cognition", *Hypertext and Cognition*, LEA Publishers, 1996, p.5.

구성주의적 사고를 심리학 방법론에서 받아들인 것이다. 따라서 구성주의와 인지주의는 하이퍼텍스트와 유사한 관점을 공유하고 있다.[19]

구성주의 학습은 학생들로 하여금 일상생활에서의 경험들을 가지고 그들 스스로 구조화하는 것에서부터 시작된다. 구조화되기 전의 경험들은 맥락으로 작용하며, 전자말 문학은 상상 속에서 구조화된 것을 시각적으로 신속하게 드러낼 수 있다. 지식의 구조화는 상상 속에서만 일어나기 때문에 자칫 학습자는 수업 현장에서 방관자가 되기 쉽다. 그러나 전자말 문학은 학습자로 하여금 컴퓨터와 같은 기계의 힘을 빌려 신속하게 자신의 생각을 가시화할 수 있다. 이러한 경험은 학생들에게 강한 흥미와 몰입을 선사한다.

몰입(Flow)은 다른 어떤 일에 관심이 없을 정도로 지금 당장 하고 있는 일에 푹 빠져 있는 상태다. 몰입은 평소 자신의 능력으로는 생각할 수도 없었던 영감들을 떠올리게 하고 어려운 문제를 해결하게 한다. 그래서 발견의 느낌, 새로운 세계를 접하는 듯한 창의적인 깨달음을 준다. 몰입하는 동안 자신의 의식은 하나의 분명한 목표를 향해 질서 있게 움직이게 되고, 적당한 난이도가 있는 과제와 즉각적인 피드백을 받을수록 강한 자신감을 얻는다.[20] 학습자가 저작도구를 이용하여 자신이 상상한 대로 표현할 수 있는 전자말 문학 학습 과정은 다음과 같다.

[단계 1]은 학생들이 교실 안팎이나 가상계 및 실세계에서 획득한 선험적 지식들을 확인하는 과정이다. 그 지식들은 주로 전자말놀이(컴퓨터 게임), 애니메이션, 채팅, 플래쉬 동영상 등 교실 밖이나 가상계에서 얻은 전자말 문화 경험에서 나온 것이지만, 수업을 통해 얻은 지식이나 교우

---

19) 차호일, 『디지털 시대 우리 문학 다시 읽기』, 푸른사상, 2004, 354면
20) M. Csikszentmihalyi, *Flow*, 칙센트미하이, 최인수 역, 『FLOW』, 한울림, 2007, 29~144면.

관계, 학교 생활과 같은 일상의 일도 전자말 문학의 훌륭한 소재가 될 수 있다. 또한 [단계 1]은 나머지 단계들에 대한 맥락으로 작용한다.

[단계 2]는 학생들이 만들게 될 전자말 문학의 예시 작품을 소개하는 단계다. 학생들은 수업 목표에 알맞은 소재로서 예시 작품을 선정한다. 교사는 학생들과의 대화를 통해, 예시 작품을 뛰어넘는 나만의 작품을 만들겠다는 내적 동기를 불러일으킨다. 학생들은 이미 교사보다 전자말 문화에 대해 풍부한 경험을 소유하고 있으므로 과다하게 예시 작품을 소개할 필요는 없다. 다만 전시장의 안내자처럼 방향만 제시하면 된다.

[단계 3]은 학생들의 선험적 지식이 모둠 토의를 통해 과제에 필요한 것으로 분명해지는 단계이다. 모둠원들 사이에서 일어나는 경험과 아이디어의 부단한 소통은 새롭고 더 나은 것을 만들어내는 시너지 효과를 거둔다. 그리고 자신의 작품 만들기에 필요한 구체적인 계획을 세워나간다. 이 단계에서 교사는 모둠 토의가 협력적으로 잘 이루어지고 있는지 관찰하고, 토의가 주제에서 벗어날 때에 개입할 수 있다.

[단계 4]에서는 저작도구21)를 사용하여 작품이 구체적으로 만들어진다. 이 단계에서 저작도구는 학습자에게 전자말이야기 만들기라는 수업의 목표에 전념하게 한다. 저작도구는 자신이 생각한 바를 시각적으로 신속하게 드러내주며, 만들고 있는 작품에 변형을 가할 때마다 즉각적인 피드백 효과를 준다. 그러므로 이 단계는 모든 단계 중에서 가장 높은 몰입도를 보인다.

[단계 5]는 완성된 전자말 문학을 서로 공유하면서 체험하는 순서이다.

---

21) Eastgate Systems, Inc.에서 판매하는 'Storyspace'라는 전자말 저작도구는 전자말이야기의 고전이라 칭송되는 마이클 조이스의 <오후, 어느 이야기(afternoon, a story)>에 사용된 도구이다. 이 도구로 인해 전자말이야기가 세상에 알려지기 시작하였으며 전자말이야기의 대중화에 큰 기여를 하였다.

자신이 만든 것을 다른 이들에게 보여 반응을 살피고 자신도 다른 이들의 작품을 맛보게 된다. 그리하여 필요하면 수정의 과정을 밟고 다른 이들의 작품에도 지적과 격려의 말을 아끼지 않는다. 완성된 작품은 정해진 게시판에 올려놓아 전자말 문화에 대한 자신의 배경지식, 즉 맥락으로 삼게 된다.

　살펴본 다섯 단계는 '계획→진단→지도→평가→내면화'처럼 선형적으로 흐르지 않는다.22) 순행과 역행을 반복하면서 동시적으로 진행된다. [단계 1]은 나머지 단계들의 맥락으로 작용하므로 상호작용하는 양상을 가진다. 중간 단계를 건너 뛸 때는 무의식적으로 [단계 1]을 거친다. 이러한 상황을 도식화 시킨 것이 [그림 1]이다. [그림 1]은 전자말 문학 학습 원리를 나타내는 모형이다. 자유로운 사고의 움직임이 허락되는 동시성을 지닌 수업은 학생들을 목표 달성을 위한 몰입으로 이끈다.

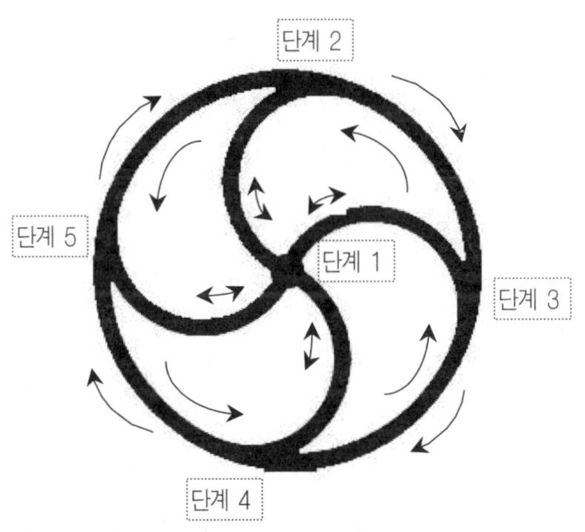

[그림 1] 전자말 문학 학습 원리

22) 최병우는 다매체 환경 속에서의 문학교육의 단계들은 선형적으로 차례차례 제시되지 않고 학생들에게 동시적으로 제시된다고 하였다. 최병우, 『다매체 시대의 한국문학 연구』, 푸른사상, 2003, 237면.

4. 수업의 실제

연구자는 전자말 문학 학습 원리가 적용된 전자말 문학 수업을 교육 현장에서 실시하였다. 대상 집단은 진주 시내 D중학교 3학년 2개 반이다. 수업은 총 6차시로서 1~3차시는 교실에서, 4~6차시는 멀티미디어실에서 실시되었다. 수업의 목표는 '우리 무속 신화를 소재로 전자말이야기를 만들고 서로 감상할 수 있다'이다. 중학교 과정에서 다루어지는 우리 신화는 <주몽 신화>, <아기장수 우투리>, <바리데기> 정도이다. 그러나 컴퓨터 게임과 같은 전자말놀이는 그 소재를 국내외 신화에서 많이 끌어오기 때문에, 학생들에게 신화는 다만 읽어보지 않은 것일 뿐 낯설지 않다.23) 또한 Jay David Bolter가 『Writing Space』에서 지적하였듯이, 전자말이야기는 그것을 체험하는 독자의 모습에서 전자말놀이와 흡사한 점이 있다.24) 저작도구로는 'Storyspace'를 채택하였다. 이 저작도구의 사용법에 대한 교사의 설명 후 학생들이 다루도록 하였는데, 비록 영문 버전이지만 학생들은 사용하는 데 있어 큰 어려움 없이 빠르게 적응하는 모습을 볼 수 있었고, 심지어 '차트 보기(Chart Views)'와 같은, 교사가 설명하지 않았던 기능까지 사용하는 학생들도 있었다.

---

23) 우리 신화를 소재로 한 게임에는, 최초의 텍스트 기반 온라인 MUD게임인 "단군의 땅"과 아직도 서비스 중인, 세계 최초의 그래픽 기반 온라인 게임 "바람의 나라"에서부터 시작된다. 그 후 "거상", "바리공주의 전설", "조선협객전", 치우천황이 등장하는 "칼 온라인" 등이 출시되었다. 그리고 (주)하이원에서 개발 중인 게임으로 배달국을 소재로 한 우리나라 신화와 더불어, 중국의 창세 신화, 그리스·로마 신화, 북유럽 신화가 포함된 "제로스 온라인"이라는 게임도 있다.

24) Jay David Bolter는 독자가 전자말이야기를 읽는 도중 마치 미로에 갇히듯이 똑같은 에피소드를 반복해서 접하기도 하는데, 이때 독자는 다른 경로를 찾기 위해 전략을 구안하는 모습에서 전자말이야기와 연관성이 있다고 하였다. J. D. Bolter, *Writing Space*, LEA, 2001, p.126.

수업의 첫 시작인 [단계 1]에서는 학생들이 기존에 가지고 있는 전자말 문학 경험을 떠올리기 위해, 전자말 예시작과 전자말 문학에 대한 교사의 경험을 소개하고 그것에 대해 함께 대화를 나누었다. 이 과정에서 중요한 점은 전자말 문학에 대한 교사와 학생 사이의 공감대 형성이다. 이를 위해 기성세대인 교사 자신의 전자말 문학 경험과 이해도를 먼저 보여주어야 한다.25) 연구자는 '요즘 너희들이 가장 많이 하는 전자말놀이는 무엇이냐'라는 질문으로 수업을 시작하였다. 학생들은 교사가 실제 전자말놀이를 한다는 사실에 놀라워했으며, 자신과 같은 경험을 한 교사에게 더 이상 거리감을 느끼지 않았다.

[단계 2]에서는 선정된 무속신화 여섯 편이 담긴 유인물을 배부하였다. 그 작품들은 <저승차사 강림도령>, <오구신 바리데기>, <서천꽃밭 꽃감관과 할락궁이>, <농신 자청비와 문도령>, <마마신 강남국 손님네>, <성주신과 지신 황우양 부부>26)이다. 유인물을 읽기 전에 수업의 목표를 함께 확인하고, 다음과 같은 세 가지 학습 활동을 제시했다. 그것은 '첫째, 등장인물의 이름에 줄을 그으면서 읽는다. 둘째, 컴퓨터게임의 아이템에 해당하는 소재(예 : 자청비의 서천꽃밭, 바리데기의 호리병 등)나 게임 캐릭터의 필살기에 해당되는 소재(예 : 손님네들의 마마, 염라대왕의 변신술 등)에 줄을 그으며 읽는다. 셋째, 작품을 모두 읽고 난 후, 자신이 만

---

25) 연구자는 어렸을 때 경험했던 "너구리", "엑스리온" 등의 아케이드 게임이나 "창세기전 3 파트II", "에반게리온", "마비노기" 등의 온라인 또는 오프라인 게임, 근래에 체험하고 있는 "시노비"라는 'Play stataion2'용 비디오 게임, 뮤직비디오 형식으로 만든 파이널판타지7 동영상, 최근 프로게이머의 경기 장면 등을 소개하였다.
26) 이 여섯 작품은 서사성을 충분히 갖추고 있고 무엇보다 연구자 스스로가 재미있게 읽었던 것이며, 학생들 입장에서도 충분히 재미를 불러올 것으로 예상된 작품들이다. 작품이 수록된 책은 서정오, 『우리가 정말 알아야 할 우리 신화』, 현암사, 2006이다. 이 책을 선정한 이유는 중학생 수준에서는 이해하기 힘든 고어들을 쉬운 우리말로 뒤쳐서 나오며 문체도 입말문학답게 읽기 편한 구어체이기 때문이다.

들 이야기의 뼈대로 삼을 한 작품을 고른다'이다. 그리고 예시 작품으로 ＜The Adventure of Hamish＞27)를 제시하고, 이러한 구조를 지닌 이야기를 만들 것을 예고한 후 읽기 활동을 시작하였다.

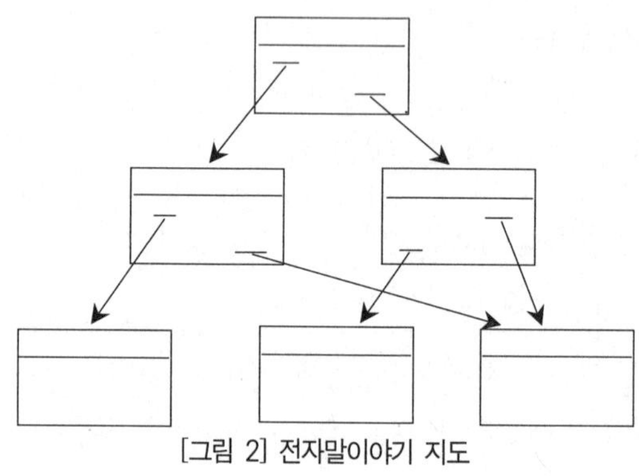

[그림 2] 전자말이야기 지도

　[단계 3]에서 학생들은 전자말이야기의 뼈대가 되는 작품을 중심으로 이야기의 설계도를 B4 용지에 마련했다. 설계도의 견본은 [그림 2]와 같이 제시하였는데, 이것은 'Storyspace'에서 제공하는 기능을 그림으로 재현한 것이다. [단계 3]의 수업은 필요한 아이디어를 교환하고 궁금한 점을 함께 해결하는 모둠 토의 형태로 진행된다. 다른 사람의 작품을 참고할 수 있어, 미숙한 학습자가 도움을 얻도록 하였다. 이때 동료 학생은 훌륭한 보조교사 역할을 하게 된다. 그런 다음 하나의 조각글마다 1~3개의 링크를 설정하고, 링크가 걸려 있는 단어를 선택할 때마다 다른 조각글로 이동하는 방식을 갖추도록 하였다. 그리고 이야기의 소재는 선택

---

27) 이 작품은 네 가지의 서로 다른 결말을 가진 동화이다. 한 페이지마다 링크 걸린 단어들이 2~3개씩 존재하며, 4개의 다른 결말을 가지지만 중간에 반드시 거쳐야하는 공통된 페이지가 있다. http://mythogames.150m.com/hamish/000a.html

한 작품뿐만 아니라, 나머지 다섯 작품이나 교실 밖에서 체험한 신화, 전자말놀이, 만화, 애니메이션 등에 나오는 다른 나라의 신, 역사적 인물, 게임 캐릭터, 필살기와 아이템과 같은 소재, 시간 및 공간적 배경 등을 마음껏 끌어오도록 했다. 'Storyspace' 시연과 다음 차시의 멀티미디어실 수업을 예고하였는데, 학생들은 컴퓨터를 활용한다는 것만으로도 큰 관심과 흥미를 보였다.

[단계 1]에서 [단계 3]까지 차츰 높아지는 수업에 대한 몰입도는 [단계 4]에 이르러 최고조에 달한다. 지금껏, 교실 밖에서 경험한 지식들은 학교 안으로 유입되지 말아야 할 금기의 대상이었다. 교사의 권위로 시종일관 진행되는 엄숙한 수업시간에 전자말 문학에 대한 선험적 지식을 마음껏 소비할 수 있다는 것은 학생들에게 큰 흥미와 놀라움을 일으켰다. 글말의 규칙에 얽매이지 않고 상상력을 자극시키는 생생한 창작 활동은 그들을 유연한 놀이처럼 빠져들게 한다. 멀티미디어실에서 진행되는 [단계 4]의 4차시 수업은 'Storyspace' 사용법에 대한 설명으로 시작된다. 교사는 여러 조각글들을 링크 기능으로 연결시키는 방법과 여러 기능키28)들의 활용 시범을 보여주었다. 교사는 학생들이 조각글들을 연결시킬 때 이야기가 될 수 있도록 자연스러운 연결을 당부하였다. 2개 이상의 결말이 되도록 하였으며, 나중에 자신이 만든 이야기를 웹 게시판29)에 올려 서로의 작품을 감상하게 될 것이라고 예고하였다.

---

28) 'Ctrl + E'는 워드프로세서 모드로 변경되고, 'Ctrl + L'은 메뉴바를 사라지게 하거나 나타나게 한다. 텍스트 모드에서 Ctrl 키를 누르면 어느 단어나 구절에 링크가 걸려 있는지 표시가 나타난다. 그리고 틈틈이 저장을 하도록 권고했으며, 그 외 기술적인 문제는 해당 학생의 컴퓨터에서 직접 해결해주었다.

29) 연구자의 홈페이지 http://1-8.pe.kr의 '2008 과제제출방'에 학생들이 작성한 전자말이야기와 그들의 댓글이 올라와 있다. 전자말이야기는 SSP라는 확장자 파일로 올라와 있다

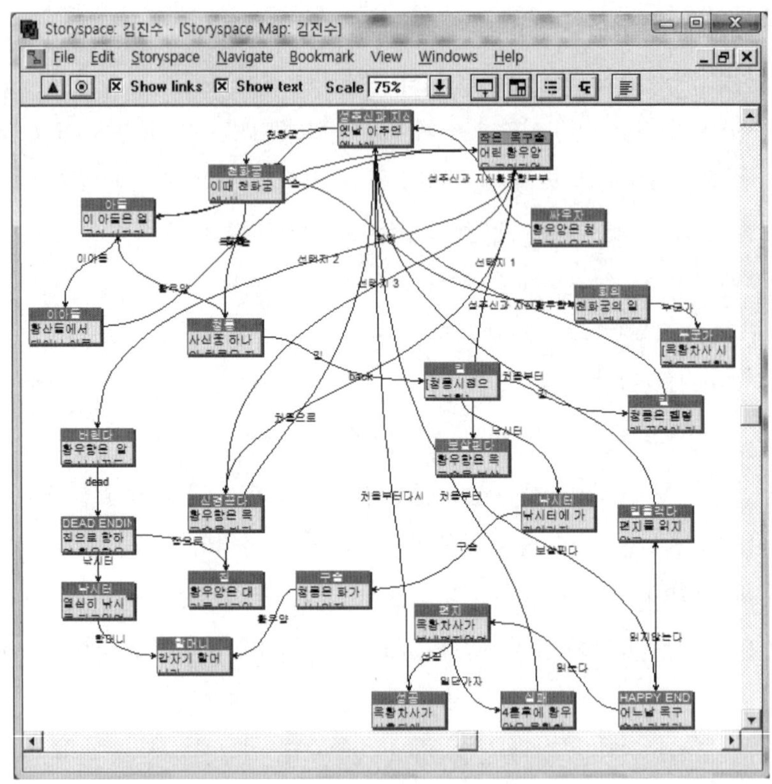

[그림 3] 성주신과 지신 황우양 부부

　[그림 3]는 <성주신과 지신 황우양 부부>라는 제목의 학생 작품으로 내용 전체를 보여주는 이야기 지도이다. 총 25개의 조각글로 된 이 작품은 각각의 조각글마다 상단에 제목이 설정되어 있으며, 긴 분량은 아니지만 세 종류의 결말을 얻을 수 있다. 그리고 [그림 4]는 선택상황이 연출된 예인데, 1·2번을 선택했을 경우, [그림 5·6]처럼 각각의 다른 조각글로 이어지지만 3번을 선택했을 경우 [그림 7]처럼 읽는 이로 하여금 잘못된 선택을 했음을 알리며 그 전 단계로 돌아가도록 되어 있다.

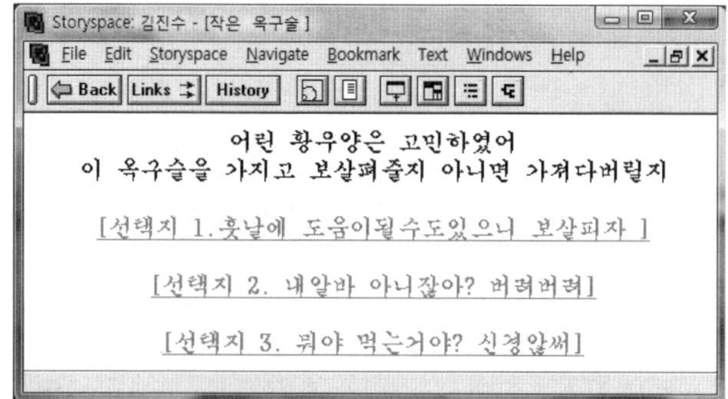

[그림 4] 선택 상황에 놓인 황우양

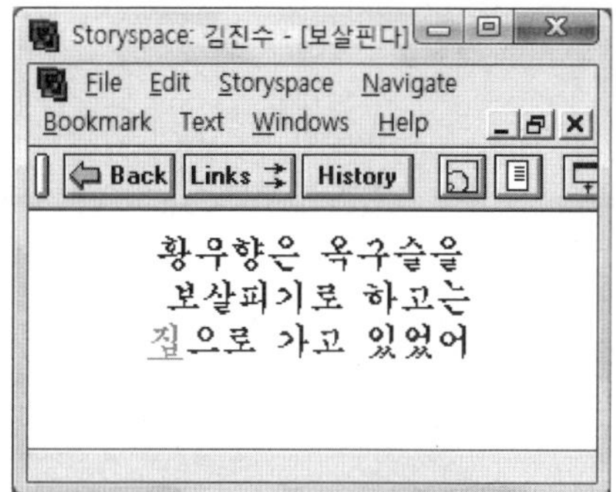

[그림 5] 1번을 선택했을 경우

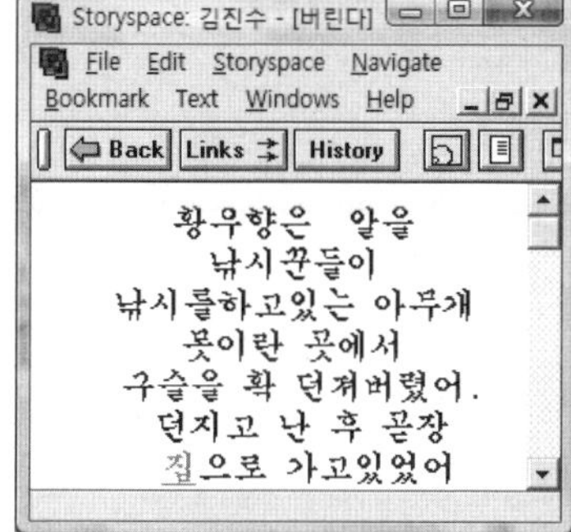

[그림 6] 2번을 선택했을 경우

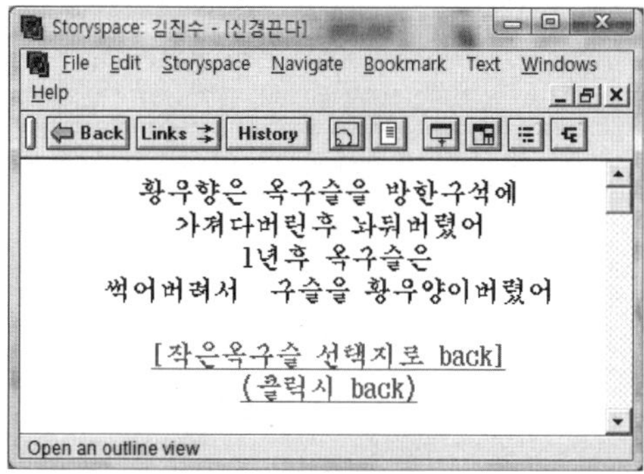

[그림 7] 3번을 선택했을 경우

또한 이야기의 원문에 없는 '청룡'을 등장시켜 흥미를 더하고 있었는데, 등장인물의 입장에서 이야기를 풀어나갈 수 있도록 [그림 8]처럼 '황우양'에서 '청룡'으로 시점의 전환이 일어나기도 하였다. 또한 [그림 9]처럼 하나의 결말을 보았으면 또 다른 결말을 경험할 수 있게 설정되어 있다.

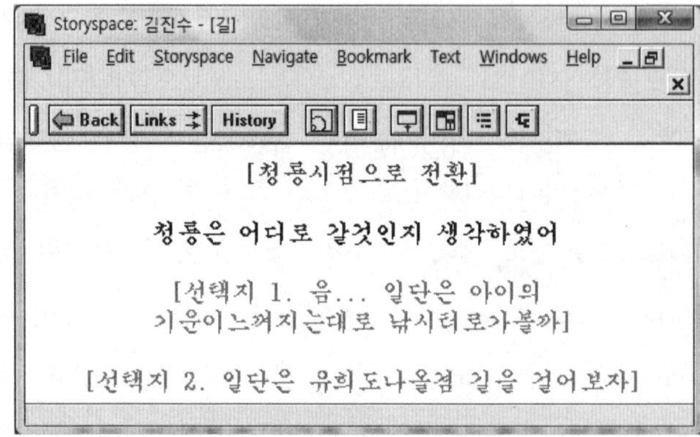

[그림 8] 시점의 전환

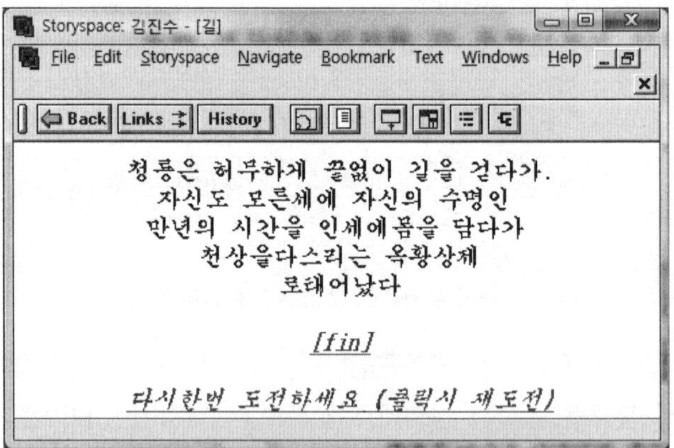

[그림 9] 이야기의 처음으로 회귀(재도전)

[단계 4]에서 가장 주목할 점은 이전 단계인 2·3단계로의 자발적인 역행과 순행이 왕성하게 일어났다는 것이다. [단계 3]에서 종이로 완성된 이야기 지도는 [단계 4]에서 'Storyspace'에 의해 그대로 재현되지 않았다. 학생들은 [단계 2]에서 배부된 유인물을 다시 읽거나 인터넷 검색으로 자신이 체험한 소재를 확인하고 동료 학생들에게 질문을 던지며 수정하는 등 두세 단계를 동시에 경험하고 있었다. 학생들의 이러한 멀티태스킹 능력30)은 저작도구가 낯선 기성세대에게는 어려운 일이지만, 전자말놀이 세대인 학생들에게는 몰입에 의해 일어나는 자연스러운 사고방식이다. 또한 일부 학생들은 완성한 자신의 작품을 정해진 웹 게시판에 올려 서로 작품들을 감상하는 등 [단계 5]의 과정을 미리 밟고 있었다.

마지막 [단계 5]는 [그림 10]처럼 동료 학생들의 작품을 감상하며 자신의 것과 비교하는 단계이다. 감상이 끝나면 읽은 작품에 대한 평이 담긴 간단한 댓글을 작성했다. 이러한 활동을 통해 자신의 전자말 문학에 대한 경험을 살찌우고, 그 경험은 또 다른 전자말 문학을 창작하기 위한 배경 지식으로 회귀된다.

---

30) 멀티태스킹이 보기에는 정신없을지 몰라도 게임 세대의 입장에서는 열심히 일하는 그들만의 방식이다. J. C. Beck, *Got game : How the Gamer Generation is Reshaping Business Forever*, 존 벡, 이은선 역, 『게임 세대 회사를 점령하다』, 세종서적, 2006, 122면.

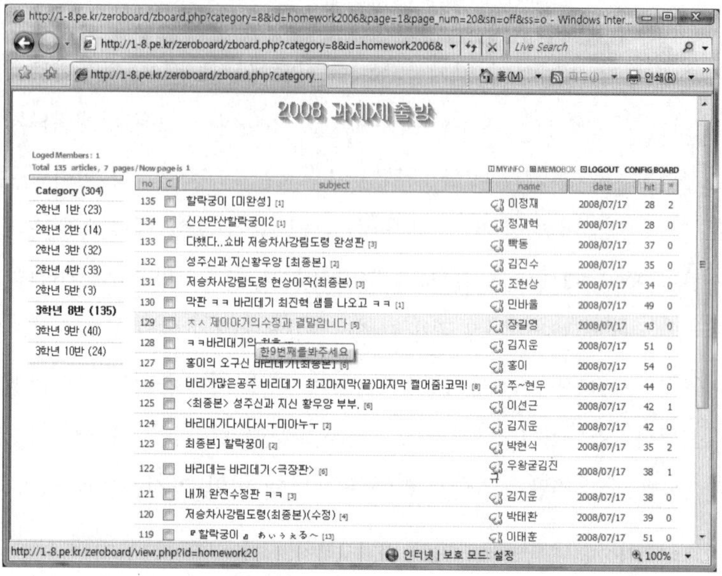

no	C	subject	name	date	hit	※
135		할락궁이 [미완성] [1]	이정재	2008/07/17	28	2
134		신산만산할락궁이2 [1]	정재혁	2008/07/17	28	0
133		다했다..쇼바 저승차사강림도령 완성판 [3]	빡동	2008/07/17	37	0
132		성주신과 지신황우양 [최종본] [2]	김진수	2008/07/17	35	0
131		저승차사강림도령 현상이작(최종본) [3]	조현상	2008/07/17	34	0
130		막판 ㅋㅋ 바리데기 최진혁 샘들 나오고 ㅋㅋ [1]	민바울	2008/07/17	49	0
129		ㅈㅅ 제이야기의수정과 결말임니다 [5]	장길영	2008/07/17	43	0
128		ㅋㅋ바리대기의 최후	김지운	2008/07/17	51	0
127		홍이의 오구신 바리데기[최종본] [6]	홍이	2008/07/17	54	0
126		비리가많은공주 비리데기 최고마지막(끝)마지막 쩔어줌!코믹! [8]	쭈~현우	2008/07/17	44	0
125		<최종본> 성주신과 지신 황우양 부부. [6]	이선근	2008/07/17	42	1
124		바리대기다시다시ㅜ미아누ㅜ [2]	김지운	2008/07/17	42	0
123		최종본] 할락꿍이 [2]	박현식	2008/07/17	35	2
122		바리데는 바리데기<극장판> [6]	우왕굴김진	2008/07/17	38	1
121		내꺼 완전수정판 ㅋㅋ [3]	김지운	2008/07/17	38	0
120		저승차사강림도령(최종본)(수정) [4]	박태환	2008/07/17	39	0
119		『할락궁이』 あいうえる〜 [13]	이태훈	2008/07/17	51	0

[그림 10] 게시판에 실린 학생 작품들

전체적으로 학생 작품들을 분석해 보면 <저승차사 강림도령>과 <오구신 바리데기>를 소재로 삼은 경우가 가장 많았는데, <범을임금과 아들 셋 이야기>, <강림도령과 용>, <아들 셋의 집 찾아가기 프로젝트>와 <판타지 바리데기>, <69신 바리데기>, <바리데기의 최후> 등이 그 예이다. 두 작품은 공통적으로 '저승'과 '서천꽃밭'으로 대표되는 '가상계'와 현실의 공간인 '실세계' 사이의 활발한 소통을 그린다. 두 공간의 소통은 전자말놀이에서 이미 재현되고 있는 것이며 그 경험이 학생들의 작품에 반영된 것이라 볼 수 있다. 그 외 <자청비와 문도령>, <신산만산 할락궁이>, <강남국 손님네>, <온조환생전> 등이 있었는데, 대부분의 학생 작품이 원전에 국한되지 않고 원전 밖의 소재들을 적극적으로 활용하였다.

모든 활동이 끝난 후, 수업에 대한 학생들의 반응을 조사해 보았다. 대체로 '연필로 종이에 쓸 때는 이것저것 지우기도 귀찮고 지루했는데, 컴퓨터는 빠른 수정이 가능하여 상상력이 고조되었다', '종이에 줄글로 적으면 하나의 내용만 계속 이어지지만 스토리스페이스는 여러 갈래의 이야기를 적을 수 있어서 줄글보다 더 재미있고 다양한 결말이 나와 내가 왠지 작가가 된 듯한 느낌을 받았다', '학교 생활을 해오면서 이런 경험은 처음이다. 아주 색다른 경험이다', '조각글들이 시각적으로 선으로 연결되는 것이 신기하고 재밌었다' 등과 같은 긍정적 반응들이었다. 그리고 모둠 토의 수업에 대해서도 '내가 잘한 것과 친구들이 잘한 것, 내가 못한 것과 친구들이 못한 것을 보면서 고쳐야 할 점을 알 수 있어 좋았다'라는 긍정적인 반응을 보였다.

그러나 우리 무속신화에 대해서 '그리스·로마 신화보다 지루하고 단조롭다'라는 부정적인 반응과 '판타지 같고 재미있었다'라는 긍정적인 반응이 골고루 나왔고, 저작도구에 대해서는 '프로그램 상에서 한글이 잘 안 적히는 데서 조금 짜증이 났다', '몇 번의 실수로 파일을 날려버리기도 했다' 식으로 불평의 소리도 있었다. 이러한 의견은 전자말 문학교육에서 신화가 전자말 문학으로 훌륭하게 재현될 수 있다는 가능성과 함께 저작도구의 인터페이스 문제도 중요하게 고려되어야 함을 시사한다.

5. 마무리

전자말 문학 학습에서는 동시성을 비롯해 학습자의 몰입과 내적 동기, 학습자 간의 소통이 중요하다. 수업의 최종 단계에서 얻어지는 학습자의 작품들은 모든 단계를 동시에 거치며 몰입한 결과이다. 이 연구는 문학 교육에서 전자말 문학교육의 가능성을 열기 위해 '전자말 문학 학습 원리'를 마련하고, 전자말 문학교육에서 '저작도구'의 활용이 중요함을 살펴본 것이다. 쓰기 혹은 만들기의 '재미'라는 귀중한 선물을 안겨준 저작도구의 중요성을 전자말 문학 현장 교육에서 간과해서는 안 된다. 저작도구는 상상력의 가지치기를 자극하고 가시적이고 즉각적인 피드백을 제공함으로써 학생들을 전자말 문학 만들기에 더욱 몰입하게 한다.

학생들의 작품을 통해 알 수 있듯이, 역사적 사건이나 인물, 신화와 같은 입말 문학은 전자말 문학의 창작 소재로서 유연하게 활용될 수 있다. 그것이 가능한 근본적인 이유는 신화와 전자말놀이 그리고 전자말이야기의 시공간적 속성들이 현실의 그것보다 느슨하게 결합되어 있기 때문이다. 신화와 전자말 문학은 현실의 시공간적 이미지들의 결합을 해체시키고 다시 새롭게 재구성한다. 그래서 역사의 연대기를 무시하는 신화적 인물의 등장이 허용 되고 어색해 보이지 않는 것이다.

신화라는 입말 문학이 전자말 문학과 자연스럽게 융화될 수 있고 저작도구의 변화로 '읽기'가 '보기'로 이어졌듯이, 전자말은 갑작스럽게 생겨난 기계문명의 소산이 아니다. 과거와의 오랜 끈을 타고 서서히 등장한 것이며 시간과 공간을 거슬러 사람들을 만나게 하는 말이다. 그러므로 전자말 문학은 '시공간을 초월해서 사람들을 소통하게 하는 문학'이라고 그 뜻매김을 내릴 수 있다. 전자말 문학이 꽃을 피우기 위해서는 입말 문학 및 글말 문학과 부단한 소통을 해야 하며, 전자말 문학교육에 힘쓸수록 입말 문학과 글말 문학의 소중함이 재조명받게 될 것이다.

참고문헌

김수업, 「새로운 말꽃 교육의 틀 잡기」, 『국어교육연구』 42, 국어교육학회, 2008, 1~18면.

김수업, 『배달말 가르치기』, 나라말, 2006.

김형효, 『원효의 대승철학』, 소나무, 2007.

서정오, 『우리가 정말 알아야 할 우리 신화』, 현암사, 2006.

안동준, 「배달말교육 현장연구의 방향과 과제」, 『배달말 교육』 28, 배달말교육학회, 2007, 91~121면.

안동준·김대진, 「전자말 문학교육의 현장학습원리 개발」, 『중등교육연구』 19, 중등교육연구센터, 2007, 31~50면.

조용기, 『교육의 쓸모』, 교육과학사, 2005.

차호일, 『디지털 시대 우리 문학 다시 읽기』, 푸른사상, 2004.

최병우, 『다매체 시대의 한국문학 연구』, 푸른사상, 2003.

Barthes, R., *S/Z*, 롤랑 바르트, 김웅권 역, 『S/Z』, 동문사, 2006.

Beck, J. C., *Got Game : How the Gamer Generation is Reshaping Business Forever*, 존 벡, 이은선 역, 『게임 세대 회사를 점령하다』, 세종서적, 2006.

Bolter, J. D., *Writing Space*, LEA, 2001.

Borges, J. L., *Ficciones*, 호르헤 루이스 보르헤스, 황병하 역, 『픽션들』, 민음사, 2004.

Brooks, J. G. & Brooks, M. G., *In Search of Understanding*, 재클린 브룩스·마틴 브룩스, 추병완·최근순 역, 『구성주의 교수·학습론』, 백의, 2005.

Chartier, R. & Cavallo, G., *Storia della Lettura nel Mondo Occidentale*, 로제 샤르티에·굴리엘모 카발로, 이종삼 역, 『읽는다는 것의 역사』, 한국출판마케팅연구소, 2006.

Chopra, D., 디팩 초프라, 도솔 역, 『바라는 대로 이루어진다』, 황금부엉이, 2005.

Clandinin, D. J.& Connelly, F. M., *Narrative Inquiry*, 진 클랜디닌·콘넬리, 소경희 외 역, 『내러티브 탐구』, 교육과학사, 2007.

Csikszentmihalyi, M., *Flow*, 칙센트미하이, 최인수 역, 『FLOW』, 한울림, 2007.

Deleuze, G. & Guattari, F., *Mille Plateaux*, 질 들뢰즈·펠릭스 가타리, 김재인 역, 『천

개의 고원』, 새물결, 2003.

Jung, C. G, *Archetyp und Unbewusstes*, C. G. 융, 융 저작 번역위원회 역,『원형과 무의식』, 솔, 2006.

Jung, C. G.& Pauli, W., *Naturerklärung und Psyche*, C. G. 융・W. 파울리, 이창일・이승일 역,『자연의 해석과 정신』, 청계, 2002.

Landow, G. P., *Hypertext 2.0*, 조지 P. 랜도우, 여국현 외 역,『하이퍼텍스트 2.0』, 문화과학사, 2001.

Ricoeur, P., *Interpretation Theory*, 폴 리쾨르, 김윤성・조현범 역,『해석 이론』, 서광사, 2006.

Route, J. et al., *Hypertext and Cognition*, LEA, 1996.

Strogatz, S. H., *Sync*, 스티븐 스트로가츠, 조현욱 역,『동시성의 과학, 싱크』, 김영사, 2005.

제 13 장

그림동화에서 글과 그림의 작용과 대칭성의 논리

―앤서니 브라운의 〈돼지책〉을 중심으로―

김 상 한

대구 운암초등학교

1. 머리말

무표정한 여자의 등에 남자 어른과 아이가 업혀서 환하게 웃고 있다. 그리고 분홍색 바탕에는 그림과 관련이 없을 것 같은 '돼지책'이라는 제목이 있다. 그림동화 <돼지책>[1]의 앞면 겉표지에 대한 설명이다. 아이들은 이 그림동화의 겉표지를 보면서 '이상하다'라고 생각하거나 '자연스럽지 않다'라는 반응을 보이기도 한다. 이러한 반응의 원인은 여러 가지로 생각해 볼 수 있다. 먼저 '돼지책'이라는 제목에 대한 궁금증에서 시작한다. 표지 그림만 보면 돼지는 보이지 않기 때문이다. 그리고 여자보다 덩치가 훨씬 커다란 남자가 여자의 등에 업혀있는 그림 때문에 그런 반응을 보이기도 한다. 뿐만 아니라 세 남자는 환하게 웃고 있는데 비해 여자는 무표정하기 때문이다. 그 밖에 그림의 분위기와 달리 바탕이 분홍색이라는 것 등도 이상하다는 반응을 보이는 이유로 꼽을 수 있다.

책을 펼치기도 전에 독자에게 책에 대한 궁금증을 일으킴으로써 책에 대한 호기심과 책을 읽고 싶어 하는 동기를 유발하는 것은 중요하다. 그러나 단순히 호기심과 동기유발이 아닌 그림과 글을 통해서 독자에게 부조화를 경험하도록 하는 이유나 이를 통해서 전달하고자 하는 의미에 대하여 살펴볼 필요가 있다. 본 연구에서는 그림동화의 특성이 잘 드러난 <돼지책>을 중심으로 그림과 이야기의 측면으로 나누어서 부조화를 이루는 부분과 이를 해소하며 조화를 이루는 부분으로 살펴보고자 한다.

---

1) Anthony Browne, *Piggybook*, 앤서니 브라운, 허은미 역, 『돼지책』, 웅진주니어, 2001.

그리고 이를 통해서 독자가 생성할 수 있는 의미에 대해서도 함께 찾아보고자 한다. 왜냐하면 독자의 의미 구성은 작가의 의도가 반영된 텍스트를 바탕으로 독자가 자신의 인지 체계나 삶과 연결시키는 과정에서 이루어지기 때문이다.

<돼지책>과 같이 글과 그림이 서로 어우러진 책을 '그림동화', '그림책', '그림 이야기책', '이야기 그림책' 등으로 혼용하여 사용하고 있다. 용어가 혼용되고 있음에도 불구하고 일반적으로 '그림책'이라는 용어를 주로 사용한다. '그림책'은 글과 그림이 서로 상호보완적인 작용을 하며 때로는 그림이 글보다 중심적으로 작용하여 의미를 전달하는 것이라고 할 수 있다. 그런데 '그림책'은 다시 그림의 활용 분야에 따라 '과학 그림책', '예술 그림책' 등으로 나눌 수 있다. 즉 특정 분야에 대한 지식을 전달하기 위한 목적으로 이루어진 그림책도 포함한다는 것이다.

본 연구에서 살펴보고자 하는 <돼지책>은 그림책의 특성을 지니고 있으며 동시에 동화의 특성을 지니고 있다. 다시 말하면 지식이나 사실을 전달하려는 목적이 아니라 허구를 통해서 삶에 대한 통찰이나 즐거움을 전달하려는 것이다. 그러므로 '이야기 그림책'이라는 용어보다는 '그림동화'2)라는 용어를 활용함으로써 그림책이 지닌 예술적 특성뿐만 아니라 그림과 글의 서사 진행 과정에도 의미를 두고자 한다. 그리고 이

---

2) 본 연구에서는 '그림동화'라는 용어를 사용하여 그림책의 서사 진행 과정에 의미를 enh 자 한다. 그러나 인용을 할 때에는 원래의 논의를 따라서 '그림책'이라는 용어도 함께 사용한다. 페리 노들먼(2001)은 그림책에서 글과 그림의 상호 작용에 의미를 두어 '그림책'과 '글자 없는 그림책'으로 나누고자 하였다. "펼친 페이지에 커다란 그림이 들어가 있고 대체로 짤막한 글이 실려 있는, 어린이를 위해 만들어진 짧은 허구적 혹은 비허구적 책을 그림책(picture book)이라고 하고, 연결된 그림만 주어서 스토리를 짐작하게 하는 그림책을 글자 없는 그림책(Wordless picture book)"이라고 용어를 정리하였다.
Perry Nodelman, *The Pleasures of Children's Literature*, 페리 노들먼, 김서정 역, 『어린이 문학의 즐거움 1, 2』, 시공주니어, 2001, 546면.

를 통해서 과학이나 예술 분야의 그림책과 다른 문학성의 특성을 드러내고자 한다.

그림책과 마찬가지로 그림동화 역시 글과 그림은 유기적 결합의 관계에 있으며 상호보완적이다. 이에 대한 연구는 니콜라예바와 스콧(2000),[3] 최윤경(2001),[4] 이지호(2001),[5] 임정은(2001),[6] 변윤희와 현은자(2002),[7] 현은자 외(2004),[8] 서정숙(2004),[9] 마쓰이 다다시(2007),[10] 신헌재 외(2007),[11] 김태은(2009)[12] 등에서 찾아볼 수 있다. 이들 연구를 살펴보면 글과 그림은 서로 상호보완적이며 유기적인 관련성이 있다는 측면에서 공통점이 있으나 글과 그림의 역할과 기능에 대하여 의견의 차이가 존재한다. 그림동화의 그림은 글의 내용과 비슷하게 전개되는 경우도 있고 글의 내용과 다르게 전개되는 경우도 있다. 그래서 그림은 글의 내용을 구체화하거나 확장하기도 하고 반어적으로 나타내기도 한다. 그림동화에서 글과 그림의 관련성 및 그 역할에 대하여 분석하는 것은 그림동화의 특성을 파악하기 위해서 의미가 있다.

---

3) M. Nikolajeva & C. Scott, "The Dynamic of Picturebook Communication", *Children's Literature in Education* 31(4), 2000.

4) 최윤경, 『그림책』, 비룡소, 2001.

5) 이지호, 「그림동화의 내용 구성 방법」, 『국어교육학연구』 13, 국어교육학회, 2001, 381~410면.

6) 임정은, 「그림책 "라우라"에서의 그림과 텍스트 상호작용」, 서울대학교 석사학위논문, 2001.

7) 변윤희·현은자, 「기호학적 관점에서 본 그림책의 글과 그림읽기」, 『유아교육연구』 22(2), 한국유아교육학회, 2002.

8) 현은자 외, 『그림책의 그림 읽기』, 마루벌, 2004.

9) 서정숙, 「'유기체로서의 그림책' 분석을 위한 기준 연구」, 『어린이문학교육연구』 5(1), 한국어린이문학교육학회, 2004.

10) 松居直, 마쓰이 다다시, 이상금 역, 『어린이와 그림책』, 샘터, 2007.

11) 신헌재 외, 『아동문학과 교육』, 박이정, 2007.

12) 김태은, 「그림동화 읽기 과정 양상 연구」, 한국교원대학교 석사학위논문, 2009.

본 연구는 그림동화의 글과 그림이 작용하는 관계를 분석하려는 것이 아니다. 오히려 글과 그림은 어떤 관계를 형성하더라도 그 의미를 전달하기 위하여 상호 보완적이며 유기적으로 작용한다고 여긴다. 그러므로 본 연구에서는 그림동화의 글과 그림이 상호 보완적으로 작용하는 과정에서 부조화를 이루고 이를 해소하며 조화를 이루는 과정에 주목하여 그림동화가 독자에게 전달하는 의미를 파악하고자 한다.

2. 대칭의 의미와 대칭성의 지향

그림동화는 글과 그림이 상호보완적으로 작용하며 서사를 이끌어 간다. 이를 통해서 그림동화는 기존의 이야기와 다른 서사적 특성을 지닌다. 왜냐하면 그림은 글과 다를 뿐만 아니라 다른 종류의 정보를 다른 방식으로 제공하기 때문이다. 실제로 그림은 시간보다는 공간을 차지하여 글에서 드러낼 수 있는 원인과 결과, 주류적인 것과 종속적인 것, 가능성과 실재성 사이의 시간적인 연관 관계를 표현하는 방법이 부족하다. 그러나 그림은 얼굴이나 배경에 대해서 설명하는 어떤 글보다 간단한 캐리커처만으로도 전체적인 의미를 쉽게 전달할 수 있다.[13] 그래서 그림동화를 읽을 때에는 글과 그림 사이의 차이점을 인식하는 것이 중요하다.

그림동화를 자세히 살펴보면, 글과 그림은 서로 다른 표현 방식을 지니고 있음을 알 수 있다. 즉, 글은 서술적으로 단어의 나열에 따른 시간

---

13) 페리 노들먼, 앞의 책, 432면 참조.

의 축적을 필요로 한다. 이에 비해 그림은 집약적이며 종합적이므로 한 장면으로 모든 것을 설명한다. 그래서 그림은 글보다 훨씬 상징적이며 구체적이고 직감적이라고 할 수 있기 때문에 그림은 자연의 존재 방식과 더 일치한다고 여겨진다. 이와 같은 글과 그림의 특성 때문에 글은 감정이나 심리, 사상 등을 표현하는 데 효율적이고 그림은 자연의 구성물이나 인체, 형상, 색, 공간감, 배경, 분위기 등을 표현하는 데 더 효율적이다. 이와 같은 글과 그림의 특성을 바탕으로 볼 때, 그림동화는 상이한 표현 방식을 지니는 글과 그림을 통해 서사성을 확보하며 구성의 모든 면에서 합리적인 인과 관계로 결합하고 있음을 알 수 있다.[14] 그리고 이와 같이 그림동화는 글을 통하여 우리가 다음에 일어날 일들을 예측하고 추론할 수 있도록 하며, 그림을 통해서 세부 묘사들을 자세히 볼 수 있도록 주의를 기울이게 한다.

이처럼 그림동화가 글과 그림의 상호작용으로 서사성을 확보하지만 그림동화 역시 이야기의 특성을 고스란히 지니고 있다. 즉 이야기에서는 삶의 밝은 면만 제시하는 것이 아니라 삶의 어두운 면도 동시에 보여주고자 한다. 그래서 고난과 행운이 연쇄적 대립 또는 반복적 대립을 이룬다. 현실 생활 자체에서 고난과 행운이 교차되어 존재하기 때문이며 고난을 극복하고 행운을 이루고자 하는 의지가 이야기에 작용하여 형상화된다. 그런데 고난은 쉽게 극복되지 않기 때문에 반복적으로 이루어지며 현실 극복이라는 관점에서 고난의 반복은 단순한 반복이 아니고 발전적인 반복으로 이루어진다.[15]

또한 이야기에서 고난과 극복이 발전적인 반복을 거치면서 한층 더

---

14) 김이산, 『똑!똑!똑! 그림책』, 현암사, 2004, 50면.
15) 조동일, 『구비문학의 세계』, 새문사, 1981, 133면.

심각한 것으로 등장하는 것은, 현실 극복의 의지뿐만 아니라 더 나은 삶에 대한 인간의 지향성 때문이라고 할 수 있다. 즉 이야기에 드러나는 고난과 행운, 선과 악, 참과 거짓 등을 통해서 인간은 가치 체계의 갈등을 겪게 되고 이를 통합하고자 하는 시도를 한다. 간혹 서로 대립된 것이 있을 때 한쪽만 옳고 다른 쪽은 그르다는 판단을 하여 한쪽을 무시한다는 것은 결국 둘 다 보지 못하는 형국이다. 마치 빛을 보기 위해서는 어둠이 있어야 한다는 것이며 밝음을 위한 밝음이 아니라 어둠을 통한 밝음이 진정한 밝음이라는 것을 의미하는 것과 같다. 즉 이야기에서는 대립하는 두 대상이 있을 때 이들이 서로 균형을 맞추고 대칭을 이룰 수 있도록 하며 통합하고자 하는 것으로 볼 수 있다.

실제로 자연계에 존재하는 동물, 식물, 심지어 무생물까지 대부분은 균형을 이루고 있는 대칭을 선호한다. 예를 들어 벌은 극도로 제한적인 시야를 가지고 있으며 색맹이다. 그래서 벌에게는 정원의 초록색이 회색으로 보이고 붉은 색이 회색과 대비된 선명한 검은색으로 보인다고 한다. 이처럼 벌의 제한적인 시야와 색맹 때문에 실제로 벌이 꽃을 찾을 때에는 색이 아니라 꽃이 만드는 대칭으로 찾는다고 한다. 그러므로 대칭을 갖춘 꽃은 벌이 더 찾아들 수 있기 때문에 꽃의 유전자는 이러한 형태로 진화하고자 한다는 것이다.[16] 인간이 대칭성을 이루고자 하는 경향은 무엇보다 신화에서 잘 드러난다.

예를 들어 아무르 강 유역과 사할린 섬에서 살아온 사람들의 신화에서 이를 좀 더 구체적으로 살펴볼 수 있다. 니브히족은 옛날부터 복잡한 절차의 '곰의 넋 보내기' 제의를 지내는 것으로 알려져 있다. 숲에서 데려온

---

16) M. D. Sautoy, *Finding Moonshine*, 마커스 드 사토이, 안기연 역, 『대칭』, 승산, 2011, 25~31면.

새끼곰을 젖어미가 키운다. 마치 인간처럼 여기며 가족의 일원으로 대접한다. 곰이 두세 살이 되면 마을 사람들이 모두 참가하여 곰의 넋을 보내는 제의를 지낸다. 제의가 시작되면 곰을 우리에서 꺼내 사람들이 모여 있는 반지하실 수혈주거로 데리고 간다. 그리고 그 곳에서 사람들은 곰과 음식을 나누어 먹고 이야기도 나누며 곰을 인간과 똑같이 대접한다. 이러한 과정이 끝나고 난 후에 사람들은 곰을 제의 장소로 데리고 가서 제의용 화살로 죽인다. 장엄한 분위기 속에서 사람들은 죽은 곰의 몸을 세심한 주의를 기울이며 해체한다. 이처럼 사람들이 주의를 기울여서 곰의 몸을 해체하는 이유는 원래 곰이 인간과 똑같은 모습을 하고 있었는데 잠시 외출할 때에 털가죽으로 만든 외투를 입고 있다고 여기기 때문이다. 곰의 몸을 해체하고 넋을 보내는 제의를 함으로써 곰의 넋은 다시 되돌아가게 되고 사람들은 곰의 넋이 기뻐하며 인간에 대한 우애를 회복시켜 줄 것이라고 믿는다.[17]

곰과 니브히 사람들의 관계에 대하여 신화가 아니라 단순한 사냥감과 사냥꾼의 관계로 본다면 두 대상은 비대칭 관계에 있다. 즉 사냥감과 사냥꾼의 관계는 죽임을 당하고 죽이는 관계에 있으므로 비대칭 관계라고 할 수 있다. 그러나 신화의 제의를 통해서 니브히 사람들은 곰에 대해서 고기와 털가죽을 얻는 단순한 사냥감으로 대하는 것이 아니라 인간으로 여기고 부족의 형제이며 친척으로 여기게 된다. 그리고 제의를 통해서 그 규칙을 받아들일 수 있도록 하며 사냥감과 교류할 수 있는 대칭성[18]을 회복하고자 한다. 니부히 사람들이 곰과 상호 교류하

---

17) 中澤新一, 『對稱性人類學』, 나카자와 신이치, 김옥희 역, 『대칭성인류학』, 동아시아, 2005, 103~109면.
18) 나카자와 신이치는 '대칭성의 논리'에 대하여 다음과 같이 설명하고 있다.
  '대칭성의 논리는 현실세계를 구성하고 있는 다양한 형태의 비대칭적인 관계를 부정하

여 대칭성을 회복하는 사회를 형성함으로써 니부히 사람들은 곰을 사냥하는 시기와 수를 정하여 남획을 하지 않게 된다. 또한 인간과 동물뿐만 아니라 공동체 내의 구성원들 간의 관계에도 상호 존중이 일어날 수 있도록 한다.

대칭성은 (+)와 (−)의 대립적 요소가 균형을 취하는 것을 겨냥하고 있기 때문에 비대칭 관계에 있는 대상이 상호 침투하여 경계를 허물고 대칭을 회복하고자 하는 성질이다. 그리고 대칭성은 고차원의 시간과 공간에서 이루어질 수 있으며, 허구로 보이는 이야기를 통해서 잘 드러난다. 또한 대칭성이 이야기에서 발현될 때에는 이야기에서 대립의 연쇄와 반복을 통해서, 대립하는 대상을 이해하고 극복하는 과정뿐만 아니라 공생할 수 있는 과정도 보여준다. 다시 말하면 대칭성은 이야기에서 비대칭의 관계에 있는 두 대상이 대칭의 관계로 회복하려는 논리로 작용한다.[19]

그런데 대칭성은 현실의 시간과 공간보다 상상력을 통해서 만들어진 시간과 공간에서 좀 더 수월하게 작동한다. 특히 아동들이 쉽게 접하는 동화에서 자연스럽고 명확하게 드러나는 경향이 있다. 왜냐하면 아동의 상상력은 성인에 비해서 이성의 구속에 좀 더 자유롭기 때문이다. 실제로 리보의 연구의 따르면 아동기의 상상력과 이성은 서로 분리되어 있으며 성인에 비해 상대적으로 이성의 활동으로부터 독립적이다.[20] 뿐만 아니라 아동은 논리적인 것과 시적인 것과의 특수한 관계에 있어서 현

거나 극복하려고 하는 신화의 태도이다.'(위의 책, 20면.)

19) 김상한, 「신화적 조화성에 기반한 동화 감상 교육 연구」, 한국교원대학교 박사학위논문, 2011, 44~45면.

20) L. S. Vygotsky, *ВООБРАЖЕНИЕ И ТВОРЧЕСТВОВ ДЕТСКОМ ВОЗРАСТЕ*, 비고츠키, 팽영일 역, 『아동의 상상력과 창조』, 창지사, 2001, 68면.

실을 실제적이고 이성적으로 보고 해석하면서도 그 결과를 시처럼 표현한다. 그리고 아동은 어떤 구체적인 사건을 머릿속으로 상상하여 그것을 표현할 때에는 실제로 그것이 이 세계에 존재하는 것으로 믿기도 한다.[21] 이러한 상상력을 통해서 아동은 현실의 세계와 허구의 세계가 가진 경계를 허물 수 있으며 쉽게 왕래할 수도 있다. 그렇기 때문에 동화에서는 동물이나 식물이 말을 하고 옷을 입어도 이상하게 여겨지지 않는다. 예를 들면, <돼지책>에서 피곳 씨와 아이들이 돼지로 변한다고 하더라도 별달리 이상스럽게 여기지 않는 이유도 그 때문이다.

이야기에서 특히 동화에서, 작가는 아동의 삶을 반영하고 자신의 사상과 정서를 드러내고자 한다. 이때 작가는 아동의 삶에서 밝은 면과 어두운 면을 동시에 보여줄 필요가 있으며 자신의 사상과 정서 역시 한쪽 면이 아니라 양쪽을 동시에 보여줄 필요가 있다. 그리고 작가는 이야기를 통해서 양쪽을 동시에 보여주는 것에 그치는 것이 아니라 양쪽이 지니는 다양한 차이와 공통점을 보여주고자 한다. 또한 각각의 장단점을 통하여 상호보완적으로 작용하며 대칭성을 회복할 수 있도록 제시한다. 이를 통해서 독자는 삶에서나 정서적인 측면에서 한쪽으로 치우치거나 한쪽을 일방적으로 억누르지 않을 수 있게 된다. 결국 표면적으로 대립하는 것처럼 보이는 두 대상이 일방향으로 작용하는 것이 아니라 쌍방향으로 작용할 수 있음을 파악하는 것이 중요하다. 두 대상이 쌍방향으로 작용하기 위하여 한쪽을 무시하고 다른 쪽에 동일시하거나 동일시되려는 것이 아니라 서로 주체적인 입장에서 대등한 관계를 형성할 수 있어야 한다. 왜냐하면 대칭성을 회복하기 위해서 두 대상은 주체적 입장에

---

21) 허승희 외, 『아동의 상상력 발달』, 학지사, 1999, 49~61면.

서 상호소통성을 기반으로 불균형 관계에 있는 대립적 요소가 상호 침투하여 경계를 허물고 균형을 회복하고자 하기 때문이다.

그림동화는 서로 다른 두 유형의 매체인 글과 그림을 상호보완적으로 결합하여 작가가 가진 사상이나 정서를 전달하고자 한다. 그림이라는 매체적 특성으로 인하여 언어를 배우기 전에 아동이 다른 이야기보다 먼저 그림동화를 접하게 된다. 그림동화를 보면서 아동은 자신의 상상을 키울 수 있으며 동시에 새로운 세계를 만날 수 있게 된다. 그리고 이를 통해서 자신의 모습을 되돌아보게 되고 삶의 측면을 인식하게 된다. 아동의 상상력이 대칭성의 논리가 작동하기에 적절하며 동화를 통해서 대칭성의 논리가 실현되는 경향이 있다고 할 때, 실제로 그림동화를 분석해보고 대칭성의 논리가 실현되는 과정을 자세히 살펴볼 필요가 있다.

3. 〈돼지책〉의 글과 그림에 드러나는 대칭성의 논리

그림동화는 글과 그림의 유기적 상호작용으로 이루어진다. 작가는 자신의 정서나 사상 등을 글과 그림으로 나타내고 독자는 그림동화의 글과 그림을 통해서 의미를 재구성하게 된다. 〈돼지책〉은 글에서 나타나지 않은 부분이 그림에서 나타나기도 하고 그림에서 나타나지 않는 부분이 글로 나타나기도 한다. 글과 그림의 전개 과정에서 드러나는 대칭성의 논리를 좀 더 구체적으로 살펴보고자 한다.

그림동화 〈돼지책〉의 첫 장인 [그림 2]를 보면, 밝고 환한 얼굴의 피곳 씨와 두 아들이 팔짱을 끼고 서 있고 세 사람의 뒤로 멋진 집과 차가 보인다. 글은 세 사람이 뒤로 하고 있는 집과 함께 피곳 씨의 아내에 대하여 이야기하고 있다. 이상하게 생각되는 부분은 피곳 씨, 두 아들인 사이먼, 패트릭과 피곳 씨의 아내가 마치 다른 집에 살고 있는 것처럼 이야기한다는 것이다. 피곳 씨와 두 아들은 '멋진 집'에 살고 있으며 '멋진 정원'과 '멋진 차고 안에 멋진 차'도 가지고 있다. 그런데 피곳 씨의 아내는 '집 안'에 있다고 이야기하고 있을 뿐이며 집의 입구와 내부는 피곳 씨와 두 아들에 의해서 보이지 않는다. [그림 2]의 글과 그림으로 볼 때, 피곳 씨와 아이들은 엄마와 비대칭 관계를 형성하고 있음을 짐작할 수 있다.

[그림 1] 〈돼지책〉의 앞표지

[그림 2] 〈돼지책〉에서 피곳 씨와 두 아들의 모습

다음 장면은 신문에 얼굴을 파묻은 채 밥을 달라고 하는 남자와 입을 벌리고 있는 신문 속의 사람과 고릴라, 그리고 아이들의 모습이다. 입을 벌리고 있는 이들의 모습은 새가 어미 새에게 모이를 받아서 먹을 때 입을 벌리고 있는 모습처럼 보인다. 피곳 씨와 아들은 한결같이 가만히 앉아서 '빨리 밥 줘.'라고 외친다. 그리고 그들은 '아주 중요한' 회사와 학교로 '휑하니 가'는 것이다. 깨끗한 식탁 위의 빈 그릇에 음식을 채우고 음식을 먹은 후에 치우는 존재는 드러나지 않고, 그들은 '아침마다' 빨리 밥을 달라고 외치고 그들이 중요하게 여기는 회사와 학교로 간다. 다시 생각해 보면 피곳 씨와 아들들은 집 안에서 하는 일은 중요하게 여기지 않으면서 집 밖에서 하는 일은 중요하게 여긴다고 볼 수 있다.

그런데 다음 장면은 지금까지의 선명하고 밝은 그림과 달리 저녁의 노을빛과 같은 그림이 나타난다. [그림 3] 속에서 피곳 씨의 부인은 무채색의 옷을 입고 씻은 그릇을 정리하며 침대를 정리한다. 그리고 바닥을 청소한 후에 집에서 차를 가지고 나가는 것이 아니라 버스나 지하철을 타고 일하러 나가는 그림이다. 또한 피곳 씨와 아들들의 얼굴이 그림 가득 들어 있던 것과 달리 피곳 씨 부인의 얼굴은 머리카락에 가려서 드러나지 않으며 약간 고개를 숙이고 있는 모습이다. 이 장면에서 글은 단순하게 피곳 씨의 부인이 행동하는 그림의 내용을 설명할 뿐이다. 피곳 씨와 아이들의 행동을 피곳 부인의 행동과 비교해 볼 때, 이들은 서로 비대칭 관계를 형성하고 있음을 파악할 수 있다.

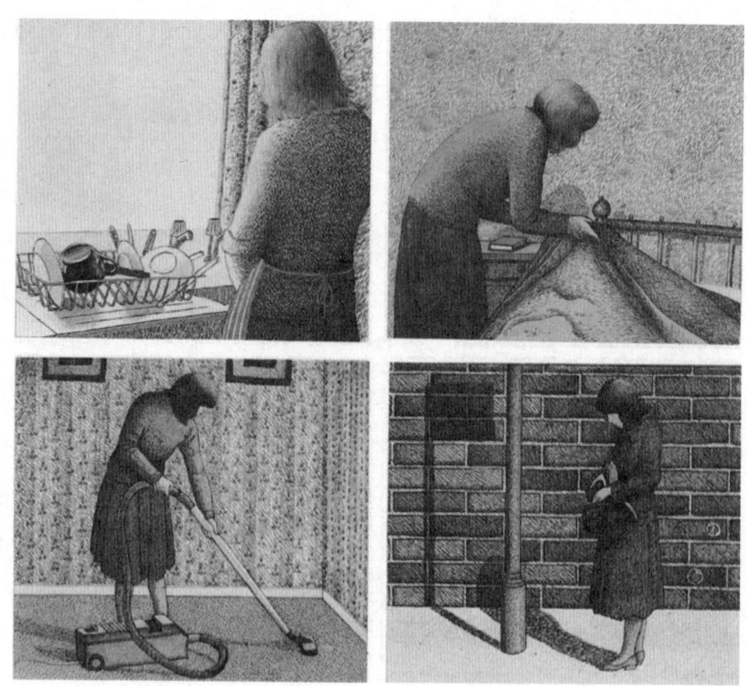

[그림 3] 피곳 부인이 집안 청소를 하고 회사에 가는 그림

　다음 장면에서는 피곳 씨의 부인이 없는 곳에서 피곳 씨와 아이들은 여전히 입을 벌리고 무엇인가를 요구하며 외치고 있는 모습이다. 글에서 살펴보면, 피곳 씨와 아이들은 아침에 회사에 출근을 하고 학교에 갈 때와 마찬가지의 모습이다. 여전히 저녁에 돌아와서 '저녁마다' 마치 맡겨 놓은 물건을 요구하듯 '빨리 밥 줘요.', '빨리 밥 줘.'라고 외친다. 그런데 글에서는 나타나지 않지만 그림에서 작은 변화가 일어난다. 앞의 그림들에서는 '돼지' 그림이 우유팩이나 벽에 낙서로 나타나지만 사소한 것에 지나지 않았다. 그러나 [그림 4]에서는 피곳 씨의 그림자가 돼지처럼 형상화되어 나타난다. 피곳 씨의 그림자가 '돼지'로 형상화되어 있다

는 것은, 그의 욕망이나 행동이 비록 외부로 드러나 있지는 않지만 숨겨진 그림자에서 돼지로 나타나고 있다는 것이다. 왜냐하면 그림자는 무의식의 이미지이기 때문이며 자아는 자신이 어떤 그림자를 가지고 있는지 모르기 때문이다.[22] 즉 피곳 씨의 자아는 외적으로 항상 옷을 깔끔하고 단정하게 입고 환한 웃음을 짓지만 무의식의 그늘 속에서 반대의 모습이 잠재하고 있다는 것을 그림책에서는 그림으로 보여주는 것이다.

[그림 4] 돼지의 모습이 피곳 씨의 그림자로 나타난 모습

[그림 5] 피곳 씨의 그림자가 현실에서 드러난 모습

[그림 5]는 피곳 씨가 입을 꼭 다물고 잘 차려진 음식 앞에서 칼과 포크를 들고 있는 모습이 두드러지게 나타나 있다. 그리고 그 가운데에 위치한 피곳 씨의 옷에 붙어 있는 단추는 돼지 얼굴의 앞모습으로 보인다. 이 장면은 바로 앞 장면 [그림 4]에서 나타난 피곳 씨의 그림자가 현실

***

22) 이부영, 『그림자』, 한길사, 1999, 89면.

에 드러나는 모습이라고 할 수 있다. 그러나 이와 상반되는 장면은 피곳 씨 부인의 모습이다. 여전히 노을빛 속에서 무채색 옷을 입고, 설거지를 하고, 빨래를 하고, 다림질을 하며 요리를 하는 모습이다. 그림 속에서 피곳 씨 부인은 역시 고개를 숙이고 얼굴을 드러내지 않는다. 글에서 '피곳 씨와 아이들이 저녁을 먹자마자,'라고 서술한 후에 줄을 나누어서 피곳 씨 부인이 하는 행동을 설명하고 있을 뿐이다. 그런데 '저녁을 먹자마자,' 피곳 씨 부인이 가정의 일을 하는 반면에 피곳 씨와 아이들은 소파에 앉아서 편안한 자세로 텔레비전을 보고 있다. 이와 같이 집 안에서 일어나는 일은 아침, 저녁으로 똑같이 반복된다고 볼 수 있다.

'어느 날 저녁,'으로 시작하는 글은 이제 새로운 사건이 일어날 것임을 알린다. 아이들이 학교에서 돌아오고 피곳 씨가 회사에서 돌아오지만 아무도 그들을 반겨주지 않는다. 당연히 반겨주어야 할 '엄마'가 보이지 않는 것이다. 그리고 이제 돼지의 모습은 회사에서 돌아오는 피곳 씨의 옷에 달린 꽃이나 손잡이에서도 다양하게 나타난다. 이를 시작으로 다음 장면인 [그림 6]에서 돼지의 모습은 벽지나 벽난로의 타일, 화분, 액자 속의 사진에서도 나타난다. 그런데 액자 속의 사진에서 벤치에 앉아 있어야 할 엄마의 모습은 보이지 않는다. 그 대신 벽난로 위에 한 장의 봉투가 놓여 있다. 이 봉투에는 '너희들은 돼지야.'라고 쓰여 있고 편지를 잡은 손이 돼지의 발모양으로 그려져 있다[그림 7]. 이는 '낡은 방식들(old ways), 낡은 인격(old personality), 안일한 것들(easygoing things), 인격의 열등한 부분, 부정적 측면이며 감추어진, 바람직하지 않은 성질의 총화, 잘 발전되지 못한 기능들이며, 강렬한 저항에 의해서 억압되고 있는 것'23)들인 그림자가 현실에서 드러난 것으로 볼 수 있다. 글에서는 피곳 부인이 없다는 것과 벽난로 선반 위에 봉투가 하나 있다는 것, 그리고 그 안에 종이가 한 장 들어 있다는 것을 한 문장씩 설명하고 있다. 결국 피곳 씨와 아이들은 피곳 부인과의 비대칭 관계로 인하여 서로 분리되며 상처를 받게 된다.

[그림 6] 엄마의 부재를 알리는 모습

[그림 7] 그림자인 돼지가 현실에 드러난 모습

다음 장면에서 그림은 피곳 씨의 부인이 처음 등장하던 그림처럼 노을빛 바탕에 그려져 있다. 그리고 돼지로 변한 피곳 씨와 아이들이 저녁을 준비하는 모습이 그려져 있다. 그런데 저녁을 준비하는 그들의 아래로 깡통이나 쓰레기가 아무렇게 놓여 있다. 식탁 역시 타버린 빵과 소시지 등의 먹다가 남긴 음식으로 지저분하다. 글에서는 피곳 씨와 아이들이 '손수' 저녁밥을 지어야 해서 시간이 '많이' 걸리고 '아주 끔찍'했다고 이야기한다. 그리고 저녁뿐만 아니라 아침 역시 아침밥을 '손수' 지

---

23) 위의 책, 75면.

어 먹어야 해서 시간이 '많이' 걸리고 '아주 끔찍'했다고 이야기한다. 피곳 씨와 아이들이 직접 해 먹어야 하는 아침과 저녁은 하루에 끝나지 않고 다음 날도 그 다음 날도 이어진다.

다음 장면에서 찬물과 따뜻한 물의 수도꼭지는 우울한 표정의 돼지 모습으로 물을 한 방울도 사용하지 않은 것처럼 보인다. 수도꼭지 앞에는 지저분한 그릇이 물기가 하나도 없이 가득 담겨져 있다. 이어지는 그림은 지저분하고 단정하지 않게 옷을 입은 아이들이 피곳 씨에게 무엇인가 말을 하는 모습이고 역시 음식으로 얼룩진 옷을 입은 피곳 씨가 화를 내는 듯한 모습이다. 그리고 달이 초승달로 변해 있으며 창밖으로는 이빨을 드러낸 늑대의 모습이 그림자로 보인다. 글에서는 피곳 부인이 '다음 날 그리고 그 다음 날 밤, 또 그 다음 다음 날'에도 돌아오지 않았다고 이야기한다. 비록 피곳 씨와 아이들은 굶지 않고 음식을 차려 먹었지만 설거지와 빨래를 하지 않아서 집이 돼지우리처럼 되었다고 하였으며 '피곳 씨와 아이들이 점점 더 심술'을 부렸다고 이야기하고 있다. 비대칭 관계로 인한 분리는 피곳 씨와 아이들에게 더러운 환경과 배고픔으로 나타나고 피곳 부인에게는 안락한 집 안을 빼앗는 결과를 초래한 것이다.

'어느 날 밤,'으로 시작하는 글은 또다시 새로운 사건이 일어날 것임을 알린다. 장면을 살펴보면 피곳 씨와 아이들은 엉덩이를 위로 한 채 돼지우리처럼 변한 집에서 무엇인가를 찾고 있다. 깜깜하고 더러운 집 안으로 문이 열리고 환한 빛 속에서 사람의 그림자가 나타난다. 그림자의 모습으로 보면 마치 구원자의 형상으로 보인다. 어둠 속에 갇힌 집 안을 외부와 통하는 문을 열어서 빛이 새어 들도록 하는 존재는 곧 구원자이다. 글에서 보면 피곳 씨가 씩씩거리며 음식 찌꺼기를 찾을 때 피곳 부인이 걸어들어 온다고 하였다. 그림과 달리 글에서는 피곳 부인의 등장이 크게 두드러지지 않는다. 그러나 그림을 통해서 살펴보았듯이 피곳 부인은 피곳 씨와 아이들에게 구원자처럼 등장한다. 피곳 부인의 모습이 직접 드러나지 않고 그림자로 등장하는 것도 구원자의 의미로 좀더 형상화한 것이다.

피곳 부인의 모습은 지금까지 무채색으로 등장하였다. 무채색의 피곳 부인은 그림자의 모습과 별다르지 않다. 즉 피곳 부인은 자신의 본 모습이 그림자에 가려져 있어서 제대로 보지 못한 것이다. 그런데 집을 떠났다가 돌아오는 피곳 부인은 자신의 그림자를 똑바로 응시할 수 있게 되었다. 이제 피곳 부인은 억눌려 있던 자신의 모습을 바라보고 본능에 친밀하게 대하는 자세를 가질 수 있게 된 것이다. 본능은 식욕이나 성욕 등으로 알려진 자연 그대로의 인간 본성의 가장 밑바닥을 이루고 있는 것이다. 좋거나 나쁘거나 한 것이 아니라 생명의 필수적인 요건이다. 본능을 해치는 자세는 갈등을 증폭시키는데 <흥부와 놀부>에서 놀부가 그러하고 <혹 떼러 갔다가>에서의 마음씨 나쁜 영감도 그러하다.[24] 놀부와 마음씨 나쁜 영감은 흥부와 마음씨 착한 영감의 '자연스러운 행위'를 모방함으로써 '부자연스러운 행위'를 하게 되었다. 피곳 부인 역시 집안 일에만 매달려서 자신의 본 모습에 충실하지 않았으며 이제야 자신의 그림자를 똑바로 보고 인식할 수 있게 된 것이다.

다음 장면에서 피곳 부인의 변화에 주목할 필요가 있다. 이 장면에서 피곳 부인은 여전히 고개를 숙이고 있지만 지금까지 그녀를 드러내던 무채색이 아니다. 피곳 씨와 아이들이 등을 보이며 쳐다보는 가운데에

---

24) 위의 책, 240~243면.

서서 그들을 바라보며 조용히 생각하고 있는 모습이다. 이제 피곳 부인은 더 이상 표정도 없는 무채색의 그림자가 아니라 다른 가족들과 마주하는 주체로서의 본 모습을 드러낸 것이다. 글에서는 피곳 씨와 아이들이 '제발, 돌아와 주세요!'라고 킁킁거린다고 하였다. 피곳 부인뿐만 아니라 피곳 씨와 아이들 역시 그림자에 묻혀서 자신의 본 모습을 찾지 못하고 있었다. 그러나 피곳 부인이 없는 동안 그들은 자신의 그림자를 직시하게 되었다. 사람들이 그림자를 직시한다는 것은 자기가 가장 싫어하기 때문에 억압해온 자기 마음속의 열등한 인격을 직면하는 것이므로 때로는 충격적인 일이지만 변화의 계기가 될 수도 있다.

다음 장면에서 피곳 씨는 설거지를 하고 아이들은 침대를 정리한다. 그리고 피곳 씨는 다림질도 하며 아이들과 요리도 한다. 엄마 역시 환한 웃음을 짓는데 그 이유는 다음 장면에서 찾아볼 수 있다. 마지막 장면에서 엄마는 즐거운 웃음을 지으며 자동차를 수리한다. 글은 각 장의 그림에서 피곳 씨와 아이들의 행동을 설명한다. 그리고 '요리는 정말로 재미있었습니다!'라고 하며 피곳 씨와 아이들이 웃음 짓는 이유를 덧붙이고 있다. 그런데 피곳 씨와 아이들에 대한 설명과 달리 피곳 부인에 대해서는 설명하지 않는다. 즉, 피곳 부인이 환하게 웃으며 행복한 모습에 대하여 '엄마도 행복했습니다.'라고 하며 그 이유를 설명하지 않는다. 그 대신 다음 장면에서 그림으로 형상화하고 있다. 피곳 부인이 행복한 이유는 차를 수리하기 때문이다. 피곳 씨와 아이들, 피곳 부인은 비대칭 관계로 인하여 어려움을 경험하였으며 그 과정에서 자신의 무의식과 대면한다. 그리고 조화로운 대칭 관계를 형성하기 위하여 노력함으로 비로소 모두가 행복한 모습을 가질 수 있게 된 것이다.

피곳 씨와 아이들, 피곳 부인이 자신의 그림자를 직시하고 의식화하기 위해서는 적당한 자아의식의 안정성과 용기가 필요하다.

즉 그림자를 인식한다는 것은 결국 세상에서 말하는 이른바 '선'과 '악', '정의'와 '부정' 등 가치체계상의 대극 갈등을 겪은 뒤 궁극적으로 대극의 통합을 지향하는 것이다.[25]

피곳 씨와 아이들은 처음에 '집 안'과 '집 밖'을 나누었을 때 '집 안'에서 일어나는 일을 무시하며 소외시키고 '집 밖'에서 하는 일을 '아주 중요'하게 여긴다. 이는 피곳 씨와 두 아들이 모두 남성이며 남성은 집 안이 아니라 집 밖에서 일어나는 일을 중시하는 사회적인 현상으로 볼 수도 있다. 그러나 이러한 해리는 결국 한쪽을 억누르고 균형을 이루지 못하는 상황에서 발행한다. 대극의 통합은 대극 중의 하나를 억누르는 것이 아니다. 대극의 통합을 위해서 양극은 모두 삶의 조건으로서 존재 가치가 있다는 전제를 두고 상호 비교할 수 있어야 한다. 피곳 씨와 아이들은 자신이 싫어하거나 억압해 온 그림자에 사로 잡혀서 돼지로 변한다. 그리고 자신의 그림자와 직면하는 경험을 통해서 삶의 다른 측면, 즉 '집 안'의 일에 대해서도 인식하게 되며 '재미'를 찾게 된다. 이를 통해서 대극 중의 하나를 억누르는 것이 아니라 대극의 통합을 위해서 한 발짝 나아갈 수 있는 것이다.

피곳 씨와 아이들뿐만 아니라 피곳 부인 역시 균형을 이루지 못하는 것은 마찬가지이다. 피곳 부인이 '집 안'과 '집 밖'의 일 중에서 어느 것을 더 소중하게 여기는 지는 분명하게 드러나지 않는다. 그러나 피곳 부인은 자신의 욕망을 억누르며 '집 안'의 일에 주로 매달리는 모습을 보일 뿐만 아니라 그 때문에 '자연스럽지 않은 삶', '균형을 이루지 못한 삶'

---

25) 위의 책, 208면.

을 살아간다. 그래서 피곳 부인 역시 그림자에 사로잡혀서 살아간다고 할 수 있다. 비록 피곳 부인이 자신의 그림자를 벗어나기 위해서 집을 떠나는 희생을 하게 되지만 이러한 과정을 통해서 피곳 부인은 자신의 본 모습을 마주하게 된다. 그리고 피곳 씨와 아이들 역시 분화되어 균형을 이루지 못한 삶을 깨닫는 계기가 된 것이다.

결국 무의식과의 대면은 정신적 해리를 극복하는 데 목적이 있다. 분화되고 균형을 이루지 못하여 기울어진 마음, 단절된 정신세계의 상황에서 오는 고통을 극복하기 위한 것이다. 물론 피곳 씨와 아이들, 피곳 부인이 겪은 것과 같이 그 과정은 결코 달콤하지 않으며 오히려 고통스러워 보인다. 그러나 의식화의 과정을 통해 겪는 고통은 삶의 균형을 회복하고 자신의 단절되고 흩어진 마음을 치유함으로써 균형을 이루고 대극의 통합을 이루는 길에 한 걸음 더 나아갈 수 있도록 한다.

4. 맺음말

지금까지 그림동화에 나타나는 글과 그림의 관계를 살피고, 이들이 상호보완적으로 작용하면서 대칭성의 논리가 작용하는 양상을 살펴보았다. 앤서니 브라운의 그림동화인 <돼지책>에서 표면적으로 드러나는 비대칭 관계는 엄마와 대립적 위치에 있는 아빠와 두 아들이다. 아빠와 아들들은 엄마에게 끊임없이 무엇인가를 요구하는 존재이고 엄마는 그들에게 무엇인가를 제공하는 존재이다. 그림의 분위기도 엄마는 무표정하고 무채색으로 드러나는 반면에 아빠와 아들은 환하게 웃는 표정이며 밝은 색상으로 드러난다. 그러므로 엄마는 아빠와 아이들과 비대칭 관계를 형성하다가 조화로운 대칭의 관계를 형성한다.

공간을 중심으로 살펴볼 때에도, 집 안의 세계와 집 밖의 세계는 비대칭의 관계에 있다. 집 안은 여자들의 공간이며 여자들 중심의 세계로 여기고, 집 밖은 남자들 중심의 공간이며 남자들의 세계로 여긴다. 그래서 아빠와 아들들은 집 안의 세계에서 일어나는 일은 사소한 것으로 여기고 집 밖의 세계에서 일어나는 일은 중요한 것으로 여긴다. 그렇기 때문에 엄마는 집 안에서 요리를 하고 빨래와 청소를 먼저 하고 집 밖에서 일을 나중에 한다. 그런데 아빠와 두 아들은 집 안에서 오직 먹고 휴식을 취하며 집 밖에서는 '중요한' 노동이나 공부를 한다. 즉 집 밖의 일을 먼저 하고 집 안의 일을 나중에 한다. 그러므로 집 안의 세계와 집 밖의 세계는 비대칭 관계를 이루고 있다. 결국 이들의 관계는 엄마의 부재를 경험함으로써 균형을 회복하고 조화로운 대칭의 관계를 형성하게 된다.

비대칭 관계는 엄마인 피곳 부인과 아빠와 두 아들인 피곳 씨와 사이먼, 패트릭의 자기 안에서도 살펴볼 수 있다. 즉 이들은 자신의 어두운 부분, 숨기고 싶은 그림자를 직시하지 않거나 직시하지 못하였다. 그러나 엄마의 부재로 인하여 아빠와 아이들은 자신의 숨겨진 그림자를 바라보게 됨으로써 집 밖과 집 안의 불균형을 인식하고 균형을 이루기 위한 노력을 하게 된다. 그리고 엄마 역시 자신의 그림자를 바라보면서 집 안과 집 밖의 일에 비로소 균형을 이룰 수 있게 된다.

이와 같이 <돼지책>에서는 다양한 형태로 서로 비대칭의 불균형 관계를 이루고 있음을 파악할 수 있다. 그러나 동화는 비대칭의 관계에 머무는 것이 아니라 균형의 대칭 관계를 지향한다. 동화에서는 인물이나 배경 등에 대칭 관계가 형성되는 과정을 통해서 조화롭고 균형적인 삶의 태도를 지향한다.

엘리아데는 특별하게 존재하는 모든 것은 총체적이어야 하며, 모든 차원과 모든 맥락에서 대립의 합일을 포괄해야 한다고 하였다.[26] 이는 신들의 양성성이나 상징적인 양성화(兩性化) 제의들에서뿐만 아니라, 우주를 잉태한 알(卵)이나 구형의 최초의 총체성으로부터 세상이 나왔다고 설명하는 우주생성론들에서도 입증된다. 신화에서 뿐만 아니라 아동이 주로 읽는 동화에서도 선과 악, 정의와 부정, 삶과 죽음 등의 대립이 드러나며 이들 간의 갈등이 통합을 지향하는 모습을 찾을 수 있다. 이를 통해서 우리는 서로 갈등하는 두 대상이 하나를 억누르거나 제거하려는 것이 아니라 두 대상이 주체적으로 상호소통하고 받아들임으로써 새로운 통합을 이룰 수 있다고 여긴다. 그리고 이러한 통합을 통해서 정신적 해리의 극복과 단절된 정신세계의 소통뿐만 아니라 '나와 너'가 가진 차이를 인정하고 이해하며 극복할 수 있는 길도 마련할 수 있을 것이다. 마치 니부히 사람들이 사냥감인 곰과 대칭적인 관계를 형성하는 제의를 통해서 자신의 공동체에서 대칭성의 논리가 작용할 수 있도록 하는 것과 마찬가지이다. 다음에는 이와 같이 대칭성의 논리가 담긴 동화를 직접 읽는 독자의 반응을 살피고 교육의 방법과 의미도 함께 찾아보고자 한다.

---

26) M. Eliade, Mephistopheles et l'Androgyne, 엘리아데, 최건원·임왕준 역, 『메피스토펠레스와 양성인』, 문학동네, 2006, 138~139면 참조.

참고문헌

Browne, A., *Piggybook*, 앤서니 브라운, 허은미 역, 『돼지책』, 웅진주니어, 2001.

곽춘옥, 「초등학교 동화 감상 지도 방법에 관한 연구」, 한국교원대학교 박사학위논문, 2006.

구인환 외, 『문학교육론(제5판)』, 삼지원, 2007.

김상욱, 『숲에서 어린이에게 길을 묻다』, 창작과 비평사, 2002.

김상한, 「신화적 조화성에 기반한 동화 감상 교육 연구」, 한국교원대학교 박사학위논문, 2011.

김선희, 「문학적 정서 함양을 위한 시조 교육 연구」, 한국교원대학교 박사학위논문, 2007.

김이산, 『똑!똑!똑! 그림책』, 현암사, 2004.

김중신, 「서사 텍스트의 심미적 체험의 구조화 유형에 관한 연구」, 서울대학교 박사학위논문, 1994.

김태은, 「그림동화 읽기 과정 양상 연구」, 한국교원대학교 석사학위논문, 2009.

나병철, 『소설의 이해』, 문예출판사, 2005.

박인기 외, 『문학을 통한 교육』, 삼지원, 2005.

변윤희·현은자, 「기호학적 관점에서 본 그림책의 글과 그림읽기」, 『유아교육연구』 22(2), 한국유아교육학회, 2002, 339~363면.

서정숙, 「'유기체로서의 그림책' 분석을 위한 기준 연구」, 『어린이문학교육연구』 5(1), 한국어린이문학교육학회, 2004, 105~137면.

신헌재 외, 『아동문학과 교육』, 박이정, 2007.

신혜선, 「기호학적 접근에 기초한 유아그림책의 의미 분석」, 중앙대학교 박사학위논문, 2007.

임정은, 「그림책 "라우라"에서의 그림과 텍스트 상호작용」, 서울대학교 석사학위논문, 2001.

윤주현, 「판타지 그림책에 대한 어린이와 어른의 반응 양상 비교」, 한국교원대학교 석사학위논문, 2006.

이부영, 『그림자』, 한길사, 1999.

이지호, 「그림동화의 내용 구성 방법」, 『국어교육학연구』 13, 국어교육학회, 2001, 381~410면.

정현선·이미숙, 「초등학교 저학년 문학수업에 대한 실행연구—그림책 수업 담화분석을 중심으로」, 『문학교육학』 21, 한국문학교육학회, 2006, 113~154면.

조동일, 『구비문학의 세계』, 새문사, 1981.

최윤경, 『그림책』, 비룡소, 2001.

허승희 외, 『아동의 상상력 발달』, 학지사, 1999.

현은자 외, 『그림책의 그림 읽기』, 마루벌, 2004.

현은자·김세희, 『그림책의 이해 1, 2』, 사계절, 2005.

현은자·김현경, 「놀이로서의 그림책의 글과 그림읽기」, 『유아교육연구』 27(2), 한국유아교육학회, 2007, 261~280면.

中澤新一, 『對稱性人類學』, 나카자와 신이치, 김옥희 역, 『대칭성인류학』, 동아시아, 2005.

松居直, 마쓰이 다다시, 이상금 역, 『어린이와 그림책』, 샘터, 2007.

Eliade, M., *Mephistopheles et l'Androgyne*, 엘리아데, 최건원·임왕준 역, 『메피스토펠레스와 양성인』, 문학동네, 2006.

Nodelman, P., *The Pleasures of Children's Literature*, 페리 노들먼, 김서정 역, 『어린이 문학의 즐거움 1, 2』, 시공주니어, 2001.

Nikolajeva, M. & Scott, C., "The Dynamic of Picturebook Communication", *Children's Literature in Education* 31(4), Human Sciences Press Inc., 2000, pp.225~240.

Sautoy, M. D., *Finding Noonshine*, 마커스 드 사토이, 안기연 역, 『대칭』, 승산, 2011.

Vygotsky, L. S., *ВООБРАЖЕНИЕ И ТВОРЧЕСТВОВ ДЕТСКОМ ВОЗРАСТЕ*, 비고츠키, 팽영일 역, 『아동의 상상력과 창조』, 창지사, 2001.

출처(논문 게재 순)

김성룡, 「복합 감각 시대의 문학교육」, 『문학교육학』 제36호, 2011.

장노현, 「문학／미디어 교육과 문학복합체 글쓰기」, 『문학교육학』 제35호, 2011.

송여주, 「매체 간 상호텍스트성을 통한 현대시교육 연구」, 『문학교육학』 제33호, 2010.

강만진, 「영화와 소설의 비교 분석을 통한 서사 교육의 목표 탐색 ―「오발탄」을 중심으로」, 『문학교육학』 제36호, 2011.

정현선, 「다문화 교육을 위한 미디어 콘텐츠 '올리볼리 그림동화'에 관한 연구」, 『문학교육학』 제36호, 2011.

김중신, 「디지털 미디어 시대의 서사텍스트의 위상 ―자막언어의 서사 미학적 기능을 중심으로」, 『문학교육학』 제36호, 2011.

한귀은, 「소설과 텔레비전 드라마의 통합적 교육 방안 ―TV 단막극을 중심으로」, 『문학교육학』 제20호, 2006.

서유경, 「귀신 등장 이야기의 문화적 변화와 문학교육 ―〈귀신이 산다〉와 〈시실리 2km〉를 중심으로」, 『문학교육학』 제19호, 2006.

김근호, 「'영화 대 영화' 형(型) 방송 프로그램에 대한 미디어 서사교육적 연구 ―KBS의 「배칠수의 종횡무진」 분석을 중심으로」, 『문학교육학』 제16호, 2005.

유정아, 「인터넷 활용 아동문학 창작 교육」, 『문학교육학』 제17호, 2005.

남민우, 「'사이버-청소년문학'의 문학교육적 의미 연구 ―문학교육적 비평 정립을 위한 시론」, 『문학교육학』 제19호, 2006.

김대진, 「저작도구를 활용한 전자말 문학교육 현장 연구」, 『문학교육학』 제27호, 2008.

김상한, 「그림동화에서 글과 그림의 작용과 대칭성의 논리 ―앤서니 브라운의 『돼지책』을 중심으로」, 『문학교육학』 제35호, 2011.

저자 소개(논문 게재 순)

김성룡	호서대학교 한국어문화학부 교수
장노현	한국학중앙연구원 어문생활사연구소 전임연구원
송여주	안산 성호중학교 교사
강만진	호서대학교 한국어문화학부 교수
정현선	경인교육대학교 국어교육과 교수
김중신	수원대학교 국어국문학과 교수
한귀은	경상대학교 국어교육과 교수
서유경	목원대학교 국어교육과 교수
김근호	순천대학교 국어교육과 교수
유정아	연세대학교 교육개발지원센터 선임연구원
남민우	한국교육과정평가원 연구위원
김대진	진주 동명중학교 교사
김상한	대구 운암초등학교 교사

문학교육총서 ❺

매체

초판 인쇄 2013년 8월 1일 | **초판 발행** 2013년 8월 8일

엮은이 한국문학교육학회

펴낸이 이대현 | **책임편집** 권분옥 | **편집** 이소희 박선주

펴낸곳 도서출판 역락 | **등록** 1999년 4월 19일 제303-2002-000014호

주소 서울시 서초구 반포4동 577-25 문창빌딩 2층

전화 02-3409-2060(편집부), 2058(영업부) | **팩시밀리** 02-3409-2059

전자우편 youkrack@hanmail.net

ISBN 978-89-5556-071-8 94370

　　　978-89-5556-845-5(세트)

정가 31,000원

* 잘못된 책은 교환해 드립니다.

이 도서의 국립중앙도서관 출판시도서목록(CIP)은 서지정보유통지원시스템 홈페이지(http://seoji.nl.go.kr)와 국가자료공동목록시스템(http://www.nl.go.kr/kolisnet)에서 이용하실 수 있습니다.(CIP제어번호: CIP2013012903)